U0861774

XINSHIDAI

SIXIANG ZHENGZHI LILUNKE

GAOZHILIANG FAZHAN YANJIU

新时代

思想政治理论课
高质量发展研究

图书在版编目（CIP）数据

新时代思想政治理论课高质量发展研究 / 郑小明等著 .
-- 北京 : 新华出版社 , 2025. 6
-- ISBN 978-7-5166-8049-0

Ⅰ. D64

中国国家版本馆 CIP 数据核字第 2025PA3710 号

新时代思想政治理论课高质量发展研究

作者：郑小明　张雪莹　谢木沙子

出版发行：新华出版社有限责任公司

（北京市石景山区京原路 8 号　邮编：100040）

印刷：天津鸿彬印刷有限公司

成品尺寸：170mm × 240mm　1/16　　**印张：**25.5　　**字数：**350 千字

版次：2025 年 8 月第 1 版　　**印次：**2025 年 8 月第 1 次印刷

书号：ISBN 978-7-5166-8049-0　　**定价：**88.00 元

前　言

发展是中国共产党执政兴国的第一要务。党的二十届三中全会审议通过的《中共中央关于进一步全面深化改革、推进中国式现代化的决定》指出："高质量发展是全面建设社会主义现代化国家的首要任务。必须以新发展理念引领改革，立足新发展阶段，深化供给侧结构性改革，完善推动高质量发展激励约束机制，塑造发展新动能新优势。"①

思想政治教育是中国共产党的真正优势，是党的一切工作的生命线。思想政治理论课（以下简称"思政课"）是对学生进行思想政治教育的主渠道，是落实立德树人根本任务的关键课程。党的十八大以来，以习近平同志为核心的党中央高度重视思政课建设工作，从世界百年未有之大变局、党和国家事业发展大局和中华民族伟大复兴的战略全局高度出发，就思政课建设作出了一系列重大部署，提出了一系列创新举措，推动新时代思政课建设工作取得新成就、创造新经验，全面开创了新时代思政课建设新局面。2013 年 8 月，习近平总书记在全国宣传思想工作会议上提出了"四个讲清楚"，不仅是对宣传思想工作的要求，也为思

① 中共中央关于进一步全面深化改革、推进中国式现代化的决定 [M]. 北京：人民出版社，2024.

政课指明了方向和目标。2016年12月，习近平总书记在全国高校思想政治工作会议上提出“高校思想政治工作关系高校培养什么样的人、如何培养人以及为谁培养人这个根本问题”[①]的重要论断，明确了新时代思政课建设的价值取向。针对如何培养社会主义建设者和接班人这一重大使命，习近平总书记在2018年9月的全国教育大会上提出，要在坚定理想信念、厚植爱国情怀、加强品德修养、增长知识见识、培养奋斗精神、增强综合素质等六个方面下功夫[②]。2019年3月18日，习近平总书记亲自主持召开学校思想政治理论课教师座谈会并发表重要讲话。2020年9月，《求是》杂志2020年第17期发表了习近平总书记的重要文章《思政课是落实立德树人根本任务的关键课程》[③]，明确了思政课的地位，阐述了加强思政课建设的重要性，强调了思政课教师的关键作用，提出了思政课改革创新的原则和方向，要求加强党对思政课建设的领导、保障思政课建设，新时代思政课建设有了根本遵循。为贯彻落实习近平总书记关于思政课建设的系列重要讲话精神，中共中央办公厅、国务院办公厅、中共中央宣传部、教育部等先后印发了《新时代高校思想政治理论课教学工作基本要求》《关于深化新时代学校思想政治理论课改革创新的若干意见》《新时代高等学校思想政治理论课教师队伍建设规定》《关于加快构建高校思想政治工作体系的意见》《高等学校课程思政建设指导纲要》《新时代学校思想政治理论课改革创新实施方案》《高等学校思想政治理论课建设标准（2021年本）》等文件，对加强和改进新时代思

① 习近平在全国高校思想政治工作会议上强调：把思想政治工作贯穿教育教学全过程，开创我国高等教育事业发展新局面 [N]. 人民日报 ,2016-12-09(01)

② 习近平在全国教育大会上强调：坚持中国特色社会主义教育发展道路，培养德智体美劳全面发展的社会主义建设者和接班人 [N]. 人民日报 ,2018-09-11(01).

③ 习近平 . 思政课是落实立德树人根本任务的关键课程 [J]. 求是 ,2020(17):4-16.

政课建设提出了具体要求和工作部署。

在党和国家的高度重视下、在习近平总书记的亲自关心下，思政课在改革中加强，在创新中发展。同时，思政课建设还存在一些亟待解决的问题：对思政课重视不够、教师队伍整体素质亟待提升、思政课建设体系尚未完全形成、教学方法改革的意识不强、有效整合全社会资源的力度不够等诸多困难和不足。尤其是思政课教育教学如何充分利用社会资源开门办思政课的意识和能力还不够强，思政小课堂与社会大课堂结合不紧密，实践环节教学存在形式化、表面化等现象。[①]破解思政课建设存在的问题，不仅要靠党和国家的高度重视和全面领导，靠全社会的协同参与，也需要思政课教师守正创新，推进高质量发展。

推进新时代思政课高质量发展，是发挥思政课落实立德树人根本任务关键课程作用的必然要求，是贯彻党的教育方针的必然要求，是增强思政课内生发展动力的内在需要。新时代党和国家对思政课的高度重视为推进思政课高质量发展提振了信心，新时代党的创新理论为推进思政课高质量发展提供了引领，新时代中国特色社会主义建设实践为思政课高质量发展提供了广阔舞台。推进新时代思政课高质量发展，要以习近平总书记关于思政课建设的重要论述为根本遵循，以思想政治教育相关理论为依据，以教育学、心理学、系统论等相关学科理论为借鉴，吸收中华优秀传统文化有关思想政治教育的思想。推进新时代思政课建设高质量发展，要坚持党的全面领导，确保思政课建设坚定正确的政治方向；要把握思政课建设新发展阶段的特点，贯彻

① 教育部等十部门关于印发《全面推进“大思政课”建设的工作方案》的通知 [J]. 中华人民共和国教育部公报，2022(10).

立德树人、铸魂育人等新发展理念，构建思政课建设新发展格局；要坚持守正创新，着力推进思政课内涵式发展。

深化思政课教学改革是推进思政课高质量发展的核心。推进思政课高质量发展的最终目的是要不断增强思政课的思想性、理论性和亲和力、针对性，促进思政课落实立德树人根本任务的关键课程作用得以充分发挥。在学校思政课教师座谈会上，习近平总书记深刻总结了思政课建设长期以来形成的规律性认识和成功经验，提出了“八个统一”要求，这是思政课改革创新方法论，为推进新时代思政课改革指明了方向。要坚持“八个统一”，以思政课课堂教学和实践教学的改革创新为思政课高质量发展提供支撑。

加强师资队伍建设是推进思政课高质量发展的关键。“办好思想政治理论课关键在教师，关键在发挥教师的积极性、主动性、创造性。思政课教师，要给学生心灵埋下真善美的种子，引导学生扣好人生第一粒扣子。”① 鉴于思政课教师在思政课建设中的重要性，习近平总书记对思政课教师提出了“政治要强、情怀要深、思维要新、视野要广、自律要严、人格要正”的“六个要”要求，这既是衡量新时代思政课教师的标准，也是培养新时代思政课教师的根本遵循。推进新时代思政课高质量发展，必须坚持“六个要”的要求，打造一支信仰坚定、理论功底扎实、数量充足、结构优化的高素质教师队伍。

信息技术的发展为推进思政课高质量发展提供了新机遇。习近平总书记在 2016 年全国高校思想政治工作会议上指出：“要运用新媒体新技术使工作活起来，推动思想政治工作传统优势同信息技术高度融合，增

① 习近平．思政课是落实立德树人根本任务的关键课程 [J]. 求是 ,2020(17)：4-16.

强时代感和吸引力。”[①]随着信息技术的不断发展，人类已经步入数字时代。数字技术通过创新教学模式、丰富教学资源、增强教学互动性等极大地影响着思政课建设。充分认识数字技术赋能思政课的价值、目标、问题、路径，把握数字技术与思政课结合的规律、特点，对于实现思政课高质量发展具有重要意义。

大中小学思政课一体化和“大思政课”建设是推进思政课高质量发展的重要手段。根据思想政治理论教育规律和学生成长规律，在大中小学循序渐进、螺旋上升地开设思政课，将“思政小课堂”与“社会大课堂”紧密结合，才能激发思政课内生发展动力，更好体现思政课的思想性、理论性，增强思政课的针对性、实效性、亲和力、吸引力，实现思政课的高质量发展。

推进思政课高质量发展是一项系统工程，需要构建完善的保障体系。要通过加强师资队伍建设、丰富教学资源供给、强化政策支持与经费投入、完善教学管理与质量监控、科学实施考核评价等措施，为思政课高质量发展提供人才保障、物质保障、制度保障和质量保障。

思政课形象塑造是思政课高质量发展的重要组成部分，对于提高思政课的教学质量、增强学生的学习兴趣和参与度、提升思政课的社会认可度具有重要意义。思政课高质量发展与思政课形象塑造相互关联、相互促进，高质量发展是塑造思政课良好形象的基础，良好的思政课形象有助于推动思政课高质量发展。深入剖析思政课高质量发展与思政课形象塑造的关系，揭示当前思政课形象塑造存在的问题，探讨如何塑造良好的思政课形象以提升思政课的吸引力、感染力、影响

① 习近平在全国高校思想政治工作会议上强调 把思想政治工作贯穿教育教学全过程 开创我国高等教育事业发展新局面 [N]. 人民日报 ,2016-12-09(01).

力和认同度，是当前思政课建设亟待解决的重要课题。

推进新时代思政课高质量发展是当前思政课建设关注的重要话题。本书梳理了思政课的发展历程、总结了思政课建设取得的成绩和经验，分析了新时代推进思政课高质量发展的价值意蕴和实现可能，阐释了推进思政课高质量发展的根本遵循、理论依据和思想渊源，围绕思政课教学改革、师资队伍建设、数字技术赋能、大中小学思政课一体化、“大思政课”建设、保障体系构建以及思政课形象塑造等思政课高质量发展的相关重要问题进行了较为系统的研究。希望本书能为推进思政课高质量发展贡献微薄力量，更希望以此抛砖引玉，引发更多同行关注、思考、研究思政课高质量发展的相关问题。

作 者

2025 年 3 月

目　录

CONTENTS

第一章　思想政治理论课及其发展历程 …… 1

第一节　思想政治理论课概述 …… 1

第二节　我国思政课建设的历程 …… 9

第三节　我国思政课建设的成绩和经验 …… 21

第二章　新时代思想政治理论课高质量发展的根本遵循和原则 …… 32

第一节　新时代思想政治理论课高质量发展的根本遵循 …… 32

第二节　新时代思想政治理论课高质量发展的原则 …… 48

第三章　新时代思想政治理论课高质量发展的理论依据和思想渊源 …… 65

第一节　新时代思想政治理论课高质量发展的理论依据 …… 66

第二节　新时代思想政治理论课高质量发展的思想渊源 …… 84

第四章　新时代思想政治理论课高质量发展的价值意蕴 …… 91

第一节　价值导向锚定：主流价值内化与价值判断涵育 …… 92

第二节　贯彻党的教育方针的必然要求 …… 101

第三节　增强思想政治理论课内生动力的内在需要 …… 110

第五章　新时代思想政治理论课高质量发展的实现可能…………………… 120
第一节　党和国家的高度重视为思想政治理论课高质量发展提振信心 ……………………………………………………………… 120
第二节　党的创新理论为思想政治理论课高质量发展提供理论支撑 128
第三节　新时代中国特色社会主义建设实践为思想政治理论课高质量发展提供了广阔舞台 ………………………………………… 136
第四节　思想政治教育学科建设取得的成绩为思想政治理论课高质量发展提供了保障 ……………………………………………… 142

第六章　思想政治理论课形象塑造研究……………………………………… 147
第一节　思想政治理论课形象概述 …………………………………… 147
第二节　思想政治理论课形象塑造的意义 …………………………… 158
第三节　思想政治理论课形象的优化路径 …………………………… 162

第七章　新时代思想政治理论课教师队伍建设研究………………………… 173
第一节　思想政治理论课教师队伍建设历程 ………………………… 173
第二节　新时代思想政治理论课教师队伍建设的目标和意义 …… 181
第三节　新时代思想政治理论课教师队伍建设的现状 …………… 186
第四节　新时代思想政治理论课教师队伍建设的路径 …………… 192

第八章　新时代思想政治理论课实践教学创新研究………………………… 198
第一节　思想政治理论课实践教学概述 ……………………………… 198
第二节　新时代思想政治理论课实践教学的现状 ………………… 211
第三节　新时代思想政治理论课实践教学创新路径 ……………… 223

第九章　数字技术赋能新时代思政课高质量发展……………………… 235

第一节　数字技术对新时代思政课高质量发展的机遇和挑战 …… 235

第二节　数字技术赋能新时代思政课高质量发展的必要性和可能性 ………………………………………………………… 242

第三节　数字技术赋能新时代思政课高质量发展的对策建议 …… 255

第十章　大中小学思政课一体化建设研究……………………………… 266

第一节　大中小学思政课一体化的核心要义 ……………………… 266

第二节　推进大中小学思政课一体化建设的重大意义 ………… 273

第三节　推进大中小学思政课一体化建设的理论依据 ………… 277

第四节　大中小学思政课一体化建设的现状 ……………………… 284

第五节　推进大中小学思政课一体化建设的路径 ……………… 292

第十一章　“大思政课”建设研究………………………………………… 301

第一节　“大思政课”的提出及其核心要义 ……………………… 301

第二节　推进“大思政课”建设的意义 …………………………… 307

第三节　“大思政课”建设的理论和思想渊源 …………………… 312

第四节　“大思政课”建设的现状 ………………………………… 326

第五节　推进“大思政课”建设的路径 …………………………… 338

第十二章　新时代思想政治理论课高质量发展的保障评价体系……… 354

第一节　新时代思想政治理论课高质量发展的保障体系 ………… 354

第二节　新时代思想政治理论课建设的评价体系 ………………… 372

参考文献………………………………………………………………… 382

后　记……………………………………………………………………… 393

第一章

思想政治理论课及其发展历程

思政课是我国学校教育体系的重要组成部分，在培养德智体美劳全面发展的社会主义建设者和接班人方面具有不可替代的作用，是对学生进行思想政治教育的主渠道，是落实立德树人根本任务的关键课程。中华人民共和国成立以来，我国高度重视思政课的建设工作，对思政课建设作出了重要部署。新时代以来，以习近平同志为核心的党中央站在世界百年未有之大变局、党和国家事业发展全局的高度，将思政课作为治国理政的重要基础工程和战略支撑推进思政课建设。思政课建设在改进中加强，在创新中发展，取得了显著成效，积累了丰富的经验。

第一节　思想政治理论课概述

一、思政课的概念

思政课是我国大中小学各教育阶段的一门必修课程，是巩固马克思主义在高校意识形态领域指导地位、坚持社会主义办学方向的重要阵地，是全面贯彻党的教育方针、落实立德树人根本任务的主干渠道和核心课程[①]。作为新时代教育体系中的关键环节，这门课程以培养德智体美劳全

---

① 教育部关于印发《新时代高校思想政治理论课教学工作基本要求》的通知[J]. 中华人民共和国教育部公报，2018(05).

面发展的社会主义建设者和接班人为目标，通过系统化的课堂教学模式，深入传播马克思主义理论体系，为青年学生构建科学的世界观和方法论奠定了坚实基础。

思政课的概念可追溯至中华人民共和国成立初期的政治理论课程。1949 年，华北人民政府高等教育委员会颁布《华北专科以上学校 1949 年年度公共必修课过渡时期实施暂行办法》，明确将辩证唯物论与历史唯物论、新民主主义论等列为必修课①，奠定了思政课的早期形态。1995 年，国家教委在《关于高校马克思主义理论课和思想品德课教学改革的若干意见》中提出“两课”（马克思主义理论课和思想品德课）概念，其内涵已与思政课高度契合②。2005 年，《中共中央宣传部、教育部关于进一步加强和改进高等学校思想政治理论课的意见》（以下简称“05 方案”）正式确立“思想政治理论课”名称。2019 年，习近平总书记在学校思政课教师座谈会上提出“八个统一”要求，推动课程改革创新。当前，课程建设以《关于深化新时代学校思想政治理论课改革创新的若干意见》（2019 年）等政策为纲领，强调“全员全过程全方位育人”，形成大中小学思政课一体化格局。

二、思政课的性质

思政课作为一门具有深远历史意义的课程，不仅体现了其思想性，而且展现了其鲜明的政治性和深厚的理论性。

---

① 教育部社会科学司 . 普通高校思想政治理论课文献选编（1949—2006）[M]. 北京：中国人民大学出版社，2007.

② 刘书林 . 新中国 70 年高校思想政治教育发展主要经验和规律 [J]. 思想教育研究，2020，(07):36-44.

（一）思政课的思想性

“思想”这一概念具有双重含义：作为动词，它指代人类特有的认知活动。作为名词，“思想”指的是人类意识对客观世界进行思维加工后所形成的认知成果，包括世界观、价值观等观念体系，特别是对人类自身存在意义与价值的深刻认知。综合“思想”的含义，我们可以看到，思想是人类认识世界和自我的工具，更是人类文明进步的核心动力。

实现人的全面发展是马克思主义理论体系的核心价值追求，具有深刻的理论内涵。马克思、恩格斯认为，共产主义社会的核心任务是实现每个人自由而全面地发展。这一理念是对人片面发展的批判，其本质是追求一种理想的社会状态。在这种状态下，个体的发展除了必要的体力和智力得到发展外，一切潜在的、能够适应不同生产实践的能力也都能够得到充分而全面的发展。这种发展体现了人的思想能力的提升，更彰显了思想在推动人类进步和实现社会理想过程中的重要作用。因此，思政课承担着对青年学子进行思想启迪的使命。在认知层面，其着重传授马克思主义哲学的科学世界观与方法论，指导学生运用辩证唯物主义和历史唯物主义原理。在价值引领层面，该课程致力于培育高尚的道德情操，确立科学的善恶评价标准，塑造澄明心境与崇高志向，使其成为社会主义核心价值观的坚定信仰者、积极践行者，抵御外来价值文化的侵蚀。由此可见，“思想性”特质构成了思政课最为根本的属性特征。

（二）思政课的政治性

在 2019 年 3 月召开的学校思政课教师座谈会上，习近平总书记将思政课定位为落实立德树人任务的关键课程，凸显了其独特的政治属性。这种政治性源于该课程在教育体系中的战略地位和育人功能。这一课程体系以马克思主义意识形态教育为核心，完成从自然人向社会人、政治人的角色转化，为党和国家培养德智体美劳全面发展的社会主义建设者和接班人。

在意识形态的范畴中，马克思主义具有独特且深远的意义。它构建了关于无产阶级解放与人类解放的完整价值体系，实现了理论内容与实践形式的辩证统一。在《共产党宣言》中，马克思、恩格斯展开了深入且严谨的剖析：其一，深刻揭示了资本主义社会中生产资料私有制与社会化大生产之间的结构性矛盾，这一矛盾既是资本主义经济危机的根源，也是推动社会变革的根本动力；其二，科学界定了无产阶级的历史地位，指出其与社会化大生产的本质联系，赋予其推动社会进步的历史使命。这些理论创新有力论证了无产阶级阶级利益与人类解放事业的高度一致性。

作为无产阶级专政的社会主义国家，意识形态建设是其治国理政的重要支柱，直接服务于统治阶级的根本利益。在这一宏观背景下，思政课作为意识形态传播的核心渠道，肩负着系统阐释和创新发展马克思主义意识形态的历史使命。当代中国思政课的创新实践实质上是一场强化主流意识形态建设的深刻变革，彰显了思政课在新时代国家战略布局中的独特价值。这就要求我们必须立足国家发展全局，紧扣时代脉搏，持续优化人才培养的方向引领和战略布局。

思政课以科学认知为基础，以价值引领为导向，帮助青年学生科学认识人类政治现象。一方面，致力于培养学生对政治现象的理性认知，通过系统传授政治学基本理论，包括政治价值、政治运行、政治行为、政治组织以及政治制度等核心要素，全面提升学生的政治素养。另一方面，旗帜鲜明地传播主流政治价值，坚持马克思主义立场，弘扬中国特色社会主义理论体系，践行社会主义核心价值观，培养政治实践能力与远大政治抱负。思政课通过创新实践教学模式，引导学生运用政治学理论分析国内外政治现实，提升政治鉴别能力，明确政治责任。这种认知与引领的有机统一，既夯实了学生的理论根基，又强化了政治认同，为社会主义政治文明建设提供了思想保障。

（三）思政课的理论性

思政课具有理论性，这种性质根植于马克思主义理论自身的科学性与系统性。2022 年 4 月，习近平总书记在中国人民大学考察调研时明确指出："思政课的本质是讲道理，要注重方式方法，把道理讲深、讲透、讲活。"① 作为学校唯一系统开展马克思主义理论教育的课程，思政课实质上是一门"讲道理"的意识形态教育课，其核心任务是通过多样化教学手段，实现马克思主义理论的深度解读、透彻阐释和生动表达。

正如恩格斯所言："每一个时代的理论思维，包括我们这个时代的理论思维，都是一种历史的产物，它在不同的时代具有完全不同的形式，同时具有完全不同的内容。"② 马克思、恩格斯以唯物辩证法为方法论基础，密切关注资本主义发展新态势、工人运动新实践以及科技进步新趋势，持续丰富和发展其理论体系，使之成为一个"不断发展的开放的理论，始终站在时代前沿"③。这种开放性避免了将特定历史条件下的结论教条化，确保了理论的活力与适应性。因此，思政课在全面展现马克思主义在中国的伟大实践成就的同时，深入解析其在应对全球性挑战中所展现的独特思维方式和深远影响力，成为我们认识世界和改造世界的强大思想武器，有助于我们达成"讲道理"的根本目标。

思政课的"理论性"有强大的认识功能，能帮助青年学生深刻认识人类思想政治现象，培养政治自觉意识。这一理论性贯穿于课程体系始终，全面展现哲学社会科学的基础理论与学术前沿。以《毛泽东思想和中国特色社会主义理论体系概论》为例，该课程系统阐释了中国特色社会主义理

① 习近平在中国人民大学考察时强调：坚持党的领导传承红色基因 扎根中国大地 走出一条建设中国特色世界一流大学新路 [N]. 人民日报，2022-04-26(01).

② 中共中央马克思恩格斯列宁斯大林著作编译局 . 马克思恩格斯文集：第 9 卷 [M]. 北京：人民出版社，2009:436.

③ 习近平 . 在纪念马克思诞辰 200 周年大会上的讲话 [M]. 北京：人民出版社，2018.

论体系作为当代中国马克思主义的历史地位，以及其对实现中华民族伟大复兴的理论指导意义。《思想道德修养与法律基础》则始终秉持科学性与理论性，系统讲授马克思主义世界观、人生观、价值观，解答学生普遍关注的社会问题，揭示社会主义法治建设规律，对学生的成长成才具有重要指导价值。

从更深层次看，思政课的理论性体现在其系统的知识架构与严密的逻辑体系中。以马克思主义理论为基石，构建起环环相扣的理论大厦：从马克思主义哲学的基本原理到政治经济学对社会经济现象的剖析，再到科学社会主义对未来社会的构想，各模块有机衔接，为学生提供完整的理论视野。这种系统性使学生能够循序渐进地理解社会发展规律，把握时代脉搏，提升理论素养。同时，课程的理论性与时俱进，不断吸纳新理论成果，如人工智能伦理、全球治理等前沿议题，使学生在学习经典理论的同时，接触最新学术动态，拓展思维边界，为应对未来复杂社会环境奠定坚实的理论基础。

三、思政课的重要地位

我们可以从政党、国家、中国特色社会主义建设与发展和个人四个层面探讨思政课的不可替代性的地位。

（一）思政课是党凝心聚力的主渠道与主阵地

思政课既是我们党开展思想政治工作和思想政治教育的关键课程，也是党的独特创造与政治优势，具有鲜明的政治性。一方面，它能够肩负起推动学生思想政治与科学文化素质协同发展的重任，将学生塑造成中国特色社会主义事业所需的合格接班人；另一方面，引导学生准确定位个人与国家、社会的关系，树立并坚定共产主义远大理想和中国特色社会主义共同理想，铸就拥护党的领导、立志为中国特色社会主义事业奋斗终身的时代新人。

思政课内容丰富，涵盖马克思主义基本原理及其中国化成果，剖析社会主义公民素养，阐释党的方针政策与国际形势。同时，它积极传导主流意识形态，直面错误思潮，引导学生尊重历史、洞察现实，深刻理解党的奋斗历程与伟大成就，感受马克思主义真理的力量，坚定中国特色社会主义道路信念。遵循“循序渐进、螺旋上升”原则，思政课在各级各类学校有序开设，已成为发挥主渠道主阵地作用的核心课程，为坚定“四个自信”，做到“两个维护”，推动中国特色社会主义事业发展、实现中华民族伟大复兴提供了坚实的思想保障。正因如此，思政课在育人过程中展现出专业性、独特性与直接性。

（二）思政课是落实立德树人根本任务的关键课程

思政课是落实立德树人根本任务的关键课程，这一重要论述包含以下三个层面的深刻内涵。

一是明确思政课在落实立德树人根本任务中的关键作用。习近平总书记创造性提出的“关键课程”定位，是对思政课建设规律的战略性把握。这一表述相较于传统称谓有三个重要变化：和“主渠道”相比，它更强调思政课在整个教育中的引领作用；与“灵魂课程”注重内容不同，它更看重思政课和其他课程的紧密联系；相比于“核心课程”的提法，它更突出思政课对国家发展的重要战略意义。这样的新定位，既继承了思政课的传统优势，又根据新时代要求作出了创新性发展。二是明确思政课的独特性和不可替代性。通过系统开展马克思主义科学理论体系和党的创新理论教学，思政课着力引导学生筑牢马克思主义信仰根基，培育中国特色社会主义理想信念，这种贯穿全过程的价值观培育具有其他课程无法替代的独特优势，决定了其特有的意识形态属性和价值培育功能。三是将思政课建设提升到国家发展战略高度。习近平总书记指出，办好思政课，要放在世界百年未有之大变局、党和国家事业发展全局中来看待，要从坚持和发展中国特色社会主义、建设社会主义现代化强国、实现中华民族伟大复兴的高度来对待。这一论述提升了思政课建设的政治站位，进一步凸显了“关键课程”的核心地位。

（三）思政课是中国特色社会主义建设与发展的动力源泉

办好思政课事关中国特色社会主义事业后继有人。习近平总书记强调，办好思想政治课理论课，最根本的是要全面贯彻党的教育方针，解决好培养什么人、怎样培养人、为谁培养人这个根本问题。新时代贯彻党的教育方针，就要落实立德树人根本任务，培育对国家有用的人才，就是要培养具有“大德”“大智”“大能”全面发展的综合型人才，尤其需要理直气壮地办好思政课。

思政课贯通历史、映照现实、展望未来，着眼于党中央如何顺应民众期盼、回应时代呼声、化解时代挑战，秉持实事求是、与时俱进的理念，紧密贴合社会发展节奏，全力培育学生服务中国特色社会主义建设的大局意识。凭借这门课程独一无二的功能，将习近平新时代中国特色社会主义思想浸润学生心田，助力学生树立共产主义远大理想与中国特色社会主义共同理想，鞭策他们刻苦钻研科学文化知识、熟练掌握多样技能，切实增强运用马克思主义立场、观点与方法解析问题、突破难关的能力，让学生全身心投入中国特色社会主义伟大事业，持续为其注入新动能，推动中国特色社会主义航船破浪前行。

（四）思政课是学生人生方向指引与个人发展的重要课程

思政课在学生的全面发展和人生方向指引方面具有不可替代的作用。它是一门传授知识的课程，更是塑造学生思想、道德和政治素养的重要途径。一方面，它紧密贴合学生实际需求，遵循思想发展规律。通过课程，学生能够深入领会马克思主义方法论精髓与人民立场，形成社会责任意识、投身社会实践、服务国家发展的情怀。这种情怀不仅是学生个人成长的需要，也是他们未来在社会中立足和发展的基础。另一方面，思政课教师作为学生成长路上的引路人，发挥着重要作用。教师要用扎实的专业素养和透彻的学理分析引导学生拨开思想迷雾。

第二节　我国思政课建设的历程

中华人民共和国成立以来，思政课经历了曲折的发展历程，其演进与我国近代革命历史、党和国家政策方针以及国际国内形势变迁密切相关，具有鲜明的时代性。因此，思政课发展的阶段划分和属性定位是相对的，要从多个维度进行考量。从教育规律维度上，必须紧扣党的教育方针发展脉络、人才培育标准演进以及课程内容体系的内涵式升级；从历史发展维度上，要立足党和国家发展历程的阶段特征，对接各阶段中心任务，融入马克思主义中国化最新理论成果，并贯穿革命建设改革的完整历史逻辑。基于以上分析，思政课的发展历程可以划分为四个发展阶段。系统梳理其发展脉络，旨在为新时代推进思政课高质量发展提供历史参考和实践指导。

一、从新民主主义向社会主义过渡时期思政课初步发展时期

新中国成立初期，百废待兴，党和国家急需培养能够担当社会主义建设重任的接班人，以确保马克思列宁主义、毛泽东思想在意识形态领域的领导地位，彻底荡涤教育文化界存在的落后风气。在此背景下，思政课的建设与发展成为教育领域的当务之急。

《中国人民政治协商会议共同纲领》明确指出，中国要进行新民主主义的文化教育[①]，为高校思政课的改革指明了方向。高校迅速行动起来，

① 教育部社会科学司 . 普通高校思想政治理论课文献选编 (1949—2008)[M]. 北京：中国人民大学出版社，2008:1.

依据新民主主义建设以及巩固社会主义政权的需求，积极开设新民主主义革命课程，着力改变过去将思想政治教育与专业教育对立割裂的局面，推动思想政治教育融入教育教学全过程。

1952 年 10 月，教育部颁布《关于全国高等学校马克思列宁主义、毛泽东思想课程的指示》，对高校思政课的课程设置、修读要求、课程类型、课时安排等作出系统规范，为课程建设的标准化和规范化奠定了基础。1953 年，为深入贯彻过渡时期总路线，推动社会主义改造进程，同时帮助青年学生深刻理解中国革命历史、把握社会主义建设规律，高校对思政课进行了进一步优化，将“新民主主义论”调整为“中国革命史”，并增设“马列主义基础”。这些开创性实践标志着我国思政课程体系的初步形成。

二、社会主义建设时期思政课曲折探索时期

1956 年，随着社会主义改造的基本完成，思政课进入了新的发展阶段，肩负起培养社会主义建设者和接班人的历史使命，开启了曲折发展的探索历程。同年 9 月，教育部发布《关于高等学校政治理论课程的规定（试行方案）》，旨在强化青年学生的思想政治教育，为社会主义建设输送各类专门人才。新方案对既有课程体系进行了全面优化，明确规定“马列主义基础”和“中国革命史”为所有专业的必修课程，“政治经济学”和“辩证唯物主义与历史唯物主义”则作为除特定专业外的必修课程。这一改革为后续课程建设奠定了重要基础。

1957 年，毛泽东在《关于正确处理人民内部矛盾的问题》中要求思想政治教育工作营造齐抓共管的局面。同年 12 月，高等教育部和教育部联合发布《关于在全国高等学校开设社会主义教育课程的指示》，规定“全国高等学校各年级普遍开设‘社会主义教育’课程，学习内容以毛主席的‘关于正确处理人民内部矛盾的问题’为中心教材，同时阅读一些必要的马克

思列宁主义经典著作、党的文件和其他文件”[①]。这一指示使得1957年至1960年间的政治教育呈现出明显的政治化特征，在一定程度上强化了学生的政治意识和素养。

1958年，中共中央、国务院在《对高等学校政治教育工作的几点意见（草稿）》中进一步明确，所有学校都必须开展马克思列宁主义政治教育和思想教育，实现思想政治教育课程的全覆盖，着力培养教师和学生的阶级观点、群众观点和集体观点。这一文件从制度层面强化了思想政治教育在学校教育体系中的核心地位，为思想政治教育的全面深入推进提供了有力保障。

在20世纪60年代国际共运阵营分歧加剧的背景下，为强化青年学子辨别和抵御错误思潮的政治能力，1961年教育部出台的《关于改进高校公共政治理论课教学的指导意见》（以下简称《意见》）构建了新的课程体系：一是理论教育板块包括中共党史（侧重毛泽东革命理论）、马列经典著作研读（含政治经济学与辩证唯物主义）构成的学科基础；二是实践指导板块则通过及时解读国内外政经动态、解析党的阶段性工作部署，实现理论武装与现实关切的有机贯通。《意见》对教学时数、阅读书目、教材编写等作出明确规定，并提出创新性的教学方法改革和考试形式优化。在师资队伍建设方面，“计划在两三年内，采用短期集中、单科独进的办法”[②]完成教师轮训工作，史称“61方案”。

1971年，全国教育工作会议提出中小学生要德智体全面发展，要求学生学习毛泽东思想和社会主义文化科学知识，但会议过分强调“思想和

① 教育部社会科学司.普通高校思想政治理论课文献选编(1949—2008)[M].北京：中国人民大学出版社，2008:31.

② 教育部社会科学司.普通高校思想政治理论课文献选编(1949—2008)[M].北京：中国人民大学出版社，2008:45.

政治路线方针教育”，以反对修正主义教育路线为主要任务。在特定历史条件下，思想政治教育工作出现方向偏移。这不仅丧失了其对青年一代进行意识形态教育的应有功能，还导致课程体系在特定时期内难以发挥应有的育人功能，更导致思政课教育教学建设陷入停滞。

中华人民共和国成立初期至改革开放前，思政课发展呈现出鲜明的时代特征。在国际冷战格局与社会主义阵营内部调整的双重影响下，这一阶段的课程核心目标聚焦于马克思主义理论体系系统建构和革命价值认同培育。这个定位既反映了社会主义教育事业初创时期的内在需求，也契合了巩固新生政权意识形态基础的时代要求。课程发展集中于课程体系建设，课程设置调整较大，与我国近代革命历史、党和国家的路线方针政策、国际国内环境变化紧密相连。这些发展历程为后续思政课的优化完善提供了宝贵经验与深刻教训。

三、改革开放后思政课稳定发展时期

改革开放历史性转折时期的思政课建设呈现新特征。党的十一届三中全会实现思想路线的正本清源，思政课建设重新步入正轨，在继承“61方案”基础上形成更具时代张力的课程框架。依据社会主义初级阶段基本矛盾的科学判断，该阶段着力构建马克思主义基本原理教育、现代化知识传授、复合型人才培养相协同的教学新范式。这一阶段，思政课的课程设置与时俱进，课程体系建设在改革创新中不断完善。

1978年4月，全国教育工作会议召开，邓小平在会上指出：“革命的理想，共产主义的品德，要从小开始培养……我们希望从事教育工作的同志，各个相关部门的同志和整个社会的家家户户，都来关心青少年思想政治的进步。”[①] 教育部作出系统性部署：在教学内容层面，要求完整传

① 邓小平．邓小平文选：第2卷[M]．北京：人民出版社，1994:105-106.

授马克思主义哲学、政治经济学和科学社会主义理论体系；在课程设置方面，规定所有专业开设哲学原理、政治经济学、中共党史三门必修课，并根据学科特点增设自然辩证法（理工农医类）和国际共运史（文科类）等拓展课程。此后，教育部牵头组建教材编写组，开展青年教师理论研修计划，完善党委领导下的课程质量督导制度。

随着教育事业的深入发展，学生思想道德教育的重要性日益凸显。1982 年 10 月，教育部发布了《关于在高等学校逐步开设共产主义品德课程的通知》，提出“要按照不同地区、专业、年级学生的思想特点有计划地进行共产主义思想品德教育”[①]，这一政策标志着思想道德教育在高等教育体系中的地位得到显著提升。1984 年 9 月，教育部印发《关于在高等学校开设共产主义思想品德课的若干规定》，正式将共产主义思想品德课纳入政治理论课程体系。[②]该政策文件在高校教育领域产生巨大影响，标志着“马克思主义理论课”与“共产主义思想品德课”构成的“两课”体系初步形成。

1985 年 8 月，中共中央发布《关于改革学校思想品德和政治理论课程教学的通知》，这是党的十一届三中全会以来首次对大中小学思政课内容进行顶层设计的重要文件。文件指出：“马克思主义从来不是也不可能是一个封闭的、凝固的体系。因此，在它的教学中必须面向现代化，面向时代，面向未来；同时必须紧密联系青少年不同时期的思想、知识、心理发展的特点，循序渐进，由浅入深，从具体到抽象，从现象到本质，引导他们逐步树立正确的人生观和世界观，运用正确的观点和方法去积极地思

① 教育部社会科学司．普通高校思想政治理论课文献选编（1949—2008）[M]．北京：中国人民大学出版社，2008:92.

② 教育部社会科学司．普通高校思想政治理论课文献选编（1949—2008）[M]．北京：中国人民大学出版社，2008:100.

考并回答自己所面临的重大问题，认清和履行我国青年一代的崇高责任。”[①]该文件实现了政治理论教育的重大改革：在基础教育领域，建立大中小学各学段思想品德课程整体规划，其中，小学阶段以日常行为规范养成教育为主，初中阶段融入宪法法律基础内容，高中阶段强化社会主义制度认同培育，开设中国革命史、社会主义建设理论与实践、马克思主义哲学方法论等必修课程。通过建立各学段教学标准衔接机制和统一评价框架，形成纵向贯通、横向衔接的课程体系。这一改革方案为20世纪90年代思政课体系化建设奠定了制度基础，被称为“85方案”。

在“85方案”的指导下，国家教委启动中学思想政治课程体系创新试点，将实验学校的课程设置调整为：初中开设“社会主义公民”“社会发展简史”“社会主义建设常识”；高中开设“革命人生观”“经济常识”“政治常识”。[②]小学思想品德课在此阶段完成两次关键性修订。1986年制定的《全日制小学思想品德课教学大纲》[③]首先规定了小学阶段的8个主题内容，继而划分低年级（1—2年级）、中年级（3—4年级）及高年级（5—6年级）3个教学梯度，形成51项具体实施规范。1992年，随着义务教育全面推行，国家教委发布了《九年义务教育全日制小学思想品德课教学大纲（试用）》[④]，将教学要点增至53项。这些调整表明，中小学思想品德课的“内容一体化”探索已经取得实质性进展。

---

① 教育部社会科学司.普通高校思想政治理论课文献选编(1949—2008)[M].北京：中国人民大学出版社，2008:106.

② 课程教材研究所.20世纪中国中小学课程标准·教学大纲汇编：思想政治卷[M].北京：人民教育出版社，2001:269.

③ 课程教材研究所.20世纪中国中小学课程标准·教学大纲汇编：思想政治卷[M].北京：人民教育出版社，2001:56-62.

④ 课程教材研究所.20世纪中国中小学课程标准·教学大纲汇编：思想政治卷[M].北京：人民教育出版社，2001:69-74.

高等学校的思政课建设也在持续完善。1986年3月，国家教委颁布《关于在高等学校进一步贯彻〈中共中央关于改革学校思想品德和政治理论课教学的通知〉的意见》，确立以“中国社会主义建设”“马克思主义哲学与政治经济学”“当代国际政治经济”“中国革命发展史”四门基础理论课为核心的新课程架构。随后相继出台配套性教学规范：1986年7月推动形势与政策教育制度化建设，同年9月明确法律基础课程标准化教学要求，1987年10月制定思想政治教育课程质量评估细则。至此，形成以马克思主义理论教育为主体、思想政治教育为延伸的课程基础架构，中小学德育课程衔接机制的建立，标志着多层次、跨学段的大中小学思想政治教育体系开始形成。

1994年，《中共中央关于进一步加强和改进学校德育工作的若干意见》发布，标志着我国学校德育体系建设进入系统规划阶段。该文件从整体视角出发，强调“根据德育工作的总目标，科学规划各教育阶段的具体内容”[①]，为思政课的一体化建设提供了宏观指导。1995年10月，国家教委发布《关于高校马克思主义理论课和思想品德课教学改革的若干意见》，首次将马克思主义理论课和思想品德课统称为“两课”，文件针对“两课”进行了系统性制度安排。同年11月，《中国普通高等院校德育大纲（试行）》颁布，规定马克思主义理论课包括“马克思主义基本原理”“中国特色社会主义建设”和“中国革命史论”，思想品德课设置“思想道德修养”“法律基础”和“形势与政策”，文科专业增设“世界政治经济与国际关系”。

与此同时，中学思想政治课改革围绕1995年国家教委发布的《关于进一步加强和改进中学思想政治课教学工作的意见》深入推进。该文件首次将九年义务教育视为统一阶段，把中学思想政治课纳入大中小学思政课整体规划。这是我国思政课发展史上首次将小学和初中作为一个整体进行规划。1996年出台的《全日制普通高级中学思想政治课课程标准》试行具

① 中共中央关于进一步加强和改进学校德育工作的若干意见[J].人民教育，1994(10).

有教育教学改革里程碑意义。该标准通过分年级制定教学模块目标，实施单元知识点讲解与课堂实践活动并行的双轨设计，实现课程内容体系的层次化建构与逻辑关联性强化，显著提升了高中思想政治课内容的层次性和系统性。1997 年颁布的《九年义务教育小学思想品德课和初中思想政治课课程标准（试行）》首次完成中小学德育课程内容的制度化规范。推进小学思想品德课和中学思想政治课变革，印发系列课程标准，如 1996 年高中思政课、1997 年义务教育阶段相关课程标准，旨在科学规划教学内容体系、完善高中内容并实现小初衔接。这些政策标志着义务教育阶段意识形态教育开始从经验型教学向科学化课程体系转型，为德育目标的序列化达成奠定学理基础。

1998 年 6 月 10 日，中宣部和教育部联合颁布《关于普通高等学校“两课”课程设置的规定及其实施工作的意见》①，史称“98 方案”，标志着高校思想政治教育进入系统化建构新阶段。该方案在“85 方案”基础上实施课程体系重构，以邓小平理论为中心，着眼于帮学生树三观、立理想，遵循理论联系实际等原则，规范课程设置：专科、本科、研究生各有不同的课程安排，涵盖马克思主义理论、思想品德等多方面内容，如辩证唯物主义教育、社会主义道德教育等，且明确各课程基本内容。实施上，1998 年至 1999 年分批推进，各地、各高校要高度重视，抓好教材、师资等工作，切实解决困难，提高教学质量。“98 方案”还针对每一门课程的基础内容、课时分配等关键要素制定了详尽细则，通过全方位、系统性的布局，构建起了截至当前阶段最为完备、精细的高校思政课程体系，为高校思想政治教育工作的扎实推进以及学生思想政治素养的稳步提升筑牢了根基。

2001 年 11 月，教育部印发《义务教育课程设置实验方案》，对义务

---

① 教育部社会科学司. 普通高校思想政治理论课文献选编 (1949—2008)[M]. 北京：中国人民大学出版社，2008:182.

教育阶段思政课进行重大调整。小学阶段以“品德与生活”和“品德与社会”取代原有的思想品德课；初中阶段则用“思想品德课”替代原有的思想政治课。2002 年 5 月，《全日制义务教育品德与生活课程标准（实验稿）》和《全日制义务教育品德与社会课程标准（实验稿）》相继颁布。2003 年，《全日制义务教育初中思想品德课程标准（实验稿）》正式实施，初中阶段各年级课程统一更名为“初中思想品德课”，结束了自 1992 年以来“初中思想政治课”的称谓。①

2004 年 10 月，中共中央、国务院下发了《关于进一步加强和改进大学生思想政治教育的意见》，强调把思想政治教育摆在首要位置，将思想政治教育融入学校管理全过程。2005 年 2 月，中宣部和教育部印发《〈中共中央宣传部教育部关于进一步加强和改进高等学校思想政治理论课的意见〉实施方案》要求大力推进学科建设，为设立马克思主义一级学科提供学科支撑；完善课程体系，以马克思主义中国化成果为中心内容设置课程；抓紧编写高质量教材，将马克思主义理论研究和建设工程纳入教材之中；切实改进教学方式方法，发挥教师主导与学生主体作用，加强实践教学并改进考试方法；努力造就高素质教师队伍，优化教师结构，建立培训体系；同时，各级党委、政府和高校党委要切实加强领导，为课程建设提供保障，营造良好氛围。这一被称为“05 方案”的改革，是高校思政课一体化建设的重要阶段性成果。

为推进“05 方案”的落地实施，2005 年 4 月《教育部关于整体规划大中小学德育体系的意见》②（以下简称《意见》）发布，指出整体规划大

① 教育部关于印发全日制义务教育《思想品德课程标准（实验稿）》的通知 [J]. 教育部政报，2003(Z2).

② 教育部关于整体规划大中小学德育体系的意见 [J]. 中华人民共和国教育部公报，2005(06).

中小学德育体系意义重大且紧迫，是落实教育方针、强化思想教育的关键之举。以邓小平理论和“三个代表”重要思想为指引，遵循系列原则，各阶段德育各有侧重：小学培养“五爱”情感、设品德课、开展趣味活动；中学树立理想、开思政课、组织知识拓展活动；大学确立信念、设多门德育课、推动政治性实践活动。同时，对于挖掘课程德育资源、全员育人、构建家校社德育网络、发挥党团作用等拓展途径，各地依《意见》落实推进。教育部通过政策供给推动思政课程体系系统性建设：2006 年出台《高校思政课教材编审与使用规程》《思想道德修养与法律基础课程全面推行指导方案》等专项文件；2007 年制定《思政课骨干教师能力提升研修计划》；2008 年形成配套制度集群，包括《关于重申高校思想政治理论课教材编写、出版、使用要求的通知》《关于做好 2008 年“高校思想政治理论课教师在职攻读马克思主义理论博士学位”专项计划招生工作的通知》《关于增设“中国近代史基本问题研究”二级学科的通知》等完善的学科支撑体系。在党和国家战略布局下，思政课课程建设实现教学体系标准化、师资培养专业化、学科支撑制度化的协同发展，标志着马克思主义理论教育进入全要素优化阶段。

四、新时代思政课创新发展时期

中国特色社会主义进入新时代以来，以习近平同志为核心的党中央高度重视思政课建设，将其定位为落实立德树人根本任务的关键课程，推动思政课建设进入创新发展的崭新阶段。

2014 年，上海率先开展“课程思政”探索，随后推出《上海高校课程思政教育教学体系建设专项计划》，并在试点院校推广。2015 年 1 月，中共中央办公厅、国务院办公厅印发《关于进一步加强和改进新形势下高校宣传思想工作的意见》，强调高校宣传思想工作至关重要。文件指出，在课程内容上，以中国特色社会主义理论体系为主线，推动其进教材进课堂进头脑；同时注重提高教师思想政治素质，切实加强党对高校宣传思想工作的领导，构建全方位育人格局，保障思政课重点建设地位。① 同年7月，中宣部、教育部发布《普通高校思想政治理论课建设体系创新计划》，提出思政课建设有诸多创新亮点，于课程体系层面，紧密贴合时代脉搏与学生需求，精准分层构建从小学到大学循序渐进、螺旋上升的内容架构，融入前沿热点，化解课程重复难题；在教学方法上，打破传统灌输模式，大力推广案例式、研讨式、体验式教学，巧用新媒体技术打造沉浸式课堂，激发学生的主体能动性；在师资队伍建设创新方面，强化专业培训，提升教师理论深度，拓宽人才引进渠道等，把思政课建成学生真心喜爱的优秀课程。

2016年12月，习近平总书记在全国高校思想政治工作会议上发表重要讲话，强调要“把思想政治工作贯穿教育教学全过程”②。思政课要在改进中加强，坚持以马克思主义为指导，用好课堂主渠道，提升亲和力与针对性，满足学生需求；其他课程应与思政课同向同行，形成协同效应。要加快构建中国特色哲学社会科学学科与教材体系，创新学术话语。这一论述深刻阐明了思政课程与课程思政的内在逻辑关系。2017年，《关于深化教育体制机制改革的意见》进一步强调，思政课建设必须健全立德树人系统化落实机制，构建以社会主义核心价值观为引领的大中小幼一体化德育体系，依学生年龄精准定位德育目标、设计内容与方法。同时，健全全员、全过程、全方位育人体制，深挖课程德育内涵，创新思政教育方式，融合理论与实践、课内与课外等多方面，增强亲和力、针对性。此外，还要用

① 中华人民共和国学校思想政治理论课重要文献选编：下册 [Z]. 北京：人民出版社，2022:1381.

② 习近平在全国高校思想政治工作会议上强调 把思想政治工作贯穿教育教学全过程 开创我国高等教育事业发展新局面 [N]. 人民日报，2016-12-09(01).

好各类资源的育人功能，强化家校社协同育人，为思政课高质量发展筑牢根基，助力学生成长为时代新人。

党的十九大将习近平新时代中国特色社会主义思想确立为党的指导思想，为思政课建设提出了新要求。2018 年 4 月，教育部印发《新时代高校思想政治理论课教学工作基本要求》，强调全面推动习近平新时代中国特色社会主义思想进教材进课堂进学生头脑。同年，《关于加快建设高水平本科教育全面提高人才培养能力的意见》明确提出要强化课程思政与专业思政，于“三全育人”格局下，依专业特性设计思政内容，促教师融入思政元素，打造精品课程、示范课堂与优秀师资，实现专业课与思政课协同育人。

2019 年 3 月 18 日，习近平总书记在学校思政课教师座谈会上强调：“在大中小学循序渐进、螺旋上升地开设思政课非常必要，是培养一代又一代社会主义建设者和接班人的重要保障。”[①] 这一重要论述为大中小学思政课一体化建设指明了方向。同年 8 月，中共中央办公厅、国务院办公厅印发《关于深化新时代学校思想政治理论课改革创新的若干意见》，构建了必修课加选修课的课程体系，推动各类课程与思政课同向同行。同年 9 月，中共教育部党组发布《“新时代高校思想政治理论课创优行动”工作方案》，致力于构建课程思政大格局，推动各类课程与思政课同向同行，将思政元素融入专业课程，实现知识传授与价值引领有机统一。

2020 年 12 月，中宣部、教育部印发《新时代学校思想政治理论课改革创新实施方案》，系统规划大中小学各学段思政课的目标体系、课程体系、教材体系。党的二十大以来，思政课围绕学习宣传贯彻党的二十大精神持续深化创新。2022 年 8 月，《全面推进“大思政课”建设的工作方案》

① 习近平主持召开学校思想政治理论课教师座谈会强调：用新时代中国特色社会主义思想铸魂育人 贯彻党的教育方针落实立德树人根本任务 [N]. 人民日报，2019-03-19(01).

强调要推动思政小课堂与社会大课堂相结合。2023年8月，《习近平新时代中国特色社会主义思想概论》教材正式出版，是推进习近平新时代中国特色社会主义思想进教材、进课堂、进头脑“三进”工作的关键成果。在2024年5月召开的新时代学校思政课建设推进会上，着重强调要以习近平新时代中国特色社会主义思想为指引，促进其与党的创新理论深度协同，精心构建以该思想为核心的课程教材体系。一方面，扎根中华优秀传统文化、革命文化以及社会主义先进文化土壤，深入推进大中小学思政教育一体化进程，秉持守正创新理念，提升思政课内涵品质，切实增强课程的针对性与吸引力；另一方面，全力打造一支政治过硬、情怀深厚的高素质教师队伍，全方位开启思政教育全新局面。

在这一时期，思政课建设在坚持传统优势的同时，着力推进系统性改革创新。通过实施“三全育人”“课程思政”“大中小学一体化”等创新举措，推动构建了多主体协同、跨学段衔接、课内外联动的思想政治教育新体系，开创了我国思想政治教育事业发展新局面。

第三节　我国思政课建设的成绩和经验

一、我国思政课建设取得的成绩

在党的坚强领导下，思政课建设取得了历史性成就，为培养担当民族复兴大任的时代新人奠定了坚实基础。

（一）思政课战略地位持续巩固

办好思政课事关“培养什么人、怎样培养人、为谁培养人”这一教育的根本问题，关乎党的奋斗目标顺利实现，关乎中华民族伟大复兴的历史进程。习近平总书记在学校思政课教师座谈会上指出：“办好思政课，要放在世界百年未有之大变局、党和国家事业发展全局中来看待，要从坚持和发展中国特色社会主义、建设社会主义现代化强国、实现中华民族伟大复兴的高度来对待。”[①]这一重要论述突破了传统思政课局限于校内教育的认知，将其提升为应对大国竞争、维护意识形态安全的关键抓手，将思政课从单一教育教学活动升华为国家治理体系的重要组成部分，为新时代思想政治教育提供了根本遵循。

2019年3月18日，中共中央召开思政课建设专题会议，将思政课建设提升为教育工作的战略重点。党的十九届四中全会进一步强调“构建全员全过程全方位育人体系”（“三全育人”）[②]，凸显了思想政治教育在人才培养体系中的基础性地位。2022年党的二十大报告将“理想信念教育常态化制度化”纳入教育现代化战略框架，明确要求“完善思想政治工作体系”。[③]以习近平同志为核心的党中央从实现中华民族伟大复兴的战略高度，系统推进新时代思想政治教育体系建设：在制度设计层面，出台《关于深化新时代学校思想政治理论课改革创新的若干意见》《关于加强新时代马克思主义学院建设的意见》等政策文件，构建起“党委统一领导、党政齐抓共管、部门协同推进”的工作格局；在实施路径上，通过建立“大中小学思政课一体化建设”机制，实现不同学段教学目标的阶梯化衔接；在保障措施方面，实施“高校思政课教师队伍后备人才培养专项支持计划”，夯实队伍建设基础。这一系列顶层设计与制度创新，形成了全党全社会重视思政课建设的良好生态。

（二）思政课制度体系日趋完善

新时代背景下，我国思想政治教育制度体系实现系统性突破。通过

① 习近平．思政课是落实立德树人根本任务的关键课程 [J]. 求是，2020(17)：4-16.

② 中共中央关于坚持和完善中国特色社会主义制度 推进国家治理体系和治理能力现代化若干重大问题的决定 [N]. 人民日报，2019-11-06(01).

③ 习近平．高举中国特色社会主义伟大旗帜 为全面建设社会主义现代化国家而团结奋斗：在中国共产党第二十次全国代表大会上的报告 [N]. 人民日报，2022-10-26(01).

制度创新与政策协同，我国已初步形成目标明确、内容科学、运行高效的思想政治教育制度体系，为培养担当民族复兴大任的时代新人提供了坚实的制度支撑。

2019 年学校思政课教师座谈会后，党中央以系统性改革思维推进制度体系建设，构建起顶层设计与实施路径相结合的制度架构。该体系围绕教材编审、教学科研、课程创新、师资培育等四大核心维度。例如，《关于深化新时代学校思想政治理论课改革创新的若干意见》《新时代学校思想政治理论课改革创新实施方案》《关于进一步加强新时代中小学思想政治理论课建设的意见》等纲领性文件的出台，不断巩固和拓展“一体化”“大思政”等体现新时代思想政治教育规律和学生成长规律的教育理念，形成主体明确、层次分明的制度框架，标志着思政课建设进入系统性制度建构新阶段。

教材建设领域，通过《全国大中小学教材建设规划》（2019—2022）首次实现学段衔接与学科协同的系统设计，配套出台《习近平新时代中国特色社会主义思想进课程教材指南》，建立理论创新成果“三进”（进教材、进课堂、进头脑）机制。教学改革层面，《高等学校课程思政建设指导纲要》与《“大思政课”建设方案》双轨推进，在完善课程管理体系、修订教学评估标准的同时，创新教学模式，显著提升教学实效性，增强学生获得感。师资培育方面，《普通高等学校思想政治理论课教师队伍培养规划》《新时代高等学校思想政治理论课教师队伍建设规定》等文件覆盖高等教育构建。《关于加强新时代中小学思想政治理论课教师队伍建设的意见》等文件形成基础教育的立体化制度体系，通过设立专项培训计划与健全职称评审制度（单列指标、单独评审），形成“准入标准—职业发展—质量评估”的完整培养链。

（三）思政课教学实效显著增强

思政课的创新发展，构建了系统完备、科学规范、运行有效的制度体系，更通过强化制度执行与资源整合，推动了教学实效性的全面提升。

在教学实践中，能否使学生将所学知识内化于心、外化于行，实现知识传授、价值塑造与能力培养的有机统一，是衡量思政课成效的重要标准。2020 年，教育部发布《高等学校课程思政建设指导纲要》，提出推动思政课教学实效需要多管齐下：一方面，从教学体系构建入手，高校依循标准修订人才培养方案，科学设计涵盖公共基础、专业教育、实践类课程的思政教学体系，分类推进不同专业课程思政建设，融入多元思政元素；另一方面，聚焦课堂教学全过程，将思政融入课程设置、大纲核准、教案评价各环节，创新教学模式，运用信息技术激发兴趣，健全管理体系提升融入水平，综合运用课堂内外拓展途径。同时，强化教师队伍建设，提升其思政意识与能力，搭建交流平台、开展专题培训、发挥基层组织作用并鼓励合作教研。此外，建立健全质量评价体系与激励机制，完善考核评价、监督检查，发挥专家组织作用制定标准等，全方位提升思政课教学实效[①]。在教学方法上，思政课高质量发展始终注重教学方法的创新。这一系列举措表明，思政课教学已从单一课堂讲授转向多元协同育人，真正实现了“知”与“行”的统一，为培养新时代社会主义建设者和接班人提供了坚实保障。

（四）思政课教师队伍持续壮大

办好思政课的关键在于教师，核心在于充分发挥教师的积极性、主动性和创造性。党的十八大以来，全党全社会协同营造了重视思政课教师、支持思政课建设的良好生态，为思政课事业发展奠定了坚实基础。

首先，思政课教师队伍规模显著扩大。新时代以来，党和国家通过《新时代高等学校思想政治理论课教师队伍建设规定》等文件系统规划教师队

① 教育部关于印发《高等学校课程思政建设指导纲要》的通知 [EB/OL].http://www.moe.gov.cn/srcsite/A08/s7056/202006/t20200603_462437.html，2020-06-01［2022-06-14］.

伍建设路径，明确要求扩大教师队伍规模、提升综合素质、强化后备人才培养。通过配齐建强师资队伍，高校思政课教师数量实现翻番，师生比基本达到 1 ∶ 350 的标准；同步实施“选拔优秀毕业生充实新生力量”和“多渠道选聘兼职教师”的双轨机制，使教师队伍的年龄结构、学位结构、职称结构趋于合理。这一系列举措有效解决了各级学校的师资缺口问题，形成了专兼结合、多支队伍协同发力的教师队伍格局。

其次，构建了较为完善的教师培养体系。为适应教师专业发展需求，我国逐步形成了较为完善的教师培养体系。1984 年，教育部决定在 12 所院校设置思想政治教育专业；1987 年，又进一步扩大了马克思主义教育相关专业的培养规模。1995 年起，国家教委加强了“两课”的硕士和博士研究生教育，开展高校“两课”教师在职攻读硕士学位。2005 年，教育部增设了马克思主义理论一级学科及所属二级学科，加强了硕士点和博士点的建设。近年来，我国持续加大对思想政治教育教师队伍的培养力度，充分发挥教师培训基地的作用，这些基地成为教师提升业务能力的重要途径。与此同时，教师间的“传帮带”机制被广泛运用，成为教师队伍建设的重要抓手。通过集体备课形式的创新，打破了传统的单一化教学模式，教师在教学实践中不断突破自我、提升能力，形成了多元化的教学风格。这些政策的实施，为思想政治教育专业建设、教师队伍培养以及课程体系优化提供了重要支撑，有力推动了马克思主义理论与思想政治教育事业的发展，为思想政治教育课程的高质量发展提供了坚实保障。

二、我国思政课建设的经验

在新时代背景下，坚持马克思主义根本指导地位，把牢党的领导与社会主义办学方向，推进守正创新的教学实践探索，贯彻党的创新理论成果，强化教材建设和师资队伍支撑，为新时代新征程中思政课的创新发展提供了重要借鉴。

（一）坚持马克思主义根本指导地位

改革开放以来，思政课体系不断改革创新，与时俱进，但马克思主义的指导地位始终坚定不移，成为思政课的核心内容。思政课必须坚持以马克思主义理论为基础，引导学生深刻理解马克思主义理论，培养社会主义核心价值观，为新时代中国特色社会主义事业提供思想保障和道德指引。

以大学思政课为例，自1952年教育部发布《关于全国高等学校马克思列宁主义、毛泽东思想课程的指示》以来，综合性大学开设了“新民主主义论”“政治经济学”“辩证唯物论与历史唯物论”等课程。从那时起，直到当前大学开设的“马克思主义基本原理概论”和“毛泽东思想和中国特色社会主义理论体系概论”，思政课的课程设置和内容不断演变，但马克思主义理论教育始终是其核心。贯穿思政课发展历史的是马克思主义基本原理，而不断增加的则是马克思主义中国化的理论成果。这些事实表明，只有坚持马克思主义的指导地位，才能铸牢思政课的“根”和“魂”，确保其不偏离正确方向。

（二）坚持党的领导与社会主义办学方向

坚持党的领导是思政课建设的根本原则和核心保障。思政课作为社会主义高等教育的重要组成部分，其开设与建设始终与党的领导和社会主义办学方向紧密相连。自中华人民共和国成立以来，中国共产党通过建立健全思政课领导体制，确保其战略地位和政治方向。早在1952年，中共中央就明确提出在高校建立政治工作制度，以加强马克思列宁主义的思想建设，为高等教育奠定政治基础。改革开放以来，面对经济全球化和教育国际化的新形势，党始终坚持在思政课建设中把握政治方向，将其作为社会主义大学区别于资本主义大学的重要标志。1978年，邓小平在全国教育工作会议上强调，“学校应该永远把正确的政治方向放在第一位”①，这一指示为思政课的健康发展提供了根本遵循。

党对思政课的全面领导贯穿于课程、教材、教师队伍等多个环节。在组织上，中共中央多次强调党委和校长在思政课建设中的主体责任，明确要求领导干部直接参与思政课教学，确保其政治方向与党的方针政策保持一致。在思想上，党通过理论创新和思想引领，为思政课提供科学指南。中国特色社会主义理论体系的创立和发展，为思政课教学注入了新的理论活力，使其能够与时俱进地回应时代课题。在业务上，党通过加强教师队伍建设和教材建设，确保思政课的专业性和实效性。改革开放以来，中共中央多次出台政策文件，明确思政课教师队伍的业务标准和教材编写的政治方向，为思政课的高质量发展提供了制度保障。

坚持以社会主义办学方向为核心，是思政课建设的根本遵循，体现了中国共产党和中国政府对高等教育事业的高度重视和科学规划。思政课作为我国高等教育体系的核心组成部分，始终坚持社会主义性质和办学方向，贯穿于中国革命、建设与改革的全过程，为党和国家事业发展筑牢思想根基。党中央和教育部历来强调：“马列主义理论课是社会主义各类高等学校的必修课；开设马列主义理论课，是新中国大学区别于旧中国大学，社会主义高等学校区别于资本主义高等学校的一个重要标志。”②这一要求深刻体现了我国教育的制度优势，确保社会主义意识形态在育人全过程中的主导地位。

进入新时代，习近平总书记进一步明确思政课的根本方向，强调其

---

① 本书编写组 . 中华人民共和国学校思想政治理论课重要文献选编：上册 [G]. 北京：人民出版社，2022:466.

② 本书编写组 . 中华人民共和国学校思想政治理论课重要文献选编：上册 [Z]. 北京：人民出版社，2022:471-472.

必须“坚持马克思主义指导地位，贯彻新时代中国特色社会主义思想，坚持社会主义办学方向，落实立德树人根本任务，坚持为人民服务、为巩固和发展中国特色社会主义制度服务、为改革开放和社会主义现代化建设服务”[①]。这为思政课坚持社会主义办学方向提供了根本遵循，也明确了思政课在新时代的重要使命。

（三）推进守正创新的教学实践探索

在高质量发展的视域之下，思政课建设紧扣“守正创新”这一关键脉络稳步前行，始终以“上好一堂课”为目标，注重理论联系实际，推动思政课建设内涵式发展。

1949 年以来，思政课始终坚持以理论联系实际为根本原则，既坚守马克思主义理论内核，又紧扣党和国家中心任务与学生思想实际，在守正与创新的辩证统一中实现社会价值与个体价值的深层融合。这一原则贯穿于思政课建设的全过程：从中华人民共和国成立初期强调“贴近实际、贴近生活、贴近学生”的育人导向，到改革开放后明确提出教学内容须“联系社会主义现代化建设实际、联系大学生思想实际”，再到新时代习近平总书记提出“思想政治理论小课堂与社会大课堂结合”[②]的实践要求，始终将党的理论创新成果与鲜活社会实践转化为育人资源。通过以实际问题为中心的理论阐释、以实践需求为导向的课程改革，推动学生在知行合一中投身民族复兴伟业，彰显了高质量发展视域下思政课建设“守理论之正、创实践之新”的内在逻辑。

这种“守正创新”的发展路径既确保了课程的政治方向和价值导向，又实现了教学方法的与时俱进。面对经济社会发展的新形势，思政课工作

① 习近平．论教育 [M]. 北京：中央文献出版社，2024:188.

② 习近平．论教育 [M]. 北京：中央文献出版社，2024:195.

者深刻把握教育教学规律，坚持以学生发展为中心的教育理念，通过创新教学手段与深化教学改革，实现育人效能的全面提升，既满足了当代学生的学习需求，又有效增强了其主体意识、激发了其参与热情。

（四）贯彻党的创新理论成果

自 1949 年以来，我国思政课程始终与党的理论创新保持同步发展，历经多次重大调整。这些调整与党在思想理论领域的重大成果密切相关，也是思政课“三进”（进教材、进课堂、进头脑）工作的关键内容。这些调整或直接催生新的课程设置，或深度融入思政课并使其成为其核心内容，体现了理论创新与理论武装的紧密衔接。

以大学思政课为例，中华人民共和国成立初期开设“新民主主义论”。1997 年，党的十五大将邓小平理论确立为党的指导思想。次年，中共中央宣传部、教育部发布《关于普通高等学校开设〈邓小平理论概论〉课的通知》，将邓小平理论编入教材，进入课堂，武装大学生头脑[①]。2002 年，党的十六大将“三个代表”重要思想确立为党的指导思想，随即教育部发出《关于进一步深化“三个代表”重要思想“三进”工作的通知》，将《邓小平理论概论》调整为《邓小平理论和“三个代表”重要思想概论》，并将“三个代表”重要思想编入教材。2007 年，党的十七大将科学发展观写入《中国共产党章程》。2008 年秋，课程名称调整为“毛泽东思想和中国特色社会主义理论体系概论”。2017 年，党的十九大将习近平新时代中国特色社会主义思想写入《中国共产党章程》，教育部迅速修订大学生思政课教材，并组织编写《习近平新时代中国特色社会主义思想三十讲》以推动新时代思想政治理论教育。

---

① 教育部社会科学司 . 普通高校思想政治理论课文献选编 (1949—2008)[M]. 北京：中国人民大学出版社，2008:180.

总结而言，我国思政课始终将不同历史时期党和国家的战略目标、建设成就及基本经验及时融入教学，通过不断适应时代要求、吸收党的创新理论成果、调整课程体系以实现内容更新、坚持与理论武装同步推进，从而切实提升教学实效性，充分发挥育人功能。这一过程成为思政课内容建设的重要经验。

（五）强化教材建设和师资队伍支撑

思政课教材建设是推动课程内容一体化建设取得成效的基础保障。作为承载真理性知识和价值性知识的重要载体，教材建设必须坚持中央统一编写和管理，确保科学性、权威性和严肃性。2017 年，国家教材委员会成立后，建立了国家、地方、学校三级管理体系，强化了教材建设的主体责任。在具体实施中，中宣部、教育部组织骨干力量参与教材修订，每本教材都经过数十次统稿会和反复审议，确保了修订程序的规范化和制度化。为切实保障教材质量，须重点处理好两个关系：一是不同学段之间的内容衔接，二是同一学段内部的内容协调。通过合理分工、紧密联系、相互配合，构建层次分明、有机统一的教材体系。加强整体规划与有效衔接，是推进思政课内容建设的重要经验。

教师队伍建设是提升思政课教育教学质量的核心要素。构建一支政治素质过硬、业务能力精湛、育人水平高超的教师队伍，是思政课建设的历史经验总结，也是新时代课程改革发展的长期任务。在队伍结构优化方面，通过建立待遇保障机制、拓宽人才引进渠道、创新岗位设置方式等举措，有效解决了教师数量不足的问题。具体路径包括：建立高校联动机制，拓宽人才引进口径；实施校内转岗政策，盘活现有人力资源；推行专兼结合模式，优化队伍结构。同时，针对教师素质提升，构建老中青教师协同发展机制，形成以教学能力提升为导向的教师发展模式。在内涵式发展维度，推进教师队伍专业化建设，深入贯彻习近平总书记关于思政课教师“政治要强、情怀要深、思维要新、视野要广、自律要严、人格要正”的重要论述，创新教师发展机制，激发教师育人潜能。具体实践中，形成“四位一体”的教师能力提升体系：以常态化培训夯实专业基础，以教学竞赛促进技能提升，以科研创新深化理论素养，以教学实践实现能力转化。这种系统化的培养模式，为打造高素质、专业化、创新型思政课教师队伍提供了有力支撑。

第二章

新时代思想政治理论课高质量发展的根本遵循和原则

新时代思政课高质量发展必须以“培养什么人、怎样培养人、为谁培养人”为一以贯之的中心问题，重视教师队伍建设，不断推进思政课守正创新，强化思政课建设的保障措施。坚持党的领导为根本保证，坚持以“四个服务”为主线统领，坚持以“八个统一”为基本要求，坚持以守正创新为动力源泉，坚持以“大思政”格局为整体布局，对进一步提升思政课改革创新具有重大的指导意义，为新时代讲好思政课提供方法遵循。

第一节　新时代思想政治理论课高质量发展的根本遵循

思政课是落实立德树人根本任务、全面贯彻党的教育方针的关键课程，是宣传和讲授党的创新理论的第一阵地，是抓好后继有人这个根本大计的关键一环。思政课不仅承载着塑造学生正确世界观、人生观、价值观的重任，还肩负着培养社会主义建设者和接班人的历史使命，对于引导学生坚定理想信念、厚植爱国情怀、增强社会责任感具有不可替代的作用。自党的十八大以来，习近平总书记始终将思政课建设置于重要位置，从世界百年未有之大变局的视角，以及党和国家事业发展的全局出发，立足坚持和发展中国特色社会主义、建设社会主义现代化强国、实现中华民族伟大复兴的战略高度，对推动思政课改革创新提出了一系列重要论述。习近平总书记关于新时代思政课建设的重要论述，立足于新时代思政工作的实践，聚焦于思政课发展进程中的现实问题。特别是在2019年3月18日学校思政课教师座谈会上的重要讲话中，他科学而系统地回答了“什么是思政课”“为什么要办好思政课”以及“怎样办好思政课”等关键问题，明确了思政课作为塑造学生灵魂、培养学生品德、引导学生成长的重要课程的本质属性，强调了思政课在培养德智体美劳全面发展的社会主义建设者和接班人中的不可替代作用，指出思政课是落实立德树人根本任务的关键课程，是帮助学生扣好人生第一粒扣子的重要途径，为新时代思政课的高质量发展指明了方向、提供了根本遵循。

一、思政课是落实立德树人根本任务的关键课程

思政课在整个教学体系中发挥着重要的作用。然而，由于学校领导、教师以及学生对思政课的定位缺乏清晰、深刻的认识，导致思政课的重要性在实际教学过程中未能得到充分体现，其应有的价值和影响力也未能完全发挥。要想从根本上改变这种现状，就必须对思政课的地位和作用重新进行整体性、系统性的审视，并形成准确、全面的共识。思政课是知识传授的载体，更是思想引领的灯塔，它肩负着引导青少年树立正确的世界观、人生观、价值观的重要使命。在铸魂育人、涵德化人的过程中，思政课具有基础性、根本性的作用，是落实立德树人根本任务的核心课程。它直接关系到“培养什么人、怎样培养人、为谁培养人”这一教育的根本问题，是解决这一问题的关键所在。因此，思政课的重要性不仅仅体现在理论层面，更体现在实践层面，它是培育社会主义建设者和接班人的关键支撑。只有办好思政课，才能确保培养出一代又一代坚定拥护中国共产党领导和我国社会主义制度、立志为中国特色社会主义事业奋斗终生的有用人才。

这一目标的实现，离不开对思政课地位和作用的深刻认识，也离不开学校领导、教师和学生的共同努力。只有各方达成共识，才能真正发挥思政课在教育教学中的核心作用，为党和国家事业发展提供坚实的思想基础和人才支撑。我们党历来高度重视思政课建设。无论是在烽火连天的革命岁月，还是在热火朝天的国家建设初期，抑或在改革开放的伟大实践中，党始终对思政课建设保持着高度的关注，并作出了一系列具有深远影响的战略部署。党的十八大以来，以习近平同志为核心的党中央更是将思政课建设提升到了前所未有的高度，习近平总书记多次发表重要讲话，指出“思政课是落实立德树人根本任务的关键课程，思政课作用不可替代”①，这一论述凸显了思政课在党和国家事业发展全局的战略地位，更精准地把握了思政课的本质特征。思政课不仅仅是传授知识的课堂，更是塑造灵魂、培育新人的重要阵地。

在当前教育发展的关键时期，认真学习和深刻领会习近平总书记关于思政课这一科学论断是一项极为关键且具有深远意义的任务，它关乎我国教育事业的战略导向，更直接影响青年一代的成长成才与国家的长远发展。2014年，习近平总书记在北京市海淀区民族小学考察活动中指出，“学校要把德育放在更加重要的位置，努力做到每一堂课不仅传播知识，而且传授美德，让社会主义核心价值观的种子在学生们心中生根发芽”②。这一论断深刻揭示了德育在教育体系中的核心地位，为思政课的建设与发展提供了坚实的理论基础，并明确了其作为知识传授与美德培育双重载体的独特价值。2016年，习近平总书记在北京市八一学校考察中强调：“基础教育是立德树人的事业，要旗帜鲜明加强思想政治教育、品德教育，加强社

① 习近平.思政课是落实立德树人根本任务的关键课程[J].求是，2020(17):4-16.

② 习近平参加北京市海淀区民族小学庆祝“六一”国际儿童节活动时强调：让核心价值观种子在少年儿童心中生根发芽[N].人民日报，2014-05-31(01).

会主义核心价值观教育，引导学生自尊自信自立自强。”[①] 这一系列重要论述，不仅进一步丰富了思政课建设的理论内涵，还为我们在新时代背景下如何更好地发挥思政课的育人功能提供了宝贵的指导思想和实践路径。之后，习近平总书记相继访问北京大学、清华大学、南开大学、中国人民大学等学校，考察了各校的马克思主义学院，并且反复强调加强思政课建设的重要性。

习近平总书记还多次在党和国家重要会议上发表讲话，强调思政课的地位和作用。2016 年，习近平总书记在全国高校思想政治工作会议中指出“思政课要坚持在改进中加强”。高校思想政治工作是决定高校人才培养方向、方式及目标的核心问题，是关乎于培养什么人、如何培养人以及为谁培养的根本性命题。因此，必须将立德树人作为核心任务，将思想政治工作巧妙地贯穿于教育教学的每一个环节，以此实现教育的全过程育人和全方位育人，确保人才培养的正确方向和高质量成效。“要用好课堂教学这个主渠道，思政课要坚持在改进中加强，提升思想政治教育亲和力和针对性，满足学生成长发展需求和期待。”[②] 在 2019 年 1 月省部级专题研讨班开班式上，习近平总书记强调：“要高度重视对青年一代的思想政治工作，完善思想政治工作体系，不断创新思想政治工作内容和形式，教育引导广大青年形成正确的世界观、人生观、价值观，增强中国特色社会主义道路、理论、制度、文化自信，确保青年一代成为社会主义建设者和接班人。”[③]2019 年 3 月 18 日，习近平总书记亲自主持了党中央历史上首次针对学校思政课教师的座谈会，明确提出了“思

① 努力培养出更多更好的人才——习近平总书记在北京市八一学校考察时的讲话引起热烈反响 [N/OL]. 新华网，2016-09-09[2022-10-10]

② 习近平在全国高校思想政治工作会议上强调 把思想政治工作贯穿教育教学全过程 开创我国高等教育事业发展新局面 [N]. 人民日报，2016-12-09(01).

③ 习近平 . 习近平谈治国理政：第三卷 [M]. 北京：外文出版社，2020:220.

想政治理论课是落实立德树人根本任务的关键课程”的新论断。2021 年 3 月，习近平总书记在出席全国政协十三届四次会议期间，亲切会见了医药卫生和教育界的委员们。在交流中，习近平总书记高度赞扬了将中国共产党领导下中国人民抗击新冠疫情的生动实践融入思政课程的教学创新，并指出：“‘大思政课’我们要善用之，一定要跟现实结合起来。”[①]这一做法不仅丰富了思政课的教学内容，也深刻展现了中国特色社会主义制度的优越性和中国人民的伟大团结精神，为培养担当民族复兴大任的时代新人提供了鲜活教材。在 2021 年 11 月中央全面深化改革委员会第二十二次会议上，习近平总书记再次强调：“要把思想政治工作紧紧抓在手上，深入开展社会主义核心价值观教育，抓好学生德育工作，把弘扬革命传统、传承红色基因深刻融入学校教育中来，厚植爱党、爱国、爱人民、爱社会主义的情感，努力培养德智体美劳全面发展的社会主义建设者和接班人。”[②]习近平总书记对于思政课地位和作用所发表的一系列深刻见解，凝聚了全党全国上下的思想共识，有力扭转了以往部分群体对思政课重视不足的现象。这些重要论述不仅提升了思政课在教育体系中的地位，还激发了社会各界对思政课建设与发展的广泛关注和积极参与，极大地增强了理直气壮办好思政课的底气，也使新时代思政课建设踏向了新征程。

习近平总书记指出：“当前形势下，办好思政课，要放在世界百年未有之大变局、党和国家事业发展全局中来看待，要从坚持和发展中国特色

① 杜尚泽．“‘大思政课’我们要善用之”（微镜头 · 习近平总书记两会“下团组” · 两会现场观察）[N]. 人民日报，2021-03-07(01).

② 习近平主持召开中央全面深化改革委员会第二十二次会议强调：加快科技体制改革攻坚 建设全国统一电力市场体系 建立中小学校党组织领导的校长负责制 [EB/OL].https://www.gov.cn/xinwen/2021-11/24/content_5653171.html，2021-11-24[2022-12-12].

社会主义、建设社会主义现代化强国、实现中华民族伟大复兴的高度来对待。”[①]步入新的历史阶段，面对世界格局、国家形势和党内环境的深刻变革，以及“两个大局”相互交织以及意识形态领域斗争的复杂局面，加强思政课建设是培育肩负民族复兴重任的时代新人的内在需求，更是深入推进党的建设伟大工程、实现中华民族伟大复兴中国梦的关键战略部署。

党的十九大报告中指出，坚持和发展中国特色社会主义的总任务是实现社会主义现代化和中华民族伟大复兴。当前，我国正处于发展的关键阶段，青年一代的担当至关重要。作为塑造青年思想的核心阵地，思政课的建设成效直接关系到党和国家事业的未来，是实现中华民族伟大复兴的战略性任务。思政课建设不仅影响青年学生的全面发展，还与民族复兴伟业的实现息息相关。在新时代背景下，思政课应以党的创新理论为引领，强化教学实效，优化课程设计，引导青年学生坚定马克思主义信仰，主动肩负时代使命，为实现中国梦贡献力量。通过弘扬爱国主义精神和时代精神，思政课能够帮助青年学生树立坚定的理想信念，在实践中践行社会主义核心价值观，激发他们投身民族复兴伟业的热情。同时，思政课还应深入挖掘中华优秀传统文化的精髓，深化爱国主义教育，增强青年学生的责任感和使命感，使其勇于承担历史赋予的重任。因此，必须持续加强思政课建设，充分发挥其在凝聚共识、汇聚力量方面的关键作用，为实现中华民族伟大复兴提供坚实的思想支撑和精神动力。

二、办好思政课关键在教师

习近平总书记指出：“思政课的本质是讲道理，要注重方式方法，把

① 习近平．思政课是落实立德树人根本任务的关键课程 [J]. 求是，2020(17)：4-16.

道理讲深、讲透、讲活”[①] 把道理“讲深”“讲透”“讲活”是一项系统工程，这就要求思政课教师灵活运用思想政治教育方法，用道理沟通心灵、启智润心、激扬斗志，使学生在“学思践悟”中真学、真懂、真信、真用，推动思想政治教育创新发展。当今世界正处于百年未有之大变局的快速演进之中，全球思想文化的交流与碰撞日益频繁，意识形态领域的形势愈发复杂且充满挑战。在此背景下，学校已然成为意识形态斗争的前沿阵地。习近平总书记多次强调并具体部署了如何提升思政课质量及加强思政课教师队伍的建设，明确指出思政课是落实立德树人根本任务的核心课程，而教师队伍的建设则是确保思政课有效实施的关键因素。

思政课教师队伍是加强和改进思想政治教育的核心组织保障，其队伍结构和素质水平直接决定了思政课的教育质量和实际成效。习近平总书记始终高度重视思政课教师队伍建设，明确提出将加强教师队伍建设作为建设教育强国的关键基础工作，深刻阐明了“做一名什么样的思政课教师”以及“怎样做好一名思政课教师”的基本准则和实践方法。2013 年，习近平总书记在教师节前夕向广大教师致信慰问，希望广大教师做到“三个牢固树立”，即牢固树立终身学习理念、牢固树立中国特色社会主义信念、牢固树立改革创新意识。2014 年，习近平总书记在北京师范大学师生代表座谈会中强调“做党和人民满意的好老师”，并进一步提出“四有”好老师，既要有“理想信念、道德情操”，又要有“扎实学识、仁爱之心”[②]。2016 年全国高校思想政治工作会议上，习近平总书记强调：“讲思想政治理论课，要让信仰坚定、学识渊博、理论功底深厚的教师来讲，让学生真心喜爱、终身受益。”习近平总书记提出了“四个统一”的要求，即“坚

① 习近平在中国人民大学考察时强调：坚持党的领导传承红色基因扎根中国大地走出一条建设中国特色世界一流大学新路 [N]. 人民日报，2022-4-25(01).

② 习近平 . 做党和人民满意的好老师 [N]，人民日报，2014-09-10(02).

持教书和育人相统一，坚持言传和身教相统一，坚持潜心问道和关注社会相统一，坚持学术自由和学术规范相统一”[①]。

在2019年的“3·18”重要讲话中，习近平总书记进一步提出了思政课教师应具备的“六要”标准，为教师队伍的建设与能力提升指明了长远的发展方向。这“六要”标准包括“政治要强、情怀要深、思维要新、视野要广、自律要严、人格要正”[②]，分别从政治立场、情感深度、思维创新、视野广度、师德修养和人格魅力六个维度，对新时代思政课教师提出了全面而具体的要求。这些标准体现了教学方法的“术”，更蕴含了教育理念的“道”，为思政课教学内容与形式的创新发展奠定了坚实基础。“六要”是新时代思政课教师队伍建设的基本准则，也是实现“八个统一”教学目标的必然要求和重要前提。同年，习近平总书记提出要塑造一支“三可”“三为”（即可信、可敬、可靠，乐为、敢为、有为）的新时代思政教师队伍的新要求，思政课教师队伍也迎来了发展机遇。同时也激励了广大思政课教师以更高的政治站位、更强的责任担当和更扎实的专业素养投身于教育事业。2022年4月，习近平总书记在中国人民大学考察时仍然着重强调：“培养社会主义建设者和接班人，迫切需要我们的教师既精通专业知识、做好‘经师’，又涵养德行、成为‘人师’，努力做精于‘传道授业解惑’的‘经师’和‘人师’的统一者。”[③]2023年9月，在致全国优秀教师代表的信中，习近平总书记号召广大教师以教育家为榜样，积极弘扬教育家精神，始终牢记“为党育人、为国育才”的初心与使命。党和国家基于时代发展需求与学生成长规律，

---

① 习近平在全国高校思想政治工作会议上强调 把思想政治工作贯穿教育教学全过程 开创我国高等教育事业发展新局面 [N]. 人民日报，2016-12-09(01).

② 习近平 . 思政课是落实立德树人根本任务的关键课程 [J]. 求是，2020(17)：4-16.

③ 习近平在中国人民大学考察时强调：坚持党的领导传承红色基因扎根中国大地走出一条建设中国特色世界一流大学新路 [N]. 人民日报，2022-4-25(01).

从“三个牢固树立”到“四有好老师”，再到“六要标准”，逐步系统化、递进式地深化和完善了思政课教师立德树人的素质要求。这一系列要求既一脉相承，又与时俱进，深刻揭示了新时代思政课教师肩负的重大责任、面临的艰巨任务以及承载的光荣使命。在此背景下，思政课教师不仅要具备扎实的理论素养和高尚的师德修养，还应着重提升自身的亲和力，以更好地贴近学生、感染学生、引领学生，切实发挥思政课铸魂育人的核心作用。因此，思政课教师应自觉以“四有”好老师和“六要”标准作为自身成长与发展的根本遵循，持续不断地提升思政课教学的亲和力。习近平总书记还十分关心思政课教师的成长问题：“要弘扬尊师重教社会风尚，提高教师政治地位、社会地位、职业地位，使教师成为最受社会尊重的职业之一。”①“各级党委和政府要满热情关心教师，让广大教师安心从教、热心从教、舒心从教、静心从教，让广大教师在岗位上有幸福感、事业上有成就感、社会上有荣誉感，让教师成为让人羡慕的职业。”②在保障机制方面，首要任务是坚持党对思政课教师队伍的全面领导。学校党委作为直接责任主体，必须深入贯彻党的方针政策，推动党建工作与教师队伍建设的深度融合，同时建立完善的监督检查与评估机制，对思政课师资队伍建设及相关培训工作进行严格督导。同时，应全面提升思政课教师的收入水平，科学设计薪酬与津贴体系，确保其实际收入不低于学校教师的平均水平。具体而言，思政课教师的待遇应根据所在区域的经济发展水平、生活成本以及学校的实际情况进行动态调整，以有效缓解其生活压力。此外，还须加大对思政课教学与教研的资金支持力度，为其提供坚实的物质保障。在教学资源投入上，除了专项经费

① 习近平 . 扎实推动教育强国建设 [J]，求是，2023(18).

② 习近平 . 全面贯彻落实党的教育方针努力把我国基础教育越办越好 [N]. 人民日报，2016-09-10(01).

以外，还要将资金合理分配到教学设施的优化与升级工作中，以此营造更优质的教学环境。科研工作层面，设立更多专项课题，同时对教学研究成果与科研论文给予相同力度的奖励，通过这样的激励机制，充分调动教师的积极性与创造力。在构建思政课教师激励机制时，应从多个维度发力，充分激发教师的内生动力。其一，发挥榜样的示范引领作用，学校应积极表彰并广泛宣传表现突出的思政课教师，树立学习标杆，营造积极向上的教学氛围。其二，强化荣誉激励，在高层次人才项目的评审与推荐环节，优先考虑思政课教师，为他们的职业发展开辟更广阔的道路，提供更多晋升机会。在物质激励层面，加大绩效激励力度是关键，确保思政课教师的工作付出与收获成正比，切实增强他们的职业成就感，提升工作积极性。同时，设立专项奖金，鼓励教师踊跃参与教学竞赛和科研活动，促使他们不断提升教学育人能力与科研创新能力，为思政课的高质量发展持续注入活力。

“有了我们这支可信、可敬、可靠，乐为、敢为、有为的思政课教师队伍，我们完全有信心有能力把思政课办得越来越好 。”[①] 这不仅是习近平总书记对广大思政课教师工作成效与担负角色的充分肯定，也是在新时代对广大思政课教师提出的殷切期望与崭新要求，为思政课教师的成长发展指明了方向。自 2019 年学校思政课教师座谈会召开以来，我们始终秉持“关键在教师”的理念，党和国家高度重视并大力推进思政课教师队伍建设。截至 2024 年，全国高校思政课教师队伍已发展至约 14.5 万人，师生比全面达到国家规定标准，队伍结构得到显著优化，呈现出高学历、年轻化、高素质的显著特征。这支不断壮大的思政课教师队伍，为推进思政课高质量发展提供了坚实的人才支撑，更为培养担当民族复兴大任的时代新人发挥了不可或缺的重要作用。

---

① 习近平 . 思政课是落实立德树人根本任务的关键课程 [J]. 求是，2020(17)：4-16.

三、推进新时代思政课改革创新

高校思政课是落实立德树人根本任务的核心课程，其根本在于全面贯彻党的教育方针。因此，深化高校思政课高质量发展，探索更有效的教育方法，营造浓厚的思政教育氛围，充分发挥其独特优势，已成为新时代实现“为党育人、为国育才”目标的必然要求。在这一要求的指导下，改革创新是推动高校思政课高质量发展的关键举措。当前，在一些地方和学校中，思政课建设仍面临诸多挑战，如教学内容设计针对性不足、教学内容设计针对性不足、教材内容缺乏鲜活性和时代感、教师队伍建设与培养机制不够完善等，这在一定程度上制约了学校思政课教育教学的质量和效果，影响了培养担当民族复兴大任的时代新人的目标实现。因此，推进新时代思政课改革创新势在必行。通过优化课程体系、强化教材建设、提升教师队伍综合素质，可以有效解决现存问题，全面提升思政课的教学质量和育人效果。这不仅有助于增强思政课的吸引力和感染力，还能为培养德智体美劳全面发展的社会主义建设者和接班人提供坚实保障，为实现中华民族伟大复兴注入强大的思想动力和人才支撑。

习近平总书记高度重视思政课改革创新，强调“思政课要坚持在改进中加强、在创新中提高”，提出了许多有关思政课改革创新的新思想、新论断，为破解新时代思政课建设难题。2016 年，习近平总书记在全国高校思想政治工作会议上强调：“做好高校思想政治工作，要因事而化、因时而进、因势而新。”① 其中，“事、时、势”是高校思想政治工作面临的核心现实，需要精准研判与把握；而“化、进、新”则是高校思想政治工作的实践要求，必须精准理解与贯彻。两者之间的辩证统一关系，正是推动高校思想政治工作实现创新发展的内在逻辑与动力源泉。任何

---

① 习近平在全国高校思想政治工作会议上强调 把思想政治工作贯穿教育教学全过程 开创我国高等教育事业发展新局面 [N]. 人民日报，2016-12-09(01).

事物的发展都遵循其内在的规律性，只有深入掌握这些客观规律，才能在行动中顺势而为，达到事半功倍的效果。“三因理念”是对思想政治工作规律和思政课教学方式方法的高度凝练与创新，深刻揭示了思想政治工作的内在逻辑和实践要求，为破解新时代思政课建设中的难题提供了重要的原则遵循和行动指南。2019 年 3 月 18 日，在学校思政课教师座谈会上，习近平总书记立足当下实际，着眼未来发展，对思政课的创新实践进行了全面系统的梳理，深刻指出了当前思政课建设中存在的主要问题和面临的时代挑战。在此基础上，为提升思政课的思想性、理论性、亲和力和针对性提供了重要启示，习近平总书记创造性地提出了“八个相统一”的基本原则，为思政课的改革创新指明了方向。思政课的改革创新必须坚持以下八个方面的统一：一是坚持政治性与学理性相统一，既要突出思政课的政治引领作用，又要注重学术支撑，以理服人；二是坚持价值性与知识性相统一，既要传递正确的价值观，又要注重知识的系统性，做到以知启智、以德润心；三是坚持建设性与批判性相统一，既要弘扬主旋律、传播正能量，又要敢于直面问题、批判错误思潮；四是坚持理论性与实践性相统一，既要夯实理论基础，又要注重实践育人，引导学生知行合一；五是坚持统一性与多样性相统一，既要坚持思政课的根本方向，又要尊重不同地区、不同学生的特点，因材施教；六是坚持主导性与主体性相统一，既要发挥教师的主导作用，又要充分调动学生的主动性，实现教学相长；七是坚持灌输性与启发性相统一，既要注重理论灌输，又要善于启发学生思考，激发其内在动力；八是坚持显性教育与隐性教育相统一，既要通过课堂教学进行直接教育，又要通过校园文化、社会实践等隐性方式潜移默化地影响学生。“八个相统一”是创新思政课教学的指导原则和科学方法论，这也表明了新时代思政课的建设需要与时代同步伐，揭示了思政课教学的基本规律，阐述了思政课应兼顾多方面的原则，对思政课教学内容和教学方法提出了新的要求，使思政课教学更加科学、有效地促进学生全面成长和发展。“三因理念”和“八个统一”共同揭示了思政课教育教学的内在规律，契合了新时代对思政课提出的新要求，为思政课改革创新提供了原则遵循和方法论指导。在思政课教学中，必须紧密结合时代要求，遵循思想政治教育规律，准确把握当前或未来思政课教学面临的新形势、新环境和新变化。坚持以“三因理念”和“八个相统一”为指导，不断丰富和完善教学内容，使其更加贴近实际、贴近生活、贴近学生；同时，要优化和创新教学方式方法，充分利用现代技术手段和教育资源，增强思政课的吸引力和感染力。通过持续注入鲜活的力量和动力源泉，推动思政课教学实现高质量发展，为培养担当民族复兴大任的时代新人提供坚实的思想保障和精神支撑。

习近平总书记还围绕思政课改革创新提出了一系列开创性举措，其中最具代表性的是首次提出并推进“大中小学思政课一体化”建设。为此，必须从学校教育抓起，从娃娃抓起，将大中小学各个阶段的教育有机衔接起来，形成循序渐进、螺旋上升的思政课教学体系。同时，习近平总书记进一步强调，要把统筹推进大中小学思政课一体化建设作为一项重要工程，推动思政课建设内涵式发展。这一举措不仅体现了对青少年思想教育规律的深刻把握，也为新时代思政课改革创新提供了重要方向和实践路径。2022 年 4 月 25 日，习近平总书记在中国人民大学进行考察时，着重强调了思政教育的重要性，并提出了具体的实践方向。他指出，鼓励各地高校积极开展与中小学思政课共建，共同推动大中小学思政课一体化建设。这一指示进一步明确了思政课改革创新的方向，强调通过高校与中小学的协同合作，构建贯穿学生成长全过程的思想政治教育体系。2021 年 3 月，习近平总书记提出“大思政课”建设理念。为深入贯彻落实习近平总书记关于“大思政课”的重要指示批示和在中国人民大学考察时的重要讲话精神，教育部等十部门针对思政课建设存在的开门办思政课的意识与能力不足、社会资源整合不够充分、课程教材体系有待完善、部分学校教师数量不足且质量参差不齐、实践教学重视程度不够、课堂教学与现实结合不紧密、大中小学思政课一体化建设亟须深化，以及第二课堂重活动轻引领、课程思政存在“硬融入”“表面化”等问题[①]，出台了《全面推进“大思政课”建设的工作方案》，提出通过“大思政课”建设，打破传统课堂的局限，充分调动社会资源，推动思政课与社会实践深度融合，增强思政课的吸引力和实效性。2024 年 5 月，习近平总书记对学校思政课建设作出了重要指示，其中进一步强调了遵循教育规律的重要性，并明确提出要深入推进大中小学思想政治教育一体化建设的目标。“大中小学思政课一体化”和“大思政课”理念精准把握了当前思政课建设中存在的突出问题，深刻遵循了思想政治教育过程的规律，充分尊重了人的思想品德形成和发展的阶段性特点，是推进思政课改革创新的重要教育教学改革工程。

四、强化思政课建设的保障措施

思政课建设的成效，离不开坚实的保障措施。习近平总书记高度重视为办好思政课提供充分保障，从政策支持、资源投入、队伍建设等多方面为新时代高校思政课的建设发展注入了强大动力，提振了信心。这些保障措施不仅为思政课的改革创新奠定了坚实基础，也为培养担当民族复兴大任的时代新人提供了有力支撑。通过持续完善保障机制，思政课建设将更好地适应新时代要求，为实现教育强国目标作出更大贡献。

加强党对思政课的领导。办好思政课，最关键的经验与显著优势，在于持续强化党的政治引领。实践充分证明，只有将党对教育事业的

① 教育部等十部门关于印发《全面推进“大思政课”建设的工作方案》的通知 [J]. 中华人民共和国教育部公报，2022(10).

领导权紧紧握在手中，从思想和政治层面深化党对思政课建设的引领，才能让学校思政课建设始终沿着正确的政治方向前行，确保学校能够运用科学理论引导学生，以正确思想指引学生，进而培育出德智体美劳全面发展的社会主义建设者和可靠接班人。党的领导是思政课建设稳步推进与蓬勃发展的坚实保障。回顾思政课建设的漫长历程，只要坚定不移地坚持党的领导，思政课便会迎来显著的强化与革新，得以不断发展进步；然而，一旦党的领导出现动摇或是被削弱，思政课的建设与发展便会陷入困境，遭遇重重阻碍与挫折。习近平总书记十分强调党对思政课建设的领导，他要求："各级党委要把思想政治理论课建设摆上重要议程，抓住制约思政课建设的突出问题，在工作格局、队伍建设、支持保障等方面采取有效措施。要建立党委统一领导、党政齐抓共管、有关部门各负其责、全社会协同配合的工作格局，推动形成全党全社会努力办好思政课、教师认真讲好思政课、学生积极学好思政课的良好氛围。"① 在党领导教育工作的全局中，思政课占据着极为关键的核心位置，是落实立德树人根本任务的核心课程。思政课的政治性特征极为突出，它紧密关联着教育工作培养社会主义建设者和接班人这一根本任务的完成情况，直接影响着我国教育事业的发展方向与人才培养的质量。站在新的历史方位，要实现思政课的高质量发展，就必须充分彰显党在思政课改革创新中的领导核心价值，以习近平新时代中国特色社会主义思想为指引，筑牢学生的思想根基，秉持坚定的政治立场和高度的政治觉悟，全方位落实党的教育方针。促使思政课深度融入强国建设、民族复兴的时代进程，切实成为培育社会主义建设者和接班人不可或缺的关键课程，能为国家发展源源不

① 习近平主持召开学校思想政治理论课教师座谈会强调：用新时代中国特色社会主义思想铸魂育人 贯彻党的教育方针落实立德树人根本任务 [N]. 人民日报，2019-03-19(01).

断地输送优质人才，助力民族伟业稳步推进。

汇聚办好思政课的“大合力”。办好思政课是一项系统工程，需要多方力量持续蓄能、久久为功。在这一过程中，来自党和国家的政治势能、来自社会的育人热能、来自学校的实践动能和来自教师的教学效能，是办好高校思政课的重要动力。习近平总书记提出：“学校思想政治工作不是单纯一条线的工作，而应该是全方位的。”[①]办好思政课，必须坚持系统观念，强化内在建设，构建党委统一领导、党政齐抓共管、各部门各司其职、全社会协同参与的工作格局，将党和国家高度重视思政课的政治势能转化为推动思政课建设的实际动力。要健全讲好“大思政课”的保障促进体制机制，汇聚社会“大”合力，善用社会“大”的资源，激发全社会育人“大能量”“把思政小课堂同社会大课堂结合起来”，实现校内校外联动，让“大思政课”全员参与。学校、课堂要与社会实践有效地衔接和贯通起来，学校教育不能脱离社会实践和现实存在，要从现实和实际中发掘出有价值的教学资源，为学生的成长与发展提供更多的帮助。习近平总书记也曾反复强调“思政课不仅应该在课堂上讲，也应该在社会生活中来讲”。开门办思政课是全面推进“大思政课”的重要基础性工作，要充分有效地汇聚各方力量和教育资源。“坚持理论性与实践性相统一”，凸显了思政课实践性的重要性，思政小课堂只有与社会实践紧密联系，理论才更具说服力和吸引力。实践教学作为思政小课堂的延伸拓展，既能够帮助学生巩固课堂学习效果，又能够推动课堂知识与实践教学活动的融合。通过实践教学，带领大学生走进社会大课堂，在实践基地接受最生动、最前沿的教育，增强课程参与感、代入感和获得感，充分利用多方资源，打造“三全育人”的大思政格局。同时，在习近平总书记的亲自推动下，全社会共同参与办好思政课的局面

① 习近平主持召开学校思想政治理论课教师座谈会强调：用新时代中国特色社会主义思想铸魂育人 贯彻党的教育方针落实立德树人根本任务 [N]. 人民日报，2019-03-19(01).

初步形成：各级教育主管部门出台了一系列加强思政课建设的文件，从制度层面保证了思政课建设；各级各类学校改革创新思政课课堂教学，促进了思政课课堂教学质量的提高；各专家学者纷纷开展有关思政课建设的理论研究，为思政课改革创新提供理论支撑；各社会机构与各级各类学校协同行动，为思政课提供了丰富的教学资源。

习近平总书记关于思政课建设的重要论述，为我国思政课的建设与发展提供了科学的理论指引和明确的战略方向，有力推动了思政课教育教学理念的更新和教学质量的提升，对思政课教育教学产生了深刻而积极的影响，具有重要的理论意义和实践价值。在理论层面，强调思政课是引导青少年形成正确世界观、人生观、价值观的核心课程，深刻阐明了思政课在落实立德树人根本任务中的关键地位。这一论述为思政课的定位和功能提供了根本遵循，凸显了其在培养社会主义建设者和接班人中的重要作用。在实践层面，习近平总书记提出了一系列推动思政课改革与发展的具体要求和举措，构建了“全员育人、全程育人、全方位育人”的大格局。这些举措不仅提振了新时代思政课建设发展的信心，还显著增强了思政课的思想性、理论性和亲和力、针对性。同时，通过加强教师队伍建设，提升了思政课教师的整体素质；通过优化教学内容和方法，增强了学生的学习获得感。在这一过程中，思政课在党中央治国理政战略全局中的地位日益凸显，成为推动教育高质量发展的重要支撑。

总之，习近平总书记的重要论述为思政课建设注入了强大动力，既深化了理论认识，又指导了实践创新，为新时代思政课的高质量发展奠定了坚实基础，为实现教育强国目标提供了有力保障。

第二节　新时代思想政治理论课高质量发展的原则

原则是指人们基于价值观而确立的、在言行或处理事情过程中所遵循的根本准则或标准，是指导行为和决策的基本规范和法则。思想政治教育是要讲原则的。思想政治教育原则是指在思想政治教育过程中，正确处理各种关系、矛盾必须遵循的准则。[①]思政课是对学生进行思想政治教育的主渠道，推进新时代思政课高质量发展必须坚持如下基本原则。

一、坚持党对思政课建设的全面领导

中国共产党是领导我们事业的核心力量。中国人民和中华民族之所以能够取得革命、建设、改革开放和新时代中国特色社会主义建设实践的伟大成就，最根本的是有中国共产党的坚强领导。习近平总书记在主持在十八届中共中央政治局第一次集体学习时强调，“党政军民学，东西南北中，党是领导一切的”；2021 年 11 月 11 日，中国共产党第十九届中央委员会第六次全体会议通过《中共中央关于党的百年奋斗重大成就和历史经验的决议》，系统总结习近平新时代中国特色社会主义思想的核心内涵，将党的领导置于“十个明确”的首位，提出：“必须坚持党的全面领导特别是党中央集中统一领导，坚持民主集中制，确保党始终总揽全局、协调各方。”[②]教育是国之大计、党之大计。习近平总书记在 2018 年 9 月召开的全国教育大会上提出了坚持党对教育事业的全面领导、坚持把立德树人作为根本任务、坚持社会主义办学方向、坚持扎根中国大地办教育等“九个坚持”重要论述，深刻而系统地回答了新时代中国特色社会主义教育发展的根本问题，是办好人民满意的教育指明了前进方向。我们的教育事业是党领导下的教育事业，是中国特色社会主义教育事业；我们的学校是党领导下的学校，是中国特色社会主义学校。坚持党对教育事业的领导、扎

① 《思想政治教育学原理》编写组 . 思想政治教育学原理 [M]. 北京：高等教育出版社，2016.

② 中共中央关于党的百年奋斗重大成就和历史经验的决议 [M]. 北京：人民出版社，2021.

根中国大地办教育是我们必须坚持的根本原则。

坚持党对思政课建设的领导具有十分重要的作用：确保思政课的教育方向与党的基本理论、基本路线、基本方略保持一致，有利于引导学生树立正确的政治立场；确保党的教育方针在思政课中得到全面落实，聚焦立德树人根本任务，培养德智体美劳全面发展的社会主义建设者和接班人；有利于抵御错误思潮的影响，巩固马克思主义在意识形态领域的指导地位，确保意识形态阵地的安全；确保课程内容与时俱进，与中国的国情和实践相结合，增强思政教育的时效性和说服力；通过统筹规划、整合资源，加大对思政课的支持力度，改善教学条件，加强师资队伍建设，提高思政课的教学质量和育人效果；有助于培养对党忠诚、勇于担当、清正廉洁的社会主义建设者和接班人。

坚持党对思政课建设的领导，要做到：各级党委高度重视思政课建设，将其纳入教育事业整体布局，制定相应的政策法规和规划方案，明确思政课在学校教育中的首要位置；要完善制度建设，建立健全党对思政课的领导机制，包括决策机制、监督机制、考核机制等，定期研究思政课建设的重大问题，加强对思政课教学效果的评估和反馈；要把党的领导融入推进思政课建设的各个环节，强化政治引领，充分发挥思政课主渠道的作用，切实做到党的思想、理论、路线、方针、政策的“三进”，确保思政课始终成为党领导的思想政治教育的坚强阵地，确保我们的教育能培养出更多更好的中国特色社会主义建设者和接班人；要坚持“党管人才”，加强思政课教师队伍的政治建设和师德师风建设，选拔和培养一批政治立场坚定、理论功底扎实、教学能力强的思政课教师，确保思政课教师在讲授过程中能够正确传递党的声音和主张；要充分发挥各级党组织的战斗堡垒作用，整合校内外资源，搭建丰富的实践教学平台，让思政课走出课堂，走进社会，走进生活，实现知行合一；要通过媒体宣传、典型塑造等方式，大力宣传思政课的重要性，营造全社会关心和支持思政课建设的良好氛围；要强化督导考核，将思政课建设成效纳入对各级党组织和学校领导班子的考核内容，督促各级教育行政部门和学校切实履行主体责任，确保思政课建设的各项任务落到实处。

二、坚持“四个服务”的发展方向

2016年12月，习近平总书记出席全国高校思想政治工作会议并发表重要讲话。他强调，高校思想政治工作关系到培养什么样的人、如何培养人以及为谁培养人这个根本问题。要坚持把立德树人作为中心环节，把思想政治工作贯穿教育教学全过程，实现全程育人、全方位育人。在讲话中，习近平总书记明确提出了教育“四个服务”的发展方向，即“为人民服务，为中国共产党治国理政服务，为巩固和发展中国特色社会主义制度服务，为改革开放和社会主义现代化建设服务”[①]。“四个服务”论断的提出，为办好新时代中国特色社会主义大学提供了根本遵循，也为思政课高质量发展指明了方向。推进思政课高质量发展必须坚持“四个服务”的发展方向，全面落实立德树人的根本任务，牢记“为党育人、为国育才”使命。

坚持“为人民服务”，夯实思政课高质量发展的根本立场。为人民服务是党的根本宗旨，也是思政课高质量发展的根本立场。思政课作为落实立德树人根本任务的关键课程，必须坚持以人民为中心的发展思想，把为中国人民谋幸福、为中华民族谋复兴作为奋斗目标。一方面，要聚焦学生成长发展需求。思政课的服务对象是广大学生，要关注学生的思想动态、心理需求和成长困惑，从学生的实际出发，用学生喜闻乐见的方式讲好思政课，增强思政课的亲和力和针对性。要围绕学生在学习、生活、就业等方面遇到的问题，引导学生树立正确的世界观、人生观、价值观，培养学

① 习近平在全国高校思想政治工作会议上强调 把思想政治工作贯穿教育教学全过程 开创我国高等教育事业发展新局面 [N]. 人民日报，2016-12-09(1).

生的社会责任感、创新精神和实践能力，帮助学生成长为德智体美劳全面发展的社会主义建设者和接班人。另一方面，要回应人民群众关切。思政课不仅要关注学生个体的成长，还要关注社会发展和人民群众的关切。要紧密结合社会热点难点问题，引导学生运用马克思主义的立场、观点、方法分析问题、解决问题，增强学生对中国特色社会主义的道路自信、理论自信、制度自信、文化自信，让思政课成为学生认识社会、了解国情、服务人民的重要平台。

坚持“为中国共产党治国理政服务”，把握思政课高质量发展的政治方向。中国共产党是中国特色社会主义事业的领导核心，为中国共产党治国理政服务是思政课高质量发展的政治方向。思政课要旗帜鲜明讲政治，坚持党的领导，坚定不移地贯彻党的教育方针，把党的创新理论融入思政课教学全过程。一是要加强党的理论教育。坚持不懈地用习近平新时代中国特色社会主义思想铸魂育人，引导学生深刻领悟“两个确立”的决定性意义，增强“四个意识”、坚定“四个自信”、做到“两个维护”。要系统讲解马克思主义基本原理、马克思主义中国化时代化的历史进程和理论成果，让学生深刻理解中国共产党为什么能、中国特色社会主义为什么好，归根到底是马克思主义行，是中国化时代化的马克思主义行。二是要培养学生的政治素养。通过思政课教学，培养学生的政治意识、政治敏锐性和政治鉴别力，使学生能够自觉在思想上、政治上、行动上同党中央保持高度一致。要引导学生关心国家大事，关注党的路线方针政策，积极参与社会实践，为党和国家事业发展贡献自己的力量。三是要传承红色基因。中国共产党在百年奋斗历程中形成了丰富的红色文化和革命精神，这是思政课的宝贵资源。要深入挖掘红色资源，讲好红色故事，让学生在红色文化的熏陶下，传承红色基因，赓续红色血脉，坚定理想信念，永远听党话、跟党走。

坚持“为巩固和发展中国特色社会主义制度服务”，筑牢思政课高质量发展的制度根基。中国特色社会主义制度是当代中国发展进步的根本制度保障，为巩固和发展中国特色社会主义制度服务是思政课高质量发展的重要使命。思政课要让学生深刻认识中国特色社会主义制度的本质特征和优越性，坚定制度自信。一方面，要讲好中国特色社会主义制度的历史渊源和发展历程。中国特色社会主义制度是在长期的革命、建设和改革实践中形成和发展起来的，具有深厚的历史底蕴和坚实的实践基础。要通过思政课教学，让学生了解中国特色社会主义制度的形成过程，认识到中国特色社会主义制度是历史的选择、人民的选择，是符合中国国情、具有强大生命力和巨大优越性的制度。另一方面，要讲好中国特色社会主义制度的显著优势。中国特色社会主义制度在经济、政治、文化、社会、生态文明等各个领域都具有显著优势，这些优势是中国在应对各种风险挑战、推动经济社会发展中取得伟大成就的重要保障。要通过对比分析、案例教学等方式，让学生深入了解中国特色社会主义制度的显著优势，增强对中国特色社会主义制度的认同感和自豪感。此外，还要引导学生积极参与中国特色社会主义制度的实践，鼓励学生在社会实践中，了解中国特色社会主义制度在基层的运行情况，为完善和发展中国特色社会主义制度建言献策，为巩固和发展中国特色社会主义制度贡献自己的智慧和力量。

坚持"为改革开放和社会主义现代化建设服务"，激发思政课高质量发展的动力源泉。改革开放和社会主义现代化建设是当代中国最鲜明的特色，是决定当代中国命运的关键抉择。为改革开放和社会主义现代化建设服务是思政课高质量发展的动力源泉。思政课要紧密结合改革开放和社会主义现代化建设的伟大实践，培养学生的创新精神和实践能力，为经济社会发展提供人才支撑。一是要培养学生的创新意识。改革开放和社会主义现代化建设要不断创新，思政课要激发学生的创新思维，培养学生的创新意识和创新能力，要鼓励学生敢于突破传统思维定式，勇于探索未知领域，培养学生的批判性思维和创造性思维，使学生成为具有创新精神的时代新人。二是要提升学生的实践能力。实践是检验真理的唯一标准，也是思政课教学的重要环节。因此，要加强思政课实践教学，通过组织学生开展社会调研、志愿服务、实习实训等活动，让学生在实践中了解社会、增长才干，提高解决实际问题的能力，更要引导学生将所学的理论知识运用到实践中，在实践中深化对理论知识的理解，做到学以致用、知行合一。三是要扩大学生的全球视野。随着经济全球化的深入发展，改革开放和社会主义现代化建设需要具有全球视野的人才。思政课要引导学生关注国际形势的发展变化，了解人类社会发展的趋势和规律，培养国际意识和全球观念，更要让学生认识到中国在全球治理中的责任和担当，鼓励学生积极参与国际交流与合作，为推动构建人类命运共同体贡献力量。

“四个服务”的发展方向是由我国独特的历史、独特的文化、独特的国情决定的。中国是四大文明古国之一，在源远流长的历史长河里，中华民族创造积淀了博大精深的优秀传统文化。特别是中国共产党自 1921 年成立以来，以马克思主义为指导，团结带领全国各族人民创造了新民主主义革命、社会主义革命和建设、改革开放和社会主义现代化建设、新时代中国特色社会主义的伟大成就，书写了中华民族几千年历史上最恢宏的史诗[①]。坚持“四个服务”，推进新时代思政课高质量发展，必须做到“四个讲清楚”：“讲清楚每个国家和民族的历史传统、文化积淀、基本国情不同，其发展道路必然有着自己的特色；讲清楚中华文化积淀着中华民族最深沉的精神追求，是中华民族生生不息、发展壮大的丰厚滋养；讲清楚中华优秀传统文化是中华民族的突出优势，是我们最深厚的文化软实力；讲清楚中国特色社会主义植根于中华文化沃土、反映中国人民意愿、适应中国和时代发展进步要求，有着深厚历史渊源和广泛现实基础。”[②]

① 中共中央关于党的百年奋斗重大成就和历史经验的决议 [M]. 北京：人民出版社，2021.

② 习近平 . 习近平谈治国理政：第一卷 [M]. 北京：外文出版社，2014.

三、坚持“八个统一”

2019年3月18日，习近平总书记主持召开学校思政课教师座谈会并发表重要讲话。习近平指出，推动思政课改革创新，要不断增强思政课的思想性、理论性和亲和力、针对性，要坚持“八个统一”：政治性和学理性相统一、价值性和知识性相统一、建设性和批判性相统一、理论性和实践性相统一、统一性和多样性相统一、主导性和主体性相统一、灌输性和启发性相统一、显性教育和隐性教育相统一。[①]“八个统一”是习近平总书记对思政课建设长期以来形成的规律性认识和成功经验的深刻总结，是习近平总书记对思政课建设的改革创新方法论。推进新时代思政课高质量发展必须坚持“八个统一”。

政治性和学理性相统一。思政课具有鲜明的政治性，要旗帜鲜明讲政治，确保思政课始终围绕党和国家的中心工作，引导学生坚定正确的政治方向，为培养社会主义建设者和接班人服务。同时，思政课也要具备深厚的学理性，以严谨的学术研究和理论分析为支撑，增强思政课的说服力和感染力。政治性和学理性相统一要求思政课要以透彻的学理分析回应学生，以彻底的思想理论说服学生，用真理的强大力量引导学生。只有将政治性和学理性有机结合，才能使思政课既具有高度的政治站位，又具有扎实的学术根基。

价值性和知识性相统一。思政课要传授知识，更要传递正确的价值观。价值性体现了思政课的育人目标，即培养学生的爱国主义、集体主义、社会主义思想，树立正确的世界观、人生观、价值观。知识性是思政课的重要内容，包括马克思主义理论、中国特色社会主义理论体系、法律法规、道德规范等。坚持价值性和知识性相统一，能够使思政课在传授知识的同

① 习近平主持召开学校思想政治理论课教师座谈会强调：用新时代中国特色社会主义思想铸魂育人 贯彻党的教育方针落实立德树人根本任务 [N]. 人民日报，2019-03-19(1).

时，实现价值引领。通过将价值观念融入知识传授中，让学生在学习知识的过程中，潜移默化地接受正确的价值观教育。

建设性和批判性相统一。建设性要求思政课积极传播正能量，为社会发展提供正确的思想指导和价值导向。批判性要求思政课敢于对错误思想和不良现象进行批判，引导学生树立正确的是非观。思政课要发挥建设性作用，积极宣传党的路线方针政策，弘扬社会主义核心价值观，同时，也要发挥批判性作用，对错误思想和不良现象进行有力批判，帮助学生提高辨别是非的能力。

理论性和实践性相统一。思政课既要注重理论教学，让学生掌握马克思主义基本原理和中国特色社会主义理论体系等理论知识，又要注重实践教学，引导学生将理论知识运用到实际生活中，提高学生的实践能力和社会责任感。通过理论与实践相结合，思政课能够使学生更好地理解和掌握理论知识，提高学生的分析问题和解决问题的能力。同时，实践教学也能够让学生在实践中亲身体验社会生活，增强学生的社会责任感和使命感。

统一性和多样性相统一。统一性要求思政课坚持正确的政治方向和价值导向，遵循统一的教学大纲和教学要求。多样性要求思政课在教学内容、教学方法、教学手段等方面体现多样性，满足不同学生的学习需求。坚持统一性和多样性相统一，能够使思政课在保持正确方向的前提下，充分发挥教师的创造性和学生的主体性，提高思政课的教学效果。

主导性和主体性相统一。主导性和主体性相统一是思政课教学创新中师生关系的基本原则。主导性要求教师在思政课教学中发挥主导作用，引导学生树立正确的思想观念。主体性要求充分发挥学生的主体作用，激发学生的学习积极性和主动性。在思政课教学中，教师要充分发挥主导作用，精心设计教学内容和教学方法，引导学生积极参与课堂教学。同时，也要尊重学生的主体地位，鼓励学生发表自己的观点和看法，激发学生的学习兴趣和创造力。

灌输性和启发性相统一。灌输性和启发性相统一是思政课教学方法创新的体现。灌输性要求思政课向学生传授正确的思想观念和理论知识，启发性要求思政课在教学过程中注重启发学生的思维，引导学生进行思考。思政课教学既需要灌输，也需要启发。灌输是为了让学生掌握基本的理论知识和价值观念，启发是为了培养学生的思维能力和创新能力。

显性教育和隐性教育相统一。显性教育和隐性教育相统一强调了思政课教育方式的协同。显性教育是指通过课堂教学、理论宣讲等方式，直接向学生传授思政课的内容。隐性教育则是指通过校园文化、社会实践等方式，潜移默化地影响学生的思想观念和行为习惯。坚持显性教育和隐性教育相统一，能够使思政课教育更加全面、深入。显性教育能够让学生系统地学习思政课的理论知识，隐性教育则能够让学生在日常生活中受到思政教育的熏陶，提高学生的思想道德素质。

总之，坚持“八个统一”是推动思政课高质量发展的重要保障。只有在思政课教学中切实做到“八个统一”，才能提高思政课的教学质量和育人效果，为培养德智体美劳全面发展的社会主义建设者和接班人做出更大的贡献。

四、坚持守正与创新相统一

在党的二十大报告中，习近平总书记强调了“不断谱写马克思主义中国化时代化新篇章”的“六个必须坚持”，其中第三个坚持就是“坚持守正创新”：“守正才能不迷失方向，不犯颠覆性错误，创新才能把握时代、引领时代”[①]。“守正”就是要恪守事物的本质和客观规律，遵循正确的道路和原则，坚守正确的方向、立场。“创新”则是要根据事物的本质要

① 习近平．高举中国特色社会主义伟大旗帜 为全面建设社会主义现代化国家而团结奋斗——在中国共产党第二十次全国代表大会上的报告 [N]. 人民日报，2022-10-26(01).

求积极适应变化、主动求变，有意识地进行创造性认识和活动，以实现新的发展，创造新的事物，开拓新的境界。守正和创新相互渗透、相互贯通。守正是创新的前提和根基，只有坚守方向和立场，创新才不会误入歧途、走向失败；创新是守正的路径和目标，只有不断创新，守正才能获得活力和动力。“守正就不能偏离马克思主义、社会主义，但不是刻舟求剑，还要往前发展、与时俱进，否则就是僵化的、陈旧的、过时的。”①

“思政课要用科学理论培养人，遵循不同学段学生的认知规律，把马克思主义基本原理讲清楚、讲透彻。”②“要用好课堂教学这个主渠道，思政课要坚持在改进中加强，提升思想政治教育亲和力和针对性，满足学生成长发展需求和期待。”③推进思政课高质量发展是为了破解思政课建设中存在的诸多问题，以充分发挥其主渠道作用。要实现高质量发展必须坚持思政课守正与创新相统一。

坚持“守正”以确保思政课建设的根基稳固。“守正”要求思政课必须在指导思想上、政治方向上、教学目标上筑牢育人根基。在指导思想上，马克思主义和中国化时代化的马克思主义既是思政课建设的指导思想，也是思政课的教学内容和宝贵教学资源，指引着新时代思政课高质量发展的方向，引导落实立德树人根本任务。2024 年 5 月，习近平总书记对学校思政课建设作出重要指示强调：“要坚持以新时代中国特色社会主义思想为指导，全面贯彻党的教育方针，落实立德树人根本任务，坚持思政课建设

① 习近平．思政课是落实立德树人根本任务的关键课程 [J]. 求是，2020(17)：4–16.

② 习近平．思政课是落实立德树人根本任务的关键课程 [J]. 求是，2020(17)：4–16.

③ 习近平在全国高校思想政治工作会议上强调 把思想政治工作贯穿教育教学全过程 开创我国高等教育事业发展新局面 [N]. 人民日报，2016–12–09(01).

与党的创新理论武装同步推进。”[①]思政课要以马克思主义、中国化时代化的马克思主义为指导，讲清马克思主义、党的创新理论最新成果的道理、学理、哲理，促使学生真懂、真信、真做，真正成为让党放心、爱国奉献、担当民族复兴大任的时代新人。在政治方向上，必须坚持党的领导，确保课程的正确方向。高校思政课肩负着为党育人、为国育才的历史使命与时代责任，要引导学生树立正确的政治立场，增强对党的领导的认同和拥护，确保中国特色社会主义办学方向。在教学目标上，要围绕“培养什么人、怎样培养人、为谁培养人”这个根本问题，遵循思想政治教育和思政课教育教学规律，明确思政课的育人目标，培养具有高尚道德品质、正确世界观、人生观、价值观的社会主义建设者和接班人。

坚持“创新”为思政课注入发展动力。创新是思政课高质量发展的动力源泉，要适应时代发展变化，满足学生成长成才的需要，充分利用科学技术和社会进步的成果，通过不断创新教学内容、教学方式和教学手段，增强思政课的亲和力和针对性。在教学内容上，聚焦中国式现代化的现实发展道路，从中国式现代化理论和社会实践中汲取养分，丰富思政课的知识体系和实践进路，将时事热点、社会问题等融入教学内容，让学生在学习理论的同时，能够关注现实、思考问题，提高学生的分析问题和解决问题的能力。在教学方式和手段上，要充分利用现代信息技术、人工智能、大数据等前沿科技打造高效课堂，使思政课更加生动、有趣、富有吸引力，提高学生的学习积极性和参与度，从而更好地实现思政课的育人目标。

思政课守正和创新是相辅相成、相得益彰的。只有坚持守正，才能确保思政课的正确方向和价值导向，为创新提供坚实的理论基础和方向指引，

① 习近平对学校思政课建设作出重要指示强调：不断开创新时代思政教育新局面 努力培养更多让党放心爱国奉献担当民族复兴重任的时代新人 [N]. 人民日报，2025-05-12(01).

创新才能有的放矢，避免走入误区；只有坚持创新，才能进一步增强思政课的亲和力和针对性，提升学生的获得感；只有坚持守正与创新相统一，才能实现思政课的高质量发展。

党的十八大以来，党和国家对思政课的高度重视、中国特色社会主义建设取得的辉煌成就、中国特色社会主义理论的不断升华、思政课建设形成的经验以及中华优秀传统文化、革命文化和社会主义先进文化为思政课守正创新创造了坚实的条件。思政课在构建完整的思政课课程群、教学内容的与时俱进、教材体系的优化、教学方法的创新等方面取得了很大成效。但是，在守正创新思政课建设中，还需要注意两个问题：一是要规范思政课教学行为，强化思政课课堂教学管理。学生是否按时到堂上课、是否认真听讲、是否完成教学任务，老师是否遵守教学规范、是否注意对课堂的管理、是否对学生提出明确的要求等是思政课“守正”的基本要求，只有做到基本的规范，“守正”才能得到保证。二是要处理好思政课传统教学方法与现代信息技术运用的关系。正如习近平总书记所说：“让学生接受马克思主义，离不开必要的灌输，但这不等于搞填鸭式的‘硬灌输’。”① 现代信息技术的运用能让思政课“活起来”，能增强思政课的吸引力和感染力，但过多依赖现代信息技术，也可能导致理论讲授的碎片化、形式化等，降低了学生真正接收马克思主义理论教育的实际效果。

五、坚持“大思政”育人格局

“大思政”格局是指依据思想政治教育规律、学生思想品德形成和发展规律、学生成长成才规律以及教书育人规律，动员一切可能的力量，汇聚一切可能的资源，全方位全过程开展学生思想政治教育工作，全面落实立德树人根本任务。简而言之，“大思政”就是要实现“全员”“全方位”“全

① 习近平．思政课是落实立德树人根本任务的关键课程 [J]. 求是，2020(17)：4-16.

过程”育人。坚持“大思政”育人格局是推进新时代思政课高质量发展必须坚持的重要原则。

2016 年 12 月，习近平总书记在全国高校思想政治工作会议上指出，要把思想政治工作贯穿教育教学全过程，实现全程育人、全方位育人，努力开创我国高等教育事业发展新局面。2017 年 2 月，中共中央、国务院印发了《关于加强和改进新形势下高校思想政治工作的意见》，提出“构建共同推进思想政治工作的大格局”，强调“坚持全员全过程全方位育人，把思想价值引领贯穿教育教学全过程和各环节，形成教书育人、科研育人、实践育人、管理育人、服务育人、文化育人、组织育人长效机制”①。2017 年 12 月，教育部党组印发《高校思想政治工作质量提升工程实施纲要》，要求高校全面统筹办学治校育人资源和育人力量，“充分发挥课程、科研、实践、文化、网络、心理、管理、服务、资助、组织等方面工作的育人功能，挖掘育人要素，完善育人机制，优化评价激励，强化实施保障，切实构建十大育人体系”②。2020 年 4 月，教育部等八部门发布《关于加快构建高校思想政治工作体系的意见》，明确要求健全立德树人的教育体制机制，详细规划了理论武装体系、学科教学体系、日常教育体系、管理服务体系、安全稳定体系、队伍建设体系、评估督导体系七个子体系。从“三全育人”到“七大育人长效机制”再到“十大育人体系”，从“思想政治体系贯穿于人才培养体系”到“一体化全贯通的高校思想政治工作体系”，由此，“因事而化、因时而进、因势而新”的“大思政”育人格局得以构建。

“大思政”育人格局是一项系统工程，涵盖了工作理念、体制机制、

① 中共中央 国务院印发《关于加强和改进新形势下高校思想政治工作的意见》[N]. 人民日报，2017-2-28(01).

② 中共教育部党组关于印发《高校思想政治工作质量提升工程实施纲要》的通知 [J]. 中华人民共和国教育部公报，2017(12).

组织形式、布局结构、运行形态等多个方面。坚持“大思政”育人格局，要求思政课建设要树立大思想、汇聚大师资、整合大资源、构建大平台。

树立大思想。青少年是祖国的未来、民族的希望。当前，世界正处于大发展大变革大调整时期，世界之变、时代之变、历史之变正在以前所未有的方式展开。世界百年未有之大变局加速演进，世界进入新的动荡变革期，“我国发展进入战略机遇和风险挑战并存、不确定难预料因素增多的时期”“准备经受风高浪急甚至惊涛骇浪的重大考验”①。面对错综复杂的国际国内形势，“培养什么人、怎样培养人、为谁培养人”成为立德树人的根本性和首要问题。思想政治教育要从世界百年未有之大变局、党和国家事业发展全局，从坚持和发展中国特色社会主义、建设社会主义现代化强国、实现中华民族伟大复兴的战略高度，立足新时代、把握新方位、开创新局面。习近平总书记指出：“青少年阶段是人生的‘拔节孕穗期’，这一时期心智逐渐健全，思维进入最活跃状态，最需要精心引导和栽培。”“立志于中华民族千秋伟业，必须培养一代又一代拥护中国共产党领导和我国社会主义制度、立志为中国特色社会主义事业奋斗终身的有用人才。”②思想政治教育要从青少年的成长规律出发，尊重青少年的成长特点，“倾注极大热忱研究青年成长规律和时代特点，拿出极大精力抓青年工作，做青年朋友的知心人、青年工作的热心人、青年群众的引路人”③。思想政治教育要从受教育者的实际需要出发，以尊重受教育者为前提，发挥受教育者的主动性，调动受教育者的积极性，促进受教育者的全面发展。

---

① 习近平．高举中国特色社会主义伟大旗帜 为全面建设社会主义现代化国家而团结奋斗——在中国共产党第二十次全国代表大会上的报告 [N]. 人民日报，2022-10-26(01).

② 习近平．思政课是落实立德树人根本任务的关键课程 [J]. 求是，2020(17):4-16.

③ 庆祝中国共产主义青年团成立 100 周年大会在京隆重举行 习近平发表重要讲话 [N]. 人民日报，2022-05-11(01).

汇聚大师资。习近平总书记强调：“办好思政课关键在教师，关键在发挥教师的积极性、主动性、创造性。”[①]构建“大思政”育人格局，关键也在建设大队伍。建设思想政治教育大队伍，就是要打破各育人主体之间的隔离，构建协同联动的多元教育主体体系。思政课专职教师、学生政工干部、党政管理干部、专业课教师、名师名导，以及地方党政领导干部、企事业单位负责人、社科理论界专家、各行业先进模范，都是“大思政”育人格局中的教育主体。要科学把握各类教育主体在“大思政”格局中的育人功能，明确学校各方面教育主体的育人职责，完善思政工作大队伍建设的激励约束与组织保障机制，激发各类育人主体的内生动力，推动形成各类育人主体的有效联结，切实形成“大思政”体系的强大育人合力。

整合大资源。思想政治教育是一定的阶级、政党、社会群体“用一定的思想观念、政治观念、道德规范，对其成员施加有目的、有计划、有组织的影响，使他们形成符合一定社会、一定阶级所需要的思想品德的社会实践活动”[②]。“大思政”育人格局要求汇聚一切可能的资源，建设大资源。我国是中国共产党领导的社会主义国家，决定了教育必须擦亮马克思主义鲜亮底色，坚持党的领导，以培养社会主义建设者和接班人作为根本任务，把中国共产党历史、新中国史、改革开放史、社会主义发展史融入思想政治教育，对学生进行系统的中国特色社会主义和中国梦教育、社会主义核心价值观教育、法治教育、劳动教育、心理健康教育等。这需要系统梳理各类教育资源，形成系统、鲜活、生动的思想政治教育大资源库。

构建大平台。“大思政”育人格局要求建设大平台，丰富和完善各种类型的育人方式和手段，建设包括课内与课外、学校与社会、线上和线下

---

① 习近平.思政课是落实立德树人根本任务的关键课程[J].求是，2020(17):4-16.

② 张耀灿，郑永廷，吴潜涛，骆郁廷，等.现代思想政治教育学[M].北京：人民出版社，2006:50.

等结合的立体化教育平台体系。思政课课堂教学聚焦于把哲理、学理、道理讲明白，切实增强“习道”“解惑”实效；其他课程课堂教学要聚焦于润物无声的价值引领，增强课程思政的“涵化”“浸润”功能；社会考察、创新创业、志愿服务等实践活动，要在引导学生“体验”“感悟”上下功夫。要不断加强各类平台建设，着力推进思政课堂与社会大课堂有效结合，充分遵循不同平台在习道与解惑、涵化与浸润、体验与感悟等方面的教育机理，引导学生领悟真理力量、体验伟大成就、锤炼意志品格。

第三章

新时代思想政治理论课高质量发展的理论依据和思想渊源

思政课作为培养社会主义建设者和接班人的重要阵地，肩负着塑造学生思想观念、价值取向和政治立场的重任。党的十八大以来，习近平新时代中国特色社会主义思想深入人心，国家对思政课的定位和要求日益提高，思政课高质量发展成深化教育改革、推动社会主义核心价值观落地的重要抓手。

高质量发展的内涵不仅仅指课堂教学内容和形式创新优化，更涵盖思政课程在社会价值、文化认同、民族复兴等方面的重要作用。随着时代变化，如何实现思政课的“高质量”发展，成为学术界与教育领域的焦点。新时代思政课高质量发展的理论依据，涵盖中国传统文化精髓与马克思主义人学理论的有机结合，同时也包括现代思想政治教育理念、社会需求以及全球视野下教育理论的前瞻性思考。如何在新时代背景下推动思政课高质量发展，如何使其更好地服务于培养中国特色社会主义事业的合格建设者和接班人，已成为当前教育改革和思想政治工作中的关键课题。

第一节　新时代思想政治理论课高质量发展的理论依据

一、马克思主义人学理论

马克思主义人学理论是马克思主义哲学的重要组成部分，其核心观点是“人的本质是历史的、社会的，是由社会关系所决定的”。马克思主义强调，人的全面发展必须在社会进步和人的解放的基础上实现。新时代思政课高质量发展进程中，马克思主义人学理论为思想政治教育提供了深厚的理论根基，尤其是关于人的全面发展与德智体美劳全面发展的思想，直接影响新时代思想政治教育的目标和方法。

将人学的研究视野和内容范畴作为范围界定，可以将马克思主义人学理论视域下的思想政治教育进行以下概括，即以马克思主义人学理论为指引，以人的客观存在为立足点，以人自身特有的知、情、信、义、行等规律作为主要遵循，以正确认识人的本质、尊重人的主体性以及发挥人的创造性为前提，使教育固有的人本关怀和社会价值得到充分实现，以此开展思想政治教育实践活动。[①]

（一）人的本质与社会历史关系

马克思与恩格斯在《德意志意识形态》中通过批判旧哲学的抽象人性观，深刻揭示了人类存在的本质特征。他们以历史唯物主义的立场提出“人是一切社会关系的总和”，这一观点强调，人不仅仅是自然界中的孤立个体，更是处于一定社会环境和历史条件下的社会主体。人的本质随着社会历史的发展和生产力的进步而不断变化，在不同历史阶段有不同的表现形式。在资本主义社会中，人的本质被异化，个体的自由和全面发展受到了压制；

① 周菊芳．马克思主义人学理论视域下的学校思想政治教育探讨 [J]. 中国教育学刊，2019(S1)：241–243.

而在社会主义和共产主义社会中，人类将实现全面的自由和自我创造。

马克思主义关于“人的本质与社会历史关系”理论，还体现了个体与社会之间的辩证关系。马克思主义认为，个体不是孤立存在的，而是与社会生产方式、经济结构、政治制度等密切相连。个体的意识、价值观、道德观和行为模式都受到社会历史条件制约。但马克思主义也强调，社会发展不仅仅是由既定社会关系推动的，个体实践活动同样能影响社会结构和历史进程。个体在社会中不断实践、创新、批判现存社会关系，并通过劳动、思想和行动改造世界，从而推动社会历史发展。因此，个体与社会之间的关系是互动的、辩证的，个体的本质既是社会关系的产物，又能在一定程度上反作用于社会，推动社会发展和变革。

这种人学理论为思想政治教育提供了深刻启示，思想政治教育的最终目的是帮助个体在社会实践中找到自身的本质，改变社会环境和条件，实现个人与社会的全面和谐发展。新时代思政课要高质量发展，就应注重培养学生的社会责任感、历史使命感，并引导他们在社会历史发展中自觉地发挥作用，实现个人全面发展。

（二）人的全面发展与解放

马克思主义强调，人的全面发展和解放是社会发展的最终目标。在《经济学哲学手稿》中，马克思明确提出，人的解放不仅仅是指从物质贫困中解放出来，更重要的是从精神、思想和文化的压迫中解放。尤其是在资本主义社会，劳动的异化使得劳动者失去了对自己劳动成果的控制，导致了人与自己本质的疏离。人的全面发展，即从这一异化状态中走出来，恢复人的自由与创造力，实现自我发展。

马克思主义人学理论的核心观点之一是，人的本质是社会关系的总和。在《德意志意识形态》中，马克思、恩格斯指出：“人是所有社会关系的总和。”人的全面发展首先体现在道德素质的培养上。德育不仅仅是个人的道德修养，更是社会责任感和集体主义精神的体现。马克思主义认为，在社会主义社会中，个体应当具备较高的社会责任感，积极参与社会事务和服务他人，促进社会公平正义。通过道德教育和社会实践，个体能不断提升道德认知和实践能力，从而更好地履行作为社会成员的义务和责任。

马克思主义的人学理论认为，人的全面发展应当在德智体美劳几个方面取得平衡。教育是实现人的全面发展的重要途径，尤其是在知识层面，教育不仅要传授基础知识，还要培养人的思维能力、创新能力和批判精神。智力的发展不仅限于专业领域的技能提升，还应包括对社会、历史和文化的认知，以及全球视野、历史责任感和社会主义核心价值观的培养。

身体健康是个体全面发展的基础。劳动是人类的基本实践活动，而健康的身体是实现自由劳动和全面发展的先决条件。[①] 马克思主义提倡在社会主义社会中，个体应当具备健康体魄，享有身心健康的基本权利，劳动应当是自由和创造性的活动。在《共产主义宣言》中，马克思、恩格斯明确提出，在共产主义社会中，劳动将不再是压迫的来源，而是创造自由和实现个体全面发展的途径。

艺术素养和审美能力的发展是人的全面发展不可或缺的维度。艺术教育能够帮助个体提升审美情趣，发展创新思维，丰富精神世界，增强人与社会、人与自然之间的和谐联系。通过劳动，人类不仅能创造物质财富，还能实现个人的自我价值，提升社会责任感与创造力。教育应当培养学生的劳动技能和实践能力，让每个个体都能通过劳动发展体力、智慧和创造力。

马克思主义人学理论的核心理念为新时代思政课的高质量发展提供了坚实的理论支持。思政课应充分吸纳马克思主义关于人的全面发展的理论，帮助学生树立正确的价值观，培养批判性思维和创新能力。通过引导学生

① 刘欣然，赵妤．感性的探问：马克思主义体育人学存在论的理论路向 [J]. 山东体育学院学报，2023，39(03):63-70.

认识社会变革与个人解放的关系，激发他们为实现社会公平、正义和共同富裕贡献力量的责任感。新时代思政课应当秉承马克思主义人学理论的基本理念，推动教育内容和教学方法创新，注重德智体美劳的全面培养，从而实现思想政治教育的高质量发展。

二、思想政治教育学相关理论

（一）思想政治教育的本质

在《思想政治教育学原理》一书中，陈万柏和张耀灿对思想政治教育的本质进行了深入探讨。他们认为，思想政治教育的本质是通过教育手段对个体进行思想、政治和道德教育的过程，旨在通过培养个体正确的世界观、人生观、价值观，增强其社会责任感、集体主义精神和社会适应能力，进而服务于社会的稳定与发展。它不仅仅是一个单纯的教育过程，更是一个通过思想与社会互动、促进个体和社会发展的动态过程。在新时代中国特色社会主义背景下，思想政治教育的本质呈现出更加鲜明的时代特征，它注重个体思想和道德建设，也注重与国家、社会发展目标的契合，在新时代背景下思想政治教育的本质可以从以下几个方面来探讨。

1. 培养和塑造社会主义核心价值观

思想政治教育的本质在于通过社会主义核心价值观的培育，构筑个体与社会的价值共识。作为社会主流意识形态的核心，社会主义核心价值观既为个体提供思想坐标——通过系统性课程、实践载体和道德浸润，塑造集体主义精神、家国情怀及法治意识；又在认知层面深化社会责任感，在实现个体社会定位的同时，增强共同体凝聚效能。这种双重建构使思想政治教育成为连接个体发展与社会共同理想的文化纽带，为现代文明形态提供价值根基。

2. 促进思想认同与社会整合

在价值多元与全球互渗的时代语境下，思想政治教育的社会整合功能呈现双重向度：其一，通过建构“国家—民族—社会”三位一体的认同体系，弥合个体价值选择与社会主流意识形态的张力；其二，以中国特色社会主义理论为思想纽带，培育青年的历史方位感——既立足本土实践厚植家国情怀，又面向人类命运共同体拓展全球视野。这种动态整合机制不仅能巩固社会价值共识基础，更能将个体发展自觉纳入民族复兴的历史进程，为现代化治理提供可持续的精神动力。

3. 促进个体全面发展

思想政治教育的本质在于以马克思主义人学理论为指导，通过德智体美劳五育并举的育人体系促进个体全面发展。这一过程超越传统知识传授模式，着力构建价值塑造（思想道德素质）、能力培育（社会责任感与创新意识）、行为养成（社会适应能力）三位一体的教育范式。新时代的思想政治教育更加强调理论认知与实践转化的有机统一：既通过系统化的政治理论教育确立价值坐标，又借助情境教学、社会实践等多元途径，引导学生在真实场域中锤炼综合能力，最终培养出兼具家国情怀、全球视野、创新精神和实践智慧的复合型人才。

（二）思想政治教育的功能

思想政治教育的功能是其本质的集中体现，是在整合系统内部各要素以及与外在社会环境相互作用过程中所表现出的积极特性和有利影响。它不是单一的，而是多方面的，思想政治教育的功能可以划分为个体性功能和社会性功能。①

1. 个体性功能

个体性功能是思想政治教育对教育对象个体产生的客观影响，表现为个体生存功能、个体发展功能和个体享用功能。个体性功能是思想政治教

① 包红梅. 解读思想政治教育功能的四个维度 [J]. 教学与管理，2016(27)：8-10.

育目的的直接表现，可以看作思想政治教育的本体性功能，主要包括以下三个方面。

个体生存功能是思想政治教育在引导人类个体遵循客观规律、服从生存原则以便求得更好的生存状态的过程中所发挥的作用。它有助于人的物质生活正常进行，并且是人的精神生活的一种方式。

个体发展功能是思想政治教育对塑造人的品德、促进人的发展所起的积极作用。该功能具体表现为引导政治方向、约束规范行为、激发精神动力和塑造个体人格。

个体享用功能是指通过思想政治教育，个体能够实现某种需要和愿望，主要指精神方面，并从中体验满足、快乐和幸福，从而获得精神上的享受。

2. 社会性功能

思想政治教育通过作用于政治、经济、文化、生态四大领域，实现其社会性功能。

政治整合功能。以培养思想政治素质为核心，通过传导主导意识形态、建构政治认同体系，强化对中国特色社会主义理论及方针政策的理解。全球化背景下，针对多元思潮冲击，着力引导学生树立正确的“三观”，发挥意识形态安全阀作用，筑牢青年的政治定力，维护社会稳定与国家长治久安。

经济驱动功能。通过激发劳动主体能动性，培育责任意识、创新精神及法治观念，构建两重保障：在微观层面，塑造正确的劳动价值观与契约精神，提升生产效率，优化市场秩序；在宏观层面，化解改革进程中的利益矛盾，调和物质发展与精神动力的关系，为经济高质量发展提供思想支持与环境基础。

文化传承创新功能。中华优秀传统文化和革命文化是思想政治教育的基础，继承和发扬这些文化资源，不仅能够增强文化自信，还能使传统文化在现代社会中焕发新的活力。思想政治教育应当将传统文化与现代文明相结合，使中国传统文化成为新时代公民道德建设和社会精神文明的重要组成部分。与此同时，思想政治教育也必须创新，不断适应新时代的要求，来推动先进文化和社会思想的发展。在全球化背景下，思想政治教育应将文化创新作为一项重要任务，推动中国特色社会主义文化的创造性转化和创新性发展，增强国家文化软实力，使社会主义核心价值观与现代社会文化的要求相契合。

生态涵育功能。随着全球生态环境问题日益严峻，生态文明建设已成为时代发展的重要课题。思想政治教育的生态功能不仅关乎个人对自然环境的保护意识，还涉及社会层面上对生态环境的尊重、保护和可持续发展的认知。生态文明作为国家发展战略的一部分，思想政治教育积极传播绿色、低碳、环保的生活方式，培养节约资源、保护生态的意识。通过教学内容的创新和实践活动的参与，帮助学生认识到生态环境与人类生存息息相关，倡导资源节约型、环境友好型的生活态度，鼓励他们在日常生活中践行这些绿色价值观，具体表现为帮助受教育者形成生态意识、引导受教育者遵守生态法规、引领生态思潮等。

综上所述，思想政治教育的功能涵盖了个体和社会两个层面，既关注个体思想道德素质和全面发展，又致力于推动社会政治、经济、文化和生态等各方面的进步。要充分利用好这种多维度的功能，在新时代背景之下不断提升思政课高质量发展。

（三）思想政治教育方法与载体

思想政治教育方法具有鲜明的实践性和系统性，既强调理论传授，也注重实践活动开展。思想政治教育方法与载体是思想政治教育的重要组成部分，二者相互作用、相辅相成，共同推动思想政治教育的实施。

1. 思想政治教育的一般方法

思想政治教育的一般方法，也可称为思想政治教育的通用方法，是思想政治教育在一般情况下经常使用的方法。基于此，下文重点对两个能够彰显研究特性的典型方法展开论述。

疏导教育法是思想政治教育广泛而经常使用的方法。疏，即疏通，思想政治教育中的疏通，是指广开言路，集思广益，让大家敞开思想，把各自的观点和意见都充分发表出来。导，即引导，开导，思想政治教育中的引导，就是循循善诱，说服教育，把各种不同的思想和言论引向正确、健康的轨道。疏导教育法是对人民内部的思想认识问题，既不堵塞言路，又善于引导，帮助人民群众提高思想认识。疏与导是辩证统一的关系，疏通是为了正确地引导，是引导的前提。引导是疏通的目的，是疏通的必要继续。如果不引导，只疏通，各种不正确的思想言论就会放任自流。疏通离不开引导，引导也离不开疏通，两者是辩证的统一。要在疏通中引导，在引导中疏通，把两者紧密地结合起来。①

比较教育法是将两种不同现象、事物、理论的性质、特点进行比较鉴别，得出正确的结论，用以提高思想认识的方式，是思想政治教育经常采用的一种方法。“马克思主义必须在斗争中才能发展，不但过去是这样，现在是这样，将来也必然还是这样。正确的东西总是在同错误的东西作斗争的过程中发展起来的，真的、善的、美的东西总是在同假的、恶的、丑的东西相比较而存在、相斗争而发展起来的。”②客观事物和各种文化、理论，总是存在差异。两个事物或两种思想之间的差别对比越鲜明，矛盾揭露得越深刻，人们对事物或思想的本质认识就越清楚，解决矛盾的方法就越切合实际。因此，比较教育的方法更有利于人们鉴别是非，区分优劣，检验认识的正确与错误，这是它优于其他方法的地方。

---

① 王灵芝 . 高校学生网络舆情分析及引导机制研究 [D]. 中南大学，2010.

② 毛泽东 . 毛泽东著作选读 : 下册 [M]. 北京：人民出版社，1986:78.

2. 思想政治教育的特殊方法

在思想政治教育过程中，可能遇到某些特殊或突出的思想问题和行为表现，如可能发生思想问题与心理危机、顽固的思想障碍、剧烈的思想和行为冲突等密切联系。面对这些情形，单纯依靠常规教育手段难以达成理想效果，还必须借助特殊的教育方式。以心理疏导法来说，它指的是教育者与受教育者在构建起良好关系的前提之下，围绕心理层面的问题展开相互理解、沟通以及引导的过程，通过这一过程消除受教育者的心理障碍，推动其身心健康发展。所以，当运用心理疏导法时，教育者要秉持关心、爱护和尊重受教育者的态度，仔细洞察受教育者的心理状态与存在的心理问题，和受教育者一同剖析心理障碍产生的原因，并传授给他们克服心理障碍的有效方法。

3. 网络思想政治教育方法

网络思想政治教育方法是实现网络思想政治教育目标的重要方式。习近平指出："互联网是当前宣传思想工作的主阵地。这个阵地我们不去占领，人家就会去占领；这部分人我们不去团结，人家就会去拉拢。"①这就包括运用有效的网络思想政治教育方法去引导网络思想政治教育对象的政治观点，增进其政治认同，提高网络思想政治教育的针对性和实效性。

网络思想政治教育方法是在网络思想政治教育虚拟实践活动中逐步形成和发展起来的，是为网络思想政治教育的目的和任务服务的。网络思想政治教育方法不是指某一个或某几个方法，而是一个方法体系，其所属的方法因其适用不同的范围而形成不同的层次，主要包括网络思想政治教育原则方法、一般方法和具体方法。网络思想政治教育原则方法是开展网络思想政治'教育'应遵循的基本原则，体现了思想政治'教育'的方向性，

① 习近平．习近平谈治国理政：第二卷 [M]. 北京：外交出版社，2017:325.

规律性和价值导向，对一般方法和具体方法具有规定方向、确定规范的作用，是网络思想政治教育的基本方法。网络思想政治教育一般方法与非网络思想政治‘教育’一般方法一致，是具有普遍性、可广泛应用的‘教育’方式。如：理论教育法、榜样示范法等。网络思想政治教育具体方法包括网络信息收集方法、网络舆情分析方法、网络思想政治教育决策方法等认识方法和网络思想政治教育的基本方法、综合方法、特殊方法等方法。这些方法是网络思想政治教育原则方法在网络思想政治教育过程中的实际运用，在网络思想政治教育过程中具有重要作用。

4. 思想政治教育载体

思想政治教育载体的设计运用，体现着时代的要求，反映了教育者的目的、原则和价值取向，具有选择性。思想政治教育内容的实施、活动的开展、任务的完成，都离不开一定的载体。当前“世界多极化、经济全球化、社会信息化、文化多样化深入发展，全球治理体系和国际秩序变革加速推进，各国相互联系和依存日益加深，国际力量对比更趋平衡，和平发展大势不可逆转。同时，世界面临的不稳定性不确定性突出，世界经济增长动能不足，贫富分化日益严重，地区热点问题此起彼伏，恐怖主义、网络安全、重大传染性疾病、气候变化等非传统安全威胁持续蔓延，人类面临许多共同挑战”[①]。在上述情况下，思想政治教育如何选择和运用合适的载体具有重要价值。所谓思想政治教育载体，是指在思想政治教育过程中承载和传递思想教育信息、能为思想政治教育主体所操作并与思想政治教育对象发生联系的一种方式和外在表现形态。常见的思想政治教育载体包括管理载体、文化载体、活动载体、传媒载体、网络载体等类型。

---

① 习近平 . 决胜全面建成小康社会 夺取新时代中国特色社会主义伟大胜利：在中国共产党第十九次全国代表大会上的报告 [M]. 北京：人民出版社，2017.

（四）思想政治教育过程规律理论

思想政治教育的过程是一个充满矛盾的动态过程，其中包括教育主体（教师）与受教育主体（学生）、教育目标与实际情况、理论教育与实践教育等方面的对立和统一。运用矛盾理论分析思想政治教育，能够揭示出教育过程中各种对立统一的关系，并为解决这些矛盾提供理论依据，以推动思想政治教育的高质量发展。

1. 教师与学生的矛盾

思想政治教育的首要矛盾之一是教育主体与受教育主体之间的矛盾。教师是思想政治教育的主导者，承担着知识传授和思想引领的责任，而学生作为受教育者，具有自身的思想观念、认知水平和价值取向，这些可能与教师的教育目标和思想政治理论产生一定的冲突。随着学生思想多元化、信息化时代的到来，教师要通过深入了解学生的需求、情感和认知特点，灵活调整教育方法。教师要具备高度的教育智慧，能够通过互动、启发式教学、讨论等方式调和这一矛盾，引导学生主动参与到思想政治教育中，从而提高教育的效果。

2. 教育目标与现实情况的矛盾

思想政治教育的根本目标是培养具有正确的价值观、世界观和人生观的学生。然而，现实中社会思潮多元化、全球化背景下的思想文化碰撞，可能导致学生产生困惑和价值迷茫。这种社会背景下，思想政治教育面临着如何适应新的教育需求和如何在复杂社会环境中引导学生的矛盾。

矛盾的解决在于理论内容的更新和教育手段的创新。思想政治教育应当根据社会发展和学生需求的变化，及时调整课程内容，融入具有时代感的案例与实践，提升教育吸引力与实效性。将习近平新时代中国特色社会主义思想作为重要内容，融入教学过程中，以贴近学生实际生活方式讲解政策，增强学生对国家发展的认同感和责任感。

3. 理论与实践的矛盾

思想政治教育的另一对矛盾是理论教育与实践教育之间的矛盾。思想政治教育不仅需要理论支撑，还需要与学生实际生活紧密结合。理论教育往往是抽象的，学生可能难以将理论知识与自身实际经验、社会实践相联系。而社会实践是思想政治教育中不可或缺的一环，它能够帮助学生理解和践行所学理论，然而，实践中又可能因为学生认知的局限性或社会环境的复杂性，出现实践效果不佳的现象。

解决这一矛盾的关键在于教育的融合性。思想政治教育应该注重理论与实践的紧密结合，增加学生社会实践环节，通过社会调查、志愿服务、参观社会实践基地等活动，使学生能够将理论知识运用到实际中，解决生活中的具体问题。这种理论与实践的互动将有助于学生把思想政治理论内化为自觉的行为规范。

4. 传统与创新的矛盾

随着社会变革，思想政治教育面临着传统教学方式与创新方法之间的矛盾。传统课堂讲授式教学往往侧重于知识传授，学生的学习过程较为被动，缺乏足够的互动和实践，而新时代思想政治教育则要求更加灵活和互动的教学方法。要想解决这一矛盾，需要教师在传统教学法基础上，吸收现代教育技术和新兴手段，充分利用信息技术、多媒体教学、互动平台等，将创新教学方法与传统教学法相结合，实现教学效果最大化，增强学生的学习兴趣和参与感。

进行思想政治教育的过程中充满了多重矛盾，只有通过辩证思维分析这些矛盾，才能够为解决教育实际问题提供理论依据。新时代思政课的高质量发展，必须充分认识到这些矛盾的存在，并通过创新教育理念和方法，调和矛盾，实现教育目标的有效达成。

（五）思想政治教育主客体关系理论

思想政治教育主客体关系是在思想政治教育过程中，教育者与受教育者之间相互作用、相互影响的关系。主客体关系理论不仅关注教育者和受教育者的身份定位，还涉及二者之间的互动方式、教育目的和教育效果等方面。

思想政治教育主体主要是教育者，即思政课程的教师、辅导员等教育工作者。教育主体的核心任务是通过多种教育方法，帮助受教育者树立正确的世界观、人生观、价值观，培养良好的思想品质和社会责任感。教育客体指的是受教育者，通常为学生。受教育者在思想政治教育中的地位是积极的，不仅仅是知识接受者，更是思想探索者和行为主体。教育的核心目标是促进学生思想政治觉悟的提升，帮助学生形成正确的社会意识和历史责任感。

新时代背景下，思想政治教育的主客体关系发生了显著变化，呈现出动态发展特征。主体不再仅仅局限于教师，还包括有社会各类组织、家庭、媒体等。思想政治教育的责任逐渐从单一学校教育扩展到社会各个层面，形成了更加广泛的教育合力。教育者要充分利用多元化的教育主体资源，推动思想政治教育深度融合。随着社会发展，受教育者主体意识逐步觉醒，思想政治教育不仅仅是被动地进行知识传授，更多的是一个双向互动的过程。学生不再是单纯的接受者，而是教育过程中不可忽视的参与者和反馈者，教育者要根据学生的需求、兴趣以及思想发展变化，调整教育策略和方法。思想政治教育不再是单向的、单纯的教师讲解和学生听取的过程，而是一个双向互动、协同推进的过程。在这一过程中，教育者通过多种方法引导学生进行思考，学生也通过反馈、讨论和实践等方式参与其中，形成思想碰撞和深层次认知。教育主体与教育客体之间良性互动，能够促进思想政治教育内容的有效传递和学生思想觉悟的提升。通过深化主客体关系的理解与应用，可以为新时代思政课的创新与发展奠定坚实的理论基础。

三、系统论、协同理论

思想政治教育的系统论和协同理论是两种重要的理论视角，二者分别从整体性和互动性的角度对思想政治教育的组织和实施进行了理论探讨。系统论帮助我们理解思想政治教育作为一个复杂的、动态的整体，强调教育目标、内容、手段、主体和环境的有机结合；协同理论强调各个教育主体之间的协调与合作，推动教育目标的共同实现。通过结合这两种理论，可以更好地提升思想政治教育的效果，增强教育的系统性、协同性和实践性。

（一）系统论

1. 系统的整体性与相互关系

系统论作为整体性理论框架，强调将研究对象视为要素相互作用的有机整体。在思想政治教育中，系统论为我们理解教育的复杂性和互动性提供了理论支持。关于系统的概念，恩格斯论述说："一个伟大的基本思想，即认为世界不是一成不变的事物集合体，而是过程的集合体。"① 李秀林等学者进一步阐明，系统论是通过分析系统存在方式及其内在规律，把握事物整体性的科学方法②。在党的二十大报告中，习近平总书记提出"坚持系统观念"③，为思想政治教育提供了方法论指导，要求从整体视角把握思政课教学这一复杂系统。

① 中共中央马克思恩格斯列宁斯大林著作编译局．马克思恩格斯选集：第 4 卷 [M]. 人民出版社，1997:239-240.

② 李秀林，王于，李淮春．辩证唯物主义和历史唯物主义原理 [M]. 北京：中国人民大学出版社，2004:153.

③ 习近平．习近平主持召开学校思想政治理论课教师座谈会强调：用新时代中国特色社会主义思想铸魂育人贯彻党的教育方针落实立德树人根本任务 [N]. 人民日报，2019-03-19(01).

系统理论强调，思想政治教育不是孤立的教育过程，而是一个包含多个要素的系统，这些要素包括教育目标、教育内容、教育手段、教育主体和教育环境等。这些要素之间相互作用、相互影响，共同推动思想政治教育的实现。

思政教育目标应立足立德树人根本任务，涵盖思想塑造、情感培育、行为引导等多维向度；教育内容包括思想政治理论、价值观教育、历史文化传承与现代道德培育，须结合时代特征与学生需求动态优化；教育手段包括整合课堂教学、信息技术、社会实践等多元方法，构建全方位育人载体；教育主体包括教师、学生以及社会各方参与者，形成教师引导、学生主体、社会协同的互动格局；教育环境包括统筹社会思潮、校园文化、家庭教养等场域影响，营造协同育人生态。

从教学实践方面来说，思政课实践教学以及相关课程内容和要素的实施运行必须整体推进，统一进行。在课程设计层面，依据专业特点制定培养方案，统整理论教学与实践环节；在实施过程层面，协调教学目标、方法、环境等要素，促进知行合一；在效果达成层面，通过理论与实践的深度融合，使学生将价值认知转化为行为自觉，最终培养具有正确“三观”的社会主义建设者和接班人。

2. 动态性与反馈机制

恩格斯关于“世界是过程的集合体”的论断，揭示了思想政治教育系统的本质属性——动态演化性。贝塔朗菲在一般系统论中指出，系统通过与环境持续交换物质、能量、信息，实现自组织发展，这一原理在思政教育领域体现为教育要素的适应性调整。习近平总书记强调“要因事而化、因时而进、因势而新”，正是对系统动态规律的科学把握。

思想政治教育的动态性源于三重驱动：新发展阶段的社会主要矛盾转化、意识形态斗争新形态、技术创新引发的认知革命；数字化生存方式带来的价值认知模式转型；马克思主义中国化时代化最新成果的持续丰富。在此背景下，反馈机制成为系统动态平衡的关键枢纽。教师通过课堂应答、实践表现、数字足迹等渠道监测学生认知—情感—行为转化效果，动态优化教学策略；学生借由课程评价、学习社区互动等途径参与教学设计，形成教学相长的共生关系。这种动态调适在教育实践中具象化为三个层级的适应性：将党的二十大精神、新发展理念实时融入课程体系；运用VR技术重现场景化历史记忆，通过算法推荐实现精准化理论传播；基于学习分析技术建立个性化思想成长档案，实施差异化教育干预。

习近平总书记提出的“八个统一”方法论原则，本质上构建了思想政治教育动态发展的实践论纲。在百年未有之大变局背景下，系统通过持续的正反馈放大效应（如抗疫精神融入课程引发的价值共鸣）与负反馈纠偏机制（如历史虚无主义思潮的靶向治理），实现意识形态传播力、引导力、影响力的迭代升级。这既印证了马克思“环境的改变和人的活动的一致”的实践观，也彰显了新时代思政教育守正创新的方法论自觉。

（二）思想政治教育的协同理论

协同理论为思想政治教育提供了系统优化的方法论指引，其核心在于通过要素间的有机配合实现育人效能提升。这一理论框架包含多维实践路径：在课程建设层面，思政课与专业课形成育人合力，依据《全面推进“大思政课”建设的工作方案》，构建知识传授与价值引领深度融合的教学体系；在育人主体层面，家校社三方通过《中华人民共和国家庭教育促进法》确立的“教联体”机制，打造责任明晰、资源共享的协同教育网络；在成效评估层面，建立涵盖理论学习、实践参与、价值认同的多元评价系统，突破单一考核模式。

1. 协同作用与整体优化

协同理论，也称“协同学”或“协和学”，它注重各个学科及教育领域之间存在的逻辑关联性。[①]在教育体系中，思政课与专业课和通识课不是各自独立完成自身任务，而是共同肩负着培育全面发展人才的重任，要解决“培养什么人，为谁培养人，怎么样培养人”的根本问题。2022年7月，教育部等十部门印发《全面推进“大思政课”建设的工作方案》的通知，强调“推动各类课程与思政课同向同行”“重点支持开展‘大思政课’建设规律、思政课教学难点及对策、大中小学思政课一体化、课程思政等研究”[②]。

从教师角度来看，思政课应当通过常态化开展思政课教师与通识课、专业课教师的集中教学研讨与分享交流，深入挖掘各课程中的思政元素，实现专业知识与思政教育有机融合。在专业课教学中，教师可结合专业特点融入思政内容等方式，实现思政课与其他课程协同育人模式，充分体现协同育人理念，实现“专业教学中有思政，思政教学中见专业”的目标。

从课程角度来看，党的十九届四中全会明确提出，要坚持马克思主义在意识形态领域指导地位的根本制度，这为专业课与思政课教学协同育人提供了根本遵循和实践指南。无论是思政课还是专业课，都必须坚持正确的政治方向，以思政课为引领。在明确专业课教学模式、内容、实践等方面坚持政治立场与育人方向的同时，实现政治导向与育人实践相结合。专业课能够在充分发挥课程自身优势的基础上，结合课程特点挖掘和激发课程内蕴的人文情怀和价值元素，将其与课程知识传授结合起来，实现思政寓于课程，以透彻的思想理论说服学生，以专业知识体系培养学生，使学生树立正确的世界观、人生观、价值观，达到“育人”与“育才”相统一

① 吴琼，张洁．协同理论视域下劳动教育融入高校思政课教学改革初探[J].时代报告，2024(07):105-107.

② 徐娜．高校专业课与思政课协同育人的内涵、原则与路径[J].中学政治教学参考，2024(36):12-16.

的教育目标。

协同最终要实现的是“1＋1＞2”的整体效应，旨在促使复杂系统内各子系统之间以及子系统与其他系统之间实现相互协调与合作。最终达成的效果是，整体所产生的作用远超各部分单独发挥作用时的效果之和。

2. 协同过程中的互动与共生

协同实质上是指两个或两个以上不同资源或个体通过协调行动，朝着共同目标一致努力的过程或能力。[①]2024 年 11 月，教育部、中央宣传部等十七部门联合印发的《家校社协同育人“教联体”工作方案》（以下简称《方案》）中提出：“要推动各地全面建立家校社协同育人‘教联体’，力争到 2025 年，50% 的县建立‘教联体’，到 2027 年所有县全面建立‘教联体’。”[②]《方案》的提出，深入贯彻了党的二十大关于“健全学校家庭社会育人机制”的精神，落实了《关于健全学校家庭社会协同育人机制的意见》的根本任务，为新时代家校社协同育人工作提供了明确方向与根本遵循。[③]

2022 年 1 月 1 日，我国开始实施《中华人民共和国家庭教育促进法》，其中不仅涉及家庭该有的责任，还详细指出了国家、社会和学校要与家庭一起进行协同育人，其目的是使家庭教育从传统的以家规、家训模式过渡到现在以法治引领的模式，提高我国家庭教育的地位，增进家庭幸福与社会和谐。[④]只有学校、家庭、社会三方协同合作，才能为学生营造全方位、

① 陈辉，陈虹．家校社协同育人再研究——基于责任边界的视角 [J]. 教育科学研究，2024(03)：35-42.

② 教育部等十七部门联合印发《家校社协同育人“教联体”工作方案》[EB/OL]，http://www.moe.gov.cn/jyb_xwfb/gzdt_gzdt/s5987/202411/t20241101_1160204.html.

③ 张首文等．是何、为何与如何：家校社协同育人“教联体”建设的三维审视 [J/OL]. 当代教育论坛，1-14[2025-03-20].

④ 王琳珏．我国家庭教育的功能演变与价值发挥 [J]. 教育科学论坛，2024(36)：75-80.

多层次的思想政治教育环境，有力促进学生思想政治素养的提升。

学校、家庭、社会三方协同合作，使多维度的教育资源整合在多主体互动推进之中得到充分体现，能够避免责任边界模糊造成的教育真空，进而形成强大的育人合力。这既与立德树人根本任务相契合，又是对学生全面发展更高要求的有效回应。通过有效整合学校、家庭与社会三个方面的教育资源，不仅能够弥补单一教育主体所发挥作用的局限性，也有利于推动教育公平与教学质量双重提升，还能最大化发挥各方优势，为学生全面成长提供立体化、多层次的支持与保障。

3. 协同评价机制

考评是协同育人机制构建的方向盘和指挥棒。如果说思政课程与课程思政是一个有机整体，那么考评构建就是对这个整体的评价与诊断。[①] 协同评价机制是协同理论在思想政治教育中的应用。思想政治教育评价应该包括教师、学生、家庭、社会等多个方面的评价，而不仅仅局限于传统学术评价，通过多角度的评价，才能全面了解学生的思想政治素养和社会责任感。

多维度的评价包括学业成绩、社会实践、情感认同等方面的综合评价，通过多元评价结果的反馈，才能有效地调整思想政治教育策略，确保思政教育效果的最大化。

第二节　新时代思想政治理论课高质量发展的思想渊源

源远流长的中华优秀传统文化是一座蕴含丰富的道德规范与人文精神的智慧宝库，中华优秀传统文化中的思想政治教育理念，以“立德树人”

① 韦诗业，李素芬 . 新时代思政课程与课程思政协同育人机制构建研究 [J]. 学校党建与思想教育，2021(20)：36-39.

为核心，融合道德教化、制度规范、实践养成等多重维度的内容，它既是历史积淀，也是当代思想政治教育创新的源泉。新时代，应积极探索中华优秀传统文化的创造性转化和创新性发展路径，与现代教育理念深度交融，为培育既传承中华传统美德，又具备现代思维与素养的时代新人助力。

（一）中华民族具有重视思想道德教育的优良传统

早在西周时期，周公旦制礼作乐，构建起了一套完备的道德规范体系，将礼义廉耻融入社会生活，成为思想道德教育的雏形。春秋战国时期，百家争鸣的学术盛景蓬勃兴起，各学派踊跃提出别具一格的道德教育理念与方法。以孔子为领袖的儒家学派，把“仁”奉为核心思想，倡导“克己复礼为仁”，极为重视个人道德修养与社会和谐之间的紧密联系。在《论语》里，“吾日三省吾身：为人谋而不忠乎？与朋友交而不信乎？传不习乎？”这一表述淋漓尽致地展现出儒家对自我道德反省与精进的高度关注。孟子在孔子思想的基础上进一步拓展，构建了“四端”学说，主张人先天就拥有“仁、义、礼、智”这四种善端，但只有通过后天的教育和培养，才能将其发展为完备的道德观念。

秦汉一统天下后，思想道德教育得到进一步强化。汉武帝实施“罢黜百家，独尊儒术”这一举措，使得儒家思想一跃成为官方所尊崇的意识形态，道德教育的地位也随之大幅提升。彼时，朝廷专门设立太学，把儒家经典当作核心教材，以此培育官员和知识分子，儒家的道德理念借此广泛渗透到社会各个阶层。董仲舒所倡导的“三纲五常”学说，尽管带有特定时代的局限性，然而在当时的社会背景下，对于规范社会秩序、大力加强道德教育确实发挥了至关重要的作用。在地方层面，乡学、私塾纷纷涌现，民间教育得以蓬勃发展并逐渐普及开来，这让道德教育得以深入扎根到社会基层。

唐宋时期，思想文化呈现出一派繁荣景象，教育体系也趋于完善，思想道德教育由此迈向新的高度。科举制度在这一时期不断完备，儒家经典被纳入考试范围，这极大地激励了士人深入钻研经典，并且努力在生活中践行其中的道德规范。与此同时，书院如雨后春笋般兴起，迅速成为学术研讨与开展道德教育的关键场所。以朱熹为代表的理学家大力倡导“存天理，灭人欲”，极为重视从内在心性方面培养人们的道德修养。他们精心编写了《四书章句集注》等教材，巧妙地将道德教育融入对经典的阐释之中。

到了明清时期，封建统治者对思想领域的管控力度日益加强，对学校教育的意识形态导向提出了更为明确的要求。统治阶级把自身的思想政治观念融入各类教学科目，主要通过学校课堂教学这一渠道开展教育活动，这逐渐形成了中国古代学校教育的传统模式。这一传统在培育契合统治阶级需要的人才方面，以及在塑造中国人的思维模式与品德方面，都发挥了极为重要的作用。

（二）中华优秀传统文化为思政课提供价值引领

中华优秀传统文化历史悠久、内涵丰富，为思政课提供了多元且深刻的价值指引，有力推动思政课落实立德树人这一根本任务。从塑造个人品德角度而言，中华优秀传统文化一方面致力于把个体培养成拥有高尚品德的君子，另一方面还强调要让个体具备实现“治国安邦”远大抱负的能力，孔子曾论述过“苟正其身矣，于从政乎何有？不能正其身，如正人何”。① 中华优秀传统文化蕴含着丰富的道德智慧和价值理念，对于新时代思政课的高质量发展提供了坚实的思想根基。其核心价值观包括儒家的仁爱思想、道家的和谐理念、法家的法治思想等。

儒家思想在中华传统文化中占据重要地位，其核心思想之一是“仁”。仁爱思想提倡人际关系中的和谐、互助与共情，这与新时代思政课培养学

---

① 卢耀键．三全育人视域下协同育人模式探究 [J]. 科幻画报，2023(07)：221-223.

生的社会责任感、集体主义精神和道德素质，促使他们形成良好的社会行为和集体主义情怀的目标不谋而合。儒家的“修身、齐家、治国、平天下”的理念，强调个人道德修养与国家社会责任的统一，对于新时代思想政治教育有重要启示。

道家思想提倡“无为而治”，强调自然、和谐与顺应社会发展规律。在新时代思政课中，注重教育内容与教育方法的灵活性和多样性，鼓励学生顺应时代潮流，培养他们的创新精神和自主思考能力。“和”文化倡导人与人、人与自然、人与社会之间的和谐共生，这些都符合新时代思政课培养学生全球视野、推动中华文化走向世界的理念。

法家思想强调法治和社会秩序的重要性，认为国家强盛离不开严格的法治体系。学生法治观念、尊重社会秩序和遵守国家法律意识的培养，都是新时代思政课中法治教育不可或缺的一部分。

中华优秀传统文化在培育社会公德方面着重突出讲仁爱、重民本、守诚信、崇正义、尚和合与求大同的理念，这些传统美德构成了中华优秀传统文化育人的核心与基础内容。思想政治教育的关键部分就在于社会主义核心价值观，它仅用二十四个字，就高度浓缩了三个层面的价值取向，为国家发展、社会建设以及公民培育提供了清晰指引，既深刻体现了社会主义的本质特征，又传承了中华优秀传统文化的精髓，还广泛吸收了世界文明的积极成果，对凝聚社会共识、推动社会进步具有不可替代的重要作用，是引导全体人民共同奋斗的精神旗帜。

（三）中华优秀传统文化为思政课提供丰富素材

从历史发展的脉络来看，中华文明历经五千余载孕育出了博大精深的中华优秀传统文化，为思政课提供了阐述中华民族精神传承的生动素材。它积淀着中华民族最为深刻的精神向往，构成了中华民族特有的精神符号并见证了中华民族绵延不绝、日益壮大的历程。2017 年出台的相关文件，从多个视角对中华优秀传统文化进行了全面梳理，为思政课构建了一个明晰的知识框架。深入来看，《关于实施中华优秀传统文化传承发展工程的意见》从核心理念、传统美德以及人文精神这三个维度进行了全面总结，为思政课构建起一套系统的教学资源体系。① 在核心理念中，儒家所倡导的“中庸之道”、道家秉持的“辩证思维”，能够深度启发学生思考，拓展思维深度。传统美德里的“仁爱之心”和“诚信之道”，是培育学生道德品质的重要基石，在学生的品德塑造过程中发挥关键作用。人文精神着重强调对人的关怀与尊重，有效引导学生树立正确的价值观念，为其成长提供正确的价值导向。

教育部颁布的《完善中华优秀传统文化教育指导纲要》使教育内容更加细化，从家国情怀、社会关爱、人格修养三个角度，为思政课提供了极具针对性的教学素材。例如，“国家兴亡，匹夫有责”所蕴含的家国情怀教育，能够极大地激发学生的爱国热情，增强其责任担当意识；“仁爱互助，成就自我”的社会关爱教育，有助于培养学生友善待人、互帮互助的良好性格。而“修心立志，崇尚德行”的人格修养教育能助力学生塑造高尚的道德品质，提升自身的道德境界。这些丰富多样的教学素材，为思政课注入了全新活力，扩充了教学内容，从这个意义上讲，中华优秀传统文化无疑是思政课教学取之不尽、用之不竭的思想源泉。

（四）中华优秀传统文化为思政课提供方法借鉴

中华优秀传统文化在教育实践中，十分注重“以文化人”。它的核心目的在于唤起个体内心的自觉，秉持以理服人的原则，坚决摒弃生硬的灌输式教育。正因如此，其中蕴含着诸如“修身养性”“言传身教”“日省己身”和“知行统一”等教育理念。拿“言传身教”来说，它强调教师和

① 郑龙涛. 新时代中华文化国际传播力提升研究 [D]. 吉林大学，2022.

家长要凭借自身的行为举止，为学生和晚辈树立起可供学习的榜样，进而对他们产生潜移默化且意义深远的影响。孔子在《论语·里仁》中提道："见贤思齐焉，见不贤而内自省也。"这就是说，以他人为参照，汲取优点，反思过失，乃中华文化中提升个人修为的关键路径。[①] 在子女教育方面，中华传统文化尤为重视品德的培养、性情的熏陶、德行的锤炼以及礼仪的教导。《孟子·公孙丑上》中讲："以力服人者，非心服也，力不赡也；以德服人者，中心悦而诚服也，如七十子之服孔子也。"这清晰地表明，相比于外在强制力，内在的道德感召更具力量，能让人由衷信服。

不仅如此，传统文化大力倡导"慎独"与"自省"，将其视为个体认识自我、审视自我的重要途径。个体通过深刻自我反思，不断提升自身修养，逐步实现身心和谐。此过程高度依赖个人自觉意识和内在自我约束，核心目标是促使个体从心底认同道德准则与行为规范，将其内化于心、外化于行。

传统文化秉持"因材施教"的理念，教师在日常学习生活中仔细观察学生的行为表现、积极与学生交流沟通，以及在实践活动中考查学生的实际操作，以此全面且深入地了解学生在性格特点、兴趣爱好、能力水平等方面存在的差异，进而实施更具针对性的教学。

这一时期的教师基于对学生的了解在教学内容与方式上采取不同的教育方法，针对有志于从政的学生，教学重点放在传授治国理政的理念与方法上。而对文学展现出浓厚兴趣的学生，会着重强化对诗歌、典籍等经典内容的讲解。在教学方法的选择上，对于领悟能力较强的学生，教师仅须稍作提示，就能激发他们自主思考。面对基础较为薄弱的学生，教师则会富有耐心，通过详细且反复的阐释，帮助学生理解知识。同样问"仁"，

① 李影，俞德成. 中华优秀传统文化与思想政治教育的相互契合 [J]. 北华大学学报（社会科学版），2023，24(05):135-139+155-156.

孔子对子贡侧重“己欲立而立人，己欲达而达人”的引导；对樊迟则强调“爱人”这种更直白的阐释。最后他培养出的子贡善于言辞，在外交与商业领域成就斐然，颜回虽身居陋巷，却在道德修养上出类拔萃，这些皆体现了孔子因材施教的成效。

中华优秀传统文化作为中国特色社会主义文化的精神根基，承载着丰富的思想政治教育资源。其蕴含的道德理念、家国情怀与治理智慧为古代社会提供了价值规范，更为当代思政教育注入源头活水。挖掘传统文化中的育人元素，既能增强民族文化自信，凝聚民族精神力量，又能为新时代思政课建设提供历史厚度与实践滋养，助力构建具有中国特色的思想政治教育体系。

第四章

新时代思想政治理论课高质量发展的价值意蕴

党的十八大以来，以习近平同志为核心的党中央以前所未有的重视程度，将学校思政课建设摆在教育工作的突出位置。习近平总书记在“3·18”会议上提出“推动思政课建设高质量发展”的科学论断，“思政课建设只能加强、不能削弱”[①]，这简短而有力的话语是时代赋予我们的庄严使命与刚性要求。思政课的高质量发展，对于巩固社会主义意识形态的主导地位具有不可替代的关键作用。在多元文化相互碰撞、各种思潮相互激荡的当下，思政课如同坚固的堡垒，守护着社会主义意识形态的阵地，引导学生树立正确的世界观、人生观、价值观，为培养德智体美劳全面发展的社会主义建设者和接班人奠定坚实的思想基础。

在全面建设社会主义现代化国家的壮阔新征程中，高质量发展已成为时代的最强音。党的二十届三中全会旗帜鲜明地提出“高质量发展是全面建设社会主义现代化国家的首要任务”[②]。这一重要论断为新时代中国特

---

① 中共中央办公厅 国务院办公厅印发《关于深化新时代学校思想政治理论课改革创新的若干意见》[J]. 中华人民共和国教育部公报，2019(09).

② 中共中央关于进一步全面深化改革、推进中国式现代化的决定 [M]. 北京：人民出版社，2024.

色社会主义事业的航船照亮了前行的方向。在教育领域，思政课作为整个教育体系中举足轻重的关键组成部分，其内涵式高质量发展承载着重大的历史使命与时代担当，不仅仅直接关联着教育质量的提升，更与国家意识形态安全的稳固、人才培养根本目标的达成以及中华民族伟大复兴中国梦的实现紧密相连，环环相扣。

本章聚焦于新时代思政课高质量发展的价值意蕴这一核心主题，深入且全面地探讨其理论与实践问题，追溯其发展脉络，总结实践经验，以史为鉴，把握规律。

第一节　价值导向锚定：主流价值内化与价值判断涵育

主流价值内化与价值判断涵育作为社会文化再生产的重要机制，深刻揭示了主体性建构与社会结构之间的动态关系。价值内化并非单向度的意识形态灌输过程，而是通过主体实践与制度性场域的持续对话形成的认知系统。个体在家庭、学校及媒介传播等多重社会化场域中，经由外部环境的隐性运作，逐渐将主流价值体系的认知框架转化为具身化的行动逻辑。这种内化过程既包含对规范性价值的认知接纳，也涉及主体在日常生活实践中对价值符号的创造性诠释与情境化调适。

一、价值导向锚定：主流价值内化与价值判断涵育

在“十四五”时期，我国开启全面建设社会主义现代化国家新征程，社会各方面迈向高质量发展轨道。然而，当代大学生在价值观方面面临诸多挑战，“躺平”“佛系”“摆烂”等消极亚文化盛行，部分学生受错误思潮影响，出现精神懈怠、价值偏向、行为失范等现象。“随着我国日益扩大开放、日益走近世界舞台中央，我国同世界的联系更趋紧密、相互影

响更趋深刻，意识形态领域面临的形势和斗争也更加复杂。”[①] 在此背景下，办好新时代思政课并实现高质量发展，成为现实的迫切需求与时代赋予的重要使命。

（一）深化主流价值浸润机制

思政课的核心在于有效传输主流意识形态，引导学生系统认知和理解马克思主义理论知识，强化对党的领导和中国式现代化新道路的高度认同，具有鲜明的政治性特征。《关于深化新时代学校思想政治理论课改革创新的若干意见》明确提出，要增强思政课的时代性，这就要求思政课教学内容紧跟时代步伐，回应社会热点。

思政课须精准把握时代发展的实际情况，自觉适应新时代党和国家的发展要求。当今时代，世界正经历百年未有之大变局，国际竞争日益激烈，各种思想文化相互激荡。在这样的背景下，一些西方错误思潮试图对我国青年学生进行思想渗透，动摇他们对国家和民族的信心。而将历史自信纳入思政课，正是坚持因事而化、因时而进、因势而新，以及推进课程高质量发展的时代必然选择。近年来，某些西方国家传播了“历史终结论”和“中国崩溃论”等谬论。然而，中国在改革开放的道路上取得了显著的成就，经济持续快速增长，综合国力稳步上升，人民的生活水平也有了大幅度的提升。这些成就有效地反驳了那些错误的论调，并且加深了学生对中国特色社会主义的信念，同时提升了他们对历史的自信。习近平总书记强调：“思想政治工作，要因事而化、因时而进、因势而新。”[②] 在这一过程中，以社会主义核心价值观为轴心，深化主流价值的浸润机制至关重要。通过将社会主义核心价值观融入思政课的教学内容和教学过程，能引导学生将

① 习近平. 论党的宣传思想工作 [M]. 北京：中央文献出版社，2020:375.

② 习近平. 习近平谈治国理政：第二卷 [M]. 北京：外文出版社，2017:378.

主流价值内化为自身的价值追求。从理论层面看，马克思主义理论是社会主义核心价值观的理论基础，社会主义核心价值观是马克思主义理论在当代中国的具体体现和生动表达。教师须在教学中深入挖掘马克思主义理论与社会主义核心价值观的内在联系，使学生深刻理解社会主义核心价值观的理论渊源和实践意义，从而实现主流价值的深度内化。

（二）构建价值判断培育体系

思政课肩负着重要育人使命，其以史与论相融合的方式，将道理讲得深入、生动且透彻，作为核心育人模式。在教学过程中，教师须精准抓取并运用历史要素，教学逻辑严密地遵循“是什么、为何是、怎么做”的线索，从感性认知逐步递进到理性思考，最终落实到实践行动，高度契合高质量发展的科学规律。这种科学性特质，为构建价值判断培育体系筑牢了稳固根基，同时指引着正确的方向。

在教学中引导学生深入思考“为什么”的问题，细致剖析中国选择社会主义道路的历史必然性，能够有效培养学生的辩证思维能力。而辩证思维作为构建科学价值判断体系的核心思维方式，在学生面对复杂多变的社会现象和多元的价值观念时，能够助力他们做出合理且准确的价值判断。当学生通过学习形成了对历史自信的理论认同后，进一步引导他们明确“怎么办”的实践方向，这一过程正是价值判断的最终目标所在，即通过正确的价值判断来指导实际的行为实践。构建基于辩证思维的价值判断培育体系，是思政课的关键使命，同时也是其区别于其他课程的独特优势。该体系能够系统且全面地提升学生的价值认知能力，使学生在面对纷繁复杂的社会现象和多元碰撞的价值观念时，能够熟练运用辩证思维进行深入分析和准确判断，从而树立起正确的价值观，充分体现了构建价值判断培育体系的核心价值与重要作用。

思政课的高质量发展，以马克思主义作为根本指导思想，在教材编写、课堂教学等全流程的每个环节，都鲜明地树立起马克思主义的伟大旗帜。一方面，持续深化课程教材的优化工作，充实完善教学内容，将马克思主义中国化的最新理论成果深度且有机地融入其中，助力学生透彻理解中国特色社会主义理论体系的丰富内涵，进而筑牢对马克思主义的信仰根基。另一方面，凭借强化一级学科建设，进一步稳固马克思主义的指导地位，积极推动“三位一体”协同发展模式的落地实施，有力增强马克思主义理论教育实效，为价值判断培育体系厚植坚实的思想保障与深厚的理论支撑。同时，思政课牢牢紧扣立德树人根本任务，充分释放其独特的育人效能，以培养学生高尚的思想道德品质和先进的科学文化素养为目标，推动个体在思想政治、道德人格以及科学文化素质等多维度实现协调统一发展。

二、认知架构拓展：知识体系构建与思维范式跃迁

在新时代知识经济的繁荣发展和信息浪潮的冲击下，思政课作为承担立德树人根本任务的关键课程，无疑肩负着培养能够担当民族复兴大任的时代新人的重大使命。其高质量发展不仅要实现知识的有效传播，更关键的是致力于优化和提升学生的认知结构。

（一）跨学科视野构建系统性框架

传统思政课的知识体系在一定程度上存在学科界限分明、知识碎片化的问题，这不仅限制了学生对知识的全面理解，也难以满足他们应对复杂现实问题的需求，从而影响了思政课高质量发展目标的达成。因此，借助跨学科视野对知识谱系进行重构，成为提升课程质量的必然选择。

跨学科视野下的知识谱系重构，旨在打破学科壁垒，将马克思主义理论、哲学、社会学、历史学、心理学等多学科知识有机整合，构建起系统且连贯的知识框架。这种整合对于思政课高质量发展具有多重价值。一方

面，从理论层面看，以马克思主义哲学的辩证唯物主义原理讲解为例，结合社会学中社会结构与变迁的理论，能让学生更深刻地理解社会发展规律背后的哲学逻辑，深化对马克思主义理论的认识，增强理论自信。另一方面，在实践应用上，当面对诸如社会热点问题分析、社会矛盾解决等实际任务时，学生能够运用整合后的多学科知识，从不同角度进行剖析，提出更全面、更具针对性的解决方案，真正实现理论与实践的结合，提升解决实际问题的能力，体现思政课的实践价值。

传统的学校思政课知识传授体系，往往存在学科界限分明、知识碎片化的问题，这在一定程度上限制了学生对知识的全面理解与综合运用能力的发展。为打破这一局限，实现思政课的高质量发展，在教学中引入跨学科视野，对知识谱系进行重构成为必然选择。具体来说，学校思政课作为一个课程群，包含多门具有不同教学任务和目标但又相互关联补充的课程。以高校为例，“马克思主义基本原理概论”“毛泽东思想和中国特色社会主义理论体系概论”“习近平新时代中国特色社会主义思想概论”“中国近现代史纲要”“思想道德与法治”等课程共同构成了有机整体。跨学科视野下的知识谱系重构，旨在打破这些课程所涉及学科之间的壁垒，将马克思主义理论、哲学、社会学、历史学、心理学等多学科知识进行有机融合，构建系统性的知识框架。在《马克思主义基本原理概论》的教学中，可结合社会学中关于社会结构和社会变迁的理论，帮助学生从哲学层面理解社会现象背后的本质规律；在《中国近现代史纲要》的讲解中，运用历史学的研究方法和成果，呈现历史发展的脉络，同时融入马克思主义唯物史观，使学生更深刻地认识到中国选择马克思主义、中国共产党和社会主义道路的历史必然性。《毛泽东思想和中国特色社会主义理论体系概论》与《习近平新时代中国特色社会主义思想概论》作为马克思主义中国化的理论成果，在教学中可结合经济学、政治学等多学科知识，深入阐释理论在不同领域的实践应用和创新发展。

（二）思维范式跃迁

思维范式的变革，不仅是认知结构实现更新进阶的核心要点，也是驱动思政课迈向高质量发展的关键动力引擎。在以往传统的思政课教学模式中，学生往往处于被动吸纳知识的状态，批判性思维与创新能力普遍匮乏，这与新时代所期待的人才素质标准以及思政课设定的育人初衷存在着明显落差。批判性思维着重于对各类信息进行理性的剖析、质疑和价值评估，而创新性认知模式则聚焦于突破常规思维的束缚，提出别具一格的观点与方法。这两种思维能力的协同共进，对于思政课实现高质量发展的目标而言，具有不可忽视的深远意义。

自然科学领域所蕴含的创新思维与方法同样能为思政课带来诸多宝贵的借鉴与启示。可能有人会质疑，自然科学与思政课的教学内容和目标差异较大，难以起到有效地借鉴作用。但从实际情况来看，许多伟大的科学家，如爱因斯坦，他在提出相对论的过程中，突破了当时传统物理学的思维框架，这种创新思维不仅推动了科学的进步，也体现了一种敢于挑战权威、追求真理的精神。在思政课中，当我们探讨社会问题，如环境保护、可持续发展等问题时，学生借鉴这种探索未知和创新的精神，就能够从不同的角度去思考解决方案。

在具体的教学实践过程中，可以通过运用启发式教学、探究式学习等行之有效的教学方法，有力地推动学生思维范式的转变。在探讨社会热点事件时，引导学生运用批判性思维对事件进行深度剖析，鼓励他们突破传统思维的局限，大胆提出创新性的观点和切实可行的解决方案。从教育实践的案例来看，许多学校开展了基于项目式的探究学习活动，让学生围绕一个社会热点问题，如网络暴力现象，进行深入研究。在这个过程中，学生通过批判性地分析网络暴力的成因、影响，运用创新思维提出预防和解决网络暴力的措施，同时借助艺术创作（如制作宣传海报、拍摄短视频等）来表达自己的观点和想法。通过这种方式，学生不仅对相关的思政知识有了更深刻的理解，还提高了自己的思维能力和实践能力。通过这种跨领域的思维碰撞和系统训练，学生的思维范式将逐步从传统模式向批判性和创新性模式转变，为思政课的高质量发展持续注入新的活力。

三、实践能力驱动：实践自觉唤起与知行转化指引

在教育改革持续深化以及社会发展对人才需求不断转变的背景下，学校思政课的高质量发展愈发凸显其重要性。其以立德树人为根本使命，紧密围绕学生这一主体，深度聚焦于“培养人”这一核心议题。“培养什么人、怎样培养人、为谁培养人”作为教育的根本性问题，贯穿于学校思政课的建设与发展全过程。从“培养什么人”的维度来看，该课程肩负着培育能够担当民族复兴重大使命的时代新人，以及造就德智体美劳全面发展的社会主义建设者和接班人的神圣重任；就“为谁培养人”而言，其核心使命在于为党培育人才、为国家输送栋梁之材。而将这些关键理念切实转化为“如何培养人”的有效策略，成为当下亟待解决的重要任务，其中实践能力的生态化培育更是重中之重。

（一）实践自觉的深层唤醒

2019年，《关于深化新时代学校思想政治理论课改革创新的若干意见》要求：“推动思政课实践教学与学生社会实践活动、志愿服务活动结合，思政小课堂和社会大课堂结合，完善思政课实践教学机制。”[①] 学校思政课的高质量发展，对于引领和塑造青少年人才的思想观念意义深远，而唤醒学生的实践自觉作为提升其实践能力的关键基石，更是这一发展进程中的核心任务之一。在此背景下，情境化教学与具身认知的有机结合，为突

① 中共中央办公厅 国务院办公厅印发《关于深化新时代学校思想政治理论课改革创新的若干意见》[J]. 中华人民共和国教育部公报，2019(09).

破这一困境、推动思政课高质量发展提供了创新性的理论思路与实践方法。

“要发扬理论联系实际的学风”“要着重联系我国社会主义现代化建设的实际和学生的思想实际，引导学生运用基本原理分析研究实际问题。”[①] 情境化教学作为一种具有前瞻性的教学理念与方法，强调依据课程教学内容与既定目标，精心构建与现实生活紧密相连、生动形象且富有启发价值的教学情境，使学生能够沉浸式地融入学习场景，仿若身临其境。在思政课的教学实践中，通过创设多元化的情境模式，如对社会热点问题进行深度剖析与研讨、模拟高度逼真的社会现实场景、重现重大历史事件的真实情境等，能够让学生更为直观、真切地洞察理论知识在现实生活中的具体应用与重要价值。具身认知理论认为，认知并非孤立于身体之外的抽象思维活动，而是身体与环境之间相互作用、相互影响的动态过程。在这一过程中，身体的感知、体验与行动发挥着至关重要的作用。在思政课的教学过程中，充分运用具身认知理论，鼓励学生通过身体的积极参与和真实体验来理解和掌握知识，能够显著加深学生对知识的理解深度，增强知识记忆的牢固程度。

情境化教学与具身认知的有机联动，能够产生显著的协同增效作用。一方面，情境化教学为具身认知提供了具体、生动的实践场景和情境支撑，使学生能够在特定的情境中更加自然、流畅地运用身体进行感知、探索和行动，从而实现对知识的深度理解与内化；另一方面，具身认知为情境化教学注入了鲜活的生命力与实践动力，使学生在身体参与和体验的过程中，不断深化对情境的认知与理解，进一步激发学生的实践自觉。当学生在特定情境中积极运用身体进行感知和行动时，他们会更加主动地思考理论知识与实践之间的内在联系，从而增强将理论知识转化为实践行动的意愿和

① 教育部思想政治工作司组．加强和改进青少年思想政治教育重要文献选编（1978—2014）[M]．北京：知识产权出版社，2015：9.

能力，实现从理论学习到实践应用的自然过渡与有效转化。这一模式对于培养具有坚定理想信念、高尚道德情操和卓越实践能力的新时代青少年人才具有不可替代的重要意义，为思政课在新时代实现高质量发展提供了有力的支撑和保障。

（二）知行转化的立体化指引

认知内化，作为整个知行转化过程的逻辑起始点，绝不仅仅是简单的知识堆积，而是一场深度的、触及灵魂的思想革新与重塑之旅。在学校思政课所构建的知识宝库中，教师不仅仅扮演着马克思主义理论、中国特色社会主义理论体系等重要知识的传递者角色，更是肩负起学生价值塑造的关键引路人使命。

从认知内化阶段顺利过渡到行为转化阶段，实践教学无疑是连接理论知识与现实世界的关键桥梁。这需要精心设计一系列富有针对性和实效性的实践活动，更需要一套系统且完善的教学规划以及专业的引导机制。一部统一制定的《学校思想政治理论课实践教学大纲》，为实践教学明确了方向和目标，而由政府、学校和企业三方合作共建的实践教学基地则成为学生投身现实社会、检验理论知识的重要实战演练场。在社会调研这一具体的实践教学场景中，学生不再是被动地接受知识的容器，而是转变为主动探索问题的积极参与者。

行为外显，作为知行转化的最终标志，是学生内在素养的外在直观体现。在思政课的长期滋养和培育下，学生所具备的社会责任感、深厚的爱国情怀以及集体主义精神等优秀品质，不应仅仅停留在理论层面或者被束之高阁，而应转化为他们日常生活中的具体行动和表现。无论是积极关注社会热点问题、踊跃投身各类公益事业，还是自觉维护集体的荣誉和利益，这些行为都是思政课育人成效的生动体现。为了更好地促进这一转化过程的实现，榜样的示范引领作用、合理有效的激励机制以及科学公正的行为评价体系都是不可或缺的重要因素。优秀学生的先进事迹就像燃烧着的火炬，为其他学生照亮前行的道路；合理的激励机制如同强劲的引擎，激发学生不断向上的动力；而科学的行为评价体系则像一把精准的标尺，规范着学生的行为方向。通过这些有力的举措，知行转化所取得的成果得以进一步巩固和强化，良好的行为风尚和正确的价值导向也能够在校园中广泛传播并蔚然成风。

学校思政课对于学生实践能力的生态化培育，是一场从教育理念到教学行动的深刻变革。这一从认知内化到行为外显的全周期培养模型，犹如一台精密且高效的育人机器，各个环节之间紧密相连、相互协作、共同发力。在这个模型中，知识的传授与品德的培育相互融合、相得益彰，实践教学贯穿于整个过程，形成了一个有机的整体。这个模型成功打破了传统教学模式的局限性，实现了从理论知识到实践应用的无缝衔接，为学生实践能力的提升开辟了一条宽阔且顺畅的道路，同时也为培养社会主义建设者和接班人提供了坚实可靠的保障。

第二节　贯彻党的教育方针的必然要求

新时代思政课的高质量发展，不是简单的教学改进，而是党的教育方针从“文本”到“实践”的转化工程。它通过价值引领、实践创新、制度保障的三维联动，确保“培养社会主义建设者和接班人”的教育目标不偏离、不落空。习近平总书记指出：“当前形势下，办好思政课，要放在世界百年未有之大变局、党和国家事业发展全局中来看待，要从坚持和发展中国特色社会主义、建设社会主义现代化强国、实现中华民族伟大复兴的高度来对待。”[①]这一指示深刻揭示了思政课高质量发展与党的教育

① 习近平.思政课是落实立德树人根本任务的关键课程[J].求是，2020(17):4-16.

方针之间的本质联系是二者共同指向中华民族伟大复兴。

一、人才培育导向：政治素养塑造与综合能力锻造

在当今复杂多变的时代背景下，人才培养成为教育领域的核心任务，而思政课作为塑造人才思想与能力的关键课程而肩负重要使命。为了适应时代发展的需求，人才培养需要在多个维度进行创新，尤其是在政治素养铸魂与综合能力锻造方面，以培养出既具有坚定政治立场又具备全面综合能力的高素质人才。

（一）政治素养的铸魂工程

在全球化浪潮不断奔涌向前，多元文化如繁花般竞相绽放且相互碰撞的当下，意识形态领域的博弈变得愈发错综复杂。思政课作为守护意识形态安全的关键前沿阵地，肩负着塑造灵魂、培育人才的神圣使命，故而构建一个基于意识形态安全视角的育人体系，已然成为当下教育领域的迫切需求和必然选择。

从理论教学的维度来看，思政课应当系统且全面地传授马克思主义理论、中国特色社会主义理论体系等核心知识内容，促使学生能够深入领会并高度认同社会主义意识形态所具备的科学性与先进性。通过对马克思主义哲学基本原理进行抽丝剥茧般的深入阐释，让学生熟练掌握辩证唯物主义和历史唯物主义的世界观与方法论，进而能够以科学的思维方式正确地认识世界，并在实践中有效地改造世界。与此同时，紧密结合中国近现代史的发展脉络以及中国特色社会主义建设的伟大实践历程，引导学生深刻领悟中国选择社会主义道路的历史必然性，从而坚定其对中国特色社会主义道路、理论、制度和文化的自信。这无疑是运用习近平新时代中国特色社会主义思想铸魂育人的生动体现，将思想价值引领巧妙地贯穿于知识传授的全过程，真正达成了教书与育人的完美统一。在实践教学环节，要积

极引导学生高度关注社会热点问题，着力培养他们运用所学理论知识分析和解决实际问题的能力，切实增强学生对错误意识形态的辨别能力和抵御能力。

为了切实保障基于意识形态安全视域的育人体系能够高效、有序地实施，建立健全与之相匹配的评价机制显得尤为重要。评价机制要对学生掌握理论知识的程度进行严格考核，更要高度重视对学生在实际生活中的政治表现和价值取向进行综合评价。通过全面、客观的综合评价，激发学生将政治素养内化为自身的行为准则，真正实现铸魂育人的根本目标。这也充分体现了学校思政课在追求高质量发展过程中，对育人效果进行全面考量的严格要求，有效避免了只注重知识传授而忽略育人本质的不良倾向。

（二）综合能力的锻造机制

人才的综合能力是其适应社会发展和实现个人价值的关键。在思政课教学中，创新知识—能力—素质三位一体的培育模式，对于锻造学生的综合能力具有重要意义。思政课承担着培育青少年人才的重要职责，育人的总目标是提升青少年的思想道德素质，同时引导青少年以马克思主义的世界观与方法论为指导去学习先进的科学文化知识，促进青少年全面发展。这一目标的实现，离不开知识—能力—素质三位一体的培育模式。

知识是能力和素质的基础。思政课要不断优化课程内容，构建系统、全面的知识体系。除了传统的马克思主义理论知识外，还应融入与时代发展紧密相关的新知识，如大数据时代的伦理问题、人工智能发展带来的社会影响等，拓宽学生的知识视野。同时，要注重知识的整合与关联，让学生能够将不同学科的知识融会贯通，形成完整的知识结构。这既有助于学生掌握知识，也为能力和素质的提升奠定基础，体现了教书与育人在知识层面的统一。能力培养是关键环节。思政课要通过多样化的教学方法，如案例教学、小组讨论、项目式学习等，培养学生的思维能力、沟通能力、团队协作能力和创新能力等。在案例教学中，引导学生对实际案例进行深入分析，培养他们的逻辑思维和问题解决能力；在小组讨论中，锻炼学生的沟通表达和团队协作能力。此外，还可以鼓励学生参与科研项目和学术竞赛，激发他们的创新思维和实践能力。这些能力的培养，不仅有助于学生更好地理解和运用知识，也符合提升学生思想道德素质和促进全面发展的育人要求。素质提升是最终目标。思政课要注重培养学生的思想道德素质、科学文化素质和身心健康素质等。通过引导学生树立正确的价值观和道德观，培养他们的社会责任感和敬业精神；通过开展文化活动和学术讲座，提升学生的科学文化素养；通过关注学生的心理健康，培养他们的抗压能力和积极心态。这与学校思政课高质量发展中引导青少年全面发展的目标高度契合，将做人做事的基本道理融入教学，实现育人的综合目标。

二、价值共识凝聚：核心价值传播与舆论导向把控

在当今复杂多变的时代背景下，价值共识的凝聚成为社会稳定与发展的关键所在。学校思政课作为传播主流价值观、塑造正确意识形态的重要阵地，在这一过程中肩负着重大使命。其核心价值传播与舆论导向把控的成效，直接关系到社会主义主流意识形态的巩固与发展。以下将从多元视角对这一主题进行深入剖析。

（一）核心价值传播

社会主义主流意识形态在新时代面临着多方面的严峻挑战，这些挑战深刻影响着核心价值的有效传播。从思想层面看，马克思主义指导思想遭遇多样化社会思潮的冲击，部分西方思潮如历史虚无主义、新自由主义等，试图动摇马克思主义在意识形态领域的指导地位。一些人受其影响，对马克思主义的科学性和真理性产生怀疑，使得马克思主义核心价值的传播面临阻碍。从社会层面而言，市场逐利性对社会主义核心价值观的践行与认

同形成挑战。在市场经济环境下，部分人过度追求物质利益，忽视了价值观的塑造，导致诚信、友善等核心价值观在一些领域难以得到切实体现。

然而，在挑战之中也蕴含着机遇。随着全球化和信息化的发展，不同文化之间的交流日益频繁，为核心价值的传播提供了更广阔的平台。学校思政课高质量发展以马克思主义为指导，积极应对挑战，抓住机遇。一方面，课程将马克思主义理论活学活用，针对青少年这一关键群体进行深入的理论教育与思想武装。在课堂教学中，通过横纵比较的方式，有力地揭露“中国威胁论”“中国崩溃论”等错误意识形态偏见，帮助学生坚定中国特色社会主义“四个自信”。在讲解中国近现代史时，可以对比不同国家的发展道路，让学生深刻认识到中国选择社会主义道路的历史必然性，从而增强对核心价值的认同。另一方面，可以借助历史自信的培育来涵养大学生的先锋力量，从而更好地助力核心价值的传播。“青年是整个社会力量中最积极、最有生气的力量，国家的希望在青年，民族的未来在青年”①，青年学子作为祖国建设的生力军，其教育与理论武装工作至关重要。新时代，习近平总书记倡导全党全社会坚定历史自信，这一指示为思政课的高质量发展指明了清晰的方向。培育大学生树立坚定的历史自信，成为培养勇担民族复兴大任先锋力量的必然要求。

大学生正处于“拔节孕穗”的关键时期，他们对中华民族和中国共产党历史发展的正确认知，以及所涵养的爱国情怀、历史自觉等品质，直接关乎着民族的未来走向和国家的前途命运。因此，系统地开展中华五千年文明史、近代民族苦难史、百年奋斗史等教育活动，能够有效激发大学生的历史自觉，促使他们志存高远、脚踏实地，自觉传承先锋先辈们的优良传统，坚定文化自信，心怀“国之大者”，不辜负时代赋予的使命、人民的期望以及大好的青春时光，从而进一步增强对核心价值的认同感，将核

① 习近平．纪念五四运动100周年大会在京隆重举行[N]. 人民日报，2019-05-01(02).

心价值作为自己的行动指引和精神支撑。

（二）舆论导向把控

在全球化深入发展与信息快速传播的时代背景下，意识形态领域正经历着前所未有的激烈交锋。敌对势力凭借多样且隐蔽的手段，不断实施恶意渗透与争夺，使得当前舆论环境愈发波谲云诡、错综复杂。在这一严峻形势下，对舆论导向进行有效把控，已然成为凝聚社会价值共识、维护社会稳定秩序、推动社会持续发展的核心要务与关键枢纽。从宏观的国家战略到微观的个体成长，把控舆论导向的多重任务与使命均在不同层面彰显着举足轻重的战略意义。

从国家层面的战略高度审慎考量，维护国家意识形态安全无疑是首要且紧迫的核心任务。在意识形态的博弈中，国家意识形态安全是国家安全体系的重要基石，关乎国家的主权、稳定与发展。学校思政课作为国家意识形态建设的前沿战略阵地，肩负着培育时代新人、筑牢思想防线的重大历史使命。通过系统化、深层次地强化马克思主义理论教育，以及与时俱进地推进中国特色社会主义理论体系教育，能够全方位提升学生对错误舆论的敏锐洞察与精准甄别能力，进而构筑起坚不可摧的思想防线，增强对错误思潮的抵御能力。在课堂教学的实践场域中，教师充分发挥引导者的关键作用，引领学生运用马克思主义的科学立场、观点、方法，对各类舆论现象进行深度剖析与理性思辨，使学生能够穿透舆论的表象，清晰洞察敌对势力潜藏于背后的不良企图与政治目的，从而保持清醒的政治头脑和坚定的政治立场，不为错误舆论所左右，以实际行动坚定不移地捍卫国家意识形态安全。

国家意识形态安全得到稳固维护，为社会的和谐稳定发展铸就了坚实的思想根基。从社会发展的维度深入剖析，营造积极、健康、向上的舆论氛围，是构建和谐社会、促进社会良性可持续发展的必然要求。社会舆论环境如同社会的精神气候，直接影响着社会成员的思想观念、价值取向和行为方式。学校思政课通过全面培育学生的社会责任感、历史使命感和公民意识，引导学生树立正确的价值观、道德观和舆论观。经过思政课的精心培育与熏陶，学生成为知识的学习者，更成为社会正能量的传播者和舆论环境的积极塑造者。他们主动投身于社会生活，积极传播主流思想和核心价值观念，以理性、客观、公正的态度和积极有效的行动，对部分负面舆论进行及时、精准的引导与矫正。通过这种方式，推动社会舆论环境不断优化，营造出风清气正、积极向上的舆论生态。

三、社会治理赋能：公共意识培育与治理理念更新

当前，世界正处于大发展、大变革、大调整时期，世界之变、时代之变、历史之变正在以前所未有的方式展开。世界百年未有之大变局加速演进，世界进入新的动荡变革期，“我国发展进入战略机遇和风险挑战并存、不确定难预料因素增多的时期”“准备经受风高浪急甚至惊涛骇浪的重大考验”。[①] 面对错综复杂的国际国内形势，思想政治教育要从世界百年未有之大变局、党和国家事业发展全局，从坚持和发展中国特色社会主义、建设社会主义现代化强国、实现中华民族伟大复兴的战略高度，立足新时代、把握新方位、开创新局面。

（一）公共意识培育

思政课的主要受众是我国数量庞大、充满青春朝气与发展潜力的在校青年学生。这些青年学生作为未来社会治理的关键力量，无疑是我国经济社会发展进程中高层次、高素质的有生力量和主导力量。思想政治教育要

① 习近平．高举中国特色社会主义伟大旗帜 为全面建设社会主义现代化国家而团结奋斗——在中国共产党第二十次全国代表大会上的报告 [N]. 人民日报，2022-10-26(01).

从受教育者的实际需要出发，以尊重受教育者为前提，依靠其丰富且系统的教学内容、专业且科学的教育体系，承担引导青年学生成长成才的重大责任与使命，助力青年大学生深刻认识在社会治理中所承担的庄严使命。

在青年学生的成长道路上，专业素养的提升和思想层面的培育如同鸟之两翼、车之双轮，相互促进，不可或缺。然而，我们必须清楚地认识到青年自身的独特性。因为他们正处于价值观形成和成熟的关键阶段，思想活跃且容易受到外界因素的左右，作为社会中的敏感群体，在缺乏思政课充分引导的情况下，很容易受到各种社会事件和不良社会情绪的干扰与误导。在当今多元化且快速变化的社会环境中，如果青年不能通过思政课树立共同的理想、目标和价值观，陷入茫然无措、虚度时光的状态，那么产生的后果将十分严重。这不仅会使个人的理想抱负无法实现，无法有效参与社会治理，还会导致整个社会的精神风貌陷入衰落、混乱和萎靡的状态，严重阻碍社会治理工作的顺利开展，使经济社会的持续发展成为难以实现的目标。由此可见，从反面有力地凸显了思政课培育青年公共意识对于社会治理的极度必要性和紧迫性。

值得关注的是，大学生一直以来都被形象地看作社会发展建设的"晴雨表"，他们对国家和社会的每一项措施、每一个决策都表现出极高的关注和浓厚的兴趣。这一显著特征为思政课的教学提供了绝佳的机会。思政课完全可以充分利用这一得天独厚的优势，准确把握时机，巧妙运用马克思主义的立场、观点和方法，紧密结合对社会现实问题的深入分析，及时有效地对大学生进行引导。通过这样的引导，一方面能够显著增强大学生对思政课的理解与认同，大幅提高思政课的教学效果和质量；另一方面，能够有力地促使大学生自觉地将马克思主义理论内化为指导自身思想和行为的主导价值观念，从而进一步增强他们的公共意识，使他们能够以正确的思想和积极的行动投入社会治理，切实发挥出思政课在社会治理中培育公共意识的关键作用，为社会治理的完善和发展贡献重要力量。

（二）治理理念更新

社会的多元化与开放性发展态势，对思想层面的统一提出更高的标准和要求。大国之间的战略竞争日趋激烈，世界范围内的不稳定、不确定因素不断增多，原有的全球治理体系受到了前所未有的冲击。与此同时，发展中国家在国际事务中的话语权逐渐扩大，世界日益成为一个紧密相连的命运共同体。国内外形势的深刻变化，为思政课引导学生树立正确的治理理念提供了宏观的时代背景和迫切的现实需求。

其一，思政课通过全面且深入地传播现代治理理念，助力学生深入理解中国特色社会主义治理体系的显著优势。通过科学系统的课程设置，将多元主体协同治理、共建共治共享以及协商民主等先进理念有机融入教学内容之中。在讲解中国特色社会主义政治制度时，深入阐释基层民主自治制度的运行机制，以及多元主体在社区治理中协同合作的具体模式，让学生深刻认识到中国特色社会主义治理体系能够充分调动人民群众的积极性、主动性和创造性。与西方一些国家的治理模式相比，中国特色社会主义治理体系的优势更为凸显

其二，思政课注重培养学生的全球视野，使学生能够正确认识全球治理格局的演变过程。在世界百年未有之大变局的宏观背景下，思政课将国际形势分析与全球治理理念的讲解有机结合，引导学生密切关注全球性问题，如气候变化、贸易争端、公共卫生安全等，并深入分析中国在全球治理中所发挥的积极建设性作用。

其三，思政课有助于培养学生的多元主体协同意识，促进社会治理中各主体之间的有效合作。通过引入丰富的实际案例和组织小组讨论等多样化的教学方式，让学生全面了解政府、社会组织、企业和公民等不同主体在社会治理中所扮演的角色和具备的功能。以社区垃圾分类治理为例，政府在垃圾分类治理中承担着政策制定、监管和引导的责任。

其四，思政课积极推动青年学生将先进的治理理念转化为实际行动，

为社会治理创新贡献智慧和力量。通过精心设计实践教学环节和组织丰富多彩的社会实践活动，鼓励学生运用所学的治理理念去分析和解决现实社会问题。

第三节 增强思想政治理论课内生动力的内在需要

党和国家高度重视思政课的建设与发展，相继出台了《关于深化新时代学校思想政治理论课改革创新的若干意见》《高等学校思想政治理论课建设标准》《普通高等学校马克思主义学院建设标准》《新时代高等学校思想政治理论课教师队伍建设规定》等一系列具有重大指导意义的规划部署，为思政课的高质量发展指明了方向、提供了坚实的制度保障。

然而，在新的时代背景下，面对国内外形势的深刻变化、青年学生思想观念的多元发展以及教育教学技术的快速革新，仅仅依靠外部的规划与保障是不够的，还需要切实增强思政课的内生动力，从课程内部激发其发展活力，实现可持续的高质量发展。

一、课程体系精构：学段目标锚定与内生动力激发

（一）学段目标锚定

在思政课的发展进程中，科学且精准地锚定学段目标，是推动其实现高质量发展、深度激发内生动力的核心要旨，具有不可替代的关键地位与重大价值。“思政课要坚持在改进中加强，提升思想政治教育亲和力和针对性，满足学生成长发展需求和期待。”[①] 有的放矢、循序渐进地有效开展思政课，从根本上影响着处于不同成长发展阶段的学生，对思想政治理

① 习近平．思政课是落实立德树人根本任务的关键课程 [J]. 求是，2020(17)：4–16.

论的理解深度、接受程度以及将理论知识转化为实践行动的能力水平都有积极影响。然而，审视当下思政课的教学实践，学段目标的设定仍存在诸多不容忽视且易引发争议的问题。在具体的贯彻落实环节，不同学段之间目标的衔接紧密性仍显薄弱。部分教学内容在小学、中学和大学阶段呈现出较为显著的简单重复现象，未能充分彰显随着学生年龄增长和认知发展应有的螺旋式上升、拓展深化的进阶特征。

小学阶段，学生正处于价值观和道德观念初步形成的关键时期，其认知能力主要以形象思维为主导。依据儿童心理学的研究成果，7 至 12 岁的儿童对具体形象化的事物具有更强的理解和接受能力。因此，小学阶段思政课的目标应着重培养学生的基本道德品质、良好行为习惯以及朴素的爱国情感。通过采用生动有趣的故事讲述、朗朗上口的儿歌传唱、富有教育意义的游戏活动等多样化教学形式，营造轻松愉悦且富含教育内涵的学习氛围，使学生在潜移默化中接受思想道德教育，初步树立正确的是非观念和善恶评判标准。

中学阶段，学生的认知能力逐渐从形象思维向抽象思维过渡，自我意识和社会意识不断增强。脑科学研究表明，12 至 18 岁的青少年大脑发育逐步成熟，逻辑思维能力开始显著提升。基于此，中学阶段思政课的学段目标应在小学阶段的基础上，进一步深化学生对道德、法律、国情等方面的认识和理解，不仅要使学生全面掌握基本的道德规范和法律知识，还要引导学生深入领悟这些规范和知识背后的价值逻辑和社会意义，着力培养学生的法治意识、社会责任感以及强烈的民族自豪感。通过组织开展模拟法庭、社会实地调研等丰富多样的实践教学活动，让学生亲身体验法律的公正与权威，以及社会问题的复杂性和多样性。

大学阶段，学生的认知能力和思维水平已相对成熟，具备较强的自主学习能力、独立思考能力和学术研究能力。根据高校教育研究机构的调查结果显示，大学生对专业知识的深度和广度有更高层次的追求，对社会热点问题和国际形势表现出更为浓厚的兴趣。大学阶段思政课的目标应着重培养学生的理论思维能力、创新创造能力以及广阔的全球视野，熟练掌握科学的世界观和方法论，使学生能够运用所学理论知识深入剖析和解决现实生活中的各类实际问题，积极鼓励学生密切关注国际形势和全球性问题，培养学生的国际视野和跨文化交流与合作能力。

综上所述，科学合理地锚定学段目标，是全面贯彻党和国家对思政课建设要求的具体实践，也是切实增强思政课内生动力、实现高质量发展的必然选择和核心举措。唯有精准把握不同学段学生的身心发展特点和成长需求，制定出具有高度针对性、科学性和前瞻性的学段目标，方能实现思政课教学的连贯性、系统性和高效性。

（二）内生动力激发

思政课作为一门融合多学科知识的综合性、应用性学科，绝非孤立且封闭的存在。它处于动态发展之中，持续从人文科学、哲学社会科学等相关交叉学科汲取知识养分，以此丰富和完善自身的学科知识体系。这一特性对思政课教师提出了更高要求，不仅要扎实掌握本专业的学科知识，还要有意识地拓展知识边界，不断优化知识结构，增加多学科知识储备，使自身知识体系与时俱进、日臻完善。

提升思政课的教学质量，激发课程发展的内生驱动力，无疑是当前思政教育领域的核心任务。学校思政课的内生动力源自课程系统内部的诸多要素。这些要素既包含教师与学生等“人的因素”，也囊括教材、教学目标、教学内容、教学方法、课堂教学（涵盖网络教学、实践教学、第二课堂教学等拓展形式）、学科体系、评价体系以及教学机构等“物的因素”。学校思政课的高质量发展，体现为课程各要素质量的显著提升，更体现在系统内各要素之间结构的优化、关系的协调以及高效互动上。

首先，充分调动思政课教师的积极性、主动性、创造性，同时有效激发青少年对课程的好奇心、求知欲和学习热情，是推动思政课发展的关键所在。在学校思政课的教育主体构成中，教师队伍建设处于核心地位。在思政课的马克思主义理论教育过程中，思政课教师无疑是“掌握思想”并“运用实践力量”的主体。习近平总书记着重强调：“办好思想政治理论课关键在教师，关键在发挥教师的积极性、主动性、创造性。”[①]从一定意义上讲，教师的这“三性”不仅决定了课程教学的整体风貌以及课程作用的发挥程度，还决定了课程改革的创新程度以及课程思想理论武装的实现程度。因此，建设一支乐于奉献、敢于担当、能够有所作为的思政课教师队伍，成为当前推动学校思政课高质量发展的关键环节，堪称驱动课程发展的“核心引擎动力”。

其次，科学谋划课程体系建设的发展蓝图，全面增强课程各要素的发展动力，促进课程要素之间的协同配合与均衡发展，是实现思政课高质量发展的重要路径。《普通学校思想政治理论课建设体系创新计划》（教社科〔2015〕2号）明确提出，要从七个维度着力，推动课程体系的整体建设与创新发展。具体而言：其一，构建集思想性、科学性和可读性于一体的立体化教材体系；其二，打造专兼职相结合、结构合理的人才体系；其三，建设理念先进科学、形式丰富多样、管理高效有序的课堂教学体系；其四，建立与课堂教学相互补充、相互促进的第二课堂教学体系；其五，形成以马克思主义理论学科为引领、多学科协同补充的学科支撑体系；其六，完善导向明确、系统完备的综合评价体系；其七，健全包括马克思主义学院建设在内的、有助于凝聚工作合力的条件保障体系。这不仅将课程各要素的发展提升到了全新高度，还从宏观层面统筹协调了“人”与“物”两方面要素的发展，特别注重强化各要素之间的协同配合与相互支撑，有利于从整体上提升课程发展的内生动力，推动思政课向着更高质量的方向迈进。

---

① 习近平．习近平谈治国理政：第三卷[M]. 北京：外文出版社，2020:330.

二、教学方法创新：前沿技术赋能与学科交叉融合

（一）前沿技术赋能

在推进思政课高质量发展的进程中，教学方法的创新无疑是提升教学效能、达成育人目标的核心要素。当前，前沿技术以其迅猛的发展态势与广泛的应用范围，为思政课教学方法的创新注入了强大动力，成为推动思政课迈向高质量发展的关键价值驱动。回顾历史，传统的思政课教学模式主要以教师单向的理论传递为主导。这种单一且固化的教学范式，不仅难以充分激发学生的学习兴趣与主动性，还在一定程度上阻碍了教学内容的有效传播以及学生对知识的深度理解。在信息技术高度发达的当下，学生的认知模式与学习需求发生了深刻变化，如今的学生对教学的趣味性、互动性和个性化提出了更高要求。

“中国高度重视人工智能对教育的深刻影响，积极推动人工智能和教育深度融合，促进教育变革创新，充分发挥人工智能优势。”① 虚拟现实（VR）与增强现实（AR）技术的出现，为学生营造了沉浸式的学习情境，打破了时空限制，使学生能够身临其境地感受和体验历史事件与社会场景。在思政课教学中，运用 VR 技术重现红军长征的艰难历程，学生仿佛穿越时空，置身于那段波澜壮阔的历史之中，深切体会革命先辈们的坚定信念与顽强意志。AR 技术同样出色，它能在现实场景中叠加虚拟信息。在参观红色文化遗址时，学生们利用手机等智能设备扫描，便能获取丰富的历史背景资料和相关故事，让学习过程变得生动有趣且互动性强，显著提升了学生对思政知识的认同感和情感共鸣。人工智能（AI）技术在思政课教学中的应用，将教学提升到了智能化的新高度。智能辅导系统能够根据学生的学习状态和遇到的问题，提供个性化的学习建议和辅导。智能评估系

---

① 习近平．习近平向国际人工智能与教育大会致贺信 [N]. 人民日报，2019-05-17(01).

统实现了教学评价的自动化与精准化，能够快速、准确地评估学生的学习成果，为教师调整教学策略提供科学依据。此外，AI技术具有强大的数据分析能力，通过对海量学习数据的挖掘和分析，能够预测学生的学习趋势，提前发现潜在问题，实现教学的前瞻性干预，为教学质量的提升提供了有力保障。然而，我们也应清醒地认识到，前沿技术在思政课教学中的应用面临着一些挑战。部分教师对前沿技术的掌握和应用能力不足，需要加强培训与支持，提升教师的技术水平。一些学校的教学设施和网络条件有限，无法满足前沿技术教学的需求，需要加大资金投入和建设力度。同时，在运用前沿技术教学时，要高度重视教学内容的思想性和政治性，确保教学活动符合育人要求，使前沿技术更好地服务于思政课教学目标。

（二）学科交叉融合

思政课作为一门高度集成综合性与强应用性的课程，深度融汇多学科知识体系，绝非孤立、封闭的知识孤岛。从学科本质剖析，思政课是对马克思主义理论、政治学、社会学、伦理学等多学科知识的有机整合与凝练升华。

在思政课的发展进程中，它持续从人文科学及哲学社会科学等多元交叉学科领域汲取丰沛养分。这一过程极大地拓展和深化了思政课的内涵，更构建起了更为完备、多元的学科知识架构。这种跨学科的深度融合，赋予了思政课从多学科视角审视、剖析社会现象与思想观念的能力，为学生提供了全面且深入的知识体系，有力促进了学生综合运用多学科知识分析和解决问题能力的发展，对提升思政课的教学质量与育人实效具有不可替代的关键意义。

建构主义理论强调，学习是学习者在特定社会文化背景下，借助教师、同伴等他人的帮助，利用必要的学习资源，通过意义建构的方式主动获取知识的过程。基于此，在思政课教学中引入探究式学习、项目式学习等教学方法，是对建构主义理论的实践转化，旨在充分激发学生的学习主动性与创造性。经济学与思政课程相结合，有助于学生更深入地理解社会现象，这涉及政治经济学和社会批判理论的应用。作为一门研究社会资源配置和经济运行规律的学科，经济学与思政课程中关于社会公平和国家发展战略的内容紧密相连。从政治经济学角度分析，经济现象并非单纯的市场行为，而是社会权力关系和利益分配的外在表征。在讲解“社会主义市场经济”相关内容时，教师可运用经济学中的供求理论、市场竞争理论等，深入剖析当前我国市场经济中的热点问题，如房价波动、新能源汽车产业发展等，引导学生从经济学角度理解市场机制的作用以及政府宏观调控的角色，同时从思政角度思考这些经济现象对社会公平、民生福祉、国家发展战略的影响。组织学生进行市场调研，了解当地某一行业的市场状况，并撰写调研报告，从经济与思政相结合的视角提出观点与建议。通过这一教学过程，学生不仅掌握了社会主义市场经济的基本理论，还学会运用经济学思维分析现实问题，这一过程充分体现了社会批判理论中对社会现象进行深度分析与反思的要求，帮助学生透过经济现象洞察背后的社会本质与价值导向。

学科交叉融合是实现思政课高质量发展的关键路径。通过创新教学方法，促进不同学科与思政课的深度融合，能够为思政课注入新的活力，显著提升教学质量与育人成效。在未来的教学实践中，应进一步深化学科交叉融合的探索与实践，不断丰富思政课的教学内容与形式，深入挖掘各学科背后的理论内涵，为培养具有综合素养与创新能力的时代新人提供坚实支撑。同时，须持续关注教育理论和相关学科理论的发展动态，及时更新教学理念与方法，以适应时代发展的需求，推动思政课在理论与实践层面实现更高质量的发展。

三、师资队伍强化：理论素养深耕与教学技能锤炼

在新时代中国特色社会主义教育事业蓬勃兴盛的进程中，思政课作为

落实立德树人根本任务的关键课程，肩负着培育能够担当民族复兴大任时代新人的崇高使命。习近平总书记关于“办好思想政治理论课关键在教师”[①]的重要论述深刻揭示了思政课教师在课程建设和人才培养中的核心地位与关键作用。国势之强由于人，人材之成出于学，学问之兴系于师。思政课教师作为思政课教学活动的直接组织者与实施者，其素养与能力水平直接决定着教学成效与育人质量。

（一）理论素养深耕

回顾我国学校思政课七十余年的发展历程，思政课教师队伍建设一直是推动课程发展的重要基石。在课程规划与建设中，对教师队伍数量的合理配置和质量的稳步提升给予了持续且高度的关注，并且随着时代的发展，对教师的要求也在不断优化升级。在数量方面，通过扩大师资培养规模、吸纳兼职教师等举措，逐步实现了按不低于 1 ∶ 350 的师生比例标准，配足配齐专职思政课教师，为思政课教学的有序开展奠定了坚实的人力基础。在质量方面，对教师素质的要求日益精细和严格。新时代的思政课教师队伍，不仅须具备扎实深厚的专业知识功底，还应能够胜任学科建设、课程建设、教材建设以及教学方法创新改革等重要任务，其整体素质与能力水平直接决定着学校思政课高质量发展的实际成效。当下多元思想碰撞激荡，学生思想观念和价值取向多元分化，思政课教师只有通过深耕理论素养，精准把握马克思主义理论精髓，才能及时解答时代热点问题和学生思想困惑。

“思政课要用科学理论培养人，遵循不同学段学生的认知规律，把马克思主义基本原理讲清楚、讲透彻。”[②]从教师专业素养的核心构成来看，

---

① 习近平 . 习近平谈治国理政：第三卷 [M]. 北京：外文出版社，2020:330.

② 习近平 . 思政课是落实立德树人根本任务的关键课程 [J]. 求是，2020(17):4-16.

思政课高质量发展强调教师专业素养的核心地位，其中深厚的马克思主义理论根基是关键内核。这就要求教师构建以马克思主义及其中国化理论成果为核心、广泛涵盖多学科知识的专业知识体系，并深入探索教育教学、学生身心发展及马克思主义理论传播规律。在这一过程中，教师不断丰富理论知识储备，提升教学技艺，营造极具吸引力和针对性的思政课堂生态。而这些努力不仅仅是为了实现课程高质量发展，更是教师深耕理论素养的具体体现，二者相互促进，共同提升。

（二）教学技能锤炼

思政课的高质量发展与理论素养的深度培育休戚相关，高质量发展从多个维度对理论素养的提升产生显著的促进效应，特别是在教学技能的精进以及教学实效性的增强等重要方面，为理论素养的深度耕耘搭建了良好平台，给予了坚实助力。就教学实效性与理论素养的内在联系而言，思政课致力于高质量发展，其中核心目标之一便是提升教学实效性，而教学实效性的提升与理论素养的深化培育呈现出相互促进、相辅相成的关系。

习近平总书记指出："思政课上学生会提一些尖锐敏感的问题，往往涉及深层次理论和实践问题，把这些问题讲清楚讲透彻并不容易。"[①] 作为衡量课程质量的关键标尺，教学实效性的提升离不开"教"与"学"两个层面的协同推进。在增强"教的实效性"方面，锤炼教学技能是重中之重，而扎实深厚的理论素养则是教学技能得以充分施展的根基所在。当思政课朝着高质量发展时，必然要求教师具备深厚的理论素养，如此方能在教学过程中精准锚定教学内容的核心要点，深入透彻地讲解理论知识，助力学生更高效地理解和接纳知识。

针对当前思政课所面临的问题，思政课的高质量发展为解决这些问题、

① 习近平．思政课是落实立德树人根本任务的关键课程 [J]. 求是，2020(17)：4-16.

推动理论素养的深度培育指明了方向并注入了动力。当前，思政课存在诸如“理论与现实脱节”以及部分教师进行形式化改革等问题，这些问题严重束缚了课程教学实效性的提升以及理论素养的发展。而高质量发展明确要求教师聚焦学生的真实需求，摒弃形式主义，深入讲解具有思想深度的内容。“实现知、情、意、行的统一，叫人口服心服”[①]无疑能促使教师加大对理论的学习和研究力度，提升自身的理论水平，从而能够精准把握学生的需求，解答学生的困惑。为了切实提升思政课的育人实效，须综合运用分众化、启发式、实践性等多样化的教学方法。而这些教学方法的有效实施，要求教师具备较高水平的理论素养和娴熟的教学技能。以分众化教学为例，教师要根据学生在认知模式、思维方式以及价值取向等方面的差异，选择合适的教学方法和案例，这就需要教师对相关理论有深入透彻的理解，能够从多个角度对问题进行分析。启发式教学通过设置富有启发性的问题引导学生思考，这就要求教师具备扎实稳固的理论基础，能够准确地引导学生的思维方向。实践性教学需要教师将理论知识与实践活动紧密结合，指导学生在实践中运用所学理论知识。通过这些教学方法的创新应用，教师在教学实践中不断提升自身的理论素养和教学能力，实现理论与实践的有机融合与相互促进。

① 习近平 . 思政课是落实立德树人根本任务的关键课程 [J]. 求是，2020(17):4-16.

第五章

新时代思想政治理论课高质量发展的实现可能

2024 年 9 月，习近平总书记在全国教育大会上指出：“我们要建成的教育强国，是中国特色社会主义教育强国，应当具有强大的思政引领力、人才竞争力、科技支撑力、民生保障力、社会协同力、国际影响力，为以中国式现代化全面推进强国建设、民族复兴伟业提供有力支撑。”[①]“思政引领力”作为教育强国建设的思想基石，位列“六个力”之首，体现出在新时代的教育格局中，思政课迈向高质量发展具备坚实的基础，更有着充分的实现可能，这一发展趋势关乎国家人才培养的战略高度，也承载着培育时代新人的重要使命。

第一节　党和国家的高度重视为思想政治理论课高质量发展提振信心

思政课作为落实立德树人根本任务的关键课程，在培育时代新人、塑造民族精神、维护国家意识形态安全等方面发挥着不可替代的作用。从历

① 习近平在全国教育大会上强调：紧紧围绕立德树人根本任务 朝着建成教育强国战略目标扎实迈进 [N]. 人民日报，2024-09-11(01).

史维度来看，自中国共产党成立以来，便将思想政治教育视为凝聚革命力量、传播先进思想的重要手段。新民主主义革命时期，思想政治教育助力革命队伍坚定理想信念，为中华人民共和国的成立奠定思想基础；社会主义建设和改革开放时期，思政教育为国家建设培养了大批具备正确价值观和专业素养的人才。进入新时代，面对世界百年未有之大变局，国际竞争日益激烈，意识形态领域的斗争愈发复杂。在这样的时代背景下，党和国家对思政课的重视达到了前所未有的高度，将其作为关乎国家长治久安、民族复兴伟业的核心环节。党和国家通过一系列政策引导、资源投入和战略布局，为思政课高质量发展提振信心，使其在新时代焕发出新的生机与活力。

一、党委引领：开启思政课高质量发展的前提篇章

自中华人民共和国成立以来，党和国家对思想政治教育工作的发展给予了高度重视，将其视为关乎国家意识形态安全、人才培养质量以及社会主义事业长远发展的核心环节。从课程体系构建的持续探索、教学内容规范的与时俱进、教师队伍建设的精心谋划、教学方法创新的大力推动等多个方面，为思政课发展提供了清晰的方向指引和完善的制度保障。

在课程体系构建方面，党依据不同历史阶段的国家发展战略和人才培养需求，不断调整和完善思政课课程设置。1949 年，《中国人民政治协商会议共同纲领》明确规定："政府的文化教育工作，应加强中高等教育，给青年知识分子和旧知识分子以革命的政治教育。"[①] 随后，第一次全国教育工作会议进一步明确了教育改革的总体思路，提出"要以老解放区教

① 中共中央党校党史教研室．中共党史参考资料（七）国民经济恢复时期 [M]. 北京：人民出版社，1980:25.

育经验为基础，借助苏联经验，建设新民主主义教育”[①]，为思想政治课确立了为人民服务、为国家建设服务的基本方向。从1951年至1953年，相关部门针对课程的命名与具体内容实施了一系列调整措施。其中，将辩证唯物论与历史唯物论、新民主主义论以及政治经济学分别独立设课，之后将这些课程统一归类为“马克思列宁主义毛泽东思想共同必修课”，同时把“新民主主义论”变更为“中国革命史”。1956年9月，高等教育部颁布了《关于高等学校政治理论课程的规定（试行方案）》，该方案中明确把高校思政课程设置为马列主义基础、中国革命史、政治经济学、辩证唯物主义与历史唯物主义，意味着高校思政课课程体系初步形成。此后，虽历经波折，但在改革开放后，党不断推动课程体系的改革与完善，如1985年至1987年，一系列文件系统建构了思政课“85方案”，涵盖多门必修课和选择性课程，使课程体系更加完善；1998年，中宣部和教育部下发通知，以邓小平理论为中心内容调整课程设置，形成“98方案”，规定不同层次课程设置；2004年至2005年，中共中央、国务院及中宣部、教育部发布文件，强调高校思政课是大学生必修课和思想政治教育主渠道，提出课程设置新方案，并设置多门课程及选修课；2020年，进一步明确大中小学思政课目标、课程、内容等体系建设，推动课程体系不断优化。

在教学内容规范上，党始终坚持以马克思主义理论为核心，将党的创新理论成果及时融入思政课教学。社会主义建设初期，党强调思政课要根据不同学科、专业特点合理安排内容，同时注重对学生进行无产阶级教育，为培育社会主义建设者和接班人筑牢根基。然而，受“左”倾错误思潮影响，思政课教学内容在一定时期出现偏差。改革开放后，全国统一高考恢复，各领域开展“拨乱反正”工作，恢复系统的马列主义基本理论教育。1978年4月，教育部办公厅下发《关于加强高等学校马列主义理论教育的意见》，

① 朴雪涛．中国特色现代大学制度研究[M]．北京：人民出版社，2020:44.

明确统一开设辩证唯物主义与历史唯物主义、政治经济学、中国共产党党史等三门课程，对学生进行系统教育。随着时代发展，党的理论创新成果不断丰富，思政课教学内容也持续更新。党的十五大作出了具有深远意义的决策，把邓小平理论正式写入党章。随后在1998年，围绕邓小平理论这一核心内容，相关部门对课程设置进行了优化调整；党的十六大将“三个代表”重要思想确立为党的指导思想之后，教育部把原有的“邓小平理论概论”课程，更改为“邓小平理论和‘三个代表’重要思想概论”课程，让课程内容与时俱进，紧密贴合党的理论发展；2008年将科学发展观纳入课程；党的十八大以来，习近平新时代中国特色社会主义思想成为思政课教学的核心内容。2018年，教育部印发《新时代高校思想政治理论课教学工作基本要求》，明确提出加强新时代思政课建设，全面推动习近平新时代中国特色社会主义思想进教材进课堂进头脑。2023年《习近平新时代中国特色社会主义思想概论》教材出版，为思想传播提供有力载体。

教师队伍建设是思政课发展的关键因素。1950年，中央人民政府政务院颁布《关于实施高等学校课程改革的决定》，明确了新民主主义革命教育的总体方向，提出从师资培养、教材选用等方面为理论课的建设提供资源保障。改革开放后，随着思政课改革的推进，对教师队伍建设提出了更高要求。1984年，教育部组织编写的《共产主义思想品德课教学大纲（试用本）》出版发行。在教育部有关规定和这些教学大纲的指导下，思政课“部编教材”产生，成为教育部推荐的教材。此后，不断强调思政课教师的重要性，提高教师的政治素养和业务能力。2019年，习近平总书记主持召开学校思政课教师座谈会，对思政课教师提出了“六个要”的方向和遵循，为教师队伍建设指明方向。紧接着，教育部党组印发《“新时代高校思想政治理论课创优行动”工作方案》，都对加强思政课教师队伍建设作出具体部署，包括加强教师培训、提高教师待遇、完善教师评价机制等，以打造一支高素质的思政课教师队伍。

在教学方法创新上，党鼓励思政课教学不断探索多样化、现代化的教学方式。早期，虽然注重理论与实践相结合，但教学方法相对单一。随着时代发展，特别是进入新时代，党更加重视教学方法创新。2015 年，大力推行高校思政课建设体系创新计划，全方位推进改革进程。在教材层面，致力于优化内容，使其更具时代性与思想深度；师资队伍方面，着重强化教师的专业素养与教学能力；教学环节上，则积极探索新颖的教学方法与模式，从多维度全面深化改革，提升高校思政课的教学质量与育人成效。2019 年，中共中央办公厅、国务院办公厅印发了《关于深化新时代学校思想政治理论课改革创新的若干意见》，提出坚持八个“相统一”，推动思政课教学方法创新，鼓励运用案例教学、实践教学、网络教学等多种方式，提高思政课教学的吸引力和实效性。

二、教师深耕：铸就思政课高质量发展的关键力量

新时代，思政课高质量发展对培育时代新人至关重要，而教师投入无疑是推动思政课高质量发展的核心要素。我国长期以来高度重视思政教师的发展，从理念层面的深刻认知，到具体行为的多维度培养，再到政策的有力扶持，全方位推动着思政教育的进步。

重视思政教师的关键地位。1949 年 12 月，马叙伦部长明确提出，各级学校在师资等方面，“都要求一个彻底的，同时是有计划有步骤的变革和解决”[①]。社会主义革命和建设时期，高校思政课教师被赋予了“培育德才兼备的国家建设者”这一重要使命，彰显出教师在为国家培育栋梁之材过程中所发挥的不可或缺的作用，对于推动国家建设与发展有着深远意义。1984 年，中宣部、教育部强调，“高等院校马列主义课教师是塑造学

① 教育部社会科学司. 普通高校思想政治理论课文献选编 (1949-2008)[M]. 北京：中国人民大学出版社，2008:3.

生思想灵魂的工程师，是宣传科学共产主义的战士”[①]。进入新时代，以习近平同志为核心的党中央将思政教师队伍建设提升到战略高度，充分认识其在落实立德树人根本任务中的关键作用。2016年12月，习近平总书记在全国高校思政工作会议上指出，“要拓展选拔视野，抓好教育培训，强化实践锻炼，健全激励机制”[②]，为思政教育发展指明方向。

多维度提升教师素养。回溯中华人民共和国成立初期，中国人民大学勇挑思政课教师培养的重担，堪称思政教育领域的“黄埔军校”。1952年9月，中共中央提出在中国人民大学创设马克思列宁主义研究班，通过强化教育教学理论学习、开展教学实战实训、组织政治理论学习等方式，有效提升教师理论水平，为思政教育奠定坚实人才基础。改革开放后，思政教育领域也积极探索师资培养的新路径。1984年4月，教育部决定设置思想政治教育专业，采取正规化的方法培养思想政治工作专门人才。1999年，教育部、国务院学位委员会颁布《关于开展高等学校“两课”教师在职攻读硕士学位工作的通知》，支持“两课”教师在职攻读硕士学位，提升教师的专业素养。2008年，中宣部联合教育部发布了《关于进一步加强高等学校思想政治理论课教师队伍建设的意见》，此文件意义非凡，它是改革开放后首个聚焦于强化与优化高校思政课教师队伍建设的专门性文件，从教学科研组织建设、教师选聘配备等多方面发力，为思政课教师的职业发展提供学科支撑与政策制度保障。2013年和2019年，教育部接连制定实施五年期的培养规划，借助专题理论轮训、学术研讨交流以及实践经验分享等多元途径，推进全国高校思政课教师队伍建设，使得教师队伍的整体

---

① 教育部社会科学司．普通高校思想政治理论课文献选编(1949—2008)[M]. 北京：中国人民大学出版社，2008:97.

② 习近平在全国高校思想政治工作会议上强调：把思想政治工作贯穿教育教学全过程开创我国高等教育事业发展新局面 [N]. 人民日报，2016-12-09(01).

专业素养与教学能力得以稳步提升。2020 年，教育部明确强调“把思政课教师队伍建设纳入教育事业发展和干部人才队伍建设总体规划”[①]，再度彰显出对师资队伍建设谋篇定策的顶层规划。

三、资源赋能：厚植思政课高质量发展的坚实根基

充足且优质的资源投入是思政课高质量发展的基石。从教材教具到实践基地，从线上学习平台到专业的师资培训资源，各类资源共同构成了思政课发展的物质基础。党对思政课资源投入的重视贯穿各个层面，这一系列举措为思政课的创新发展提供了丰富的教学素材，更在根本上确保了思政课能够紧跟时代步伐，切实发挥铸魂育人的功能，为思政课高质量发展铺就坚实道路。

基础设施建设的跨越式发展为思政课创新提供实体支撑，有助于形成覆盖全学段的实践育人网络。2021 年 9 月，中共中央办公厅正式发布《关于加强新时代马克思主义学院建设的意见》。2022 年，教育部等十部门联合印发《新时代马克思主义学院建设工程实施方案》，在政策推动下，全国高校马克思主义学院由 2012 年的 100 余家发展到 2021 年的 1440 余家，同时，全国马克思主义理论学位点数量也居各学科前列，2016 年至 2021 年，全国马克思主义理论一级博士学位授权点由 39 个增至 104 个，一级硕士学位授权点由 129 个增至 279 个。[②] 国家级实践教学基地建设成效显著，2022 年 8 月，教育部等部门印发了《全面推进“大思政课”建设的工作方案》。随后，中宣部、教育部会同有关部门联合设立了首批 453 家“大思

① 新时代高等学校思想政治理论课教师队伍建设规定 [J]. 中华人民共和国国务院公报，2020(13):7-11.

② 教育部：全国高校马克思主义学院九年增长十余倍 由 100 余家发展到 1440 余家 [N]. 中国青年报，2022-03-17(01).

政课”实践教学基地。[1]这些基地涵盖多种主题，如乡村振兴、美丽中国等，深入了解国家脱贫攻坚战略的伟大成就，将书本上的理论知识与实际相结合，为学生提供了丰富多元的实践学习场景。

数字化战略的推进，有力地驱动了思政课教学资源的供给侧改革，构建起全时空覆盖的智慧教育新生态。2022 年，教育部启动的“思政课数字化赋能专项行动”成效显著，建成的国家智慧教育平台思政专题资源库汇聚了海量优质教学资源。众多高校积极响应数字化战略，运用虚拟现实（VR）、增强现实（AR）、混合现实（MR）等技术，建立虚拟仿真实验室，对红色文化资源进行数字化展示有效地吸引了学生的注意力，提升了思政课的代入感。2021 年 6 月，北京理工大学正式建成思政课虚拟仿真体验教学中心，成功打造出“内燃机原理”与“汽车车身结构与设计”等校级课程思政示范虚拟仿真课程，大力推进“分布式异地协同智慧思政育人平台”的建设，充分整合校内丰富的优质立德树人资源。西南财经大学充分运用虚拟仿真等前沿技术，精心打造“沉浸式”思政课堂，全面覆盖全校在校学生。部分精品资源成功入选国家智慧教育公共服务平台、国家虚拟仿真实验教学课程共享平台等，这些优质资源被广泛应用于全国众多大中小学的思政课教学，为思政教育的创新发展提供了成功范例。

协同创新机制的完善推动社会资源高效整合，形成共建共享的育人共同体格局。2020 年，中央宣传部、教育部制定了《新时代学校思想政治理论课改革创新实施方案》，为思政课改革创新指明方向。北京交通大学积极推进思政教育改革，在全校本科生中率先开设“习近平新时代中国特色社会主义思想概论”课程。同时，为进一步丰富思政教学内容，提升学生思政素养，学校重点围绕新时代伟大变革、“四史”以及中华优秀传统文化等主题，面向本科生开设选择性必修课，从而使思政课程体系得到进一

① 首批 453 家“大思政课”实践教学基地公布 [N]. 中国教育报，2022-08-27(01).

步完善，还令课程内容更紧密贴合时代发展。各地区也结合自身特色，积极开展思政课改革创新实践。以福建省为例，当地积极出台相关行动方案，全面推进思政教育的革新与发展。在教学资源建设方面，福建省组织编写了《追寻足迹 感悟思想》大中小学版系列丛书，同时精心遴选了1000堂大中小学思政精品课，为不同学段的学生提供优质的学习素材。在师资培养与团队建设上，建设了全国高校思政课“手拉手”集体备课中心，深入开展思政课教师“大练兵”交流展示活动，以此提升教师的教学水平。

第二节 党的创新理论为思想政治理论课高质量发展提供理论支撑

理论创新每前进一步，党的理论武装就要跟进一步。2024年5月，习近平总书记对学校思政课建设作出重要指示时强调，“坚持思政课建设与党的创新理论武装同步推进”[①]，为新时代思政课教师落实立德树人根本任务、培养时代新人提供了重要遵循。党的创新理论作为马克思主义中国化时代化的智慧结晶，与思政课紧密相连，在理论铸魂、内涵提质、方法求新、师资涵养等方面为思政课提供了全方位的支撑。

一、理论铸魂：锚定思政课育人方向

在新时代思政课高质量发展的征程中，党的创新理论恰似明亮灯塔，照亮思政课堂，在武装学生头脑、塑造正确三观、锚定育人目标、落实立德树人等关键环节发挥着不可替代的引领作用，为培育担当民族复兴大任的时代新人筑牢坚实理论根基。

党的创新理论是武装学生头脑的思想利器，为筑牢学生思想根基提供

① 中共中央办公厅 国务院办公厅印发《关于深化新时代学校思想政治理论课改革创新的若干意见》[J]. 中华人民共和国教育部公报，2019(09).

强大动力。习近平总书记在党的二十大报告中强调：“全党要把青年工作作为战略性工作来抓，用党的科学理论武装青年。”[①] 马克思主义理论作为党的创新理论的基石，深刻揭示了人类社会发展规律，为人们认识世界和改造世界提供了科学的世界观和方法论。党的创新理论在此基础上，紧密结合中国不同发展阶段的实际，不断丰富和发展，形成了具有中国特色、体现时代特征的科学理论体系。青年学生正处于思想观念形成的关键时期，面对多元文化和各种思潮的冲击，党的创新理论犹如坚固盾牌，帮助他们抵御外界不良思想的侵蚀，还能够深刻认识到中国共产党带领中国人民取得伟大成就的历史必然性，为自身的成长奠定坚实的思想基础。

党的创新理论是塑造学生正确三观的关键要素，助力学生扣好人生第一粒扣子。在 2014 年 5 月北京大学的座谈会中，习近平语重心长地对青年学生指出：“如果第一粒扣子扣错了，剩余的扣子都会扣错。人生的扣子从一开始就要扣好。”[②] 世界观决定着学生对整个世界的根本看法，党的创新理论以辩证唯物主义和历史唯物主义为基石，引导学生正确认识自然、社会和人类思维的发展规律，避免陷入片面、孤立和静止的思维误区。正如毛泽东指出：“共产党不靠吓人吃饭，而是靠马克思列宁主义的真理吃饭，靠实事求是吃饭，靠科学吃饭。”[③] 这里所言的马克思主义的真理，实际上就是指贯穿其中的科学的世界观和方法论。在人生观方面，党的创新理论强调个人价值与社会价值的统一，鼓励学生将个人的成长与国家和民族的命运紧密相连。在价值观层面，党的创新理论所倡导的社会主义核心价值观，为学生提供了明确的价值导向。通过思政课教学，学生能够深

---

① 习近平．高举中国特色社会主义伟大旗帜 为全面建设社会主义现代化国家而团结奋斗——在中国共产党第二十次全国代表大会上的报告 [N]. 人民日报，2022-10-26(01).

② 习近平．习近平谈治国理政：第一卷 [M]. 北京：外文出版社，2014:172.

③ 毛泽东．毛泽东选集：第 3 卷 [M]. 北京：人民出版社，1991:836.

刻理解富强、民主、文明、和谐等价值理念的内涵，并将其内化于心、外化于行，在日常生活中自觉践行社会主义核心价值观。

党的创新理论是落实立德树人根本任务的行动指南，推动思政课教学实践行稳致远。在思政课教学实践中，落实立德树人根本任务，离不开党的创新理论的深度融入。教师作为思政课教学的组织者和引导者，要深入学习和领会党的创新理论，将其转化为生动的教学内容。在教学过程中，教师应采用多样化的教学方法，如案例教学、实践教学、互动教学等，让学生更好地理解和接受党的创新理论。以案例教学为例，教师可以选取改革开放以来我国在经济、科技、文化等领域取得的伟大成就作为案例，引导学生分析这些成就背后的理论支撑和实践经验，让学生深刻认识到党的创新理论的实践伟力。通过组织学生参与社会实践活动，如社区志愿服务、红色文化调研等，让学生在实践中感受党的创新理论对社会发展的推动作用，增强学生的社会责任感和使命感，真正将立德树人根本任务落到实处。

二、内涵提质：充实思政课教学内容

在新时代思政教育的宏大格局中，党的创新理论宛如源头活水，以深入阐释马克思主义指导地位为基，以展示中国特色社会主义伟大成就为要，以彰显理论文化底蕴与时代精神为翼，源源不断地充实着思政课教学内容，提升课程内涵价值，为培育担当民族复兴大任的时代新人提供坚实理论滋养。

党的创新理论深入阐释马克思主义指导地位，为思政课筑牢思想根基。马克思主义作为我们立党立国的根本指导思想，科学揭示了人类社会发展规律。党的二十大报告明确指出："实践告诉我们，中国共产党为什么能，中国特色社会主义为什么好，归根到底是马克思主义行，是中国化时代化的马克思主义行。”[①] 这体现了马克思主义及其中国化时代化成果的科学性与真理性。思政课教学中，教师引导学生深入领悟马克思主义的科学性，从《共产党宣言》揭示的资本主义社会内在矛盾，到中国共产党运用马克思主义基本原理解决中国实际问题的百年历程，让学生明白马克思主义不是空洞的理论，而是具有强大实践指导力的科学体系。

展示中国特色社会主义伟大成就，为思政课提供丰富且极具说服力的教学素材。党的创新理论引领中国取得了举世瞩目的成就，这些成就成为思政课生动教材。以脱贫攻坚为例，在习近平新时代中国特色社会主义思想的指引下，中国完成了消除绝对贫困的艰巨任务，创造了又一个彪炳史册的人间奇迹。数百万干部深入贫困地区，精准施策，带领贫困群众脱贫致富。黄文秀放弃城市繁华，投身家乡脱贫事业，将生命奉献给了扶贫之路，她的事迹彰显了共产党人的初心与使命。思政课上，通过讲述这样的案例，让学生深刻理解党的创新理论在改善民生、实现共同富裕方面的伟大实践，认识到中国特色社会主义制度的优越性，增强学生的民族自豪感和对党的创新理论的认同，激励学生为实现国家繁荣富强而努力学习。

彰显党的创新理论的文化底蕴和时代精神，丰富了思政课的文化内涵。党的创新理论扎根于中华优秀传统文化，又与时俱进，体现时代精神。习近平总书记强调：“中华优秀传统文化是我们党创新理论的‘根’……”[②] 在思政课教学中，教师挖掘中华优秀传统文化的思想精髓，如“天下为公”的社会理想、“和而不同”的处世理念等，使学生理解这些传统文化元素在党的创新理论中的传承与发展。同时，结合时代发展，阐释党的创新理

① 习近平 . 高举中国特色社会主义伟大旗帜 为全面建设社会主义现代化国家而团结奋斗——在中国共产党第二十次全国代表大会上的报告 [N]. 人民日报，2022-10-26(01).

② 人民日报评论部 . 深入学习贯彻习近平总书记在文化传承发展座谈会上的重要讲话精神 [M]. 北京：人民出版社，2023:22.

论的时代内涵。在数字经济蓬勃发展的当下，“创新、协调、绿色、开放、共享”的新发展理念，不仅体现了对经济发展规律的深刻把握，还彰显了时代精神。思政课通过讲述相关案例，让学生明白党的创新理论如何顺应时代潮流，解决现实问题，培养学生的时代意识和创新精神。

推动思政课教学内容与时俱进，确保思政课紧跟时代步伐。党的创新理论始终与时代同频共振，为思政课教学提供最新的理论成果和实践经验。随着时代发展，新问题、新挑战不断涌现，党的创新理论及时回应。在全球气候变化背景下，我国提出碳达峰、碳中和目标，这是践行绿色发展理念的重要举措。思政课教师将这一内容融入教学，引导学生运用党的创新理论分析我国在应对气候变化中的责任与担当，培养学生的环保意识和全球视野。同时，关注科技创新、社会治理等领域的新发展，如人工智能技术的发展与应用、基层社区治理模式的创新等，让学生了解党的创新理论在不同领域的实践，提升学生运用理论解决实际问题的能力，使思政课教学内容常讲常新，充满活力。

三、方法求新：优化思政课教学方式

在新时代思政课高质量发展的进程中，党的创新理论如熠熠灯塔，照亮思政课教学方法革新之路，通过以“八个相统一”为导向优化教学、以“三全育人”理念拓宽课程视野、借助信息技术赋能教学，有力推动思政课教学与时俱进，全方位增强思政课教学吸引力，切实提升思政课的育人实效。

以“八个相统一”为导向，思政课教学方式实现深度优化与升级。例如，坚持政治性和学理性相统一，是思政课教学的关键所在。在讲解马克思主义基本原理时，教师要阐述其政治意义，更要深入剖析背后的学理依据，让学生明白马克思主义为何具有强大的生命力，如从哲学、经济学等多学科角度解读剩余价值理论，以学理支撑政治引导，增强教学的说服力。又如，价值性和知识性相统一，要求教师在传授知识的过程中巧妙融入价值观教育。在讲述中国近现代史时，通过展现历史事件和人物事迹，如通过讲述长征故事，培养学生的艰苦奋斗、坚韧不拔的精神品质。再如，建设性和批判性相统一促使教师在弘扬主流意识形态的同时，敢于对错误思潮说“不”。此外，理论性与实践性相融合的原则，要求教师把理论知识巧妙地融入社会实践当中。在学习生态环保理论时，组织学生参与垃圾分类宣传、环保调研等实践活动，提升解决实际问题的能力。在讲解经济发展理论时，引导学生调研本地经济发展状况，分析政策实施效果，深化对理论的理解。

“三全育人”理念拓宽了思政课的课程视域，打破了传统教学的局限，构建起全方位、多层次的育人体系。全员育人凝聚各方力量，以广西警察学院为例，该校充分挖掘并利用自身的行业特性，积极整合校内校外的各类资源。通过邀请公安英模走进课堂，分享他们在实际工作中的真实经历与感悟，使学生在不同教育者的引导下，更深刻地理解职业精神和社会责任。全过程育人要求将思政教育贯穿学生学习生活的始终，从入学到毕业，不同阶段设置相应的思政教育内容，循序渐进地引导学生成长。全方位育人则利用多种教育载体，营造良好的育人环境。

信息技术为思政课教学带来了新的机遇，有力推动了教学方式的创新。借助线上教学平台，教师可以开展多样化教学活动。比如，运用“学习强国”等平台的丰富资源，向学生推送时事热点、理论文章，引导学生自主学习。采用线上直播、录播等方式，打破传统课堂的时空限制，如许多高校开展线上思政课教学，通过直播讲解理论知识，利用录播课程让学生随时回顾学习，确保教学的顺利进行。借助雨课堂、腾讯会议等工具，积极开展线上讨论、答疑解惑等教学互动活动，充分调动学生的学习积极性。利用新媒体技术的传播优势，大量蕴含思政价值的优质作品得以广泛传播。如剧作《觉醒年代》以生动的影像展现了革命先辈的热血与理想，激发学生的爱国热情和社会责任感。基于这些了解，教师能够采用学生喜闻乐见的表达方式进行思政课教学，有效跨越代际差异，显著提升思政教育的育人成效，让思政教育真正走进学生的内心。

实践教学是思政课的重要环节，能让理论知识“落地生根”。在“三全育人”视域下，职业本科院校积极探索实践教学模式，比如，西安汽车职业大学构建“教师指导—社会实践—网络辅助教学—课堂汇报—专家报告”的立体化教学模式，在“思想道德与法治”课程实践教学中，组织学生参与社区法治宣传活动。学生在向居民普及法律知识的过程中，不仅深化了对法律条文的理解，还提高了沟通能力和社会责任感，真正实现了将理论知识运用到实际生活中，做到知行合一，使思政课教学更具实效性。

四、师资涵养：锤炼思政课教师队伍

教师作为思政课的直接实施者，其队伍的素质直接影响着思政课的质量与育人效果。党的创新理论对思政课教师队伍建设的重要性意义非凡，关系到教师自身素养的提升，更关乎培养担当民族复兴大任的时代新人目标的实现。

党的创新理论是思政课教师提升政治素养的思想源泉，能帮助教师把稳思想之舵。在教师队伍建设进程中，应当将党的创新理论学习教育置于重中之重的位置。通过持续且深入的教育引导，助力思政课教师筑牢对马克思主义的坚定信仰。正如清华大学在思政教育实践中，历届党委都把抓好思想政治教育作为首要任务，校长书记带头上讲台讲党课，与学生面对面探讨“形势与政策”。在这样的氛围下，教师通过深入学习党的创新理论，深刻理解其内涵和精髓，从而在思想上、政治上同党中央保持高度一致，在教学中能够坚定地引导学生树立正确的政治方向，增强学生对中国特色社会主义的政治认同、思想认同、理论认同和情感认同，为培养担当民族复兴大任的时代新人奠定坚实的政治基础。

党的创新理论是思政课教师丰富知识储备、夯实教学底蕴的源泉。

“思政课的本质是讲道理。”[①] 在思政课教学进程中，我们着重强调既要让学生明晰“然”，又要促使他们理解“所以然”。这里提及的“然”，实际上就是指“道”；而“所以然”，则对应着“理”。教师应把深入开展习近平新时代中国特色社会主义思想的系统化研究与分领域剖析作为重点学习内容，在讲述中国特色社会主义文化时，引用中华优秀传统文化经典著作、革命文化英勇事迹、社会主义先进文化时代楷模故事，以助力学生理解思想内涵，把握理论精髓，使教学内容更具说服力和感染力，提升教学质量。在讲解“爱国主义”相关内容时，教师可以利用多媒体资源，创设历史情境，让学生身临其境地感受革命先辈们的爱国情怀，引导学生在情境中思考和讨论，增强学生对爱国主义的理解和认同。

党的创新理论推动思政课教师对标“六要”标准，展现卓越风采。“办好思想政治理论课关键在教师”[②]，应以党的创新理论引领教师把准“六要”，真正做到“政治强、情怀深、思维新、视野广、自律严、人格正”[③]。在“政治强”方面，教师通过学习党的创新理论，坚定政治立场，在教学中旗帜鲜明地传播正确的政治观点，毛泽东在《在延安文艺座谈会上的讲话》中指出：“只有代表群众才能教育群众，只有做群众的学生才能做群众的先生。”[④] 思政课教师承担着培育社会主义建设者和接班人的重大使命，这一关键职责对教师自身的政治素养提出了极高标准。在“情怀深”方面，像张桂梅老师，她怀着对教育事业的深沉热爱和对学生的无私关怀，

① 习近平在中国人民大学考察时强调：坚持党的领导传承红色基因扎根中国大地 走出一条建设中国特色世界一流大学新路 [N]. 人民日报，2022-04-26(01).

② 习近平主持召开学校思想政治理论课教师座谈会强调：用新时代中国特色社会主义思想铸魂育人 贯彻党的教育方针落实立德树人根本任务 [N]. 人民日报，2019-03-19(01).

③ 习近平主持召开学校思想政治理论课教师座谈会强调：用新时代中国特色社会主义思想铸魂育人 贯彻党的教育方针落实立德树人根本任务 [N]. 人民日报，2019-03-19(01).

④ 毛泽东 . 毛泽东选集：第三卷 [M]. 北京：人民出版社，1991:864.

用自己的实际行动诠释着教育的意义，感染和激励着每一位学生；在“思维新”方面，教师须持续保持对时代趋势和学生诉求的密切关注，积极探索创新教学方法，如引入案例教学、项目式学习等方式，激发学生的思考和创新能力。习近平总书记强调：“要坚持教育者先受教育，让教师更好担当起学生健康成长指导者和引路人的责任。”① 思政课教师要坚持党的创新理论研究和教学研究同步发力，立足日日新的思维和全局性的视野为学生答疑解惑。在“视野广”方面，教师将国际国内的时事热点融入教学，拓宽学生的视野，培养学生的全球视野和国际意识；在“自律严”方面，习近平总书记强调“要把师德师风建设摆在首要位置”②。思政课教师充当着马克思主义理论以及党的创新理论成果的直接传播者角色。教师务必严格恪守职业道德准则，以自身的实际行动诠释道德规范。在“人格正”方面，教师秉持公正、善良的人格品质，应“无为”不应为之举，坚持为人清白正直，赢得学生的尊重和信任，成为学生成长道路上的引路人。

第三节　新时代中国特色社会主义建设实践为思想政治理论课高质量发展提供了广阔舞台

在新时代的历史征程中，中国特色社会主义建设实践波澜壮阔，深度重塑着社会的方方面面，也为思政课的发展带来了深刻变革。思政课作为塑造学生思想品格与价值观念的关键课程，与时代发展紧密相连。当下社会正处于快速转型与深刻变革期，新问题、新现象层出不穷，这既对思政

① 习近平．在北京大学师生座谈会上的讲话 [N]. 人民日报，2018-05-03(01).

② 习近平在看望参加政协会议的医药卫生界教育界委员时强调：把保障人民健康放在优先发展的战略位置 着力构建优质均衡的基本公共教育服务体系 [N]. 人民日报，2021-03-07(01).

课提出了挑战，也给予了难得的发展契机。新时代中国特色社会主义建设实践为思政课提供了丰富多元的素材，使思政课能够紧跟时代脉搏，突破传统教学的局限。从这个角度看，深入探究二者之间的联系，挖掘实践对思政课高质量发展的推动作用，成为教育领域的重要课题，对于提升思政课教学质量、培养符合时代需求的人才意义非凡。

一、借深化经济改革之势，育创新发展之才

新时代中国特色社会主义建设进程中，经济改革的深化与思政课的高质量发展紧密相连。经济改革的持续推进，为国家经济繁荣奠定基础，更为思政课教学提供了丰富且生动的素材，创造了良好的时代背景。思政课则借助经济发展成果，在教学中融入创新理念与实践案例，助力培育具有创新发展能力的人才，二者相互促进、协同发展。

经济改革全方位深入推进，为国家发展注入源源不断的活力。在科技创新驱动经济发展方面，以通信行业为例，华为公司作为通信行业的领军企业，在5G技术的研发和应用上持续发力。面对复杂的国际竞争环境和技术瓶颈，华为投入大量资金和人力进行研发创新。其研发团队不畏艰难，勇于探索全新的技术路径，经过不懈努力，使我国在5G通信领域取得了世界领先地位。这不仅提升了我国在全球通信产业中的竞争力，还带动了相关产业链的协同发展，体现了在经济发展过程中勇于突破、不断创新的精神。在产业结构调整优化上，传统制造业积极转型升级。比如，青岛海尔通过引入工业互联网技术，打造智能制造工厂，实现生产过程的智能化、自动化和柔性化。从产品设计、生产制造到售后服务，全流程实现数字化管理，成功实现从传统家电制造商向智能制造企业的转型，展示出在经济改革中积极求变、创新发展的生动实践。

思政课应充分利用这些经济发展成果，将经济实践中的宝贵经验和精神融入教学。在讲解科技创新相关内容时，以华为的发展为例，思政课教

师可以在课堂上引导学生分析华为在5G技术研发过程中面临的困难以及所采取的创新策略，让学生深刻体会到艰苦奋斗和勇于探索精神的重要性。组织学生开展小组讨论，探讨华为的创新模式对其他企业的启示，培养学生的创新思维和分析问题的能力。针对产业结构调整优化的内容，以青岛海尔的转型为案例，教师可引导学生探讨传统企业转型升级的必要性和创新路径，组织学生实地参观智能制造工厂，亲身体验科技创新带来的变化，增强学生对创新发展的感性认识，鼓励学生思考如何在未来的工作中推动传统产业创新发展。

二、以推进政治建设为基，铸制度自信之魂

政治建设的持续推进为国家长治久安和繁荣发展奠定了坚实基础。我国政治建设在多方面取得显著成就，为思政课提供了丰富且极具说服力的教学素材，而思政课则是传播政治建设成果、培育学生政治素养和制度自信的重要阵地，二者共同服务于国家发展和民族复兴的伟大事业。

党的十八大以来，我国在政治建设领域成果斐然。在制度建设层面，不断完善中国特色社会主义政治制度体系。从根本政治制度到基本政治制度、重要政治制度以及具体制度，各层面相互配合、协同发展。以人民代表大会制度为例，这一作为我国根本政治制度的重要体制，切实保障人民当家作主的权利得以实现。在2024年全国两会期间，人大代表们秉持为人民服务的宗旨，高度聚焦民生领域的热点问题，如教育公平、医疗保障、就业创业等问题，积极建言献策。这些议题涉及人民生活的方方面面，充分体现了人民通过人民代表大会参与国家事务管理，反映自身诉求，真正实现当家作主。在脱贫攻坚工作中，各民主党派发挥自身优势，深入调研，为贫困地区发展提出诸多建设性意见，像民革中央定点帮扶贵州纳雍，通过产业扶贫、教育扶贫等多种方式助力当地脱贫，彰显了这一制度在凝聚各方智慧、促进国家发展方面的独特优势。在法治建设进程中，《中华人

民共和国民法典》作为一部涵盖社会生活方方面面的法典，从物权到人格权，从合同到侵权责任，为公民权利提供了全方位的法律保障。

这些政治建设成果为思政课教学注入了鲜活的内容，成为培养学生制度自信和政治素养的宝贵资源。通过将这些政治建设的实际案例融入思政课教学，能够让学生深刻理解我国政治制度的优越性，从而将制度自信的种子深深植入心中。以人大代表选举和协商民主的案例为例，思政课教师可以引导学生分析选举过程中如何保障人民的选举权和被选举权，以及协商民主在汇聚民智、促进决策科学化民主化方面的重要作用。在讲解法治建设内容时，以“昆山反杀案”和《中华人民共和国民法典》为案例，教师可以详细解读案件的法律依据和判决意义，以及民法典对公民权利的保障作用。通过这些方式，学生能够清晰地认识到我国法治体系在维护公平正义、保障人民权益方面的强大功能，进而坚定对我国法治制度的信心。

三、凭增强文化自信之力，强文化认同之根

文化自信作为国家和民族发展的强大精神力量，在新时代中国特色社会主义建设中发挥着至关重要的作用。习近平总书记指出：“有植根本国、本民族历史文化沃土，马克思主义真理之树才能根深叶茂。”[①] 中华优秀传统文化是文化自信的深厚根基，将其赋能于思政课教学之中，能帮助学生深刻理解中华文化的博大精深，更能激发他们的民族自豪感和文化自信心，为他们成为有理想、有本领、有担当的时代新人奠定坚实的基础。

中华优秀传统文化、革命文化和社会主义先进文化共同构成了我国文化自信的深厚根基。中华优秀传统文化以源远流长、博大精深的特质广泛涵盖多元领域，其中“天人合一”的哲学思想从人与自然关系层面体现了

① 习近平. 高举中国特色社会主义伟大旗帜 为全面建设社会主义现代化国家而团结奋斗——在中国共产党第二十次全国代表大会上的报告 [N]. 人民日报，2022-10-26(01).

古人对宇宙万物和谐共生的理解，“和而不同”的价值观念立足人际交往，强调尊重差异、追求和谐统一，“天下兴亡，匹夫有责”的家国情怀则在国家民族层面彰显个体担当意识。这些优秀传统文化为思政课提供了丰富的素材和深厚的文化底蕴。在讲解道德与伦理相关内容时，可以融入儒家“仁爱”思想，因为孔子所倡导的“仁者爱人”理念可引导学生树立关爱他人、尊重他人的价值观。革命文化承载着中国共产党领导人民在革命斗争中形成的宝贵精神财富，从井冈山精神、长征精神，到延安精神、西柏坡精神，这些革命精神体现了中国共产党人坚定的理想信念、不屈不挠的斗争精神和无私奉献的高尚品质。社会主义先进文化是在对中华优秀传统文化、革命文化批判性继承与创新性发展的根基上，紧密结合时代发展需求所形成的具有鲜明中国特色的文化形态。在脱贫攻坚的伟大实践中，形成了“上下同心、尽锐出战、精准务实、开拓创新、攻坚克难、不负人民”的脱贫攻坚精神。这一精神彰显出中国在消除贫困领域所取得的举世瞩目的巨大成就，深层次地反映出社会主义制度集中力量办大事的显著优越性以及中国人民团结一心、奋勇拼搏、无私奉献的崇高精神风貌。

思政课依托丰富的文化资源，在增强学生文化自信、强化文化认同方面发挥着不可替代的作用。在教学中，思政课注重中华优秀传统文化的融入。教师可以通过讲解《论语》《孟子》等经典著作，引导学生理解其中蕴含的智慧和价值观念，如“己所不欲，勿施于人”的处世哲学，培养学生的道德修养和人文精神。

在革命文化教育方面，教师可安排学生前往革命纪念馆、红色遗址开展实地参观活动，如参观遵义会议纪念馆，学生在实地游览中能真切体会革命先辈们为国家独立、民族解放而英勇无畏、不懈奋斗的伟大精神。在讲述社会主义先进文化时，紧密结合当下社会热点与国家发展成果进行讲解，能够有效提升教学效果。以中国航天事业蓬勃发展为例，中国航天人凭借持之以恒的努力、矢志不渝的创新精神取得载人航天、月球探测等一系列举世瞩目的辉煌成就。通过这些案例，让学生明白文化传承与创新的重要价值，使文化认同在学生内心深处牢牢扎根，为推动中华文化繁荣发展注入源源不断的新生动力。

四、用创建和谐社会之果，丰民生教育之实

构建和谐社会的核心在于保障和改善民生福祉，让全体人民共享发展成果，而这一伟大实践为思政课提供了丰富且生动的教学素材与现实依据。正如习近平总书记所强调的："我们深入贯彻以人民为中心的发展思想，在幼有所育、学有所教、劳有所得、病有所医、老有所养、住有所居、弱有所扶上持续用力，人民生活全方位改善。"[①] 思政课作为塑造学生价值观和社会认知的关键课程，将和谐社会建设与民生福祉的理念融入教学，有助于学生深刻理解国家发展的核心目标，增强社会责任感和使命感。

创建和谐社会以保障民生福祉为根本目的，在这一过程中，我国取得了诸多显著成果。在社会公平正义推进方面，我国不断完善制度体系，保障人民平等参与、平等发展的权利。以教育领域为例，近年来，许多偏远山区通过实施"特岗计划"，吸引了大量优秀教师前往任教，让山区孩子能够享受到更优质的教育资源，缩小了城乡教育差距，使教育公平得到更好的落实。在提高人民生活水平上，各地积极落实就业优先政策，不断扩大就业规模。2024年四川通过完善就业公共服务制度、打造社区零工角等举措，帮助众多居民实现就业增收，像达州市达川区杨柳街道文兴社区，待业人员分别通过社区零工角的职业指导和技能培训，找到工作，生活质量得到显著提升，这充分体现了和谐社会建设为民生福祉带来的实质性改善。

思政课借助创建和谐社会的丰硕成果，极大地丰富了民生教育内涵，

---

① 习近平．高举中国特色社会主义伟大旗帜 为全面建设社会主义现代化国家而团结奋斗——在中国共产党第二十次全国代表大会上的报告 [N]. 人民日报，2022-10-26(01).

能让学生深刻理解民生的重要性，感受社会发展与个人幸福的紧密联系，切实提升思政课在民生教育方面的实效性。在教学中，教师可以结合这些实际案例，引导学生深入思考。比如在讲述社会保障体系建设时，引入医保制度的不断完善这一内容。近年来，我国医保覆盖范围不断扩大，保障水平持续提高。以四川为例，2024 年四川持续推进医保改革，实现个人账户跨省共济使用，异地就医结算范围进一步扩大，为民众就医提供了极大便利。通过此类案例，学生能够更加直观地感受到社会发展对个人幸福的积极影响，深刻认识到民生是社会发展的根本出发点和落脚点。

第四节　思想政治教育学科建设取得的成绩为思想政治理论课高质量发展提供了保障

思政课作为培育人才的关键阵地，其高质量发展离不开思想政治教育学科建设的有力支撑。学科体系的完善、人才培养的成果、实践探索的经验，如同坚实的基石，为思政课的稳健前行铺就道路。

一、学科体系日臻完善，筑牢思政课发展框架

思想政治教育学科与思政课紧密相连，学科体系的健全是思政课高质量发展的重要基石，其在专业设置、学科层次、研究方向上的持续进步，为思政课在课程内容规划、教学目标设定等方面提供了全方位的支撑，有力推动着思政课不断迈向新高度。

专业设置逐步拓展，丰富思政课教学内容。自 1984 年思想政治教育专业设立以来，其专业设置紧密贴合时代需求与社会发展不断拓展。早期，专业核心课程聚焦于马克思主义基本原理、思想政治教育基础理论等，为学生构建起扎实的学科基础。随着社会发展和时代需求的变化，专业设置不断丰富和细化。浙江师范大学在思政教育创新领域积极探索，与央视网

达成深度合作，在央视网移动客户端成功上线浙江师范大学融媒思政专区，构建起互动式移动课堂，成功打造出契合新时代需求的新模式、新载体、新窗口，为思政教育的创新发展提供了新思路。

学科层次不断完善，保障思政课师资质量。思想政治教育学科已形成从本科到硕士、博士的完整人才培养体系，各层次定位明确，为思政课教学输送高质量师资。本科阶段注重培养学生的基础知识与实践能力，使其具备扎实的专业素养和初步的教学技能。许多本科院校通过教育实习、课程实践等环节，让学生在实践中锻炼教学能力。硕士研究生学习进程中参与导师科研项目，对学科前沿问题展开深入探究，把研究成果巧妙融入教学内容。就“新时代大学生思想政治教育的新特点与新方法”课题研究而言，学生经调研分析，归纳出契合当代大学生的思想政治教育方法，并且将其运用到思政课教学实践，在理论与实践结合中实现知识的转化与创新。博士阶段着重培养学术研究的深度和广度，助力高层次人才积累深厚学术底蕴、形成独到见解，为思政课教学提供高水平学术支撑，从理论高度和专业视角丰富思政教学内容。这些不同层次培养的专业人才，持续为思政课教学注入活力，在人才培养与知识传承的链条中，保障了思政课的教学质量和教学水平。

研究方向日益细化，深化思政课教学深度。思想政治教育学科的研究方向从传统的基础理论研究向多学科交叉融合的方向发展，为思政课教学深度的深化提供了有力支持。与心理学交叉形成的思想政治教育心理学，为思政课教学提供了关于学生心理发展规律的深入研究成果。教师依据这些成果，能够更好地把握学生的学习心理，采用更具针对性的教学方法。同时，比较思想政治教育的研究为思政课教学提供了国际视野，通过全方位对比不同国家思想政治教育的模式架构、方法运用以及经验积累，从中提炼出可应用于我国思政课教学的有益元素。如对美国公民教育注重实践体验、英国价值观教育强调文化传承等方面的研究，为我国思政课教学改革提供了有益的借鉴，进一步深化了思政课的教学深度，提升了思政课的教学效果。

二、人才培养成效显著，充实思政课师资力量

思想政治教育学科与思政课师资队伍建设紧密相连，学科的发展为思政课培育专业人才，而高质量的师资队伍则是思政课教学质量的关键保障。从学科创立之初到当下，其人才培养模式不断优化，为思政课源源不断地输送专业人才，有力推动了思政课的发展。

学科创立初期，思想政治教育专业初步建立起人才培养体系，为思政课教学奠定了基础。1984 年，思想政治教育专业正式设立，这一具有开创性意义的举措，标志着我国开始有计划地为思政领域培养专门人才。在创立初期，受限于教学资源和经验，人才培养模式侧重于基础知识的传授，课程主要围绕马克思主义基本理论、思想政治教育基本原理等展开。尽管教学资源和经验相对有限，但这些早期培养的人才积极投身思政教育工作，成为思政课教师队伍的重要力量。他们在教学实践中不断摸索，努力将理论知识转化为生动的课堂内容。历经多年发展，思想政治教育学科逐步构建起多层次人才培养体系，为思政课提供了更具专业性和创新性的师资。进入 21 世纪，学科建设取得重要进展，如 2005 年思想政治教育学科成为马克思主义理论一级学科下的二级学科。这一转变使得人才培养更加规范化、系统化，学科点数量不断增加，涵盖本科、硕士、博士等多个层次。

在新时代，思想政治教育学科进一步优化人才培养模式，致力于培养适应时代需求的高素质思政课师资。当下人才培养着重于综合素质的全方位提升，将政治素养、道德品质、创新能力以及实践能力的协同发展置于重要位置。课程设置方面融入大量与时代紧密契合的内容，以深入学习习近平新时代中国特色社会主义思想为典型，助力学生紧跟党的创新理论发展步伐。在实践教学环节，通过实习实训等方式不断锤炼学生的教学实

践能力。高校积极与中小学建立长期稳定的合作关系，为高校学生提供丰富的实习机会，促使学生将学校所学教育理论知识运用到实际教学场景中，持续提升教学技能。同时鼓励学生踊跃参与各类教学竞赛与学术活动，在竞争与交流中培养创新精神和竞争意识。在新时代人才培养体系下成长起来的专业人才，在思政课教学中展现出显著优势。他们熟练运用现代教育技术，构建线上线下融合的多元化教学课堂，借助慕课平台拓展教学资源，开展线上讨论和答疑，利用虚拟现实技术创设逼真教学情境，增强教学的吸引力与感染力，推动思政课教学模式创新发展。

三、实践探索经验丰富，优化思政课教学模式

思想政治教育学科的发展与思政课教学模式的优化相辅相成，学科建设在长期实践中积累的丰富经验，为思政课教学模式的创新发展提供了坚实支撑，不断推动思政课教学朝着更具吸引力和实效性的方向迈进。

教学方法推陈出新，从传统走向多元互动。曾经，思政课教学多局限于“满堂灌”的传统模式，侧重于知识的单向传授，学生参与度较低。随着思想政治教育学科的不断探索，教学方法日益丰富多样，案例教学、小组讨论、情景模拟等互动式教学方法逐渐兴起。以案例教学为例，在讲解思想政治教育的地位和作用时，引入“激活农业航母的‘红色引擎’”等案例，引导学生分析“北大荒”变“北大仓”的过程，让学生深刻体悟到思想政治教育的“生命线”地位。这种案例教学法将抽象理论与生动实践相结合，使学生从被动接受知识转变为主动思考分析，极大地提高了学生的参与度和学习兴趣。小组讨论法也被广泛应用，在探讨“社会主义核心价值观在当代社会的践行”这一主题时，学生分组讨论，各抒己见，不仅加深了对核心价值观的理解，还锻炼了批判性思维和团队协作能力。这些互动式教学方法打破了传统教学的沉闷氛围，让学生成为课堂的主人，积极参与到教学过程中，使思政课教学效果得到显著提升。

教学载体与时俱进，从单一迈向多元数字。过去，思政课教学主要依赖教材、黑板等传统载体，教学资源有限。如今，思想政治教育学科实践推动思政课教学载体向多元化、数字化方向拓展。在传统载体方面，文化活动成为思政教育的重要载体。不少学校积极开展红色文化节系列活动，通过多样化的形式传播红色文化。在红色歌曲演唱环节，学生们用激昂的歌声演绎经典红色曲目，从《义勇军进行曲》的雄壮豪迈，到《映山红》的深情婉转，每一个音符都传递着革命先辈的热血与信念。在红色故事讲述活动中，学生们精心准备，生动讲述革命年代的感人故事，如董存瑞舍身炸碉堡、刘胡兰英勇就义等，将那些惊心动魄的历史画面鲜活地呈现在大家眼前。

治理模式不断完善，从简单趋向系统全面。以往思政课教学的管理模式较为简单，主要侧重于教学任务的安排和执行。现在，学科实践强调构建全方位、多层次的治理体系。随着思想政治教育学科的发展，其治理模式逐渐向系统治理转变，强调全方位、多层次的协同合作。在学校内部，形成了以党委领导为核心，教务处、学工处、马克思主义学院等多部门协同配合的管理机制。在学校外部，加强与家庭、社会的联系与合作，构建“三位一体”的育人网络。此外，借助大数据技术开展思政课教学的监测与评估工作，能够为教学改进提供有力支撑。大数据技术可全方位收集学生在思政课学习过程中的各项数据，包括课堂参与度、作业完成情况、考试成绩分布等多维度信息。通过对这些数据进行深入分析，精准洞察学生的学习状况与知识掌握程度。基于数据分析结果，教师能及时灵活地调整教学策略，针对学生的薄弱环节强化讲解，对教学节奏进行优化，从而实现精准教学，有效提升思政课教学的质量与效果。这种系统的治理模式，整合了各方资源，形成了育人合力，为思政课教学提供了更加坚实的保障，有助于更好地实现思政课的育人目标。

第六章

思想政治理论课形象塑造研究

新时代背景下，思政课作为落实立德树人的核心课程，其形象建设关乎育人实效与国家意识形态安全。在全球化浪潮与多元文化的交融中，思政课须培养理想信念坚定、富有社会责任感的时代新人，为社会发展提供价值支撑。当前，传统教学模式存在内容抽象、形式单一等问题，这就导致部分学生产生疏离感。重塑思政课形象须推动教学理念与方法创新，增强现实关联性与实践性，破除刻板认知，激发学习内生动力，以此提升课程吸引力和实效性，促进学科创新发展。

第一节　思想政治理论课形象概述

一、思想政治理论课形象概念

思想政治理论课形象是指思政课在学生、教师和社会等主体眼中呈现出的整体印象和特征。是公众对由其内在特点所决定外在表现的总体印象和评价。思政课公众形象首先是一种实存，是思政课本质力量的对象化存在，这意味着其内蕴以互动为基础的主体建构与公众认同，凸显着主体性与客体性的有机统一。[①] 形象这一概念具有多维性，不仅仅是外部表现的

① 刘晓玲 . 新时代高校思想政治理论课公众形象塑造的现实路径探析 [J]. 思想教育研究，2024(01)：102–107.

集合，更多地反映了其内在特征与外部认知的互动关系。在学术研究中，形象的界定通常包括认知心理学、社会学及传播学的相关理论。形象是通过主体行为、言辞以及社会文化背景所共同构建的，它体现了一个事物在特定语境下的综合印象。

思政课的形象，作为一种社会认知现象，既受到教师、课程理论和内容及教学方式等内部因素的影响，又受到社会环境、文化认同及舆论传播等外部因素的制约。从内外部特征来看，外部特征主要体现在课堂教学风貌、教师言谈举止以及课程内容呈现方式上。外部特征往往是公众最直接感知和评价的部分，包括课堂气氛、教学方法创新以及教学成果社会反馈等，这些均直接影响思政课社会认同和公众评价。而其内部特征则指向更深层次的课程本质，包括所承载的价值观念、思想导向及其在时代背景下的定位。内在价值取向和其教育目标密切相关，它不仅仅是知识传授工具，更是对学生思想品德、政治觉悟和社会责任感的塑造载体。总体而言，思政课形象是内外因素交织互动的结果，其构建不仅仅需要课程本身不断完善和创新，更需要社会、文化以及教育政策共同支持与引导。

（一）马克思主义理论等一系列思想理论知识体系构成的形象

思政课，作为我国教育体系中具有独特地位和重要使命的课程，是对学生进行系统的马克思主义理论教育和思想政治教育的主渠道与主阵地。其课程体系涵盖马克思主义基本原理概论、毛泽东思想和中国特色社会主义理论体系概论、中国近现代史纲要、思想道德与法治等多门课程。这些课程以马克思主义理论为核心，紧密结合中国历史与现实，旨在引导学生树立正确的世界观、人生观、价值观，确立中国特色社会主义共同理想，培养学生的爱国主义情怀、集体主义精神和社会主义道德品质，使其具备良好的思想政治素质和较强的社会责任感，成为德智体美劳全面发展的社会主义建设者和接班人。

新时代背景下，思政课的形象被赋予了更为丰富和深刻的内涵。一方面，它更加紧密地与时代发展相结合，积极回应时代之问。随着中国特色社会主义进入新时代，国内外形势发生了深刻变化，思政课需要及时将马克思主义中国化的最新成果，如将习近平新时代中国特色社会主义思想融入教学内容，引导学生深刻理解新时代的特征、使命和发展方向，增强学生对中国特色社会主义的道路自信、理论自信、制度自信、文化自信。另一方面，新时代思政课更加注重学生的全面发展和个性化需求。它关注学生思想政治理论知识的学习，更注重培养学生的创新思维、实践能力和社会适应能力，通过多样化教学方法和实践活动，激发学生学习兴趣和主动性，促进学生个性发展和综合素质提升。

（二）教学方式和教学氛围所塑造的形象

从教学活动角度来讲，思政课由教学方式和教学氛围所塑造。互动式教学让学生积极参与课堂讨论、角色扮演等活动，就会展现出生动活泼的形象。要是以满堂灌方式教学，就可能塑造出比较沉闷的形象，然而，课堂中营造出积极向上、充满思辨氛围则是良好思政课形象的体现。

从小学到大学，从稚气孩童到翩翩少年，是一个漫长过程。“守好一段渠，种好责任田”是对这段成长成才阶梯上每一位思政教育工作者的要求，厘清各学段课程目标是基础工作。《关于深化新时代学校思想政治理论课改革创新的若干意见》明确提出，思政课在小学阶段重在启蒙道德情感，在初中阶段重在打牢思想基础，在高中阶段重在提升政治素养，在大学阶段重在增强使命担当，这展现出各个学习阶段各有所为、各尽其力、各有所获、各见其成的课程形象。只有根据教学目标制定好相对应的教学活动，采取相应教学方式，才能够塑造出良好的思政课形象，并成功搭造出思政课形象螺旋上升的阶梯。

教师的教学风格、课堂管理方式、学术气氛以及师生之间互动关系等多种因素互相作用，形成教学氛围。教学氛围在思政课教学过程中具有不可忽视的作用，它直接影响课堂教学效果与学生的学习体验。良好的教学氛围能激发学生兴趣，促进其主动参与学习，提升思政课教育的实效性，塑造良好的课程形象。

（三）价值观的引导者形象

评估人才培养成效的一个重要标准是学生在离开校园时所持有的价值观。从价值引领角度看，思政课展现的是一种价值观引导者形象。思政课程通过知识讲解、案例分析等方式帮助学生树立正确的世界观、人生观、价值观，发挥思想引领的关键作用。当前，中国高等教育肩负着为实现中国梦提供人才支撑和智力支持的重要责任，中国的大学是中国共产党办的大学，是社会主义性质的大学，中国的大学以培育社会主义接班人为核心。这要求思想政治课程必须做好大学生教育工作，确保培养出的学生能够真正践行社会主义核心价值观。

思政课的价值引领主要包括：培育学生的社会责任感，让其能够关注社会问题，引导学生关注社会现实，了解社会发展中的问题和挑战，培养学生社会洞察力和分析问题的能力；培养担当精神，鼓励学生积极参与社会实践活动，为解决社会问题贡献自己的力量，使学生明白每个人都是社会的一员，都应该为社会进步和发展承担责任；帮助学生全面发展并具备良好道德品质和行为习惯，树立正确心态，增强学生抗压能力和挫折承受能力，以积极乐观心态面对生活中的困难和挑战；鼓励他们勇于尝试和实践，提升创新思维和实践技能，使学生能够适应社会发展需要，思政课在其中起着重要的引导作用。

二、思想政治理论课形象的内涵要素

目前，学界对思政课公众形象的内涵没有统一的界定，但较为认同的是，“社会公众在感知思政课的学科建构、理论内涵、实践教学以及功能发挥的过程中所形成的总体印象，即社会公众对思政课的存在样态、运行状况及其功能价值的总体判断与评价。”[①] 可以说，思政课形象的内涵是多维且复杂的，它不仅包含课程内容的理论深度与实践性，还包括教学方法创新、教师素质提高、课堂氛围和环境营造等多个层面的因素。各个维度有机结合，才能形成一个富有吸引力和影响力的思政课形象，从而更好地服务于学生的思想政治教育。我们可以从课程内容形象、思政教师形象和教学环境形象等方面来理解。

（一）科学性与时代性相统一的课程内容形象

思政教育作为教育的重要组成部分，在解决培养什么人、如何培养人、为谁培养人这一教育根本问题上，发挥着至关重要的作用。不能将思政课与一般的知识性课程混同为一样的性质，而是要从它承担着培养德智体美劳全面发展的社会主义建设者和接班人的高度来认识思政课的作用，这样它就自然地摆在了重要地位。

思政课以马克思主义理论为基础，具有严密的逻辑体系和科学的理论框架，所传授的知识是经过实践检验和历史证明的真理，体现出严谨、系统、客观的科学特质，是一门研究人类社会发展规律和个体思想发展规律的学科，它不仅具有科学性质，而且是一门复杂的综合性学科。它在讲解马克思主义基本原理概论时，严谨地阐述辩证唯物主义和历史唯物主义的基本原理，如物质与意识的辩证关系、社会存在与社会意识的辩证关系等，确保学生能够准确理解和把握这些理论的内涵和实质。讲解中国特色社会主义理论体系时，它以科学的态度分析其形成和发展历史过程，阐述其科

① 冯刚，杨小青，张智．新时代高校思政课公众形象塑造的理论探赜[J]．中国远程教育，2023，43(06):73-78.

学内涵和实践意义，使学生认识到中国特色社会主义理论体系是符合中国国情、引领中国发展的科学理论。

积极顺应时代发展的潮流，高度聚焦当下社会热点、国家重大政策以及国际形势的动态变化，将这些鲜活的时代元素巧妙融入教学内容之中，从而赋予了思政课程鲜明的时代特质。在《中国近现代史纲要》的日常课程教学中，教师可选取中国脱贫攻坚所取得的举世瞩目的伟大成就作为典型案例。在课堂上，深入剖析中国共产党于脱贫攻坚进程中所推行的一系列政策举措，以及这些举措背后所蕴含的深厚理论依据。通过这样的深度讲解，引导学生深刻领会中国共产党始终坚定不移地秉持以人民为中心的发展思想，深切感悟社会主义制度在凝聚各方力量、攻克重大难题方面所展现出的强大优势。

结合国家发展战略也是体现课程内容时代性的重要方式。对《毛泽东思想和中国特色社会主义理论体系概论》课程内容教授时，教师可以将“一带一路”倡议、乡村振兴战略等国家发展战略融入教学内容，分析这些战略的提出背景、目标任务和实施进展，引导学生运用所学理论知识对其进行深入思考。对国家发展战略的探讨，能使学生了解国家发展方向和战略布局，培养学生的大局意识和社会责任感，同时也让学生感受到思政课与国家发展的紧密联系，增强课程内容的时代性和吸引力。

（二）师德与专业素养彰显的思政教师形象

教师是思政课的直接实施者，师德与专业素养是构成教师形象的核心要素，二者相辅相成，共同彰显着教师的独特魅力，对学生成长和课程影响力产生深远影响。思政课教师要给学生心灵埋下真善美的种子，引导学生扣好人生第一粒扣子。

扎实的专业素养是教师形象的基石，它是教师有效开展教学活动、解答学生疑惑的关键。对思想政治教育相关学科知识有深入的研究和理解，才能够准确、深入地讲解理论知识，为学生提供专业、权威的指导。同时教师只有具备广博的知识面，才能在教学中旁征博引，将理论知识与实际生活紧密结合，使教学内容更加丰富生动。在讲解“毛泽东思想和中国特色社会主义理论体系概论”课程时，教师可以结合当前的国际形势、国内经济发展状况以及科技创新成果等，深入分析中国特色社会主义理论体系的实践意义和时代价值，让学生深刻认识到理论与实践的紧密联系，提高学生的学习兴趣和学习效果。

思政教师能根据教学内容和学生特点，灵活运用多种教学方法，如案例教学、课堂讨论、多媒体教学等，激发学生学习兴趣，提高教学效果，展现出教师富有活力和创造力的教学风格。在课堂教学上，善于组织学生进行讨论、互动，营造积极活跃的课堂氛围，提高学生的参与度。思政教师还能够与学生进行有效的沟通交流，了解学生的思想动态和学习需求，及时解答学生的疑惑，建立起和谐融洽的师生关系，增强学生对教师的信任和认可，从而能更好地开展教学工作，彰显出专业素质强的教师形象。

（三）物质与精神营造的教学环境形象

教学环境是思政课形象塑造的重要外部条件，它涵盖物质环境与精神环境两个层面。良好的教学环境能够为学生创造一个积极、和谐、富有感染力的学习氛围，使学生在潜移默化中受到思想政治教育的熏陶，增强对课程的认同感和喜爱度。物质环境是教学活动开展的基础条件，它包括校园文化设施、教学设备等硬件要素。

校园里矗立的雕塑、蜿蜒的文化长廊以及开阔的主题广场等，常常围绕英雄人物的光辉事迹、重大历史事件以及经典道德典故的深刻内涵来打造有影响力的教学环境。这些设施绝非仅仅用于美化校园景致，更关键的目的是在日常学习与生活场景里，它们能凭借直观且强烈的视觉效果，极大地激发学生探索历史文化的浓厚兴趣，以及对先进人物油然而生的崇敬之意。

校园文化氛围是学校在长期发展进程中逐渐积淀而成的文化特质与精神格调，它以一种润物无声的方式，深刻影响着学生的思想理念、价值选择以及行为模式。积极健康、蓬勃向上的校园文化氛围，宛如一座无形的思想政治教育熔炉，能够营造出浓郁的育人环境，引领学生构建起正确的世界观、人生观、价值观体系。

课堂氛围是精神环境的重要组成部分，它直接影响着学生的学习积极性和参与度。营造民主、平等且和谐的课堂环境，能让学生切实体会到教师给予的尊重与关怀，进而有效点燃学生的学习热情，充分调动其学习的主动性。在课堂教学活动中，教师应高度重视学生的主体地位，积极鼓励学生踊跃投身课堂讨论，大胆阐述自身观点与看法。面对学生提出的各种不同观点，教师应给予充分认可与积极鼓励，并引导学生对这些观点展开深入思考与探讨。

三、思想政治理论课形象与其他课程形象

在探讨思政课形象与其他课程形象时，主要关注思政课在整个教育体系中的独特定位和作用，以及它如何与其他学科课程形象互动与互补。在全国高校思想政治工作会议上，习近平总书记强调："做好高校思想政治工作，要使各类课程与思想政治理论课同向同行，形成协同效应。"[①]教育的根本任务是立德树人，包括思政课在内的各门课程都是学校育人工作的主要方式，都承担着立德树人根本任务，共同具有思想政治教育的功能。思政课教师和各个相关课题组要主动走进其他学科和院系，与其他学科教师共同挖掘探索各类课程蕴含的思政元素，真正做到以需求为导向，强化思政课内容供给侧改革。思政课作为课程体系中的重要组成部分，与其他学科课程在教学目标、

① 习近平．习近平谈治国理政：第二卷 [M]. 北京：外文出版社，2017:378.

教育方法和学生认知等方面也有着显著的区别与联系。

（一）思政课形象的独特性

思政课的核心任务是通过传授马克思主义理论、社会主义核心价值观等思想理论，帮助学生树立正确的世界观、人生观、价值观，培养学生的社会责任感和国家认同感。思政课要求学生不仅能理解抽象的政治理论，还要在情感上认同社会主义核心价值观，激发爱国情感、集体主义精神和社会责任感。思政课程形象不仅仅是知识传递，更是一种情感和价值的引领。

思政课教学内容直接服务于国家的政治目标和社会发展战略，有着鲜明的政治色彩。课程形象往往伴随着对学生思想和行为的规范化引导，强调理论与实践统一，鼓励学生在日常生活中践行社会主义核心价值观。这一课程不仅需要理论灌输，而且需要强调学生的社会实践和个人实践，需要社会调查、志愿服务、党团活动等实践教学，强化学生的社会参与感与责任感是这门课程的独特性。

（二）其他课程形象的多样性

与思政课相比，其他课程形象则具有更多的学科特色和教育功能。各学科课程形象往往与具体学科知识、教学方法和学科目标密切相关，具体表现为以下几个特点。

实践性与操作性。如外语、艺术、体育、设计等课程侧重于学生实践能力的培养，其形象通常表现为高度的实践性和创造性。这些课程注重学生动手操作和实际应用能力，通过创作、演绎等活动让学生体验和实践。以外语课程为例，它具有多方面的形象特征。外语课程不仅是语言知识传授，还涉及目的语国家的历史、地理、宗教、艺术、社会习俗等多元文化内容。通过学习外语，以外语国家文化要素为认知载体，促进学生建立多元文化参照系，同步强化其文化差异辨识力与跨语境交际胜任力。外语是一种重要的交流工具，学生通过学习外语可以掌握听、说、读、写、译等技能，能够与不同国家的人进行有效的沟通和交流，获取国际信息，开展国际合作。

学习外语需要学生掌握大量的词汇、语法规则，同时还要克服发音、语调等困难，这对学生的记忆力、思维能力和学习能力都是一种挑战。而且不同外语在语言结构、表达方式上差异较大，需要学生适应和理解。随着全球化的发展，外语课程的国际性日益凸显，学生通过学习外语，可以更好地融入国际社会，参与国际事务，培养国际视野和全球意识。

知识性与应用性。许多学科课程（如自然科学、工程技术、医学等）更多地侧重知识传授和实际技能培养。这类课程往往是科学性强、实践性强、注重培养学生的专业能力和操作技能的形象。课程内容紧跟学科发展，教师以传授专业知识为主，学生更多的是接受和应用学科理论。以数学课程为例，数学以抽象的符号、概念、公式和定理来反映客观世界的数量关系和空间形式。从具体的物体数量中抽象出数字，从实际物体形状中抽象出几何图形，从各种变化过程中抽象出函数概念。数学的推理和论证遵循严格的逻辑规则，每一个结论都需要经过严密的推导和证明。从公理、定义出发，通过逻辑推理得出一系列定理和结论，形成严密的知识体系，如欧几里得几何就是基于五条公理构建起的严密逻辑体系。

人文性与批判性。文学、哲学、历史等课程则更多地注重思辨和批判性思维的培养。这类课程注重启发学生对人类文明和社会发展有更深刻的认识和反思，强调文化多元性和思想独立性。学生在这些课程中更多地发展批判性思维，培养独立思考的能力。以汉语言课程为例，汉语言有着悠久历史，从古代甲骨文、金文到现代简体汉字，历经数千年演变，承载着中华民族丰富的文化和历史记忆。汉语言词汇丰富，表达方式多样，它包括古代汉语、现代汉语，还有各种方言。其文学形式也多种多样，如诗歌、散文、小说、戏剧等，每种形式都有独特风格和魅力。通过学习汉语言，学生可以更好地了解中华民族的价值观、审美情趣和思维方式。

（三）思想政治理论课与其他课程相辅相成的关系

思政课与其他课程在教育体系中虽然各自具有独特的课程形象，但它们之间并非孤立存在，而是相互联系、相互补充的关系。它的教育目标不仅仅是传授理论知识，更强调将理论与实践相结合，培养学生的实践能力。而其他课程在传授专业技能的同时，也为学生的社会实践提供了基础，思政课需要借助其他学科课程的知识背景，为学生提供更加丰富的实践内容，增强课程现实性和针对性。

思政课的价值导向有助于引导学生在其他课程的学习过程中树立正确的价值观。医学、工程类课程不仅要传授专业知识，还要培养学生的职业道德、社会责任感和伦理观念，这与思政课程的目标相契合。通过跨学科的互动，思想政治教育能进一步深化学生的社会责任感和使命感。

文学、历史、哲学类的课程通过启发学生的思考能力，促进学生价值观形成，而思政课程则为其提供了理论支持和思想引领，二者互相补充，共同推动学生全面素质的发展。在新时代教育方针指引下，课程体系通过目标统整形成育人合力，将《中国教育现代化 2035》提出的“五育并举”要求转化为具体教学实践样态。当然，在推进跨学科课程体系建设过程中，应当遵循差异化发展原则。具体而言，应避免将思政课程的标准化教学模式简单套用于其他学科领域的课程开发，同样，也不宜采用其他专业的既有课程架构来规划思政课程。这种教育实践的本质在于既要充分认知不同学科知识体系具有独特的构建逻辑，又要准确把握各专业人才培养的差异化目标定位。构建学科间对话机制与协作平台，使多元教育要素形成互补效应，最终实现知识传授与价值引领的深度融合。这种教育理念的实施路径在于通过建立科学合理的课程衔接机制，既保持学科本体专业特征，又促进跨学科资源系统整合，从而培养具备复合型知识结构和正确价值取向的创新型人才。

第二节　思想政治理论课形象塑造的意义

新时代思政课公众形象塑造既是对思政课形象生成状态的塑造，也是对思政课映射到公众主观印象上的改造。[①] 思政课形象塑造一方面指思想政治教育工作者通过各种方式，有意识地构建并优化思政课形象的过程，我们称其为“自塑”过程；另一方面是指公众对思政课的主观印象对其形象的影响，这可以理解为“他塑”过程，铸魂育人形象是思政课的主要形象。[②] 思想政治教育形象在思想政治教育实践中生成，具有多维的动态结构。它本身是抽象的，需要具体的词句去进行针对性地描述。

习近平总书记强调：“党的形象和威望、党的创造力凝聚力战斗力不仅直接关系党的命运，而且直接关系国家的命运、人民的命运、民族的命运。”2023 年 3 月 15 日，习近平总书记在中国共产党与世界政党高层对话会上指出：“作为现代化事业的引领和推动力量，政党的价值理念、领导水平、治理能力、精神风貌、意志品质直接关系国家现代化的前途命运。”在新时代发展进程中，深入理解中国共产党形象塑造的内在规律，全面总结其宝贵经验，充分发挥其积极影响，保持党的生机与活力，展示可信、可爱、可敬的中国形象。通过坚定道路自信、理论自信、制度自信、文化自信，依托全党强大的力量引领全社会，以更加奋发向上的姿态，不断推

---

① 冯刚，李亚美 . 新时代高校思政课公众形象塑造的基本条件探究 [J]. 湖南大学学报（社会科学版），2024，38(05)：1-8.

② 冯刚，杨小青 . 新时代高校思政课形象传播的理论审思 [J]. 重庆大学学报（社会科学版），2024，30(05)：126-138.

进社会主义现代化建设，迎接国家新胜利的挑战。[①] 因此作为在党的形象塑造中起着重要作用的思政课就显得更为重要。

思政课是立德树人，培养学生思想政治素养，塑造学生世界观、人生观、价值观的重要课程，其形象塑造不仅关乎思政教育的效果，也关系到学生思想发展和社会责任感的形成。因此，深入探讨思政课形象塑造的意义，能够帮助我们更好地理解思政课在教育体系中的独特作用。

一、完善和拓展思想政治教育理论体系

传统的思想政治教育理论研究主要侧重于教育内容、方法和规律等方面，而对课程形象的研究相对较少。新时代思政课形象塑造的研究，将形象这一概念引入思想政治教育领域，从课程的外在表现形式、内在品质以及社会影响力等多个维度进行深入探讨，丰富了思想政治教育理论的内涵。它促使我们从新的视角去审视思政课的教学目标、教学过程和教学效果，进一步明确思政课程在培养学生思想政治素质方面的独特作用和价值。

对课程形象塑造的理论研究，为思想政治教育理论体系注入了新的活力，推动思想政治教育学科在理论层面的创新发展，使其更加适应新时代的发展需求。思政课形象塑造提升了思政课的吸引力和感染力，在传统教学模式下，思政课可能被学生视为枯燥、单一的理论灌输，难以激发学生的兴趣和参与感。思政课形象的有效塑造使这门课程变得更生动、有趣，贴近学生的实际需求，激发了学生的学习热情，增强了他们对思政课程的认同感。

以新颖的教学方法分析社会伦理问题，将抽象理论具象化，让学生看到思政课与现实生活的紧密联系，达到强化课程时效性和针对性目的，激

① 刘凡熙.中国共产党政党形象塑造的历史考察与时代要求[J].学习与探索，2023(06):61-66.

发学生探索知识的热情，从而使其主动参与学习。对标“坚持主导性与主体性相统一”的重要要求，激发学生的主体性参与度，使思政课学习与领悟从“知之”升华到“好之”“乐之”。这一门课程让学生思考和明白了什么是仁义礼智信、温良恭俭让，让学生真正成长为知天地、知自我、知感恩，在提升能力的同时为社会发展作出自己贡献的一员，这门课程的影响力相应地也就得到了提升，教育理论体系相应地得到了拓展。

二、强化学生的思想认同和社会责任感

社会公众对这一课程的评价往往决定了其在社会中的地位和影响力。思政课逐步赢得社会各界广泛认同，特别是在青年中树立起课程的权威性和教育性，使其成为社会发展和文化传承的重要载体，更成为培养学生社会责任感、历史使命感和集体主义精神的重要方式。形象化的教学方式，将思想政治理论与学生的生活经验、社会热点以及时代发展相结合，使学生能够更好地理解和接受课程内容。引入生动案例、鲜活实践，帮助学生将抽象的政治理论与实际生活紧密联系，能激发学生对社会主义核心价值观、国家发展方针等理念的认同，使他们在思想上形成共鸣和认同。

思政课不仅传授理论知识，还鼓励学生关注社会问题、参与社会实践，提升他们的社会责任感。课程组织学生在参与社会服务、志愿活动、公益项目等过程中，亲身体验后进一步理解和认同作为个体在社会中的责任与使命。

强化思想认同和社会责任感的最终目标是让学生在实际行动中落实这一认知。这种认知不仅停留在知识和观念层面，还体现在学生日常行为和决策中，在面对社会问题时能够主动承担责任，推动社会进步与和谐。良好的思政课形象，能吸引学生学习，还帮助学生提升综合素质，树立起正确的国家观、民族观，增强对国家和民族的认同感与归属感。当社会成员具有共同价值追求和精神信仰时，就能尽量减少矛盾冲突的发生，维护社会和谐与稳定。

三、回应社会关切，推动思政教育与社会协同发展

思政课形象的塑造不仅仅是教学内容和方法的创新，更是回应社会变革和时代需求的过程。在信息化、全球化和多元化的时代背景下，学生面临各种思想文化的冲击和诱惑，针对这一问题，课程要适应时代发展，与时俱进，充分发挥其思想引领功能，及时回应学生和社会的需求。

思政工作不仅仅局限于课堂教学和理论传播，而是要与社会实际需求相结合，形成一个全社会共同参与、协同推进的教育和实践体系，与社会各领域互动合作形成合力，共同促进社会进步与发展的形象。当代青年关注的社会问题和热点话题（升学、就业），思政教师要及时将时代背景和社会现实融入课堂教学，答疑解惑并帮助学生更好地理解中国特色社会主义的现实意义和发展方向，回应社会关切，有效地引导学生识别复杂社会现象，并树立正确的世界观、人生观、价值观。

学校、家庭、社会三者之间协同合作，是思想政治教育成功的重要保证。通过有效塑造思政课形象，可以加强社会各界对思想政治教育的重视，并形成强大的社会支持力量。推动思政教育与社会协同发展的一个重要方向是让学生将所学理论与社会实践结合起来。以志愿服务、社会调研、企业实习等形式，让学生不仅可以在课堂上学习思政理论，还能通过实践活动理解理论的现实意义，增强他们的社会责任感与使命感。

四、促进教师的专业能力提升和教学创新

教师是课程形象塑造的核心，教师的教学理念、教学方法和教学态度直接影响课程的形象。教师为塑造好思政课形象，要不断创新教学方法、更新知识结构，优化教学内容，从而促使自身教学能力和专业素养的提升，增强思政课的吸引力和教育性。当教师看到因思政课良好形象而带来学生的积极反馈和成长，会更有职业成就感，增强对思政教育事业的认同感和归属感，从而形成良性循环。

教师运用现代信息技术，创设互动性强的课堂环境，以线上线下结合、案例分析、情境教学等手段，提高课堂的趣味性和参与度，实现教学方式的创新。教师不断学习和创新，不仅有助于个人专业素养的提升，也有助于思政课形象的不断丰富与完善。教师不仅仅是知识传授者，更是思想引领者，要想增强课堂说服力和感染力，教师必须通过自身言行和专业能力起到榜样作用，塑造起权威性和感染力。为塑造良好形象，教师必须不断提升个人能力，随着教师个人专业水准的不断提升，学生学习效果也会相应提高。

第三节　思想政治理论课形象的优化路径

新时代背景下，思政课作为落实立德树人根本任务的关键课程，其形象塑造直接关系到青年学生的价值认同和理论自信。面对信息时代多元文化冲击和青年的认知特点变化，思政课程需要从理念革新、内容重构、方法创新、载体拓展、队伍提升等维度实施系统化优化策略，构建具有时代性、亲和力、实效性的课程形象体系。思政课形象优化是提升课程吸引力、增强学生认同感、实现育人目标的关键。如何优化这一课程形象，提升时代感、吸引力和影响力，是每一位思想政治教育工作者亟待解决的问题。

一、思想政治理论课程形象的现状与问题

（一）课程内容的传统性与局限性

思政课的内容在很大程度上来源于经典的马克思主义理论和中国特色社会主义理论体系，课程内容与教学目标较为稳定。思政课内容具有明显的政治引导作用，可以说是强化国家意识、集体主义精神和国家利益等方

面的教育，政治引导是思政课的基本功能。[①] 但客观来讲，这些内容与学生的日常生活、思维方式、兴趣爱好等之间存在一定的距离。思政课程内容更多的是偏向于理论知识的传输，强调理论体系的完整性与系统性，这一特性决定了其需要注重教材与课堂教学的规范化，然而过于抽象和理论化的内容，可能使得学生对课程产生一定的抵触情绪。

（二）教学方法的单一性与机械化

传统思政课程教学主要依赖于教师讲授，课堂上由教师主导，学生参与较少。这种“填鸭式”教学方法不仅容易导致课堂氛围沉闷，也不利于学生自主思考和创新能力的培养。尽管这些年随着国家和教育部门的重视与引导，学生对思政课认同感逐渐提升，但课堂内容呈现单一、缺乏互动依然是普遍问题。部分学生在课堂上表现出较低的参与热情，甚至存在“听不进去”“不想抬头”的现象，这使课程效果大打折扣。

（三）课程形象的社会认同感不足

实践中的高校思政课形象传播，大多集中于专业化推广，其大众化呈现相对不足。[②] 思政课外部形象传播与社会认同度相对较低，课程未能通过社会化手段有效拓展其影响力。课程推广和社会认同在很大程度上依赖于课堂内部，缺乏系统化的对外传播渠道。它的传播方式较为传统，未能充分利用现代信息技术和新媒体手段。诸如小红书、抖音、微博和 B 站等社交媒体未能被利用起来和年轻人进行充分互动和进行相关思想的传递，可以说对于这些当下年轻人最喜闻乐见的网络载体利用，还相对滞后。

---

① 习近平 . 思政课是落实立德树人根本任务的关键课程 [J]. 求是，2020(17)：4-16.

② 冯刚，杨小青 . 新时代高校思政课形象传播的理论审思 [J]. 重庆大学学报（社会科学版），2024，30(05)：126-138.

二、思想政治理论课课程形象的优化路径

数字化时代，思政课形象塑造面临前所未有的挑战和机遇，为有效提升其公众形象，须从多维度提出优化路径，结合新时代教育特点和青年学生需求，形成系统化的解决方案。

（一）优化课程内容：打造“有深度、有温度、有鲜度”的课程内核

理论深度与时代热点的融合。将马克思主义基本原理与“中国式现代化”“共同富裕”“科技伦理”等现实议题结合，解析理论在当代的实践价值。坚持政治性与学理性统一，深入学理分析，解答学生疑问和思考，以富有深度、实用且贴近学生实际的思想理论打动学生，用真理的力量和感召力引领他们，避免简单直接灌输和空洞说教，将马克思主义基本原理讲深、讲透、讲活。

习近平总书记在学校思政课教师座谈会上强调，学校思政课要坚持理论性和实践性相统一，用科学理论培养人，“要高度重视思政课的实践性，把思政小课堂同社会大课堂结合起来，在理论和实践的结合中教育引导学生……立鸿鹄志、做奋斗者”[①]。思政课要聚焦时代发展，关注社会热点，向学生反馈其所关注的热点与关注事项，将理论知识与现实生活紧密结合，建立“案例库”，收录如乡村振兴、绿色发展等鲜活素材。深入挖掘中华优秀传统文化、革命文化和社会主义先进文化，在讲爱国主义等内容时能够让学生容易理解吸收，避免照本宣科，在实际生活中引导学生运用马克思主义立场、观点、方法分析问题、解决问题、总结和反思问题。

拓宽课程视野，跨学科知识整合。随着学科间交叉融合的不断发展，思政课程应与其他学科进行有机结合，如心理学、历史学、法学、社会学等，促进学生跨学科思维培养和全面发展。多角度、多层次地阐释思想政治理

① 习近平．思政课是落实立德树人根本任务的关键课程 [J]. 求是，2020(17)：4–16.

论，能使课程内容更丰富、深刻和多元，拓宽学生视野与思维深度。可以从经济学、社会学、心理学等学科视角，解释“共同富裕为何是社会主义本质要求”“全过程人民民主如何体现制度优势”等问题，增强课程说服力。

整合各学科知识，不仅仅是教材内容融合，更需要通过跨学科教学团队来推动。思政教师可以与其他学科教师合作，共同设计课程内容和教学活动，举办专题讲座、文化交流等活动，增加学生感性认识和体验，例如，将思政课与理工科课程结合，探讨科技发展对社会、国家、道德等方面影响，引导学生思考科技与伦理、社会责任的关系。思政教师也可以采用跨学科项目式学习模式，将思政课程与其他学科知识融合，通过不同团队合作、案例分析等形式，进行跨学科实际操作，增强学生的综合素质。参与合作学习的学生可以围绕某一社会问题进行多学科研判与分析，最终形成报告或策划方案，提升思政课程实践性。这些方法，不仅可以打破思政课程的单一性，增强其教学内容的多样性和深度，还能帮助学生从不同的学科角度理解社会与自我，从而提高他们的思辨能力和综合素质。

及时回应学生思想困惑。思政课堂的教学方式不应该一直是教师站在讲台上授课，更应该是对学生声音的倾听。学生提出疑问时，教师要尊重并认真倾听，杜绝“一言堂”，避免单纯地说教，要通过积极鼓励学生提问，了解他们的思维困境和情感需求。通过问卷调研、课堂讨论收集学生的真实关切（如升学备考规划、职业生涯规划、就业压力、价值观冲突），针对性设计教学内容，避免“自说自话”，从而进行有效且有针对性的及时回应。很多学生的困惑源自理论与现实脱节，教师则需要通过具体社会案例、历史事件或现实问题来进行理论知识讲解。学生对社会主义核心价值观中的“富强、民主、文明、和谐”等概念产生疑问，教师则应结合当前社会经济发展、政治改革等热点话题进行具体解析，使学生明白这些理念在现代社会中的体现和意义。若学生对某一政治理论的现实意义产生困惑，教师可以通过和学生讨论和讲解其他国家类似政策，引发学生为何该政策适合中国，而其他国家则不适合的思考与总结，这一过程中教师不仅要给予学生正确和规范答案，还要培养学生的批判性思维。

随着网络技术的发展，信息传播速度爆炸式提升，日常生活中出现了一系列社会热点问题。学生所关心的热点问题可能会影响他们对思政课程的态度。教师应在日常生活中随时关注学生所关心的网络热点问题（环境问题、国际关系以及社会矛盾等），并从思政课程的角度及时进行回应，解答学生疑惑，使课堂更接地气，从而提升学生对课堂所学内容的认同度。思政课最重要的一个目标就是帮助学生树立正确的价值观，并让学生从心理和情感上认同这一系列所学到的价值观。教师在答疑解惑之时不仅要关注学生的理性认识，还要关注学生心理发展和价值观形成的过程，更要关注他们的情感需求。此外，教师要通过富有同理心的反馈，缓解学生情感层面上的困惑，指引学生在情感和理性上形成对课程内容的认可。

（二）创新教学方法：构建“互动式、沉浸式、开放式”教学模式

1. 数字化技术赋能。

党的二十大报告聚焦“办好人民满意的教育”，强调要“推进教育数字化”。[①] 习近平总书记指出：“教育数字化是我国开辟教育发展新赛道和塑造教育发展新优势的重要突破口。”[②] 思政课数字化技术赋能是现代教育理念与技术发展相结合的产物，可以有效提升思政课的教学质量和学生参与感。利用数字化技术，思政课程不仅能突破传统教学方式限制，还能增强教学互动性、时效性和个性化，从而更好地促进学生的思政认同。

---

① 习近平. 高举中国特色社会主义伟大旗帜 为全面建设社会主义现代化国家而团结奋斗——在中国共产党第二十次全国代表大会上的报告 [N]. 人民日报，2022-10-26(01).

② 习近平在中共中央政治局第五次集体学习时强调加快建设教育强国为中华民族伟大复兴提供有力支撑 [N]. 人民日报，2023-05-30(01).

要善用数字技术，建好思政课。要将数字技术作为手段方法运用到具体教育场域之中，以达到变革教育模式、提高教育效果的目的。

例如，可以利用虚拟仿真技术还原历史场景（如中共一大会址以及长征等场景的 VR 体验），使学生身临其境地感受中国历史上的重大事件，深刻感受认识这一系列事件对中国历史和国家发展建设的作用，增强历史代入感。也可以通过“思政类”学习 APP、短视频、互动答题等方式实现碎片化学习，利用其幽默、互动、图文并茂的形式，吸引学生学习和探讨。学生自主选择在线平台学习模块，并在平台上互动、参与讨论、分享学习收获，从而提高学习互动性和个性化发展。

又如，利用大数据技术进行精准分析和制定教学方案，根据学生测试数据、作业参与度、问卷调查等数据反馈出来的学生所遇到的学习困难和建议，及时调节教学内容和进度，针对每一个学生所反映出来的学习情况建立指导台账，精准帮助学生理解思政课堂所学理论。

2. 深化实践教学

党的二十届三中全会通过的《中共中央关于进一步全面深化改革、推进中国式现代化的决定》明确提出：“完善学生实习实践制度。”① 实践观贯穿于党在各个历史时期的教育方针之中，引领着教育变革和育人事业。新民主主义革命时期，中国共产党形成了理论联系实际的光荣传统和优良作风，注重将书本知识与现实生活中的知识相结合。社会主义革命和建设时期，教育与生产劳动相结合成为这一时期教育事业的显著特征。改革开放和社会主义现代化建设新时期，党对“怎样培养人”的认识持续深化，

---

① 中共中央关于进一步全面深化改革、推进中国式现代化的决定 [M]. 北京：人民出版社，2024.

倡导教育与生产劳动和社会实践相结合。①中国特色社会主义进入新时代，“要把立德树人融入思想道德教育、文化知识教育、社会实践教育各环节”②。思政教育不仅要在课堂中进行，还要通过更多日常活动渗透到学生学习和生活中，以此来加强学生对思政理论的认同与理解。教师可安排开展主题班会、文化交流、社会志愿服务等活动，使思政教育渗透到学生课外生活中，培养学生的责任感和社会意识。

随着新时代社会与经济持续进步，线上线下思想文化交流日益频繁，呈现出相互碰撞、彼此交融的态势，这无疑给思政教育工作带来了不小的挑战。其中一个突出问题是，部分青少年容易受到不良文化思潮影响。另外，随着科技日新月异更新进步，在海量大数据的包围和碎片化阅读以及视图浏览模式影响之下，部分青年学生容易丧失自主判断力，出现思政课堂出勤率和学习效率较低的情况。面对这一严峻形势，如果单靠传统的“我讲你听”单向知识灌输模式，已难以契合思政课立德树人的目标。想要实现思政教育的高质量发展，就必须突破学校和课堂的空间限制。以教师组织引导作为桥梁，令学校思政课堂与社会大课堂紧密相连，激发学生参与教学的热情与主动性，促使学生从“要我学”转变为“我要学”，从而切实提升思政教育的实效性。当理论与实践相互作用，感官所获的直观体验和基于理论的深入思考相互交融，共同作用于学生内心世界，就能使学生的爱国主义情怀得以滋养，强国之志得以激发，从而深化思政教育的实践性。

3. 翻转课堂与课堂辩论

翻转课堂就是将传统的教师课堂讲授在前、学生知识感知在后的教学

① 董少校．行走的思政课：价值意蕴、实践进路与优化策略 [J]. 中国高等教育，2024 (20)：56–59.

② 习近平在全国教育大会上强调坚持中国特色社会主义发展道路培养德智体美劳全面发展的社会主义建设者和接班人 [N]. 人民日报，2018–09–11(01).

模式翻转过来，形成学生知识感知在前、教师课堂讲授在后的教学模式，强调教师与学生互动性和个性化的教学环境，具有教学信息明确、教学视频精短、学生回归到学习主体位置、教学手段先进、依靠互联网和新媒体技术支持等特点。[①] 翻转课堂可以使教学形式更加开放和多元，使学生由被动灌输转变为主动探究，最终促进学生的全面发展。翻转课堂课前学生自主学习相关理论内容，课上通过小组合作讨论、问题导向学习等形式进行知识的消化与深度探讨。这样不仅能提高学生的自主学习能力，还能通过课堂讨论形成集体智慧，激发学生的思维潜力。

课堂辩论是一种通过对立观点和论点进行辩论的方式，促进学生批判性思维、沟通能力和问题解决能力的培养。辩论的最大价值在于培育理性、健全的人格。有效开展课堂辩论，能够通过辩前准备、辩中体验等环节，培育学生的公共参与意识和能力。[②] 在思政课堂中，辩论不仅有助于锻炼学生思维能力，还能让学生从多个角度理解思想政治理论，增强他们的理论素养。教师可通过设计开放性问题、引导学生进行小组讨论与角色扮演等活动，增强课堂互动性。学生参与辩论的方式，能使课程内容更加贴近实际感受，增强课程的情感共鸣与亲和力。

翻转课堂和课堂辩论能够为思政课程带来更丰富的教学体验，使教学更加注重学生主动参与、批判性思维和社会责任感培养。翻转课堂通过课外学习和课堂互动相结合，让学生在实践中深化对理论的理解。课堂辩论通过对热点问题进行辩论，激发学生思维碰撞，增强他们的表达能力和社会认知。两者结合，不仅能提升思政教育吸引力，还能让学生在互动中获得更深刻的思政教育体验。

---

① 唐黛. 新媒体时代高校思政教育的“课堂革命”：评《互联网时代高校思政课翻转课堂的理论与实践》[J]. 中国科技论文，2022，17(11):1317.

② 刘蕊. 有效开展课堂辩论提升学科核心素养 [J]. 思想政治课教学，2017(02):36-39.

（三）加强教师队伍建设：塑造“有底气、有魅力、有情怀”的育人者形象

1. 提升专业素养

思政教师要具备扎实的理论功底和宽广的知识视野，能够将复杂理论通俗易懂地呈现给学生。此外，思政教师要注重自身思想政治修养，做到学为人师，行为世范，教师情感投入与教学方式的灵活性能够显著增强课程的感染力与吸引力。

教师专业素养包括知识素养、教学素养、道德素养、创新素养等方面，只有全面提升这些素养，才能真正做到有效地引导学生树立正确的思想政治观念。具体而言，教师应定期阅读理论书籍、参加学术研讨会等方式，保持理论学习持续性与前瞻性；关注国内外社会、政治、文化等领域的重要新闻和趋势，及时掌握和分析社会热点问题，将理论与时事结合，与时俱进提升课堂现实性和贴近性；定期进行教学反思，评估自己的教学效果；发现课堂不足之处，不断改进教学方法与内容。如此，教师向学生灌输和教学相关的理论知识时才能真正做到有底气。

2. 增强道德修养与人格魅力

师德标准是教师立教履职的必备标准，更是思政课教师形象塑造的必备要件。无论是“以德服人、德润人心”，还是“亲其师、信其道、循其行”，都说明思政课教师应具备良好的道德品质与高尚的人格魅力。思政教师是知识传递者，更是学生道德榜样塑造者与楷模，思政教师道德修养直接影响学生的价值观塑造。教师人格，是思政课教师身上所具有的稳定群体心理特征与思想行为特质，主要通过思政课教师在教育教学过程中的认知、情感、性格、气质及道德品质等特质来体现。[①] 思政教师理想信念是其人格魅力的基础，要始终坚持马克思主义理论，坚定理想信念和社会责任感。

① 王敏．新时代思政课教师的形象塑造 [J]. 思想政治课教学，2021(06)：83-86.

只有教师自己信仰是坚定的，才能更好地引导学生树立正确的世界观、人生观、价值观。

日常生活与课堂中，教师通过言行传递社会主义核心价值观，将其内化为个人行为准则来影响学生和引导学生树立正确的价值观。真诚是人格魅力的核心，教师为人真诚，才能更好地赢得学生的信任和尊重。

除了学术研究和知识传授，思政教师还应关心学生的心理发展和情感成长，成为学生生活的引导者和心理支持者。与学生建立深厚的师生关系，教师才能够获得学生信任和敬重。这个过程需要思政教师具备良好的沟通能力，尤其是能与学生有效沟通和倾听学生心声，能透析学生心理和思想动态，及时解决学生的疑问与困惑，促进学生对思政课程的认同与接受。

（四）促进课程形象社会传播与外部认同

思政课程的形象优化应走出课堂，通过多种渠道进行传播。例如，利用新媒体平台如微博、微信、短视频等进行课程相关内容宣传，利用校园活动、社会服务等形式加强与外界的互动和影响力，形成线上线下相结合的传播模式；将深奥理论转化为通俗易懂、具有吸引力的形式，使学生在娱乐同时得到思政教育启发；加强校外合作，拓展课程社会认同度，学校可以与媒体、社会组织等合作，开展思想政治理论普及活动，进一步增强课程社会认同度；社会各界共同协同参与进来，才能构建起全社会共同认同和支持的良好氛围。

随着全球化进程的推进，思政课程外部认同也不应仅限于国内。中华民族传统文化向来以“低调、内敛、中庸”为显著特质，近年来，我国经济发展成就斐然，在国际活动与事务中愈发活跃，文化软实力稳步提升，国家综合实力日益雄厚。在此背景下，国家和人民对赢得国际认可、实现价值诉求的渴望愈发强烈。综合国力、区域地位和影响力持续攀升，我国在国际政治、经济、军事等领域正发挥着愈发关键的作用。在国际舞台上的种种表现本身就是中国核心价值和中国力量的宣传，为思想政治教育的国际性传播提供了良好的素材与时机。[①] 我们要培养的中国特色社会主义事业合格建设者和可靠接班人，是具有全球视野和面向世界、适应未来国际竞争和全球生活能力的人。[②] 思政课程的核心价值观具有普遍性和时代意义，我们可以通过国际合作与交流，向全球传播中国的思想政治理论，也可以在国际学术交流会议、论坛等平台上，展示中国思想政治教育特色与成效，推动国际间思想交流与合作。向全球展示思政课程影响力和中国社会主义核心价值观的全球传播意义，能更好地在全球范围内树立起中国思想政治教育的良好形象，也能增强思政课程的国际认同度。

① 胡冰 . 思想政治教育的叙事转向与国际传播 [J]. 中学政治教学参考，2019(21)：81-83.

② 刘秉印 . 国际化视野下的思想政治教育新思路 [J]. 中国高等教育，2016(Z3)：57-58.

第七章

新时代思想政治理论课教师队伍建设研究

思政课作为落实立德树人根本任务的核心课程，其教师队伍是铸魂育人的关键力量。党的十八大以来，习近平总书记通过实地考察、座谈、回信等方式多次作出重要指示，为队伍建设指明了方向。当前，思政教师队伍建设虽已取得显著成效，但部分地区仍存在重视程度不足、体制机制待优化、质量水平待提升等问题。新时代亟须深化队伍建设研究，完善培养体系，强化制度保障，推动思政课教师队伍高质量发展。

第一节　思想政治理论课教师队伍建设历程

中国共产党自始至终都将思政课建设置于重要地位，在革命、建设和改革的各个历史时期，都对思政课建设进行了重要部署。回顾建党以来的思政课教师队伍建设历程，深刻汲取历史经验，对于新时代进一步加强和优化思政课教师队伍建设，全面提升思政课建设的质量和成效，具有至关重要的意义。

一、新民主主义革命时期的思政课教师队伍建设

新民主主义革命时期，是中国共产党领导广大人民群众争取民族独立和人民解放的重要历史时期。这一时期，为了培养具有革命理想和坚定信

念的人才，中国共产党创建了一系列干部学校和短期大学，在这些学校中特别开设了思想政治理论类课程。正如习近平总书记所言：“新民主主义革命时期，我们党在红军大学、苏维埃大学、抗日军政大学、陕北公学等高校开设‘党的建设’‘中国革命运动史’‘马列主义’‘辩证唯物主义’‘科学社会主义’等课程。”①这一时期，思政课教师队伍建设得到了初步的探索和实践，教师不仅要具备扎实的马克思主义理论基础，还要有坚定的革命立场和热情，以激发学生的革命斗志和爱国情怀。

这一时期，党开始采取一系列开创性的举措，激发思政课教师积极为革命事业培养和输送优秀人才。在培养方面，选拔具有革命热情和坚定信念的党员、进步青年和社会贤达担任政治教员。通过短期培训、集中学习、实践锻炼等方式，提高教员的政治素质和业务能力。在激励方面，高度重视提升教员的待遇，明确规定他们的生活费享受与苏维埃工作人员同等的标准，以充分体现对教员的尊重与重视，激励他们更好地投身于教育事业。同时关心教员的工作和生活，为他们创造良好的工作环境和条件。在管理方面，建立健全思政课教师管理制度，对思政课教师的教学活动进行规范和管理。如黄埔军校专门制定细则，明确规定政治教官的权责，加强监督和考核，确保他们忠诚于党的教育事业，为革命事业培养合格的人才。

这一时期，思政课教师队伍建设具有明显的革命性。通过思想政治理论类课程的教育，培养了大量具有革命理想和坚定信念的人才，为革命事业的成功奠定了坚实的基础。建党时期，瞿秋白等党的重要领导人亲自在上海大学登台授课。而到了抗日战争时期，中央更是明确要求，党的领导机关负责同志必须制订相应的计划，经常到学校作报告，并且凡是具备教学条件的，都必须亲自担任教课工作，以实际行动支持和推动思政课建设。毛泽东亲自为中国人民抗日军事政治大学学员讲授《辩证法唯物论》，为

① 习近平．思政课是落实立德树人根本任务的关键课程 [J]. 求是，2020(17)：4−16.

政治教员队伍树立了榜样。这种领导人和知名学者扩充政治教员队伍、发挥示范作用的方式，极大地提高了政治课的教学质量和影响力。

二、社会主义革命和建设时期的思政课教师队伍建设

社会主义革命和建设时期，我国面临着从新民主主义革命向社会主义革命和建设转变的历史任务。这一时期的思政课教师队伍建设，旨在为国家培养一批又一批又红又专的劳动者，为社会主义事业的发展提供坚实的思想保障和智力支持。然而，受当时国内外复杂形势的影响，思政课教师队伍建设也经历了一些曲折。主要分为两个阶段。

（一）奠定基础（1949—1966 年）

1949 年，百废待兴，教育领域亦然。与新民主主义革命时期相比，社会主义革命和建设时期的思政课教师队伍建设在全国范围内得到了更为广泛的推广和实施。1949 年 9 月 27 日，《共同纲领》明确指出："给青年知识分子和旧知识分子以革命的政治教育。"①1952 年 9 月，中国人民大学创办了马克思列宁主义研究班，这一举措旨在培养一批高素质、专业化的政治理论教师队伍，以切实满足当时思想政治教育工作的迫切需求。同年 10 月，教育部发布的《关于全国高等学校马克思列宁主义、毛泽东思想课程的指示》（即"52 方案"），为后续课程体系的进一步发展奠定了基础。同时，中共中央还明确提出，要从高年级学生中甄选出政治素质过硬的党员、团员，聘任他们在本校担任政治理论课程的助教或助理职务，以进一步壮大和优化政治理论师资队伍的结构。1958 年 4 月，教育部明确指定"中国人民大学为培养和提高全国高等学校政治课教师的学校（政治

① 李德芳，李辽宁，杨素稳．中国共产党思想政治教育史料选编 [M]. 武汉：武汉大学出版社，2009.

师范）”[①]，并设立大学本科、短期速成班以及教学骨干进修班，有效促进了政治课教师专业素养和业务水平的提升。1962 年，教育部着重强调要稳固现有的政治课教师队伍，决定在接下来两三年的时间内，对那些尚未完整学习过马列主义的教师进行系统性的培训。1964 年，中宣部、高教部党组印发《关于改进高等学校、中等学校政治理论课的意见》，规定了高校政治理论课教师同全校学生的比例，应当做到 1 ∶ 100。

（二）停滞受挫（1966—1976 年）

这一时期，在“以阶级斗争为纲”和“左”的错误指导思想肆虐下，高等教育领域遭受了极为严重的破坏。思政课的地位和声誉因此遭受了前所未有的损害，不少思政课教师还遭受了无端的迫害，教师队伍建设陷入了停滞不前的困境。1966 年 5 月 16 日，中共中央政治局会议通过了《中国共产党中央委员会通知》（即“五一六通知”），指出要夺取学术界、教育界等文化领域的领导权，“在社会生产领域，党和国家的工作长期处在‘以阶级斗争为纲’的指导方针之下，革命斗争与政治运动成了国家和社会的主线”[②]。这一状况致使政治课教师队伍建设停滞不前。然而，历史的车轮终究滚滚向前，1976 年 10 月 6 日，在党和人民的共同强烈呼声中，反革命集团被一举粉碎，长达十年之久的“文革”内乱终于画上了句号。尽管这段时期充满了停滞和挫折，但它同样为思政课教师队伍建设积累了深刻的经验和宝贵的教训。

---

① 教育部社会科学司 . 普通高校思想政治理论课文献选编 (1949–2008)[M]. 北京：中国人民大学出版社，2008.

② 王敏，汪勇 . 建国以来社会价值观的嬗变历程及内在逻辑 [J]. 北京航空航天大学学报（社会科学版），2021(5)：14–18.

三、改革开放和社会主义现代化建设新时期的思政课教师队伍建设

改革开放和社会主义现代化建设新时期，是我国经济社会快速发展、国际地位显著提升的重要历史时期。这一时期的思政课教师队伍建设以“为国家培养四有新人”为目标导向，并与思政课程的改革创新同向同行，伴随着课程及学科建设的推进而发展。主要分为三个阶段。

（一）恢复重建（1978—1984 年）

改革开放初期，由于“文革”时期“左”的错误指导思想的遗留影响，思政课教师队伍陷入了前所未有的困境之中。随着高等教育的全面“拨乱反正”，这一时期，思政课教师队伍建设的目标便是重建和振兴思政课，积极扩充思政课教师队伍。1978 年 4 月，教育部办公厅颁布了《关于加强高等学校马克思主义理论教育的意见》（即“78 方案”），明确提出了加快补充高校思政课教师队伍数量、切实解决教师队伍严重不足问题的紧迫任务，并着手规划教师培训工作的全面开展。1980 年 7 月，教育部印发了《改进和加强高等学校马列主义课的试行方法》，着重强调马列主义教师的核心职责是致力于教学和科研工作，并提出了一系列具体措施，包括积极扩充师资队伍、切实优化教师的学习与工作环境、着力培养和提升马列主义课教师的专业素养，以确保相关工作的顺利推进和有效实施。1984 年 4 月，教育部颁发了《关于在十二所院校设置思想政治教育专业的意见》，明确将思想政治教育专业纳入学科专业目录之中，标志着思想政治教育学作为一门独立的学科正式诞生，这一决策为思想政治教育的专业化奠定了坚实基础。此后，系统接受过专业教育的马列主义理论课教师逐年增多。这一时期的思政课教师队伍建设为思政课的长期建设、改革与发展奠定了坚实的基石。

（二）深化发展（1985—1997 年）

经过 20 世纪 80 年代的恢复重建，伴随着改革开放的深入发展，思政

课教师队伍建设取得了一定的成绩。但是思政课程薄弱、教师队伍老化、业务素质不齐、整体不够稳定的问题依然存在。因此，建设一支稳定的高水平师资队伍，提高思政课教师队伍的政治业务水平，成为这一阶段思政课教师队伍建设的首要任务和核心目标。1985 年 8 月，中共中央发布《关于改革学校思想品德和政治理论课程教学的通知》（即“85 方案”），拉开了改革开放以来思政课首轮改革的序幕。1987 年，国家教委在颁布的《关于进一步改革高等学校马克思主义理论课（公共课）教学的意见》中，明确强调了加强马克思主义理论课师资培养与培训的重要性，还提出了一系列具体措施，包括建设专门的师资培养基地，以及开展丰富的培训活动等，旨在全面提升马克思主义理论课教师的专业素养、教学能力和学术水平。1991 年 8 月，国家教委颁布了《关于加强和改进高等学校马克思主义理论教育的若干意见》，明确指出思政课是高校思想政治教育的主阵地和主渠道，既强调了思政课教师围绕教学开展科学研究，将理论与实践紧密结合，不断探索和创新教学方法和手段的重要性，又特别鼓励缺乏实践经验的青年教师深入基层了解国情、民情，增强责任感和使命感。1995 年 10 月，国家颁布了《关于高校马克思主义理论课和思想品德课教学改革的若干意见》，提出要采取切实的培养措施，全面提高高校马克思主义理论课和思想品德课教师队伍的政治素质和业务素质，着重强调必须严格把关教师的任职资格，同时使培养培训环节更加规范化、系统化。随后，1996 年，“马克思主义理论与思想政治教育”研究生专业正式设立，开始面向全国招收研究生。这一专业的设立，不仅为思政课教师队伍提供了宝贵的学术研究和专业提升平台，也成了凝聚高端人才、提升思政课教师队伍整体素质的重要途径。这一阶段，思政课教师队伍建设迈入了深化发展、稳步前行的新阶段。

（三）全面加强（1998—2012 年）

世纪之交，随着对外开放的持续扩大，教育教学改革也进入了深入实施的新阶段。在这一背景下，思政课教师队伍面临着更高的标准和更严的要求，需要不断提升自身素养，以适应时代发展的需要。1998年6月10日，中宣部、教育部下发《关于普通高等学校“两课”课程设置的规定及其实施工作的意见》（即“98方案”），明确提出要抓好“两课”教师的培训工作，加强教师培训基地建设。2004年8月，中共中央、国务院发布《关于进一步加强和改进大学生思想政治教育的意见》（即“16号文件”），从“高等学校思想政治理论课是大学生思想政治教育的主渠道”的战略高度，提出了加强和改进高校思政课及教师队伍建设的要求。2008年9月，中宣部、教育部联合发布《关于进一步加强高等学校思想政治理论课教师队伍建设的意见》，深刻认识到教师队伍建设的重要性和紧迫性，并在此基础上，全面而细致地提出了加强思政课教师队伍建设的多项具体要求，从选聘配备、培训考核、保障机制等多个方面都进行了周密的规划和部署。这一阶段，思政课教师队伍建设紧密围绕思政课学科建设、课程建设和教材建设的实际需求，着重于全面提升教师的综合素质与专业能力，为培养具有正确世界观、人生观、价值观的优秀人才提供坚实保障。

四、新时代以来的思政课教师队伍建设

2012年11月，党的十八大召开，我国由此迈入了全面建成小康社会的决定性阶段。以习近平同志为核心的党中央，从新时代坚持和发展中国特色社会主义的战略全局出发，作出了优先发展教育事业、加速教育现代化进程、建设教育强国的重大战略部署。在此过程中，党中央对新时代思政课的改革创新给予了前所未有的重视，并对思政课教师队伍的高质量发展寄予了殷切期望，力求打造一支能够肩负起民族复兴历史使命的优秀思政课教师队伍。这一时期，思政课教师队伍建设迈入了提质增效的新阶段。在此阶段，我们的建设目标是打造一支高素质、专业化、创新型的思政课教师队伍，通过持续提升队伍建设的质量，确保思政课教师队伍的整体水

平和教学能力达到新的高度。2013 年 6 月，教育部颁发了《普通高等学校思想政治理论课教师队伍培养规划（2013—2017）》（以下简称“《规划》”），标志着我国思政课教师队伍建设迈上了新的台阶。《规划》是该领域首个全面、系统的培养规划，深入细致地规划了创新教师的全方位培训计划、多元化的项目资助计划以及广泛的宣传推广计划，并高瞻远瞩地提出了实施思政课教师队伍建设的“百千万人才工程”。这一工程旨在精心培育、系统打造一支政治素质高、业务能力强、创新意识浓的高素质思政课教师队伍，为全面提升思政课的教学质量、增强思想政治教育的实效性和吸引力提供坚实而有力的支撑。2015 年 7 月，中宣部、教育部印发《普通高校思想政治理论课建设体系创新计划》，要求从提高专职教师队伍整体素质、改革评价标准、健全完善三级培训体系及三级激励机制等入手，推进思政课教师队伍建设。

2017 年 10 月，党的十九大召开，开启了新时代新征程。为全面推进习近平新时代中国特色社会主义思想“三进”工作的有效实施，进一步提升思政课教师的综合素质与专业能力，教育部办公厅于 2018 年印发《高校思想政治理论课教师队伍建设专项工作总体方案》，实施思政课教师队伍建设专项工作，着力强化顶层设计和战略规划，精心绘制思政课教师队伍建设的宏伟蓝图。2019 年 3 月 18 日，习近平总书记亲自主持召开学校思政课教师座谈会，对广大思政课教师提出政治要强、情怀要深、思维要新、视野要广、自律要严、人格要正的“六个要”具体要求，为全面提高思政课教师素养指明了前进方向，提供了根本遵循。2020 年 1 月，教育部颁布《新时代高等学校思想政治理论课教师队伍建设规定》（即教育部第 46 号令），此规定精准定位了高校思政课教师的角色与职责，并从职责界定、人员配置与选拔、专业发展培训、绩效评估体系以及综合保障与管理五个核心方面进行了全面而细致的规划。自 2021 年秋季起，正式实施了大中小学思政课教师的交流研讨计划，搭建起一个跨学段、跨领域的交流平台。教师们在此共同探讨思政课一体化教学的规律与方法，分享教学经验，碰撞思想火花。这一举措不仅为思政课教师的一体化成长提供了宝贵的机遇，还促进了不同学段思政课教师之间的深度交流与合作，共同推动思政课教学质量和水平的提升。

2022 年，党的二十大胜利召开，思政课教师队伍建设以习近平新时代中国特色社会主义思想为指引，更加坚定地朝着建设教育强国和推进中国式现代化的目标迈进。在此过程中，“提升新时代高校思政课教师数字胜任力”[①] 被高度重视，成为加强教师队伍建设的重要一环。教育家精神得到深入继承与弘扬，为思政课教师队伍注入了强大的精神动力，激发了他们的职业热情和创新活力，引领着他们在教书育人的道路上不断追求卓越。同时，大中小学思政课教师一体化构建取得了显著成效。从整体发展情况来看，思政课教师队伍建设呈现出稳步前行、持续进阶的蓬勃发展态势，为培养更多优秀的社会主义建设者和接班人奠定了坚实的基础。

第二节 新时代思想政治理论课教师队伍建设的目标和意义

思政课是开展思想政治教育的主渠道。思政课教师既是思政课主渠道的教学主体，又是思政课改革发展的创新主体，更是塑造时代新人的培育主体，发挥着不可替代的作用。新时代背景下，努力打造高素质专业化的思政课教师队伍，对于落实立德树人根本任务、培养能够担当民族复兴重任的时代新人，具有极其深远且重要的意义。

① 盖逸馨，浩日娃 . 新时代高校思政课教师数字素养提升的价值意蕴、现实困境和策略探析 [J]. 思想理论教育导刊，2024(8)：118-124.

一、新时代思政课教师队伍建设的目标

新时代呼唤新使命。新时代思政课教师的政治素质、思想修养、职业涵养直接关系到思政课的教学效果及育人成果。为此，须大力加强思政课教师队伍建设，培养和打造一支高素质、专业化的思政课教师队伍。

（一）培养政治素质过硬的思政课教师

习近平总书记强调："思政课教师政治要强。让有信仰的人讲信仰，善于从政治上看问题，在大是大非面前保持政治清醒。"[①]"六个要"中，"政治要强"排在第一位。这就要求思政课教师务必提高政治站位，切实增强对"两个确立"的理解和认同，坚定不移地践行"两个维护"，以更高的政治觉悟和更强的责任感投入思政课教学。另外，思政课教师还应当自觉深入学习贯彻习近平新时代中国特色社会主义思想，积极促使思政课教师全面、深刻地掌握习近平总书记重要讲话精神内涵；要积极推进习近平新时代中国特色社会主义思想进课堂、进教材、进头脑的"三进"工作，教育引导青年学生在政治立场、政治方向、政治原则、政治道路上与以习近平同志为核心的党中央保持高度一致，确保立德树人根本任务全面、有效地落实。

（二）培养业务能力精湛的思政课教师

习近平总书记指出："水之积也不厚，则其负大舟也无力""知识储备不足、视野不够，教学中必然捉襟见肘，更谈不上游刃有余[②]"。正所谓"学高为师"，一名合格的思政课老师必须有扎实的专业知识基础，打牢马克

① 习近平：习近平谈治国理政：第三卷 [M]. 北京：外文出版社，2020:328.

② 习近平：做党和人民满意的好老师——同北京师范大学师生代表座谈时的讲话 [N]. 人民日报，2014-09-10(02).

思主义理论功底这一看家本领，并紧跟时代步伐，深入学习习近平新时代中国特色社会主义思想等最新理论成果；要对历史学、政治学、伦理学等多学科知识有深入了解，这样才能够旁征博引、融会贯通地开展教学，增强思政课的学理性和说服力；具备高超的教学能力，不仅能掌握多样化的教学方法和技巧，还能灵活运用案例教学、议题式教学、实践教学等方式，激发学生的学习兴趣，提高课堂参与度；能善于运用现代信息技术手段辅助教学，打造线上线下混合式的生动课堂，提升教学效果。

（三）培养育人水平高超的思政课教师

习近平总书记指出：“要尊重青年天性，照顾青年特点，经常到青年中去，同青年零距离接触、面对面交流，了解他们的思想动态、价值取向、行为方式、生活方式”[①]，“思政课不仅应该在课堂上讲，也应该在社会生活中来讲”“‘大思政课’我们要善用之，一定要跟现实结合起来。上思政课不能拿着文件宣读，没有生命、干巴巴的”[②]。一方面，思政课教师要善于价值引领，能够精准把握学生的思想特点和成长规律，把思政课的教学内容与学生关心的现实问题紧密结合起来，春风化雨般地将社会主义核心价值观等正能量传递给学生，引导学生树立正确的世界观、人生观、价值观，扣好人生的第一粒扣子。另一方面，思政课教师要注重促进学生的全面发展，不仅关注学生思想道德方面的成长，还能通过思政课助力学生在综合素质提升、实践能力锻炼等多方面协调发展，培养学生的创新精神、社会责任感等，为学生成长为担当民族复兴大任的时代新人奠定坚实基础。

---

① 习近平：在纪念五四运动 100 周年大会上的讲话 [N]. 人民日报，2019-05-01(02).

② 习近平：在全国政协十三届四次会议上的讲话 [N]. 人民日报，2021-03-19(09).

（四）培养师德师风优良的思政课教师

习近平总书记强调："评价教师队伍素质的第一标准应该是师德师风。"① 一名拥有崇高师德修养的思政课教师，须秉持敬业爱生的精神，对思政课教学工作充满热情，全身心投入，精心备课、用心授课，还须关爱每一位学生，尊重学生的个性差异，平等对待所有学生，做学生的良师益友，更要坚守廉洁自律底线，自觉抵制各种不良风气，言传身教，以高尚的师德风范为学生树立榜样，用自己的人格魅力感染学生，让思政课既有深度又有温度。

二、新时代思政课教师队伍建设的意义

思政课教师是思政课程的引领者和主导者，肩负着传授知识、培养品德、塑造灵魂的重要使命。加强思政课教师队伍建设，对于落实立德树人根本任务、推动思政课改革创新、提升教师整体素质具有重要的意义。

（一）是落实立德树人根本任务的时代需求

思政课是实现立德树人根本任务的关键课程，而思政课教师则是确保思政课教学质量和效果的关键要素。新时代思政课教师队伍的建设，是落实立德树人根本任务的关键环节，更是培养能够担当民族复兴大任的时代新人的重要支撑和坚实保障。这既关系到思政课的教学水平和成效，更关乎我们培养什么样的人才、如何培养人才以及为谁培养人才这一根本性命题。通过加强思政课教师队伍建设，可以全面提高教师的政治素质、专业素养和教育教学能力，使他们能够更好地承担起传播马克思主义理论，引导学生树立科学世界观、人生观、价值观的重大责任。同时，优秀的思政课教师还能以身作则，用自身的良好品行和言行举止对学生产生潜移默化

---

① 习近平：在北京大学师生座谈会上的讲话 [N]. 人民日报，2018-05-03(01).

的影响，成为学生成长道路上的引路人和楷模，“给学生心灵埋下真善美的种子，引导学生扣好人生第一粒扣子”[①]。

（二）是推动思政课改革创新的关键所在

通过大力加强思政课队伍建设，为教师提供更为丰富多样的培训和学习机会，有力促进了他们的专业成长与全面发展，进一步提升了教育教学水平。教师们不断创新教学方法和手段，使得思政课更加贴近学生的生活实际、紧扣社会现实脉搏，有效激发了学生的学习兴趣和思考能力，极大增强了思政课的教学吸引力和感染力，充分满足了学生全面发展的多元化需求。随着全球化、信息化和网络化的迅猛发展，学生所处的社会环境和思想观念日益复杂多变，思政课教学面临着前所未有的挑战与机遇。加强思政课教师队伍建设，能够充分激发教师的创新精神和改革意识，有力推动思政课教学的改革创新进程。通过积极引入新的教学理念、不断丰富教学内容、创新教学方法，努力使思政课更加符合时代发展的新要求，能更好地服务于人才培养和社会发展的宏伟目标。

（三）是提升教师队伍整体素质的应然之举

思政课教师队伍的整体素质直接关系到教育质量和办学水平。加强思政课教师队伍建设，对于提升思政课教师的专业素养和教学能力至关重要，更能对整体教师队伍的素质提升产生深远的推动作用。在新时代背景下，思政课教师队伍建设注重全面提升教师的政治素养、师德师风、学术水平及实践能力，努力打造一支政治强、情怀深、思维新、视野广、自律严、人格正的思政课教师队伍，为教育教学事业的发展提供坚实保障。这支队伍不仅在思政课教学中发挥着引领和示范作用，以其深厚的专业素养和卓

① 刘新功：引导学生扣好人生第一粒扣子（新语）[N]. 人民日报，2022-08-15(11).

越的教学能力，成为学科教学的楷模；同时，他们还通过自身的优秀表现，对其他学科教师的成长和发展起到积极的辐射和带动作用，促进教师队伍整体水平的提升。此外，思政课教师队伍建设还优化了教师队伍的结构，增强了教师的职业认同感，提高了教师的社会地位。加强专业培训、引进高层次人才、完善激励和评价机制等举措，有效激发了教师的工作热情和创新活力，吸引了更多优秀人才投身思政课教育事业，为教师队伍注入了新的生机和活力，推动了教育事业的持续健康发展。

第三节　新时代思想政治理论课教师队伍建设的现状

新时代以来，在党和国家的深切关怀与高度重视之下，思政课建设迈上了新台阶，取得了显著的成效。当前，围绕培育能够担当民族复兴大任的时代新人的教育目标，为积极响应思政课教学改革的时代呼唤以及满足学生健康成长与成才的迫切需求，思政课教师队伍建设正面临着新的挑战。

一、新时代思政课教师队伍建设的成就

党的十八大以来，党和国家全面加强并不断推进思政课教师队伍建设进程。思政课教师队伍建设在加强中不断完善，在创新中蓬勃发展，取得了一系列骄人的成就。

（一）造就了一支高素质专业化的思政课教师队伍

一是教师队伍数量不断增加。据教育部统计，截至 2024 年 1 月，全国高校思政课专兼职教师增至 14.5 万人，其中专职教师达到 11.3 万人，师生比总体达到国家规定标准，教师队伍的专职化、专业化水平显著提升，思政

课教师乐教善教的信心和底气更足[①]。而2012年，高校思政课专兼职教师仅为5.3万人。从5.3万到14.5万，十多年间，高校思政课教师实现成倍增长。

二是教师队伍结构不断优化。在扩大教师队伍规模的同时，也注重教师队伍结构的合理。目前，思政课教师队伍中，既有教学经验丰富、德高望重的老教师，也有朝气蓬勃、充满活力的青年教师，两者相辅相成，构成了结构合理的年龄梯队。此外，教师队伍的职称结构、知识结构、素质结构特别是人才结构不断优化，既拥有一批教学水平卓越、科研能力突出的领军人物和中青年学术带头人，又培育了数千名政治素质过硬、业务技能精湛、极具发展潜力的教学一线骨干教师。同时，高学历、年轻化的趋势也日益明显，越来越多具有博士学位的高学历教师和相关学科专业的教师被吸引、充实到队伍中来，成为思政课教师队伍的主力军。

三是教师队伍整体素质不断提升。2016年全国高校思想政治工作会议的召开，为思政课教师队伍建设注入了新的强劲动力，其重要性愈发凸显。在青年教师发展计划、后备人才专项支持计划等一系列有力举措的推动下，全面推广了专题轮训等多元化的培训方式，并持续加强了重点马克思主义学院的建设。在这些综合措施的共同作用下，思政课教师队伍的整体素质和业务能力均取得了显著提升，展现出了崭新的精神风貌和强大的发展活力。

（二）形成了思政课教师队伍建设的长效机制

党的十八大以来，党中央、国务院和教育部相继出台了一系列指导性文件，高达几十份，这在新中国高等教育史上是空前的。其中涵盖了思政课教师的顶层设计、职责要求、配备标准、培养考核、保障管理等各方面的基本规范和要求，逐步构建起了一套完善、长效的思政课教师队伍建设机制。

---

① 李芳，戴汶奇.新时代高校思政课教师队伍全面深化改革研究[J].贵州师范大学学报(社会科学版).2024(9).

2013年7月，教育部出台《普通高等学校思想政治理论课教师队伍培养规划（2013—2017年）》，明确提出了“数百名”“数千名”“数万名”的思政课教师队伍建设目标，为高校思政课教师队伍的蓬勃发展绘制了清晰蓝图。2015年7月，中共中央发布《普通高校思想政治理论课建设体系创新计划》，该计划首次对师生比进行了明确规定，为思政课教师队伍的建设提供了更加科学的标准。2018年4月，教育部推出《高校思想政治理论课教师队伍建设专项工作总体方案》，在顶层设计、精准施策、教学质量和协同推进四个方面制定了详细规定，为高校思政课教师队伍的建设提供了全面、系统的指导。2019年4月，教育部印发了新的《普通高等学校思想政治理论课教师队伍培养规划（2019—2023年）》，强调要构建一支专职为主、专兼结合、数量充足、素质优良的思政课教师队伍。同年9月，教育部等五部门联合发布《关于加强新时代中小学思想政治理论课教师队伍建设的意见》，针对中小学思政课教师队伍的建设，提出了创新性的管理、素质提升和评价激励机制等举措。2020年1月，教育部颁布《新时代高等学校思想政治理论课教师队伍建设规定》，文件明确了思政课教师在新时代的角色定位，对职责、选聘、培养、考核、保障、管理方面提出了全面、具体的指导性意见。2024年8月，中共中央、国务院发布《关于弘扬教育家精神加强新时代高素质专业化教师队伍建设的意见》，提出了当前和未来一段时期教师队伍建设的综合性、引领性政策框架，为新时代教师队伍的全面发展指明了方向，提供了宏观指导和政策支持。

思政课教师队伍建设长效机制的形成，推进了思政课教师队伍建设的正规化，为建设一支高素质的思政课教师队伍提供了清晰的指引和坚实的支持。

（三）提高了思政课教师队伍的能力素养

提升思政课教师的综合素质，是推进思政课教师队伍建设改革的核心要义和重点任务。党的十八大以来，中央对思政课教师能力素质的培养高度重视，习近平总书记在多次重要讲话中对思政课教师提出了明确要求。2019 年 3 月 18 日，在习近平总书记主持召开的学校思政课教师座谈会上，他明确提出了思政课教师应具备的“六要”素养，即政治要强、情怀要深、思维要新、视野要广、自律要严、人格要正，为思政课教师指明了成长成才的方向和路径，以更好地肩负起立德树人为根本任务。为深入贯彻落实习近平总书记的重要指示，教育部等相关部门积极作为，创新举措，通过多种形式加强思政课教师队伍建设。他们开办了“骨干教师研修班”，为思政课教师提供系统、专业的培训和学习机会，提升教师的专业素养和教学能力；设立了“‘手拉手’集体备课中心”和“教学创新中心”，促进教师之间的交流与合作，推动教学理念和方法的创新；举办了“周末理论大讲堂”，邀请知名专家学者为教师传授前沿理论知识，拓宽教师的学术视野；同时，还设立了“研学基地”，让教师深入社会实践，从党和人民的伟大实践中汲取智慧和力量，丰富教学内容和形式。这些政策和举措的深入实施与持续推进，极大地提升了思政课教师的政治素质、专业素养和育人能力。他们不断强化马克思主义理论基本功，创新课堂教学模式，丰富教学内涵，以更加饱满的热情和更加扎实的学识，投身到思政课教学中，展现出了崭新的风貌和更高的教学水平，为培养德智体美劳全面发展的社会主义建设者和接班人作出了积极贡献。

二、新时代思政课教师队伍建设的不足

新时代以来，思政课教师队伍建设取得了显著成就，积累了大量宝贵的经验，整体发展良好，展现出蓬勃向上的生机。但与此同时，也不可避免地暴露出一些问题和挑战。为此，我们必须以新时代的新要求为指引，对思政课教师队伍建设进行持续的改进和完善。

（一）思政课教师队伍结构不够合理

充足的教师数量与高素养的师资队伍，是确保思政课教学质量稳步提升的前提条件和坚实基础。从现实情况看，受多种因素交织影响，许多学校难以达到 1 ∶ 350 的师生比要求。对此，各级主管教育部门纷纷制定并出台了一系列相关政策，各学校也迅速行动，精心制定了详细的建设方案，通过引进人才、转岗培训、外聘专家、借调教师等措施，在短时间内有效扩充了思政课教师队伍。

随着思政课教师整体数量的迅速扩大，部分学校在思政课教师队伍建设中出现了新的问题。大量转岗教师和兼职教师由于缺乏系统的学习和教学实践经验，在短时间内难以达到思政课程的高标准教学要求。不仅如此，短时间内大规模引进人才，难免会导致教师队伍结构出现偏颇，扰乱思政课教师队伍的梯队建设秩序，使得教师在职称评定、奖项评选等关键环节面临更为激烈的竞争，这对学校的长期可持续发展构成了潜在的威胁。与此同时，思政课“大班授课”“重复授课”现象严重，对于新引进教师而言，繁重的教学任务加大了工作压力，加剧了职业倦怠的情绪。

（二）思政课教师队伍综合素养有待提升

习近平总书记对思政课教师提出的“六个要”是对思政课教师综合素养的内在要求。马克思主义是思政课教师的“看家本领”，教学是思政课教师的关键任务，要上好思政课尤其需要教师具备扎实的马克思主义理论基础。转岗教师和兼职教师由于理论功底不够扎实，缺少专业知识的坚实支撑，因此在教学过程中理论性偏弱，教学效果稍显不足。同时，部分思政课教师在教学方式和手段上过于传统，缺乏创新性和灵活性，授课过程中难以激发学生的学习兴趣和热情，吸引力、感染力明显不足，教学效果自然难以达到理想状态，这在很大程度上削弱了学生在思政课上的获得感、满足感和成就感。

除教学任务外，思政课教师还应该具备扎实的学术功底和科研能力。教学和科研是相互促进、相辅相成的关系。长期以来，受教育评价体系中“重科研、轻教学”倾向的影响，部分教师将科研视为自己的“私有领地”，而教学则被视为“公共责任田”。他们在科研上倾注全力，孜孜不倦，但在教学上却往往勉力应付，缺乏热情，这种现象在教育界时有发生。这种教学与科研之间“顾此失彼”的现象，使得思政课教师的教学能力和科研能力出现了不平衡的发展，影响了教师综合素养的提升。

（三）思政课教师队伍建设机制不够健全

近年来，思政课教师的准入门槛逐步提高，尤其在学历层面，众多高校在引进教师时明确要求具备博士学位，而中学则通常要求硕士学位，甚至部分学校还设定了年龄限制。有的学校在制定准入标准时显得较为片面，过分强调学历而忽视了对教师能力素养的全面考量，对师德师风的审查把关也不够严格，从而导致了思政课教师队伍在质量上呈现出参差不齐的状况。培训是帮助教师提升综合能力的重要途径。大多学校尤其注重思政课教师的培训工作，积极组织开展形式多样的培训活动以及各类实践交流项目。由于培训时间安排不合理、教学科研任务繁重、培训内容过于宽泛冗杂等主客观因素影响，培训效果往往不佳。考核是事关教师职业晋升和个人发展的重要依据。由于部分学校考核评价制度不够全面，存在重科研、轻教学的现象，导致思政课教师科研压力过大，教学精力不足，无法正常发挥考核的正向激励作用，也不利于激发思政课教师的工作热情。思政课教师队伍后备人才培养是缓解思政课教师队伍人才缺口、提升思政课教学质量的有力支撑，但在具体实施过程中，整个培养过程缺乏一套系统完备、衔接顺畅的体制机制来支撑，这在一定程度上制约了后备人才培养的质量和效果。

第四节　新时代思想政治理论课教师队伍建设的路径

2024 年 5 月 11 日，新时代学校思政课建设推进会在北京召开，习近平总书记对加强学校思政课教师队伍建设作出重要指示，强调要着力建设一支政治强、情怀深、思维新、视野广、自律严、人格正的思政课教师队伍。由此，思政课教师队伍建设的路径应从强化政治引领、深化素养培养、优化保障体系三个方面展开。

一、强化政治引领，加强顶层设计

党和国家对思政课教师队伍建设的宏观指导和战略布局，为思政课教师队伍的发展提供明确的方向和有力的保障，不断推动思政课教师队伍建设不断迈上新的台阶。

（一）坚持党对思政课教师队伍建设的全面领导

思政课教师队伍建设直接关乎着思政课作为主渠道、主阵地作用的有效发挥，紧密关联着中国特色社会主义事业的人才梯队建设。党的领导是办好思政课、打造高素质思政课教师队伍的根本保障，更是确保思政课教师队伍建设方向正确的根本前提。坚持党的全面领导，一是坚持高位推动，构建协同工作格局。以党委领导为核心，各部门齐抓共管为配合，形成合力，将思政课教师队伍建设作为核心工作来抓，确保各项政策措施落到实处。二是完善党建引领下的培养机制。将党的创新理论学习和思政课教学能力提升紧密结合，用党的创新理论武装思政课教师，鼓励和支持思政课教师参与党的理论宣讲、政策研究等实践，提升他们的政治素养和业务能力。三是深化理想信念教育，筑牢思想根基。定期组织思政课教师参加政治理论学习班、研讨会等活动，通过系统学习和深入交流，提升教师的政治站位和思想觉悟。

（二）加强思政课教师队伍建设的顶层设计和全面部署

实现教育强国的宏伟目标，亟须做好思政课教师队伍建设的顶层设计和全面部署，科学统筹资源配置，为新时代思政课教师队伍注入强劲发展动力。一是全局谋划，科学布局。要从整体上深刻认识思政课教师队伍建设的重要意义，针对当前制约其发展的瓶颈问题，进行科学谋划、整体部署、精准施策。二是系统思维，合理配置。根据思政课教育目标、教学需求以及现有资源状况，运用系统思维方法，既注重教师队伍的自身建设，又考虑其与学校整体发展的协调共进。要对人力、物力、财力等资源进行合理配置和优化组合，同时调动更多的社会资源融入思政课教师队伍建设，推动“大思政课”向纵深发展。三是创新驱动，前瞻布局。在战略导向上，要以马克思主义理论为指导，融合教育学、管理学、社会学等多学科视角，深入剖析思政课教师队伍的现状与问题，通过创新引领和前瞻布局，为制定科学合理、切实可行的战略规划提供坚实的理论支撑和实践指导。

二、深化素养培养，提升队伍质量

持续深入推进思政课教师队伍的高质量合理化可持续发展建设，不仅要提升现有教师队伍的综合素养，发挥教师的主观能动性，还须着力推进后备人才的培养工作，致力于打造一支数量充足、结构合理的思政课教师队伍。

（一）推进思政课教师后备人才培养

2019 年 3 月 18 日，习近平总书记在学校思政课教师座谈会上指出要高度重视思政课教师队伍后备人才培养，加强马克思主义学院、马克思主义理论学科建设，统筹推进马克思主义理论本硕博一体化人才培养工作，不断为思政课教师队伍输送高水平人才。推行马克思主义理论本硕博一体化人才培养，对于打造高素质的后备人才梯队具有深远意义。因此，建议在大学四年级阶段，精心挑选一批品学兼优的学生，实施从本科到博士的连贯性培养计划。在后备人才培养过程中，要构建“教学相长、研学融合”的新型培养模式。一是完善助教制度。安排学生担任助教职务，让他们在教学实践中深入研究教学理论，为日后更好地从事思政课教学工作夯实基础。二是建立学生参与教学资源建设的机制。充分激发学生的积极性和创造力，鼓励他们积极参与教学资源的建设与开发，这不仅能够极大地丰富教学资源，提升教学效果，还能为学生提供一个宝贵的实践平台，让他们在实践中锻炼并提升自己的教学能力。三是推行师生“同备一堂课”的创新机制。在备课环节中，教师积极吸纳学生的真知灼见，使教学内容更加贴近学生的现实需求和兴趣点，增强教学的针对性和实效性。同时，这一机制也为学生提供了宝贵的参与和实践机会，促进了他们的综合素质和能力的全面提升。

（二）夯实思政课教师专业内功

思政课教师队伍的建设须汇聚多方智慧，采取多元举措，而其中最为关键的是要依托于思政课教师自身主观能动性的发挥。教师应主动投身学习，参与各类培训，不断提高自身的专业水平。首先，思政课教师队伍建设最重要的是提高政治站位、打牢思想基础、扛牢政治责任，做到“政治强、情怀深”。一方面，学校要通过举办政治理论学习班、集中研讨会、红色课堂等各类培训活动，教育引导思政课教师始终坚持政治立场，全面提升马克思主义理论水平。另一方面，教师要始终坚持以习近平新时代中国特色社会主义思想为指导，在政治建设的统领下，不断涵养立德树人的教育情怀，坚守培根铸魂的教育初心。其次，为适应当前教育领域新理念、新业态、新模式，思政课教师要做到“思维新、视野广”，要善于抓住数字技术迭代机遇，以技术赋能数字化思政教育发展趋势，积极探索新的教学内容方式方法，增强思政课的知识性、互动性和趣味性，以极强的沉浸体验寓教于乐，拓宽师生视野，达到教学相长、知行合一的良好成效。最后，“自律严、人格正”是对思政课教师综合素养的一次洗礼和提高。一方面，学校要建立健全师德师风考核机制，实行师德师风“一票否决制”，严防师风不正、师德败坏、学术不端等问题，筑起制度“防火墙”；另一方面，教师要坚持严于律己，加强自我约束，对习近平新时代中国特色社会主义思想做到“真学真懂真信真用”，时刻不忘锤炼自身政治品格，让思政课传授内容走进人心、凝聚人心、成为共识。

三、优化保障体系，营造良好生态

新时代新征程上，思政课教师队伍建设要建立高校思政课教师队伍的长效机制，把好教师入口关、培养关、考核关与保障关。

（一）健全严格的准入制度

把好思政课教师的“入口关”是教师队伍建设的起点。在人才引进时，要以“六要”素养为基本准则建立准入制度，严格遴选优秀人才，提升思政课教师的任职标准。一是要注重考察思政课教师的政治素质。思政课教师必须坚定信仰信念，并且具备高度的政治敏锐性和敏锐的政治判断力，才能切实担负起引领学生思想航向的重任，成为他们成长道路上的引路人。二是要重点关注思政课教师的师德师风。“合格的老师首先应该是道德上的合格者，好老师首先应该是以德施教、以德立身的楷模。”[①] 只有具备崇高的职业道德和严谨的行为作风，才能切实承担起立德树人的神圣使命，成为学生心中的榜样和标杆。对于新进教师要严格进行品德检查，科学评判其意识形态倾向，若发现有师德师风方面的问题，实行“一票否决”。三是着重考察思政课教师的业务能力。思政课教师最本质的工作是教学，因此在引进思政课教师时，尤其是在面试环节要着重考察其理论水平、专业素养、教学能力、研究能力。

① 习近平：做党和人民满意的好老师——同北京师范大学师生代表座谈时的讲话 [N]. 人民日报，2014-09-10(02).

（二）采取多样的培训形式

新时代下，思政课教师队伍的培训形式须突破传统框架，探索创新路径。一方面，强化基础培训与交流平台。通过组织岗前培训，教学观摩，邀请知名专家学者、资深思政课教师举办专题讲座与研讨会等，促进教师间的学术交流与思想碰撞，不断提升思政课教师的专业素养和教学技巧。针对新入职或转岗教师实施“老带新”计划，为他们配备经验丰富的导师，充分发挥传帮带的作用，以加速教师的成长步伐，促进其胜任教学工作。另一方面，注重实践锻炼与能力提升。鼓励教师积极参与研修班，前往红色教育基地、优秀学校等地进行实地考察，开展社会调研及挂职锻炼等实践活动。依托重点马克思主义学院、教师培训中心、研究基地等优质资源，为思政课教师提供丰富的实践机会，使教师在实践中不断历练和提升。此外，还应积极倡导、全力鼓励并支持思政课教师追求更高学术造诣，鼓励他们攻读硕士、博士学位，通过提升学历层次来增强业务能力，为思政课教师队伍的全面发展不断注入新的生机与活力。

（三）创新有效的考评方式

科学合理的考核评价体系不仅能够全面检视思政课教师的工作成效，还能有效地激励教师提升教学质量，促进教师队伍的整体发展。一是建立思政课教师单列考评标准。各学校单独设置考评标准、教师职称比例、评审组。涉及重要的指标如师德师风，采取“一票否认”制。打破传统的“以结果说话”的考评方式，以教学和工作实际效果为导向，更应重视过程性评价，而非仅仅局限于结果性评价，以发展的视角全面审视思政课教师的整体表现。二是确保评价内容的全面性与均衡性。对思政课教师的评价既要充分肯定其在教学方面的贡献，也要高度重视其在科研方面的成果，实现教学与科研的并重与协同发展。《新时代高等学校思想政治理论课教师队伍建设规定》中提出，“分别设置教学研究型和教学型教师的专业技术职务（职称），在教学方面设置基本任务要求，以教学成效为根本依据，同时要重视考查科研成果”①。在考核指标中设置教学和科研的最低标准，将二者统一起来。三是坚持考评主体的多元化。考评主体既要以专家评价为主，又要兼顾学院、教师、学生的评价意见。同时对考评结果优秀的教师给予物质和精神奖励，通过树立先进典型激发教师的工作热情，真正达到以考评促发展的目的。

（四）构建合理的保障机制

构建和完善全方位的保障机制，为思政课教师提供全面的支持，切实减轻他们的后顾之忧，让他们能够全身心地投入教育教学工作。一是在人员组织上优先保障。在学校和学院层面组建专门的组织管理机构，由专人负责思政课教师队伍建设的组织和管理工作。二是在经费上加大投入。制定思政课教师队伍建设经费管理制度，加大对思政课教师科研项目和科研课题的投入力度。对选择参加骨干进修、专业培训、实践活动等的教师，要给予充分的经费支持，确保他们有充足的资源去提升自我，为思政课教师的成长与进步提供坚实有力的保障。同时，着力提高思政课教师的整体待遇水平，通过合理发放岗位补贴和课时补助，充分体现对他们的高度重视与深切关怀。三是在硬件设施方面给予特殊倾斜。一方面，通过合理核定编制，加大思政课教师队伍的补充和强化力度。另一方面，致力于为思政课教师打造优越的工作与生活环境，切实增强教师的幸福感和归属感，让他们在教育事业的道路上更加坚定前行。

---

① 新时代高等学校思想政治理论课教师队伍建设规定 [J]. 中华人民共和国国务院公报，2020(13):7−11.

第八章

新时代思想政治理论课实践教学创新研究

思想政治理论课实践教学是思政课的重要组成部分，是思政课课堂教学的延伸和拓展，对于全面贯彻党的教育方针、推动思政课教学改革、提升学生的综合素质具有不可替代的作用。实践教学有助于学生深入了解国情、社情、民情，提高分析问题、解决问题的能力，深化对马克思主义理论的理解和把握，提升思政课的针对性、实效性和吸引力。创新思政课实践教学是实现思政课落实立德树人关键课程作用的重要抓手。

第一节　思想政治理论课实践教学概述

实践教学是相对于课堂理论教学的各种教学活动的总称，强调通过实际操作、亲身体验等方式获取知识、提升能力、涵养情感。实践教学是学校教学工作的重要组成部分，是深化课堂教学的重要环节。厘清思政课实践教学的内涵、把握思政课实践教学的特征、明晰思政课实践教学的意义是创新思政课实践教学的前提。

一、思想政治理论课实践教学的定义

关于思想政治理论课实践教学是什么，学术界从教学理念、教学方法、教学场域等多个视角进行了相关探析：

从教学理念视角审视，学界倾向于将思想政治理论课实践教学视作一种教学观念，着重强调其在教学进程中对学生主体地位的彰显以及对学生全面发展的推动作用。柳礼泉等学者明确指出，实践教学是在教学过程中所构建的，以学生主体活动为主要表现形式，兼具教育性、创造性与实践性的教学观念。其核心要义在于激发学生主动参与、积极思索与深入探究，以此驱动学生综合素质的全方位提升。[①] 此定义基于教育理念层面，凸显了学生在教学活动中的主体地位，着重强调学生的主动参与和自主学习行为，与现代教育理念对学生发展的要求高度契合。在这一教学观念的指引下，教师的角色不再局限于知识的单向灌输者，而是转变为学生学习进程中的引导者与促进者。教师借助精心设计的各类富有启发性的实践活动，引导学生自主思考、探索并发现问题，进而培育学生的创新思维与独立解决问题的能力。该定义高度重视学生的全面发展，并非仅仅聚焦于学生的知识学习维度，更着重于学生能力的培养、情感的体验以及价值观的塑造。通过参与实践活动，学生能够在知识、技能、情感、态度等多个维度获得锻炼与提升，达成综合素质的全面发展。以参与志愿服务活动为例，学生在此过程中，不仅能够向他人施以援手，还能强化自身的社会责任感与使命感，培育关爱他人、奉献社会的优良品质。这一定义亦存在一定的局限性：在具体的教学实践场景中，鉴于其概念相对抽象，在教学环节的落实与操作层面可能缺乏足够详尽的指导。教师在实际教学过程中，可能会陷入困惑，不知如何将这一教学观念切实转化为具有可操作性的教学方法与教学活动。对于如何设计具体的实践活动以充分体现这一教学观念，以及如何在活动开展过程中引导学生实现全面发展，缺乏明确的指导准则与规范，这极有可能对实践教学的实际成效产生不利影响。

部分学者从教学方法的视角切入，将思想政治理论课实践教学界定为

---

① 柳礼泉．论思想政治理论课实践教学的形式 [J]. 思想理论教育导刊，2007(03):66-69.

一种独具特色的教学方法，旨在依托一系列兼具创新性与实践性的活动，引导学生积极投身其中，达成对学生主观世界的重塑以及能力的优化提升。喻长志等学者指出，思政课实践教学以理论知识为根基，凭借强调创新性和实践性的主题活动，激励学生主动参与并深入思考，引导其有目的地参与课内与课外、校内与校外的各类实践活动，促使学生广泛涉猎社会现实生活，从而实现对学生主观世界的感性重塑，提升其主体能力。[①] 这种将实践教学定义为教学方法的观点，高度重视学生的实践参与度，能够有力激发学生学习的积极性与主动性。在实际参与各类实践活动的过程中，学生不再作为被动的知识吸纳者，而是转变为主动的探索者与学习者，这对于培育学生的实践能力与创新精神具有重要意义，能助力学生更好地契合社会发展的需求。这一定义过度聚焦于实践教学的具体操作层面，而相对忽略了实践教学与思想政治理论课整体目标的深度交融。实践教学的核心要义，不仅仅在于培育学生的实践能力，更为关键的是要服务于思想政治教育的根本目标，即引领学生树立正确的世界观、人生观、价值观，坚定理想信念。倘若在实践教学中未能充分彰显这一根本目标，极有可能引发实践教学与思想政治理论课的脱节，致使预期的教育成效难以达成。例如，若在实践活动中仅着重让学生掌握调研方法与技能，却未引导学生从思想政治的高度对调研结果进行剖析与思考，那么便难以实现对学生思想的有效引领与教育。

部分学者从教学场域视角出发，基于教学场地的不同，将思想政治理论课教学划分为实践教学与理论教学。左鹏等学者指出，思政课实践教学须引导学生走出课堂，积极投身于生动的社会实践。[②] 此定义精准把握了实践教学与社会现实紧密相连的特性。学生通过亲身参与社会实践，能够

---

① 喻长志 . 高校思政课实践教学对策研究 [J]. 学校党建与思想教育，2019(16)：38-39.

② 左鹏 . 思想政治理论课实践教学研究进展 [J]. 思想教育研究，2011(01)：28-32.

直观地感知社会发展动态，深入了解国情、社情与民情，从而增强对社会的认知与理解，这种感性体验是课堂理论教学所无法企及的。单纯依据教学场域界定实践教学存在显著的片面性。这一界定方式过度聚焦于教学场地的外在形式，却忽视了实践教学的本质内涵。实践教学的核心并非仅仅局限于教学场地的转换，更重要的是借助实践活动，引导学生实现知识的内化、能力的提升以及价值观的塑造。在课堂教学过程中，借助案例分析、角色扮演等多样化的教学手段，同样能够促使学生参与具有实践性的活动，进而达成实践教学的目标。而且，若将实践教学狭隘地限定于校外的社会实践活动，在实际操作层面就会遭遇诸多限制，时间安排、经费保障、安全问题等都可能对实践教学的广泛开展与有效实施产生不利影响。因此，对于思想政治理论课实践教学的定义，不能仅从教学场域的单一视角出发，应综合考量多种因素，全面、深入地理解实践教学的本质，以推动思想政治理论课实践教学的科学、有效开展，更好地实现育人目标。

综上，界定思想政治理论课实践教学的定义首先要厘清思想政治理论课实践教学的构成元素。思政课实践教学应充分考虑以下元素：思政课的课程性质、课程内容、教师和学生的关系、教学方式和方法、教学场域以及课程要达到的目的。基于此，思想政治理论课实践教学是指以教师为主导，学生为主体，以高校思想政治理论课教学大纲相关知识点为遵循，以思政课教学目标为指引，以具体实践活动为手段，激发学生各方面潜能，帮助学生对所学理论知识进行更深层次的理解、内化与运用，进而引导学生自觉地用马克思主义的世界观和方法论指导实践，助力高校立德树人根本任务完成的一切教学活动和教学理念的总和。

实践教学与理论教学是思想政治理论课教学的两个重要组成部分，二者相辅相成、缺一不可。理论教学为实践教学提供理论基础和指导思想，帮助学生构建系统的知识体系，使学生能够从宏观层面理解思想政治理论的内涵和意义。实践教学则是理论教学的延伸和拓展，通过具体的实践活动，指导学生将所学的理论知识应用到实际生活中，增强对理论知识的理解和认同，培养学生的实践能力和创新精神。实践教学能够弥补理论教学的不足，使学生在实践中发现问题、分析问题和解决问题，进一步深化对理论知识的理解和掌握。同时，实践教学中获得的经验和感悟又可以反馈到理论教学中，促进理论教学的不断改进和完善。

二、思想政治理论课实践教学的特征

作为落实立德树人根本任务关键课程的思想政治理论课的实践教学，与其他课程的实践教学相比较，具有自身的特征。

（一）突出的政治教育性

思想政治理论课实践教学不仅仅是传授知识的过程，更是对学生进行思想政治教育、品德修养塑造以及社会责任感培养的关键环节。它旨在通过多样化的实践活动，将抽象的政治理念转化为具体的生活体验，进而达到潜移默化的效果，确保学生能够在思想上、行动上与党和国家保持一致。思想政治理论课实践教学的政治教育性体现在其作为培养社会主义建设者和接班人的重要途径之一，承载着传递国家意识形态、弘扬社会主义核心价值观的任务。主要表现在：一是强化马克思主义在意识形态领域的指导地位。通过实践教学，学生可以更深入地理解马克思主义基本原理及其在中国特色社会主义实践中的应用，坚定对马克思主义的信仰。二是传播社会主义核心价值观。实践活动有助于将富强、民主、文明、和谐等社会主义核心价值融入学生的日常生活与行为准则中，促进他们形成正确的道德观念和社会责任感。三是增强爱国主义情感。通过参观革命历史遗址、参与爱国主义教育基地活动等形式，可以使学生亲身感受到中华民族的伟大历程和辉煌成就，激发爱国热情和民族自豪感。四是提高政治认同感。通过了解中国共产党领导下的新中国成立以来所取得的巨大进步和发展成果，学生能够更加深刻认识到中国特色社会主义制度的优势，从而增强对中国共产党和中国政府的政治认同。五是培养服务社会意识。鼓励学生参加志愿服务、社会实践等活动，不仅能够让他们体验到为人民服务的乐趣，还能够在实践中树立起奉献精神和服务社会的意识。六是促进法治观念形成。实践教学还可以包括法律知识普及等内容，帮助学生建立正确的法律意识，尊重宪法和法律权威，成为遵纪守法的好公民。

（二）理论性与实践性的统一

思想政治理论课实践教学的理论性与实践性的统一，是指在教学过程中将理论学习和实践活动有机结合，使学生不仅能在课堂上系统地掌握思想政治理论知识，还能通过实际参与社会活动来深化理解、增强应用能力。思想政治理论课实践教学的理论性与实践性的统一，不仅强调理论的重要性，也重视实践的价值，它是一种动态互动的过程，旨在全面提升学生的认知水平和社会实践能力。

首先，马克思主义理论作为思想政治理论课实践教学的基石，为实践活动提供了明确的方向指引和科学的方法指导，确保实践活动沿着正确的道路前行，实现预期的目标。马克思主义理论是思想政治理论课重要的核心教学内容，更是行动的指南。对马克思主义的理论学习为学生提供了分析问题的方法论工具，帮助学生用科学的世界观和方法论看待社会现象，思考国家政策和社会发展的问题。比如，马克思主义的辩证唯物主义和历史唯物主义世界观与方法论，使学生能够运用全面、联系、发展的眼光看待问题，深入分析实践活动中所面临的各种现象和矛盾，从而找到解决问题的有效途径。

其次，思想政治理论课实践教学通过丰富多样的实践活动，为学生提供了将抽象理论知识与实际生活紧密结合的平台，使学生能够在亲身体验中深化对理论知识的理解与感悟。实践教学环节通过参观考察、社会调研、志愿服务、实习实训等形式，给予学生亲身体验不同的社会角色和社会情境的机会，有助于加深学生对理论的理解，提高学生解决问题的能力，进一步增强学生的社会责任感和使命感。在实践教学中，既要注意融入社会热点问题的实践，帮助学生更加深入地理解社会热点问题，又要注重联系学生生活的实践，设计与学生生活紧密相关的实践活动，让学生真切感受到思想政治理论课的实用性和价值，从而增强学生的参与感和认同感，使学生在实践中更好地领悟和践行所学知识。

思想政治理论课理论性与实践性的统一，理论为实践提供方向指引和支持，实践又反过来丰富和发展了理论，两者相辅相成，使学生在理论指导下进行实践，在实践中验证理论，达到“知行合一”的效果。在理论与实践结合的过程中，学生可以培养出创新思维，学会从不同角度审视问题，提出新的解决方案，提升综合素质。

（三）教学形式的多样性

思想政治理论课实践教学从大的层面上可分为课堂外实践和课堂内实践。

课堂外实践是思政课实践教学的主要形式，包括但不限于参观考察、社会调查、志愿服务等，为学生提供了广阔的社会舞台，使其能够走出校园，亲身感受社会的丰富多彩，在实践中不断提升综合素质。参观考察是组织学生到具有教育意义的场所进行实地参观和学习的教学形式。通过参观考察，学生可以直观地感受历史文化、社会发展和科技创新等方面的成果，拓宽视野，增强爱国主义情感和民族自豪感。例如，组织学生参观博物馆、纪念馆、爱国主义教育基地、科技创新园区等，在参观过程中，学生可以通过接触历史文物、珍贵史料，了解先辈们的奋斗历程和伟大成就，从而更加深刻地理解和传承中华民族的优秀传统文化，激发为实现中华民族伟大复兴而努力奋斗的决心。社会调查是让学生深入社会，对某一社会现象或问题进行实地调研和分析的实践活动。通过社会调查，学生可以了解社会现实，掌握第一手资料，运用所学理论知识进行分析和研究，提出自己的见解和建议。学生可以开展关于“大学生就业现状与前景”的社会调查，通过问卷调查、访谈等方式收集数据，分析当前大学生就业面临的问题及原因，并提出相应的解决对策。这不仅有助于提高学生的实践能力和社会责任感，还能让学生更好地了解社会需求，为未来的职业发展做好准备。志愿服务是学生参与社会公益活动，为他人和社会提供帮助的实践形式。通过志愿服务，学生可以践行社会主义核心价值观，培养奉献精神和社会责任感，增强对社会的认知和理解。例如，学生可以参与社区义工活动、环保公益活动、关爱弱势群体活动等，在这些活动中，学生能够亲身体验社会生活，感受他人的需求，将所学的道德理念转化为实际行动，提升自身的道德素养。

在课堂理论教学过程中也可以开展实践教学，例如，主题演讲、案例讨论、角色扮演等。主题演讲作为一种常见的课堂实践形式，能够极大地锻炼学生的语言表达能力和逻辑思维能力。在准备过程中，他们不仅要梳理清晰自己的观点，还要运用恰当的事例进行论证，从而使演讲更具说服力和感染力。这一过程促使学生深入理解思政理论知识，将抽象的理念转化为具体的语言表达，进而提升自身的逻辑思维能力和语言组织能力。在演讲过程中，学生们要面对全班同学，自信地表达自己的观点，这对他们的口头表达能力和心理素质也是一种极大的考验。案例讨论也是课堂实践教学的重要形式之一。教师选取具有代表性的社会热点案例，引导学生进行深入讨论。案例讨论能够激发学生的思维活力，培养他们的批判性思维和团队协作能力。角色扮演同样是一种极具吸引力的课堂实践形式。通过角色扮演，学生能够更加直观地感受不同角色的立场和需求，使他们能够更加深入地理解思政理论知识，有助于培养他们的沟通能力和应变能力，增强学习的趣味性和实效性。

（四）学生主体地位的凸显性

在思想政治理论课实践教学中，师生双向互动的教学模式成为促进教学相长、提升教学质量的关键，更重要的是打破了传统教学中教师单向传授知识的局面，构建起师生共同参与、相互启发、彼此促进的良好教学生态，学生学习的主体地位彰显。主要表现在：实践教学鼓励学生根据自己的兴趣和社会热点问题选择研究课题或实践项目，从而激发他们自主探索知识的热情，这种自我驱动的学习方式有助于培养学生的独立思考能力和解决问题的能力；实践教学通过组织多样化的实践活动，如社会调研、志愿服务、社区服务等，使学生能够更直接地参与到社会事务中来，感受到自己对社会的影响，进而增强他们的社会责任感和公民意识；在实践教学过程中，学生往往需要分组协作完成任务，这不仅促进了同学间的交流合作，也让他们学会了如何在一个团队中发挥各自的优势，共同达成目标；思政课实践教学为学生提供了一个将理论应用于实际的机会，鼓励他们在实践中提出新观点、尝试新方法，培养创新精神和解决实际问题的能力。

三、思想政治理论课实践教学的意义

作为思想政治理论课的重要组成部分，实践教学具有十分重要的作用。实践教学能够帮助学生将课堂所学的理论知识与实际生活紧密结合，深化对马克思主义理论的理解，切实提高运用马克思主义的立场、观点和方法去分析问题、解决问题的能力，从而促进学生的全面发展。通过参与社会实践活动，学生能够走出校园，深入社会基层，亲身感受国情、社情、民情，增强对社会的认知和责任感，培养社会责任感和使命感。实践教学还能增强思政课的针对性、实效性和吸引力，从而提高思政课的教学质量和水平。

（一）深化对马克思主义理论的理解

马克思主义理论是思想政治理论课的核心内容，然而其理论性较强，学生在单纯的课堂理论学习中，往往难以深入理解其内涵和实质。实践教学为学生提供了将抽象理论与具体现实相结合的机会，帮助学生深化对马克思主义理论的理解。

实践教学有助于学生把握马克思主义理论的本质特征。马克思主义理论具有科学性、革命性、实践性、人民性和发展开放性等本质特征。实践教学通过引导学生运用马克思主义的立场、观点和方法去分析和解决实际问题，让学生亲身体验到马克思主义理论对客观世界的准确把握和科学解释，从而深刻认识到马克思主义理论的科学性并非抽象的概念，而是能够在实际生活中得到有力验证的真理；实践教学为学生提供了接触社会现实矛盾和问题的机会，有助于学生理解马克思主义理论所倡导的通过革命实践推动社会变革的深刻内涵，切实感受到其对推动社会进步的强大动力；实践教学让学生走出课堂，参与到各种实际的社会实践活动中。通过亲身参与实践活动，学生将马克思主义理论运用到具体的实践场景中，实现理论与实践的有机结合，从而更加深刻地理解马克思主义理论的实践性要求；在实践教学中，学生通过社区志愿服务、公益劳动等深入了解人民群众的需求和利益，真切体会到马克思主义理论始终以人民为中心的价值取向；在实践教学中，学生接触到不断变化的社会现实和新的实践问题，促使他们思考如何运用马克思主义理论去应对和解决新情况，认识到马克思主义理论要不断与时俱进，从而更好地理解其发展开放性的本质特征。

实践教学引导学生深刻领悟马克思主义理论的时代价值。马克思主义理论具有鲜明的时代性，它始终与时代发展紧密相连，不断回应时代提出的各种问题。实践教学能够引导学生关注我国社会发展的现实问题，运用马克思主义理论去分析和解决这些问题，深刻理解马克思主义理论在指导我国社会主义现代化建设中的重要作用，认识到马克思主义理论是推动我国社会发展的强大思想武器，其时代价值在新时代得到了充分体现。

（二）增强社会责任感和使命感

“青年兴则国家兴，青年强则国家强。青年一代有理想、有本领、有担当,国家就有前途,民族就有希望。”[①]青年作为国家的未来与民族的希望，肩负着实现中华民族伟大复兴的重大历史使命。培养青年的社会责任感和使命感是推进国家富强、民族进步的关键。然而，部分学生受困于自身狭小的生活圈，对社会现实缺乏深入洞察，难以清晰认知自身所肩负的责任与使命，存在着个人主义、功利主义等倾向。思想政治理论课实践教学通过引导学生走出校园，深入社会，了解国情、社情、民情，能够让学生真切地感受到社会发展的需求和人民群众的期望，从而激发他们的社会责任感和使命感，促使他们将个人的成长与国家和社会的发展紧密联系起来，实现从“小我”到“大我”的转变。有研究表明，思政课实践教学有利于进一步深化学生的爱国情感，增强学生担负民族复兴大任的志气；有利于进一步坚定学生的意志信仰，增强学生担负民族复兴大任的骨气；有利于进一步提升学生的综合素养,增强学生担负民族复兴大任的底气。[②]比如，组织学生开展有关乡村振兴的社会实践，带领学生深入农村地区，与农民进行面对面交流，全方位了解农村在产业发展、生活改善、文化建设等方面的现状与需求。在此过程中，学生目睹了乡村振兴战略给农村带来的翻天覆地的变化,同时也清晰地认识到农村发展进程中依然面临着诸多挑战，增强了对农村社会的了解和对农民的情感认同，激发了自己为农村发展贡献智慧和力量的热情，从而有效增强了社会责任感和使命感。再比如，组织学生走进社区、敬老院、孤儿院等开展志愿服务活动，能促使学生关爱

---

① 习近平.决胜全面建成小康社会 夺取新时代中国特色社会主义伟大胜利：在中国共产党第十九次全国代表大会上的报告 [M]. 北京：人民出版社，2017.

② 朱丹.新时代高校思政课实践教学的内涵、价值及实现路径 [J]. 云南大学学报（社会科学版），2024，23(02):136-144.

他人、奉献社会的热情被充分激发，社会责任感和使命感也在潜移默化中得到增强。

此外，思想政治理论课实践教学在促进学生全面发展方面发挥着不可替代的重要作用。它关注学生的知识学习，更注重培养学生的综合素质和能力，包括创新能力、实践能力、团队协作能力、沟通表达能力等，助力学生在思想道德、学业水平、身心健康等多个维度实现全面提升。

（三）涵养政治认同和家国情怀

政治认同是指学生对国家政治制度、政治理念以及政治发展道路等方面的认可与赞同。政治认同构成了学生树立正确政治方向的关键基石，它并非一种简单的情感倾向，而是基于理性认知与价值判断之上，对国家政治体系的深度接纳与积极肯定。家国情怀则体现为个体对国家和民族所怀有的深厚情感，蕴含着对国家繁荣昌盛、民族伟大复兴的殷切期盼与强烈责任感。这种情怀是在漫长的历史演进与文化传承中逐渐积淀而成，是中华民族凝聚力与向心力的重要源泉。思想政治理论课实践教学，凭借其丰富多元的实践活动形式，为学生深入了解国家的历史文化、发展成就以及现实国情提供了有效途径，进而有力地促进学生政治认同和家国情怀的增强。例如，组织开展“追寻红色足迹”的参观考察活动，在此过程中，学生走进革命纪念馆、红色遗址等承载着厚重历史记忆的场所。通过近距离观赏珍贵的历史文物，聆听那些感人至深的革命故事，学生得以亲身感受革命先辈们为了实现国家独立和民族解放，不惜抛头颅、洒热血的伟大精神。这种直观且深刻的体验，能使学生深刻认识到中国共产党在国家发展进程中所发挥的中流砥柱作用，深刻领会到中国共产党的伟大与正确指导。同时，学生们也清晰地认识到中国特色社会主义道路是历史的必然选择，是人民的自主抉择。基于此，学生们对中国共产党的政治认同得以强化，对中国特色社会主义的信念愈发坚定。再如，组织学生参与“我为家乡发展献计策”的社会实践活动。学生围绕家乡的经济发展、文化建设、生态保护等多个维度展开深入调研。在调研过程中，学生全面且深入地了解家乡的现状与面临的问题，并运用所学的专业知识提出具有针对性的建议和切实可行的方案。在这一过程中，学生真切地感受到家乡的发展变化与自身紧密相连，对家乡的热爱之情自然而然地在心底油然而生。与此同时，学生更加深刻地认识到国家的发展离不开每一个个体的努力付出，自己作为新时代的青年，肩负着为国家和家乡的发展贡献力量的神圣责任与光荣使命。这种认知极大地激发了学生的家国情怀以及爱国奉献精神，促使他们将个人的成长与国家、家乡的发展紧密结合在一起。

（四）提升思政课教学的针对性和实效性

“思想政治理论课要坚持在改进中加强，提升思想政治教育亲和力和针对性，满足学生成长发展需求和期待。”[①] 这为思政课教学改革指明了方向。传统思政课教学侧重于理论知识的单向传授，教学方式多为教师课堂讲授，形式较为单一，教学内容常与学生的实际生活存在一定脱节，未能充分考虑学生的兴趣点与现实需求，致使部分学生对思政课兴致索然，教学效果难以达到预期目标。《关于深化新时代学校思想政治理论课改革创新的若干意见》明确提出，要增强思政课的时代性，这就要求思政课教学内容紧跟时代步伐，回应社会热点。思政课实践教学的开展，则为打破这一教学僵局提供了有效途径。

实践教学能够紧密围绕学生的实际需求和社会热点问题来精心设计教学内容和活动形式。在社会快速发展、信息爆炸的时代背景下，学生们关注的问题呈现出广泛且多样的特点，涵盖就业创业、环境保护、社会公平、网络安全等诸多领域。思政课实践教学可针对这些热点问题，组织学生开

① 习近平．思政课是落实立德树人根本任务的关键课程 [J]. 求是，2020(17)：4-16.

展调研、讨论、辩论等丰富多彩的活动，这种教学内容紧密贴合学生的生活实际，容易引发学生的情感共鸣，激发他们的浓厚兴趣，促使他们更加积极主动地参与到教学活动中来，从而显著提高教学的针对性。从教学实效性角度而言，实践教学以学生为主体，让学生在亲身参与的过程中去感受、体验和思考。这种教学方式能够将抽象的思政理论知识转化为生动形象、易于理解的内容，从而极大地提高教学的实效性。

思政课社会实践能够促使教师不断改进教学方法和手段，提高教学质量。在实践教学过程中，教师要根据实践活动的内容和学生的实际情况，设计合理的教学方案，引导学生进行思考和探索。这要求教师具备丰富的实践经验和扎实的专业知识，能够灵活运用各种教学方法，如案例教学、小组讨论、实地考察等，以满足学生的学习需求。此外，实践教学促进了教育教学资源的整合与利用。为了开展实践教学，学校与社会各界建立了广泛的联系，整合了各种教育教学资源，如企业、社区、博物馆、纪念馆等，为学生提供了丰富的实践平台。这些资源的整合与利用，不仅拓宽了学生的视野，还为教育教学改革提供了更多的可能性。通过整合这些资源，教育教学不再局限于课堂和校园，而是延伸到了社会的各个领域，实现了教育教学的多元化和社会化。

第二节　新时代思想政治理论课实践教学的现状

实践教学是思政课教学的重要组成部分，对提升思政课教学的针对性、实效性和吸引力有着十分重要的作用。鉴于此，各级教育主管部门、各级各类学校、思政课建设者都高度重视思政课实践教学，有关实践教学的顶层设计不断加强。由于思政课教学的特殊性，实践教学还面临诸多困境。随着“大思政课”建设的推进，对思政课实践教学提出了新要求。把握思政课实践教学的现状有利于更好地推进新时代思政课实践教学的创新和高质量发展。

一、新时代思想政治理论课实践教学顶层设计不断加强

实践教学是实现思政课落实立德树人根本任务关键课程作用的重要环节。为抓好思政课实践教学，中共中央宣传部 教育部出台了一系列有关思政课实践教学的文件，思政课实践教学顶层设计不断加强。

2004 年，中共中央、国务院印发《关于进一步加强和改进大学生思想政治教育的意见》（中发〔2004〕16 号），提出了“坚持政治理论教育与社会实践相结合”的思想政治教育原则，要求思想政治理论课要“把理论武装与实践育人结合起来”“积极探索和建立社会实践与专业学习相结合、与服务社会相结合、与勤工助学相结合、与择业就业相结合、与创新创业相结合的管理体制”①。2005 年，中共中央宣传部 教育部印发《关于进一步加强和改进高等学校思想政治理论课的意见》（教社政〔2005〕5 号），明确提出要加强思想政治理论课实践教学，“高等学校思想政治理论课所有课程都要加强实践环节。要建立和完善实践教学保障机制，探索实践育人的长效机制。围绕教学目标，制定大纲，规定学时，提供必要经费。加强组织和管理，把实践教学与社会调查、志愿服务、公益活动、专业课实习等结合起来，引导大学生走出校门，到基层去，到工农群众中去，还要通过形式多样的实践教学活动，提高学生思想政治素质和观察分析社会现象的能力，深化教育教学的效果”②。2010 年，教育部印发《关于进一步加强和改进研究生思想政治教育的若干意见》（教思政〔2010〕11 号），提出：“要强化研究生实践教育环节，将社会实践纳入研究生培养方案，作为研

① 中共中央国务院发出《关于进一步加强和改进大学生思想政治教育的意见》[N]. 人民日报，2004-10-15(01).

② 中宣部 教育部关于进一步加强和改进高等学校思想政治理论课的意见 [J]. 中华人民共和国教育部公报，2005(04):31-35.

究生培养的必要环节，做到有计划、有规范、有考核，形成长效机制。”①2018年，教育部印发《新时代高校思想政治理论课教学工作基本要求》的通知（教社科〔2018〕2号），明确要求“从本科思想政治理论课现有学分中划出2个学分，从专科思想政治理论课现有学分中划出1个学分，开展本专科思想政治理论课实践教学”“要制定实践教学大纲，整合实践教学资源，拓展实践教学形式，注重实践教学效果”②。2020年，教育部等八部门印发《关于加快构建高校思想政治工作体系的意见》（教思政〔2020〕1号），提出：“深化实践教育。把思想政治教育融入社会实践、志愿服务、实习实训等活动中，创办形式多样的‘行走课堂’。”③2020年，中共中央宣传部 教育部印发《新时代学校思想政治理论课改革创新实施方案》的通知（教材〔2020〕6号），要求：“各高校要规范实践教学，把思想政治教育有机融入社会实践、志愿服务、实习实训等活动中，切实提高实践教学实效。”④2022年，教育部等十部门联合印发《全面推进“大思政课”建设的工作方案》的通知（教社科〔2022〕3号），针对实践教学重视不够的现象，提出要“构建实践教学工作体系”“落实思政课实践教学学时学分”“组织开展多样化的实践教学”“建好用好实践教学基地”⑤等。

---

① 教育部关于进一步加强和改进研究生思想政治教育的若干意见 [J]. 中华人民共和国教育部公报，20101(11).

② 教育部关于印发《新时代高校思想政治理论课教学工作基本要求》的通知 [J]. 中华人民共和国教育部公报，2018(05).

③ 教育部等八部门关于加快构建高校思想政治工作体系的意见 [J]. 中华人民共和国教育部公报，2020(04):23-27.

④ 中宣部 教育部关于印发《新时代学校思想政治理论课改革创新实施方案》的通知 [J]. 中华人民共和国国务院公报，2021(09).

⑤ 教育部等十部门关于印发《全面推进“大思政课”建设的工作方案》的通知 [J]. 中华人民共和国教育部公报，2022(10).

上述文件的出台，明确了思政课实践教学的重要性，提出了加强思政课实践教学的基本要求和具体措施，为开展思政课实践教学提供了根本依据。

二、“大思政课”建设对思想政治理论课实践教学提出了新要求

2021 年 3 月，习近平总书记在看望参加全国政协会议的医药卫生界教育界委员时提出：“‘大思政课’我们要善用之，一定要跟现实结合起来。”“思政课不仅应该在课堂上讲，也应该在社会生活中来讲。”① 2022 年 8 月，教育部等十部门印发《全面推进“大思政课”建设的工作方案》，文件强调全面推进“大思政课”建设要善用社会大课堂，明确指出：“坚持开门办思政课，强化问题意识、突出实践导向。”② 推进“大思政课”建设对思政课实践教学提出了新的要求。

在教学观念上，要突出实践导向，坚持“开门办思政课”。“大思政课”强调将“思政小课堂”延展到“社会大课堂”。思政课实践教学要围绕新时代中国特色社会主义的伟大实践，有针对性地开展实践教学；要打破传统的课堂教学局限，积极与社会各界、家庭建立紧密联系，构建学校、社会、家庭协同育人的大格局，形成全方位、多层次的育人合力；要更加注重学生的主体地位和个性化需求，充分激发学生的主动性、积极性和创造性。实践教学的内容和形式要根据学生的兴趣、专业特点和成长需求来设计，让学生在实践中自我探索、自我教育、自我提升。

在教学管理上，要规范思政课实践教学、建好实践教学基地。规范思政课实践教学是课程开展的必然要求，根据教学目标制定合理的教学计划，

① 杜尚泽.“‘大思政课’我们要善用之”（微镜头·习近平总书记两会“下团组”·两会现场观察）[N]. 人民日报，2021-03-07(01).

② 教育部等十部门关于印发《全面推进“大思政课”建设的工作方案》的通知 [J]. 中华人民共和国教育部公报，2022(10).

严格落实教育部规定的本科 2 个学分、专科 1 个学分的思政课实践教学学时学分要求，并将其纳入各专业人才培养方案。思政课实践教学基地是新时代伟大建设成果的具象化表征，能够整合社会资源，充分发挥地域文化育人功能。思政课不能关在“小课堂”，而是要与现实结合，了解历史与现实、国情与世情。实践教学基地是承载历史文化的重要场所，具有重要的现实意义。

在教学内容上，要拓展实践教学的广度和深度，增强内容的时代性。“大思政课”要求思政课实践教学内容紧跟时代步伐，及时反映党和国家事业发展的新成就、新经验、新要求，要将习近平新时代中国特色社会主义思想、中国特色社会主义伟大实践、重大时事热点等纳入实践教学内容，让学生深刻感受时代脉搏，增强对国家和社会的责任感。实践教学内容要从传统的理论知识拓展到经济、政治、文化、社会、生态等各个领域，从国内延伸到国际，引导学生全面、深入地认识世界和中国发展大势，要注重内容的融合性，推动思政课实践教学与其他专业课程实践教学的有机融合，挖掘各专业课程中的思政元素，实现思政教育与专业教育的协同共进。

在教学方式上，要强化协同，创新实践教学方式。除了传统的参观考察、社会调查等形式，还应积极探索项目式学习、体验式教学、志愿服务、红色研学等新的实践教学方式，要利用互联网、大数据等现代信息技术，打造线上线下相结合的思政课实践教学平台。线上可以开展虚拟实践教学、在线讨论、作业提交与批改等活动，线下则进行实地实践、面对面交流指导等，提高实践教学的效率和覆盖面。此外，要加强与地方政府、企业、社区等的合作，建立稳定的实践教学基地，为学生提供丰富的实践教学资源。邀请社会各界人士参与思政课实践教学，如邀请劳动模范、道德楷模、优秀企业家等为学生举办讲座、指导实践活动，能增强实践教学的感染力和说服力。

三、新时代思想政治理论课实践教学面临诸多困境

尽管思政课实践教学顶层设计不断加强，思政课建设者对实践教学的重视程度不断提高，但思政课实践教学依然面临诸多问题，主要表现在以下几个方面。

（一）落实实践教学要求不到位

部分高校对思政课实践教学的重视程度不足，未能将实践教学真正纳入人才培养的核心体系。虽然在课程设置上有实践教学的学分要求，但在实际执行过程中，存在诸多问题。一些学校没有明确的实践教学大纲，导致教师在组织实践教学时缺乏明确的指导，教学内容和形式随意性较大。一些学校的思政课实践教学还没有形成完善的教学体系，在教学目标、教学内容、教学方法、考核评价等方面缺乏明确的标准和规范，导致实践教学的随意性较大。

（二）实践教学资源不足

一是缺乏稳定的实践教学基地。稳定的实践教学基地是思政课社会实践顺利开展的重要保障。然而，当前许多高校在实践教学基地建设方面面临诸多困难。一方面，寻找合适的合作单位并非易事。企业、社区等单位往往出于自身利益和安全等方面的考虑，对接收学生开展实践活动的积极性不高。一些企业担心学生的实践活动会干扰正常的生产经营秩序，增加管理成本；社区则可能因缺乏相应的组织和管理能力，难以有效安排学生的实践活动。另一方面，即使与部分单位建立了合作关系，也常因缺乏长效的合作机制，导致实践基地不稳定。合作双方在合作目标、权利义务等方面缺乏明确的规定，一旦遇到实际问题，合作关系就容易出现裂痕。

二是实践经费短缺。实践经费是制约思政课社会实践开展的重要因素之一。思政课社会实践涉及交通、住宿、调研材料、专家指导等多个方面，

都需要充足的经费支持。然而，目前不少高校对思政课社会实践的经费投入不足，难以满足实践教学的实际需求。一些高校在财政预算中，对思政课社会实践经费的安排较少，导致实践活动的规模和范围受到限制。有的学校只能组织少数学生参加实践活动，或者选择距离学校较近、成本较低的实践地点，这大大限制了学生的实践选择和视野拓展。

（三）实践教学组织困难

思政课实践教学覆盖全体在校学生，涉及人数众多，需要大量的人力、物力、财力支撑，导致组织困难，难以真正实现全覆盖。在组织学生进行校外实践教学时，安全管理难度较大，如学生的交通出行安全、实践活动中的人身安全等，学校和教师需要投入大量的精力进行安全管理，但仍难以完全避免安全事故的发生，这也在一定程度上制约了实践教学的开展。

（四）教师指导能力有待提高

一是实践经验欠缺。部分思政课教师长期专注于理论教学，缺乏丰富的社会实践经验，这在一定程度上影响了他们对学生实践活动的有效指导。思政课教师大多毕业于高校的相关专业，毕业后直接进入学校从事教学工作，他们在理论知识的掌握上较为扎实，但对社会实际情况的了解相对有限。在指导学生进行社会调研时，由于自身缺乏实际的调研经验，教师可能无法准确地指导学生如何选择合适的调研方法、如何设计有效的调查问卷、如何与调研对象进行有效的沟通等，影响调研的质量和效果。

二是指导精力有限。高校思政课教师通常承担着繁重的教学任务和科研压力，这使得他们在思政课社会实践指导方面的精力投入受到限制。在指导学生的社会实践过程中，教师需要花费时间和精力对学生的实践方案进行审核、指导学生开展实践活动、解答学生在实践中遇到的问题、对学生的实践成果进行评价等。由于精力有限，教师可能无法对每个学生的实践活动进行细致入微的指导，导致部分学生在实践过程中遇到问题得不到及时解决，影响了实践教学的效果。

（五）学生参与积极性不高

一是对实践教学认识不足。部分学生对思政课实践教学的目的和意义认识存在偏差，将其视为一种额外的任务，而非提升自身综合素质的重要途径。在一项针对某高校学生的问卷调查中，当问及“你认为思政课社会实践的主要目的是什么”时，有30%的学生认为是为了完成学校规定的学分任务，仅有20%的学生认为是为了提升自己分析和解决问题的能力。这表明相当一部分学生对实践教学的价值认识不够深刻，没有充分理解思政课社会实践对于自身成长和发展的重要性。这种认识上的不足，导致学生在参与实践活动时缺乏主动性和积极性。他们往往只是被动地按照教师的要求完成任务，缺乏对实践活动的深入思考和探索。此外，部分学生对思政课本身存在误解，认为思政课理论性强、枯燥乏味，实践教学也无法改变这种状况，从而对思政课实践教学缺乏兴趣。

二是实践活动缺乏吸引力。思政课实践活动形式单一、内容枯燥是导致学生参与积极性不高的重要原因之一。当前，许多高校的思政课实践活动主要是参观考察、社会调研等传统形式，缺乏创新性和多样性。这些活动形式往往较为固定，缺乏与学生兴趣和需求的有效对接，难以激发学生的参与热情。在参观考察活动中，一些教师只是按照既定的路线和讲解内容带领学生参观，缺乏与学生的互动和引导，学生只能被动地接受信息，无法深入思考和体验。某高校组织学生参观历史博物馆，教师只是简单地介绍了展品的基本信息，没有引导学生从思政课的角度去思考历史事件背后的意义和价值，导致学生在参观过程中感到枯燥乏味，参与度不高。社会调研活动也存在类似问题，部分调研主题陈旧，缺乏时代感和现实意义，无法引起学生的兴趣。

三是学生个体差异难协调。一方面，学生除了思政课实践教学外，还有其他专业课程的学习和各种校园活动，导致在参与思政实践教学时，可能会出现时间上的冲突，难以全身心地投入到实践教学中。另一方面，学生在知识水平、兴趣爱好、实践能力等方面存在个体差异，教师在组织实践教学时，难以制定出满足所有学生需求的教学方案，导致部分学生在实践教学中参与度不高，收获有限。

由于思政课实践教学面临上述问题，在实践教学中存在着弱化和泛化思政课实践教学的现象。弱化实践教学主要表现在：部分高校对思政课社会实践的重视程度不足，存在实践教学环节安排不够合理、实践教学基地建设不够完善、实践教学经费投入不足等问题。泛化思政课实践教学主要表现在：将思政课实践教学与其他实践育人活动混为一谈，把与思政教育相关的实践工作都视为思政课实践教学，模糊了思政课实践教学的“课程”属性。泛化和弱化思政课实践教学都是对思政课实践教学认识的偏差，制约了思政课社会实践育人功能的发挥，亟待加以解决。

四、新时代思想政治理论课实践教学创新案例

创新是解决思政课实践教学面临困境的关键。为此，思政课建设者围绕如何有效开展思政课实践教学进行了探索和实践，形成了一系列成功案例。其中，西华大学马克思主义学院探索形成的“面—点—面”课外实践教学模式、“五点一线”课堂实践教学模式、线上线下混合实践教学模式具有很强的推广应用价值。

（一）思政课“面－点－面”课外实践教学模式

1. 单独设置思政课实践教学学分学时

西华大学马克思主义学院按照教育部《新时代高校思政课教学工作基本要求》精神，在本科人才培养方案中，从思政理论课学时学分中划拨 32

学时、2 个学分，独立开设了“思政课社会实践”公共必修课。

2. 构建思政课实践教学基地

学院不断加强思政课实践教学，是全国高校思政课实践教学联盟理事单位。另外，学校还充分挖掘校内外思政资源，建立了成都郫都区战旗村、建川博物馆、汶川水磨镇、邓小平故居等一批稳定的实践教学基地，为实践教学的有效实施提供了坚实保障。

3. 创新实践教学组织形式

学院形成了“面—点—面”课外实践教学模式。“面”就是实践教学覆盖思政理论课四门公共必修课的所有学生；“点”就是以教学班为单位，根据思政理论课成绩遴选部分学生参加学校集中组织的校外社会考察。学生考察回校后，将自己的考察心得与所在班级的同学分享交流，以“点”带“面”，辐射全体学生。

4. 科学设定实践教学内容

实践教学由必做板块和选做板块两大板块构成。必做板块根据实践教学所在时段统一设定实践主题，学生以个人或团队形式以视频制作方式展示主题；选做板块结合思政课教学内容，设置“中国近现代重要人物或重大事件述评”“马克思主义经典阅读”“社会调查”三个选题，学生选择其中之一按要求撰写评述论文、读后感和调研报告。

5. 有效开展实践成果考评

学生实践教学成绩中，必做部分和选做部分各占 50%。成绩由指导教师根据学生提交的成果进行评定；每个教学班遴选 1—2 个优秀视频上传专门的易班思政课实践成果网络平台进行展示；每个教学班遴选 1 篇优秀“心得体会”“读后感”“调查报告”“理论阐释文章”并汇编优秀成果集。

6. 教师全程指导

每个教学班通过线上教学平台（学习通）、课程 QQ 群、课程微信群等，任课教师采取“集中指导 + 个别指导”“线上指导 + 线下指导”的形式全程对学生的实践过程进行指导，其中集中指导时间不低于6课时。

该思政课实践教学模式实现了思政理论课课堂教学与实践教学的有机结合，实现了校内教育教学资源与校外育人资源的有机整合，有效解决了思政课实践教学人数多、组织难的问题，实现了实践教学全覆盖。同时，该实践教学模式充分调动了学生的积极性，发挥了学生的主动性，激发了学生进行实践教学的兴趣。

（二）思政课“五点一线”课堂实践教学模式

该教学模式紧扣思政课教学主旨，以思想政治理论课教学内容的逻辑性为主线，多维度协同“学习重点”“知识难点”“理论热点”“社会焦点”和“学生特点”，探索实施了“情景创设”“话说新闻”“主题班会”“半月谈”等教学方法，定期开展了“我的讲台”“热点辩论”“时事沙龙”等课堂活动，实现教材体系向教学体系的转化，解锁了思想政治理论课教学理论与实际脱节的困境，激发了学生学习的积极性和主动性。

（三）思政课线上线下混合实践教学模式

树立“大思政”理念，整合教学资源，多维协同推进思政课建设。一是构建协同育人机制。成立了学校思政课建设领导小组，统筹推进思政课建设。在省内高校首创由行政管理部门、马克思主义学院、学生所在学院组成的“思政课教学协作工作小组”，充分发挥校—院—师—生在思政课中的积极性和主动性，实现了教师、学生、管理者在思政课建设中的协同配合。二是整合教学资源，搭建协同育人平台。统筹地方党政领导干部、各行业先进模范等校内外思政课优质师资，落实了教育部“八支队伍上思政课讲台”要求。与建川博物馆等地方政府、社会组织、基层社区共建实践教学基地。与成都市金牛区教育工委等组建“大中小学思政教育联盟”，实现了思政资源联建、联享、联办。发挥学校易班网络平台优势，实施了西华大学“思政课进易班”行动，打造了包括思政易工作室、思政易课程、思政易实践、思政易视野在内的西华大学“思政‘易’课堂”，形成思政课“课堂+实践+网络”协同格局。三是发挥各育人主体作用，多维协同推进思政课建设。协同宣传部、学工部、校团委等部门，充分发挥项目组成员思想引领和学术研究的主导性，指导学生社团、“三下乡社会实践”“校园文化活动”等，学生思政课学习的获得感显著提高。

依托“易班”网络平台，拓展了思想政治理论课实践教学途径和空间，将《思想道德与法治》《中国近代史纲要》《毛泽东思想和中国特色社会主义理论体系概论》《马克思主义基本原理》每本书相对应的每门课程中8学时的课内实践采取“微”课程形式进行。由马克思主义学院教研室讨论出各门课8学时的自主学习内容，每门微课程（10—20分钟）由教研室集体备课，进行录制，并上传至易班优课，学生按要求学习并完成网上作业，教学班任课老师网上督促、评价学生学习结果。思想政治理论课教师在易班建立工作室，定期对理论和时事热点问题进行点评和答疑。依托易班平台的全功能应用服务，教师精心设计讨论话题、一事一议和热点辨析，经常与学生进行问题交流、方法研究、专业辅导和成才引导。思想政治理论课兼职教师发挥贴近学生的优势，依托“西华辅导员”易班公众号和公共群，以团队方式发布理论思考和工作经验。加强校内外优质教学资源共享。通过易班提供的资料库、题库，实现校内资源共享。以易班切入其他相关主题学习网站和微信公众号学习平台，实现各地各高校教学资源共建共享。

发挥学生主体作用，引导学生做到真信真用马克思主义。组建专业学生社团，发挥“马克思主义经典著作研读会”等学生社团的作用，指导学生开展《共产党宣言》等经典著作的读书分享会和师生接力诵读活动，学生理论学习的自觉性不断增强。依托大学生宣讲团、微讲堂等自我教育平台， 组织学生骨干深入学校、街道、企业、农村开展理论宣讲。

开展学生学习思政课成果展示，搭建线上线下学生学习成果展示平台，组织评优，展示优秀实践案例。在“思政易实践”平台上展示学生围绕“改革开放四十年”“我和我的祖国”“抗击疫情”等的学习成果。

该实践教学模式发挥课堂、实践、网络的相互补充作用，形成了思想政治理论课“课堂+实践+网络”的教育教学新格局。新华网、中国社会科学网等多次以“创新思政课程 西华大学上演别样学习成果展示会”“西华大学思政课持续开展大学生‘我和我的祖国’主题实践活动”为题进行报道。

第三节　新时代思想政治理论课实践教学创新路径

创新思想政治理论课实践教学是实现思政课实践教学效用的关键所在。因此，要从认识上高度重视思政课实践教学的重要性，要根据思政课教学目标优化实践教学内容，提高思政课教师开展实践教学的能力，发挥学生在实践教学中的主体作用，创新实践教学形式，完善实践教学保障体系。

一、高度重视思政课实践教学的重要性

实践教学是思政课教学不可或缺的重要环节，是增强思政课教学针对性、实效性和吸引力的关键，不仅能帮助学生深化对理论知识的理解，还能引导学生将所学知识运用到实际生活中，培养学生的实践能力和创新精神，提升学生的综合素质。从教育目标来看，实践教学是实现思想政治教育目标的重要途径。通过实践教学，学生能够更加深入地了解社会现实，增强对国家和民族的认同感，树立正确的世界观、人生观、价值观，成为让党放心、爱国奉献、担当民族复兴重任的时代新人；从教学过程来看，实践教学能够激发学生的学习兴趣和主动性，使学生从被动接受知识转变为主动参与学习，能够更好地理解思政课的理论内涵，提高学习效果；从学生成长成才来看，实践教学对学生的成长和发展具有深远影响。它有助

于培养学生的社会责任感和使命感，让学生在实践中关注社会问题，积极参与社会服务，增强为社会作贡献的意识。能锻炼学生的沟通能力、团队协作能力和解决问题的能力，为学生未来走向社会奠定坚实的基础。

为加强思政课实践教学，中宣部、教育部先后在多个文件中对思政课实践教学的学时学分、组织安排等作出了明确规定，提出了具体要求：《新时代高校思想政治理论课教学工作基本要求》规定，本科学段要从思政课总学分中划出 2 个学分，专科学段划出 1 个学分开展思政课实践教学。2019 年《关于深化新时代学校思想政治理论课改革创新的若干意见》要求："推动思政课实践教学与学生社会实践活动、志愿服务活动结合，思政小课堂和社会大课堂结合，完善思政课实践教学机制。"[①]《全面推进"大思政课"建设的工作方案》提出要加强思政课实践教学，"善用社会大课堂"，并对各级各类学校实践教学的组织领导、工作体系、学时学分、实践基地建设、实践教学形式、经费等作出了明确规定。各级各类学校要严格按照中宣部、教育部的相关要求，落实思政课实践教学学时学分、确立科学合理的思政课实践教学目标、设计完善的课程体系、制定详尽的实践教学计划、编制实践教学大纲和实施方案、建设优质实践基地、组建培养实践教学团队、实施规范的实践教学管理机制、创新实践教学评价考核反馈方式，不断完善实践教学工作体系，促进实践教学更加规范化、科学化和系统化，避免将实践教学形式化、表面化。

二、明确思政课教学目标，优化实践教学内容

教学目标是教学活动的出发点和归宿，明确而精准的教学目标能够为教学活动提供清晰的方向指引。思政课是对青少年进行思想政治教育的主

---

① 中共中央办公厅 国务院办公厅印发《关于深化新时代学校思想政治理论课改革创新的若干意见》[J]. 中华人民共和国教育部公报，2019(09).

渠道，是落实立德树人根本任务的关键课程、灵魂课程。实践教学是思政课教学的重要组成部分，思政课实践教学应紧密围绕思政课程的性质和任务明确教学目标。

思政课实践教学目标应包括知识与技能目标、过程与方法目标、情感态度与价值观目标三个维度。在知识与技能目标方面，要让学生深入理解马克思主义基本原理、中国特色社会主义理论体系等思政课的核心知识，了解中国特色社会主义建设的实际情况，运用所学理论知识分析和解决实际问题，深化对理论知识的理解和掌握，提高学生的理论联系实际能力。在过程与方法目标方面，着重培养学生的实践能力和创新精神。通过社会调查、志愿服务、案例分析等实践教学，让学生学会观察、思考、分析和解决问题，提高学生的实践操作能力和创新思维能力，锻炼沟通能力、团队协作能力，培养社会责任感和奉献精神。在情感态度与价值观目标方面，引导学生树立正确的政治方向，增强爱国主义情感、集体主义观念和社会主义信念，增强对国家和民族的认同感和自豪感。注重培养学生正确的世界观、人生观、价值观，以及良好道德品质和行为习惯。

明确思政课实践教学目标，还要充分考虑学生的实际情况和需求。不同年级、不同专业的学生在知识水平、认知能力和兴趣爱好等方面存在差异，因此教学目标应具有针对性和层次性。对于低年级学生，可以侧重于基础知识的学习和基本技能的培养，通过课堂讨论、小组汇报等实践活动，引导学生初步了解思政课的理论知识和实践方法。对于高年级学生，可以开展课题研究、社会实践等，培养学生的综合运用能力和创新能力。思政课实践教学目标还应与时代发展的要求相结合。实践教学也要与时俱进，关注社会热点问题和时代发展趋势，引导学生树立正确的价值观和社会责任感。

思政课实践教学内容是实现教学目标的重要载体，优化教学内容对于提高教学质量和效果具有重要意义。在优化思政课实践教学内容时，首先，要结合学生的实际情况和社会现实，以当下社会热点为切入点，设计符合学生兴趣的具有针对性、时代性和实践性的教学内容。其次，要根据不同专业学生的特点和需求，设计具有针对性的实践内容。对于理工科专业的学生，可组织参与科技创新相关的社会实践活动；对于文科专业的学生，可安排他们参与文化传播、社会调研等实践活动。再次，将地方特色与文化资源融入实践教学。各地拥有独特的历史文化、民俗风情和红色资源，这些都是思政课社会实践的宝贵素材。最后，将地方经济发展成果融入实践教学。组织学生参观当地的产业园区、科技创新企业，了解地方经济发展的现状和趋势，让学生感受改革开放以来地方经济取得的巨大成就，思考如何将个人的成长与地方经济发展相结合，为地方经济建设贡献自己的力量。这样的实践活动，能够增强学生对地方的认同感和归属感，激发学生服务地方的意识和责任感。

三、提高思政课教师开展实践教学的能力

思政课教师实践教学能力是影响思政课实践教学质量的关键因素，包括理论知识转化能力、实践指导能力、教学反思与创新能力等方面。理论知识转化能力是基础，这要求教师能够将抽象的思政理论知识巧妙地转化为生动具体、可操作的实践教学内容，使学生易于理解和接受。实践指导能力是教师实践教学能力的核心要素之一。教师要对学生进行全程指导，包括实践方案的制定、实践过程的操作、实践结果的分析等。教师要具备敏锐的观察力和判断力，及时发现学生在实践中遇到的问题，并给予针对性的指导和建议，帮助学生解决问题，提高实践能力。沟通协调能力对教师开展实践教学也至关重要。教师要与学生、学校相关部门、社会机构等进行沟通协调，以获取实践教学所需的资源和支持，同时，还要与学生进行充分的沟通，了解学生的需求和想法，确保学生能够有效参与实践活动。教学反思与创新能力是教师不断提升实践教学水平的动力源泉。教师要对

实践教学过程和效果进行反思，总结经验教训，发现存在的问题，提出改进措施，同时，还要关注教育教学领域的新动态、新方法，积极探索创新实践教学模式和方法，提高实践教学质量。

要加强对思政课教师实践教学能力的培养。第一，学校可定期组织教师参加社会实践培训，如安排教师深入企业、社区挂职锻炼，参与实际项目运作，积累实践经验。第二，举办实践教学专题研讨会、工作坊等，邀请专家学者、优秀教师分享实践教学经验与方法，提升教师教学水平。第三，建立教学交流平台，鼓励教师开展实践教学交流活动，促进教师分享教学心得与资源。学校可组织教师观摩优秀实践教学案例，开展教学反思与讨论，共同提高教学质量；设立教学改革项目，支持教师开展实践教学方法创新研究，探索适合不同课程与学生的教学模式，激励教师不断提升实践教学能力。

打造多元化师资团队是提高教师实践教学能力的重要举措。校外专家具有丰富的实践经验和专业知识，能够为思政课实践教学带来新的思路和方法。行业精英在各自的领域取得了突出成就，他们的成功经验和奋斗历程能够激励学生，为学生树立榜样。为更好地引进校外专家、行业精英、优秀校友等参与实践教学，学校可以建立完善的人才引进机制：与相关单位和机构建立合作关系，拓宽人才引进渠道；制定优惠政策，吸引优秀人才参与实践教学；建立实践教学导师库，对引进的人才进行管理和考核，确保教学质量。

建立健全教师激励机制是激发教师积极性和创造性的关键。将实践教学成果纳入教师绩效考核，能够使教师更加重视实践教学，积极投入到实践教学工作中。在绩效考核指标中，应明确实践教学的权重，从实践教学计划制定、教学组织实施、教学效果评估等方面对教师进行全面考核。将实践教学成果纳入职称评定体系，能够为教师提供更广阔的发展空间，激励教师不断提升自己的实践教学能力。

四、发挥学生在实践教学中的主体作用

在思政课实践教学中，学生的主体性直接关系到教学的效果和学生的成长发展。充分发挥学生的主体性，能够激发学生的学习兴趣和主动性，提升教学效果和实现教育目标。学生在思政课实践教学中的主体作用表现在：第一，学生是实践教学的主动参与者。在实践教学中，学生不再是被动地接受知识，而是通过自主探究、合作交流等方式，主动获取知识，提高能力。第二，学生是实践活动的执行者。在实践教学中，学生将所学的理论知识运用到实践活动中，不仅加深了对知识的理解和掌握，而且还为社会提供服务，在服务中锻炼了自己的实践能力和社会责任感。第三，学生是学习成果的创造者。学生在实践教学中能够发挥自己的创新思维，通过撰写调研报告、制作实践作品等方式，创造出具有一定价值的学习成果。这些成果不仅是学生实践学习的体现，也为社会提供了有价值的参考。

为了充分发挥学生在思政课实践教学中的主体性，教师应尊重学生的主体地位，鼓励学生积极参与实践教学活动。第一，教师要转变教学观念，从传统的“以教师为中心”转变为“以学生为中心”，从传统的知识传授者转变为学习的引导者和支持者。第二，教师要尊重学生的个性差异和兴趣爱好，根据学生的特点设计多样化的实践活动，引导学生根据自己的兴趣和专业特点，选择实践活动的主题和形式。第三，教师要给予学生足够的自主空间和决策权，充分学生发挥主观能动性，鼓励学生发表自己的观点和看法，让他们在实践活动中真正成为主角，培养学生的独立思考能力和创新精神。第四，建立科学合理的评价机制，对学生在实践教学中的表现进行全面、客观地评价。评价机制应注重过程性评价和终结性评价相结合，不仅要评价学生的实践成果，还要评价学生的实践过程和参与度。评价内容应包括学生的实践能力、创新精神、团队协作能力、社会责任感等方面。通过有效的评价，激励学生主动积极参与实践教学活动。

五、创新实践教学组织形式

创新实践教学组织形式是有效解决思政课实践教学涉及学生人数多、难以全覆盖问题的有效做法。

探索思政课实践教学方法。思政课实践教学方法的创新直接影响学生的学习体验和教学效果，是提升实践教学质量的关键，应积极探索多样化的教学方法，以满足不同学生的学习需求，激发学生的学习兴趣和主动性。案例教学法是一种行之有效的教学方法。通过案例教学，将抽象的理论知识与具体的实际情境相结合，使学生能够更加直观地理解和掌握知识。比如，在讲授“毛泽东思想和中国特色社会主义理论体系概论”这门课时，可引入深圳改革开放的成功案例，让学生探讨深圳从一个小渔村发展成为国际化大都市的原因和经验，从而加深对中国特色社会主义理论体系的理解和认识。小组讨论法能够促进学生之间的思想交流和碰撞，培养学生的团队协作能力和批判性思维。教师可以根据教学内容设置相关的讨论主题，让学生分组进行讨论。在讨论过程中，学生可以发表自己的观点和看法，倾听他人的意见，相互学习、相互启发。教师引导学生围绕主题进行深入讨论，鼓励学生提出不同的观点和见解，培养学生的创新思维和独立思考能力。讨论结束后，各小组可以派代表进行发言，分享讨论成果，教师进行总结和点评，进一步深化学生对问题的认识。情景模拟法能够为学生创造真实的情境，让学生在模拟情境中体验和实践，提高学生的应变能力和解决问题的能力。比如，在讲授“思想道德与法治”这门课时，可以模拟法庭审判、社区调解等情境，让学生扮演不同的角色，通过模拟实际场景让学生了解法律程序和道德规范的应用，学习到法律知识和审判程序，培养法律意识和法治观念，锻炼沟通能力和解决矛盾的能力，增强社会责任感和道德素养。体验式教学法强调学生的亲身参与和体验，让学生在实践中感受和领悟知识。比如，参观爱国主义教育基地、红色革命纪念馆等，学生可以通过观看历史文物、图片和视频，听取讲解，深入了解历史事件和英雄事迹，激发爱国热情和民族自豪感；参加志愿服务活动，让学生在服务他人的过程中体验奉献的快乐，培养良好的道德品质和社会责任感。探究式教学法注重培养学生的自主探究能力和创新精神，引导学生主动发现问题、解决问题。教师可以提出一些具有启发性的问题，让学生自主查阅资料、进行调查研究，寻找问题的答案。在探究过程中，学生可以培养自己的信息收集和处理能力、分析问题和解决问题的能力，提高创新思维和实践能力。

数字赋能思政课实践教学。在数字化时代，信息技术的快速发展为思政课实践教学带来了新的机遇和挑战。数字赋能思政课实践教学，能够丰富教学资源，创新教学方式，提高教学效果，增强思政课的吸引力和感染力。利用网络平台开展实践教学是数字赋能的重要方式之一。学校可以搭建思政课网络教学平台，教师在平台上发布实践教学任务和要求，学生通过网络平台参与实践教学活动，提交作业和成果。网络教学平台丰富了教学资源，打破时间和空间的限制，实现了师生之间实时互动交流，增强了教学的灵活性，提高了教学效率。多媒体技术在思政课实践教学中也具有重要作用。教师可以运用图片、音频、视频等多媒体技术，将抽象的理论知识转化为生动形象的教学内容，增强教学的直观性和趣味性，有效吸引学生的注意力，提高学生的学习兴趣。虚拟现实（VR）和增强现实（AR）技术为思政课实践教学带来了全新的体验。通过VR和AR技术，学生可以身临其境地感受历史场景、社会现实等，增强学习的沉浸感和互动性，激励学生更加主动地参与学习，提高学习效果。大数据技术能够为思政课实践教学提供有力的支持。通过对学生学习数据的分析，教师能够及时了解学生的学习情况和教学目标的达成情况，有效评估教学效果，从而有针对性地调整教学内容和方法。人工智能技术在思政课实践教学中也具有广阔的应用前景。人工智能可以实现智能辅导（根据学生的学习情况和问题提供个性化的学习建议和辅导）、智能答疑（快速回答学生的问题，解决学生的疑惑）和精准供给（根据学生的兴趣和学习需求，为学生智能推荐相关的教学资源）等功能，为学生提供24小时不间断的学习支持，提高学习效率。

创新思政课实践教学方式要注意规避实践教学泛娱乐化的现象。在思政课实践教学中，个别教学为提高吸引力，存在着泛娱乐化的现象，主要表现在：第一，重感性而轻理性。教学过程中过分追求感官刺激和情感共鸣，过度依赖故事、视频、流行文化元素等形式，而相对忽视了对马克思主义理论、党的方针政策以及思想政治核心内容的深度解析和理性思考。第二，重形式而轻内容。强调课堂活跃度和趣味性，使用大量轻松幽默的语言、网络热词、段子等非正式语言元素，导致严肃的政治、哲学和社会理论内涵被表面的娱乐形式所掩盖，降低了课程的学术性和理论深度。第三，重叙事而轻分析。在讲述具体案例或故事时，过于注重情节铺陈和情感渲染，对案例背后的思想政治教育意义及理论逻辑分析不够深入，导致学生可能记住的是故事本身，而对如何运用理论分析现实问题的能力培养不足。第四，重过程而轻效果。过分追求氛围的活跃和互动，将注意力集中在游戏、角色扮演等活动中，忽视了教学目标的达成情况和学生在思想政治素养方面的实质性提高。实践教学的泛娱乐化会导致严谨的理论讲解以通俗易懂甚至曲解的方式呈现，失去思政课应有的严肃性和教育意义，使得学理性阐释被弱化。

六、完善实践教学保障体系

思政课实践教学涉及学生人数众多，需要协调师与生、校内各部门、学校与社会等多重关系，因此，如何有效开展思政课实践教学是各校普遍面临的问题。完善思政课实践教学保障体系尤为重要。

（一）树立“大思政”格局

“大思政”格局的构建是思政课实践教学创新的重要保障，它强调思政教育的系统性、整体性和协同性，将思政教育融入学校教育的各个环节，整合各方资源，形成育人合力。在“大思政”格局下，思政课实践教学不再局限于课堂和学校，而是拓展到社会的各个领域，与社会现实紧密结合。“大思政”格局下的思政课实践教学，要求学校、家庭、社会三方协同合作，形成全方位、全过程、全员育人的良好局面。学校应充分发挥主导作用，加强对思政课实践教学的统筹规划和组织实施，整合校内各部门的资源，为实践教学提供支持和保障。家庭是学生成长的第一课堂，家长要注重培养学生的道德品质和行为习惯，积极配合学校开展思政教育，营造良好的家庭氛围。社会是思政课实践教学的重要课堂，要充分利用社会资源，如爱国主义教育基地、博物馆、企业等，为学生提供丰富的实践机会。通过学校、家庭、社会的协同合作，形成育人合力，共同推动思政课实践教学的发展。

（二）搭建思政课实践教学基地。

思政课实践教学基地是开展实践教学的重要场所，数量充足、类型多样的实践基地是开展好思政课实践教学的前提。搭建思政课实践教学基地，应注意以下几个方面：首先，要明确目标和定位。实践教学基地要与思政课的教学目标紧密结合，要根据实践教学主题遴选建设功能适配的教学基地。其次，要合理选址。教学基地选址应考虑交通便利程度，便于学生集体前往，降低交通成本和安全风险。再次，要整合校内外资源。学校与社会各界要密切合作，整合各方资源，共同打造一批具有特色和影响力的实践教学基地。最后，要强化对实践基地的管理。制定完善的基地管理制度，确保基地的正常运行和教学活动的有序开展。要建立健全安全保障机制，确保学生在基地的学习和实践活动安全进行。学校应与实践教学基地建立长期稳定的合作关系，明确双方的权利和义务，共同制定实践教学计划和方案。学校要加强对实践教学的指导和管理，确保实践教学的质量和效果。

实践教学基地要为学生提供必要的实践条件和指导，安排专业人员对学生进行实践指导，帮助学生解决实践中遇到的问题。

（三）落实思政课实践教学经费

充足的教学经费是思政课实践教学顺利开展的重要保障，它直接关系到实践教学的质量和效果。落实思政课实践教学经费，需要学校、政府和社会各方共同努力，建立多元化的经费投入机制，确保实践教学经费的稳定来源。学校要根据实践教学的实际需求，合理安排经费，将思政课实践教学经费纳入学校预算，设立专项经费，确保经费的专款专用。政府应加大对思政课实践教学的支持力度，通过财政拨款、项目资助、鼓励和引导社会资本参与等方式为学校提供经费支持。社会各界应积极参与思政课实践教学，企业可以通过赞助实践教学活动、设立实习基地等方式，为学生提供实践机会和经费支持。社会组织可以通过开展公益活动、志愿服务等方式，为思政课实践教学提供支持和帮助。为了提高实践教学经费的使用效率，学校应建立健全经费管理制度，制订经费使用计划，明确经费的使用范围和标准，加强对经费使用情况的审计和监督，确保经费的合理使用。

（四）科学合理开展思政课实践教学考核评价

科学合理的评价考核体系是检验思政课实践教学效果的重要手段，也为改进实践教学提供依据。第一，不仅要对学生学习情况进行考核，还应对教师组织实践教学情况进行考核，以及对教学管理部门的管理工作进行考核。第二，对学生学习情况的考核，应全面、客观、公正地反映学生的学习成果和实践能力，注重过程性评价和终结性评价相结合。过程性评价关注学生在实践教学活动中主动性、积极性和参与度，终结性评价主要对学生通过实践教学形成的调研报告、实践作品等成果进行评价，注重成果的质量、创新性和实用性。第三，评价主体应多元化，不仅有老师对学生的评价，还应包括学生的自评和互评等。通过学生自评，鼓励学生进行自我反思和自我评价，有助于培养学生的自主学习能力和自我管理能力。通过学生互评，能够促进学生之间的交流与学习，培养学生的团队合作精神和批判性思维。第四，要合理运用考核评价结果。考核评价结果不仅仅是对学生学习成果的认定，更重要的是要运用到教学改进中，发挥考核评价的激励和导向作用。要及时将考核评价结果反馈给学生和教师，以利于学生了解自己的学习情况和存在的问题，明确努力的方向，以利于教师根据评价结果总结教学经验，发现教学中存在的不足之处，为后续的教学改进提供依据。要发挥考核评价的激励作用。对在实践教学中表现优秀的学生进行表彰和奖励，推荐参加更高层次的实践活动等，激励学生积极参与实践教学活动的积极性和主动性。

第九章

数字技术赋能新时代思政课高质量发展

数字技术是以大数据技术为数字资源、云计算技术为数字设备、物联网技术为数字传输、区块链技术为数字信息、人工智能技术为数字智能，多种技术相互融合的数字化技术的统称。[①] 以大数据、人工智能、虚拟现实等为代表的数字技术正以前所未有的速度和深度融入社会的各个领域，深刻地改变着人们的生产生活方式、思维模式以及学习方式。数字技术为教育的创新发展带来了新的契机，推动着教育理念、教学模式、教学方法等方面的深刻变革。作为落实立德树人根本任务的关键课程，思政课如何借助数字技术实现高质量发展成为亟须研究和解决的重要课题。

第一节　数字技术对新时代思政课高质量发展的机遇和挑战

数字技术是一种基于数字信号处理、计算机科学等多学科理论，以数字形式对信息进行采集、存储、处理、传输、显示等的技术。从信息技术领域看，它包括计算机硬件、软件以及网络通信技术等，是实现信息数字化处理和传输的基础；从数据科学领域来看，数字技术涉及数据的采集、

① 冯刚，聂小雄．“数字思政”的生成背景、基本内涵和实践运用 [J]. 西华大学学报（哲学社会科学版），2023，42(05)：1–11.

存储、分析和挖掘等方面。通过大数据技术，可以对海量的数据进行收集和整理，从中发现有价值的信息，为决策提供支持。随着科技的不断发展，以人工智能、区块链、云计算、物联网等为代表的新一代数字技术正深刻地改变着人们的生产生活方式，也给思政课建设带来机遇和挑战。

一、数字技术对新时代思政课高质量发展的机遇

数字技术的快速发展和广泛应用，对经济、社会、文化、教育、科技等各个方面都带来极大的便利，也为新时代思政课高质量发展带来诸多机遇。

（一）催生教育理念的更新

数字技术在教育领域的应用将推进教育朝着更加个性化、开放化、多元化的方向发展，对教育理念的更新起着推动作用，主要表现在：第一，在师生关系上，从以教师为中心向以学生为中心转化。在传统教育理念中，教师是知识的传授者，处于教学的中心地位，学生是知识的被动接受者，教学过程主要由教师主导。在数字化时代，数字技术为学生提供了丰富的自主学习资源和多样化的学习工具，学生可以根据自己的兴趣和需要，自主选择学习内容，自主确定学习时间、学习进度和学习方式，学习的主动性和积极性得到极大提高，教育理念也逐渐转向以学生为中心，强调学生的自主学习和个性化发展。第二，在教育内容上，从知识传授为主转向能力培养为主。传统教育侧重于知识的传授和记忆，以考试成绩作为衡量学生学习成果的主要标准。在数字化时代，数字技术的发展使得知识的获取变得更加便捷，信息的快速更新也要求人们具备更强的学习能力、创新能力和信息处理能力。教育不再仅仅是知识的传递，更重要的是培养学生的创新思维、批判性思维、解决问题的能力以及团队协作能力等。第三，在教育时空场域上，从封闭的校园教育转向开放共享的即时教育。传统教育通常局限于校园内，学生在固定的时间和空间内接受教育，校园与社会之

间存在一定的界限，教育资源的共享和流通相对有限。在数字化时代，数字技术打破了教育的时空限制，为人们提供了获取优质教育资源和随时随地学习的机会，使教育走向开放和共享。第四，在教育模式上，从标准化教育转向个性化教育。传统教育往往采用标准化的教学模式，统一的教学内容、教学方法和评价标准适用于所有学生，忽视了学生的个体差异。在数字化时代，数字技术可以对学生的学习过程和学习行为进行实时监测和分析，了解每个学生的学习特点、兴趣爱好、优势和不足，根据这些个性化数据为学生提供量身定制的学习计划、学习资源和教学指导，满足不同学生的学习需求，实现真正的个性化教育。

（二）促进教育公平的实现

教育公平是指每个社会成员公正、平等享受公共教育的一种状态，主要体现在不同社会阶层、不同背景的个体在接受教育的机会、享受公共教育资源的权利等方面的公正和平等。数字技术的应用可通过以下形式促进教育公平的实现：一是扩大教育资源可及性。通过互联网和在线教育平台，优质的教育课程、教学资料等资源可以突破地域限制，传播到教育资源相对匮乏的地区，让更多学生能够获取到丰富的学习内容，缩小城乡、地区之间的教育资源差距。数字教育资源的大规模应用，降低了教育资源的复制和传播成本。学生无须购买大量纸质教材和学习资料，通过电子设备即可获取各种学习资源，减轻了家庭的教育经济负担，使更多学生有机会接受高质量教育。二是促进个性化学习。数字技术能够根据学生的学习情况和特点，提供个性化的学习方案。自适应学习系统可以根据学生的学习进度、能力水平调整教学内容和难度，让不同学习能力的学生都能得到适合自己的教育，避免了传统教育中“一刀切”的教学模式对部分学生造成的不利影响；尤其是对于有特殊教育需求的学生，数字技术提供了更多的支持和帮助。三是提升教师教学能力。数字技术为教师提供了丰富的专业发展资源和培训机会。教师可以通过在线平台，学习先进的教学理念和方法，提升自己的教学水平，从而更好地服务于学生，提高教育质量，促进教育公平。四是优化教学管理。借助数字技术，教师可以更高效地进行教学管理，更及时了解学生的学习情况，有针对性地进行辅导和教学调整，确保每个学生都能在学习过程中得到充分的关注和指导。五是打破时空限制。在线教育、远程教育等新型教育模式的出现，打破了传统教育在时间和空间上的限制，实现了优质教育资源的共享，一方面缩小了城乡之间、地区之间的教育差距，另一方面也为因各种原因无法接受传统全日制教育的学生提供了更多的接受教育的机会。

（三）增强思政课高质量发展的内生动力

数字技术给思政课高质量发展带来的最大机遇是运用网络信息技术、大数据技术、人工智能、虚拟仿真技术等，优化教学资源，创新教学模式，丰富教学手段，提升教学效果，增强思政课高质量发展的内生动力。

在优化教学资源方面，数字技术打破了传统教学资源获取的时空限制，通过各类数字网络平台，思政课教师可轻松获取丰富的教学案例、生动的教学视频、权威的文献资料等，极大地丰富思政课的教学辅助素材，增强了思政课教学的吸引力。同时，数字技术还实现了教学资源的共建共享，既对教学资源进行了优化配置，提高了教学资源的使用效率，又能为思政课教师交流教学经验提供平台。

在创新教学模式方面，数字技术打破了传统教学的时空限制，催生了线上线下混合、翻转课堂教学等多种教学模式，将传统课堂教学与在线学习相结合，为学生提供了更加灵活的学习方式，实现了从“以教师为中心”到“以学生为中心”的转变，激发了学生的学习主动性、积极性和创造性。

在丰富教学手段方面，数字技术为思政课提供了多样化的教学手段。一方面，新时代的学生对数字技术有着较高的接受度和运用能力，习惯通过数字设备获取信息、交流互动。数字技术的应用能够更好地满足学生的学习需求和特点，使思政课教学更加符合学生的认知规律和学习习惯，从而提高教学的针对性和实效性。另一方面，借助多媒体、虚拟现实（VR）、增强现实（AR）等技术，教师可以将抽象的思政理论以图文并茂、声像结合的形式呈现，为学生创造沉浸式的学习环境，增强了教学的直观性和趣味性，提高了学生的学习兴趣和积极性。

在提升教学效果方面，数字技术增强了教学的直观性和趣味性。通过多媒体技术，教师将抽象的思政理论转化为生动形象的图片、音频、视频等，使教学内容更加易于理解和接受。同时，数字技术还能够实现教学过程的精准化和个性化。借助大数据分析技术，教师可以收集和分析学生的学习行为数据，了解学生的学习特点和需求，为学生提供个性化的学习建议和指导，实现因材施教，提高教学的针对性和实效性。

二、数字技术对新时代思政课高质量发展的挑战

数字技术在推动新时代思政课高质量发展的同时，也给思政课高质量发展带来诸多必须面对并亟待解决的问题。

（一）对教学条件提出了更高要求

数字技术赋能新时代思政课高质量发展的前提是必须具备应用数字技术的条件，这需要进行数字化校园建设。所谓数字化校园建设，是指利用互联网、云计算、大数据、物联网等现代信息技术对校园的教学、管理和服务进行全面的数字化改造和升级，以实现教学资源数字化、校园管理智能化、学生生活环境便捷化，以满足数字技术赋能思政课高质量发展所需的网络条件、教学场地、数字化教学设备和相关教学软件等。

数字化校园建设包括：供师生开展线上教学、智能管理与服务、获取数字资源、进行实时互动的高速安全稳定的网络；支持教师上传课程资料、

布置作业、进行在线测试，学生访问学习资源、参与讨论、完成作业等的在线课程平台；涵盖教务管理、学生信息管理、财务管理等以实现数据集中化管理，提高工作效率和管理水平的智能管理系统；配备高清晰度投影仪、智能交互电子白板、音响系统、自动录播系统等多媒体教学设备，以支持视频播放、课件展示、在线互动等教学活动的智慧教室；配置足够数量的计算机终端、性能上可满足各类教学软件的运行、模拟仿真程序，利用虚拟现实（VR）、增强现实（AR）等技术创设沉浸式教学情境的虚拟仿真实验室；具有案例分析、数据统计、理论可视化等功能的专业的思政课教学软件；各类思政课程的视频资料、学术讲座录像、时事热点案例库、在线图书期刊、动画、图片等数字教学资源；对教学、科研、管理等方面的数据进行收集和分析的大数据处理技术等。

数字化校园建设不仅提升了学校的信息化水平，还能优化教学过程，增强校园管理能力，促进教育教学模式的创新，从而推进思政课高质量发展。

（二）对思政课教师提出了更高要求

数字技术赋能新时代思政课高质量发展对思政课教师的能力和素质提出了更高的要求。数字技术的应用，要求教师具备扎实的思想政治理论知识和教学能力，掌握一定的数字技术应用能力，能够熟练运用各种数字教学工具和平台开展教学活动。目前，思政课教师对数字技术的掌握和应用还不够熟练，存在着数字素养不足的问题：部分教师对数字教学工具和平台的操作不够熟练，在教学过程中难以灵活运用数字技术开展教学活动；一些年龄较大的教师对新技术的接受能力较弱，在使用数字教学工具时常常遇到困难，甚至产生抵触情绪；部分教师缺乏数字资源的整合和开发能力，不能根据教学需要对现有的数字资源进行有效的筛选、整合和优化，也难以开发出具有个性化和创新性的教学资源；部分教师在数字技术应用过程中，缺乏对学生的引导和管理能力，不能有效地组织学生开展线上学习和互动活动，导致教学秩序混乱，教学效果不佳；部分教师在应用数字技术时，存在形式化的问题，过于注重技术的展示，而忽视了教学内容和教学目标的实现；部分教师在使用在线教学平台时，只是简单地将线下课程搬到线上，没有充分发挥在线教学平台的互动功能，使得线上教学缺乏生机和活力，学生的参与度不高……上述存在的问题在一定程度上制约了数字技术在思政课教学中的有效应用，反映出应用数字技术赋能思政课高质量发展对思政课教师的能力和素质提出了更高要求。

（三）给师生关系带来冲击

数字技术赋能思政课教学，能拓展师生间的交流空间，增强师生的互动；能丰富师生间交往形式和内容，实现教师对学生的个性化关怀，增进师生间的理解和信任；能营造和谐教学氛围，促进师生平等合作。但也可能给师生关系带来一些冲击：在数字化教学环境下，师生之间的互动更依赖数字设备和网络平台，面对面的交流相对减少，可能影响师生之间的情感沟通和心灵共鸣，导致教学过程中师生情感交流的缺失，降低教学的感染力和亲和力；数字技术的快速发展对师生的数字素养提出了较高要求，如果教师的数字素养不够，不仅会使教师在教学中无法充分发挥数字技术的优势，甚至会在与学生的数字互动中处于劣势，影响教师的权威形象。

（四）存在数字伦理风险

在应用数字技术赋能思政课高质量发展过程中，可能会存在数字安全、隐私保护和数字鸿沟等道德伦理风险。一方面，数字技术的广泛应用使得个人信息被大量收集和存储，如何确保这些信息被合法、合理地使用，并保护用户的隐私成为一个重要议题，一旦数据泄露，将给个人隐私带来严重影响。另一方面，由于学生数字能力有差别，在数字技术的接入和使用方面存在差异，导致信息获取机会的不公，可能使得部分学生无法公平享受优质的在线学习资源，影响他们的知识获取和学习效果。

第二节　数字技术赋能新时代思政课高质量发展的必要性和可能性

数字技术赋能新时代思政课高质量发展是适应时代进步和社会发展的必然选择。它不仅是适应思想政治教育数字化转型的必然要求，也是提升思政课教学质量的必然选择。数字技术赋能新时代思政课高质量发展具有深厚的理论依据，数字技术的发展为其赋能奠定了物质和思想基础，数字中国战略和教育数字化战略的实施为其创造了社会条件，网络思政和精准思政为其积累了丰富的经验。

一、数字技术赋能思政课高质量发展的理论依据

数字技术赋能新时代思政课高质量发展具有深厚的理论依据，马克思主义认识论为数字技术赋能思政课高质量发展提供了哲学理论根基，思想政治教育主客体关系理论、环境理论、载体理论是数字技术赋能思政课高质量发展的直接理论依据，教育心理学、教育传播学、教育信息化等理论为数字技术赋能思政课高质量发展提供了理论借鉴。

（一）马克思主义认识论

马克思主义认识论是辩证唯物主义的重要组成部分，是关于人类的认识来源、认识能力、认识形式、认识过程和认识真理性问题的科学认识理论。马克思主义认识论强调认识的辩证发展过程，即从感性认识上升到理性认识，再从理性认识回到实践中去检验和发展认识。

马克思主义认识论为新时代思政课高质量发展提供哲学理论根基主要体现在两个方面：一方面，认识是一个由浅入深、由感性认识到理性认识不断发展的过程。在思政课教学中，数字技术运用多媒体、虚拟仿真等技

术手段，将抽象的理论以图像、视频、动画等形象化、可视化的方式呈现给学生，为学生提供丰富的感性材料，帮助学生更好地形成感性认识。这种感性认识的积累，为学生进一步上升到理性认识奠定了坚实的基础，有助于学生更好地对马克思主义的立场、观点和方法的认识深化和巩固。另一方面，马克思主义认识论强调实践是认识的基础，实践决定认识，认识对实践具有反作用。数字技术通过在线调研、虚拟实践等为思政课教学提供了形式多样的实践平台和实践形式，让学生在数字化的实践活动中加深对思政理论的认识和理解。

（二）思想政治教育学相关理论

思想政治教育学是研究思想政治教育活动及其规律的科学，“以人们的思想、政治、品德行为的形成和发展规律为研究对象”①。形成符合社会要求的思想品德是一个循序渐进、螺旋上升的过程，受教育者、教育内容、教育方法、教育环境等诸多因素影响。思政课是对受教育者进行思想政治教育的主渠道，思想政治教育主客体关系理论、环境理论和载体理论是数字技术赋能新时代思政课高质量发展的直接理论依据。

思想政治教育主客体关系理论是思想政治教育学的重要理论，主要探讨在思想政治教育过程中教育者与受教育者之间的地位、作用及相互关系等问题。在思想政治教育活动中，教育者处于主导地位，是思想政治教育活动的组织者、实施者和推动者。教育者根据社会的要求和受教育者的特点，制定教育目标，选择教育内容和方法，对受教育者施加有目的、有计划、有组织的影响，以促进受教育者思想道德素质的发展；受教育者是教育活动的参与者，这种参与并非被动地接受教育内容，而是能够主动地对

---

① 《思想政治教育学原理》编写组．思想政治教育学原理 [M]. 北京：高等教育出版社，2016.

教育信息进行选择、理解和吸收，在思想政治教育过程中居于主体地位；教育者和受教育者是一种平等、互动关系。一方面，通过数字技术赋能，思想政治教育主体利用在线教学平台、大数据分析等技术精准把握学生的思想动态和学习需求，制订更具针对性的教学计划和内容，强化主导地位。另一方面，数字技术为主客体双方提供了更多平等互动的渠道和平台，教育者可以通过在线讨论、视频会议平台与学生进行实时交流，共同探讨热点问题，激发学生的主体意识和主动思考能力。学生也可以通过这些平台参与教学过程，向教育者表达自己的观点和想法，实现双方的平等互动。

思想政治教育环境是指“影响人的思想品德形成和发展，影响思想政治教育活动运行的一切外部因素的总和”[①]。思想政治教育环境理论主要研究思想政治教育环境的构成、环境对受教育者思想观念形成和发展的影响以及如何优化和利用思想政治教育环境以提高思想政治教育的效果。思想政治教育环境理论认为，环境蕴含着丰富的思想政治教育资源，各种各样的思想政治教育信息蕴含在环境中，渗透到受教育者的日常生活，实施教育时要充分考虑并有效利用各种环境因素。良好的教育环境能够为思想政治教育提供有利的条件和氛围，增强教育的感染力和实效性，而不良的环境则可能对教育效果产生干扰和阻碍。教育者要重视思想政治教育环境的优化、开发和创设，构建有利于培养和提升受教育者思想政治素养的综合教育环境。随着信息技术的发展，信息传播环境成为思想政治教育不可忽视的一部分，对舆论导向、价值观传播等方面产生重要影响。数字技术赋能思政课拓展和优化了思政课教育教学环境，促进了思政课高质量发展。首先，数字技术打破了传统思政课的场域限制，通过在线教学平台、直播课程等将教育空间从“思政小课堂”拓展到虚拟的网络空间，极大地扩大

① 张耀灿，郑永廷，吴潜涛，骆郁廷，等．现代思想政治教育学 [M]. 北京：人民出版社，2006:295.

了思政课的覆盖面和影响力。其次，数字技术为思政课带来了量大质优的教育资源，丰富了教育的资源环境，使思政课更加生动形象，更具吸引力和感染力。最后，数字技术营造了更加便捷、开放的互动交流环境，促进了师与生、师与师、生与生之间的交流与互动，不仅有助于教师提高教学水平，实时把握学生的学习状况和思想动态，还有助于学生在互动中深化对思政知识的理解，增强思政课教学的针对性。

思想政治教育载体是指在思想政治教育过程中，思想政治教育者为实现一定的教育目标，选择、运用承载一定的思想政治教育信息的教育中介。[①]思想政治教育载体是连接教育主体与教育客体的桥梁，恰当的载体能将抽象的思想政治教育内容转化为具体可感的形式，使教育活动更具吸引力和实效性。数字技术赋能思政课建设，丰富了思政课教育教学载体的形式，拓展了载体的时空维度，增强了载体的互动性。一方面，数字技术催生了在线课程平台、教育类 APP、社交媒体群组、虚拟现实（VR）、增强现实（AR）场景、慕课等一系列独特特色和功能的思政课教育教学载体，为思政课教学提供了更多的选择；另一方面，数字技术打破了传统思政课载体在时间和空间上的限制，增强了思政课教学的互动性。

（三）其他学科的理论借鉴

教育心理学中的建构主义学习理论、认知发展理论等为数字技术赋能思政课高质量发展提供理论借鉴。建构主义学习理论认为，学生是在一定的情境下，借助他人的帮助，利用必要的学习资料，通过意义建构的方式获得知识。学生学习过程不是被动地接受知识，而是主动建构知识的过程。数字技术运用虚拟仿真等技术为学生创设了丰富的学习情境，促进了学生

① 《思想政治教育学原理》编写组．思想政治教育学原理［M］．北京：高等教育出版社，2016.

对知识的意义建构。认知发展理论强调学生的认知是一个逐步成长的过程，不同阶段的学生具有不同的认知特点和需求。数字技术可以根据学生的认知发展水平，提供个性化的学习资源和学习路径，满足不同认知发展阶段学生对知识的需求。

教育传播学理论为数字技术赋能思政课建设提供了理论指导。教育传播学主要研究教育信息的传播过程和规律，探讨如何通过有效的传播手段提高教育教学的效果。数字技术赋能思政课，极大地拓展了思政课教育教学信息的传播渠道和方式。在思政课教学中，数字技术能使教育教学信息以更加多元和高效的方式进行传播，增强了教学信息传播的快捷性和精准度。同时，数字技术赋能的教学信息传播是一种师生间的双向信息传播，学生反馈学习情况和疑问，教师根据学生的反馈调整教学策略，这种互动式的传播方式实现了教学的精准化和个性化，能增强学生的学习积极性和主动性，提高教学的参与度和实效性。

教育信息化理论强调通过信息技术与教育教学的深度融合，推动教育理念、教学模式、教学方法等方面的创新和变革，以提高教育教学质量和效率。数字技术作为信息技术的重要组成部分，能够推动思政课教学模式的创新，打破传统课堂教学的时空限制，实现教学资源的共享和优化配置。同时，数字技术利用大数据分析、人工智能等技术手段，为教学提供精准的数据分析和个性化的学习支持，帮助教师更好地了解学生的学习需求和学习特点，制定更加科学合理的教学方案，提高教学的针对性和有效性。

二、数字技术赋能新时代思政课高质量发展的必要性

当今社会已全面进入数字化时代，数字技术广泛渗透到社会生活的各个领域，对教育领域也产生极大影响。运用数字技术赋能新时代思政课高质量发展十分必要。

（一）是思想政治教育数字化转型的应有之义

思想政治教育是中国共产党的真正优势，是党的一切工作的生命线。随着数字技术的广泛应用，为保持思想政治教育的生机和活力，思想政治教育的数字化转型正蓬勃开展。2021 年 7 月，中共中央、国务院印发的《关于新时代加强和改进思想政治工作的意见》中强调，“推动思想政治工作传统优势与信息技术深度融合，使互联网这个最大变量变成事业发展的最大增量”①，为思想政治教育数字化转型明确了总体方向和指导思想。2022 年，教育部思想政治工作司把“打造大数据赋能创新矩阵”列为工作要点，要求“建设高校党建工作基础数据平台，加强整体性、趋势性、动态性统计分析。建设高校辅导员队伍日常管理和能力提升大数据赋能中心，加强日常工作和优秀案例挖掘转化”②。2023 年，教育部思想政治工作司将“进一步强化数字赋能”列为工作要点，要求“探索建立高校‘思政指数’。提高相关数字化平台建设、运行、服务质量”③。这体现了教育部对思想政治教育数字化转型的高度重视。作为对受教育者进行思想政治教育主渠道的思政课，充分发挥数字技术的优势赋能改革创新以推进思政课高质量发展，是适应思想政治教育数字化转型大势的必然要求。作为培养学生思想道德和政治素养重要课程的思政课，必须紧跟时代步伐，借助数字技术，主动占领网络阵地，坚持用习近平新时代中国特色社会主义思想教育武装学生，将正确的价值观和思想观念以更具吸引力和影响力的方式传递给学生，以增进学生对习近平新时代中国特色社会主义思想的政治认

---

① 中共中央 国务院印发《关于新时代加强和改进思想政治工作的意见》[N]. 人民日报，2021-07-13(01).

② 教育部思想政治工作司 2022 年工作要点 [EB/OL]，http://www.moe.gov.cn/s78/A12/gongzuo/yaodian/202203/t20220303_604031.html.

③ 教育部思想政治工作司 2023 年工作要点 [EB/OL]，http://www.moe.gov.cn/s78/A12/gongzuo/yaodian/202302/t20230221_1046541.html.

同、思想认同、理论认同、情感认同，更加牢固地增强“四个意识”、坚定“四个自信”、做到“两个维护”，从而实现落实立德树人根本任务关键课程的作用。

（二）是提升思政课教学质量的必然选择

思政课的教学质量关系着立德树人根本任务的实现，影响着德智体美劳全面发展的社会主义建设者和接班人的培养，影响着国家的未来、民族的希望，影响着中华民族伟大复兴中国梦的实现。数字技术赋能思政课建设，是促进思政课以改革创新提升教学质量的必然选择。

数字技术赋能满足了思政课教学过程中师生供给需求。大数据、云计算、5G、虚拟仿真、人工智能等数字技术在思政课教学中的运用具有精准性、前瞻性和全面性的优势。运用数字技术，能帮助思政课教师即时采集、整理、加工和呈现思政课教学相关信息，做到精准识别信息、精准分析问题、精准确立教学目标、精准把握教学规律、精准开展教学评估；运用大数据技术对学生的思想行为、学习状况进行分析，能预测学生的学习动态，预制教学方案，使思政课由“被动应对”转为“主动介入”；数字技术推动思政课教学各要素协同联动，促进思政课教学向一体化发展，很好地实现了“大思政”育人格局。数字技术的精准性、前瞻性和全面性优势极大地满足了新时代思政课教学过程中师生的供给需求，促进了思政课教学质量的提升。[①] 就思政课教师而言，数字技术的运用丰富了教学资源、创新了教学模式和方法、拓展了教学时空场域、增加了同行交流分享机会，能将思政课教师从烦琐的事务性工作中解放出来。同时，教师运用数字技术对学生学习状况相关数据进行采集、整理、分析、评价，有效弥补了传统思政课教学依靠主观经验判断、局部调查等方法的不足，有助于教师有的

① 冯刚等．新时代数字思政体系构建研究 [M]. 北京：中国社会科学出版社，2024:112.

放矢地选择教学内容，制定科学的个性化教学方案，以教学精准化提高教学质量。就学生而言，数字技术赋能思政课教学满足了学生五个方面的需求：第一，由于数字技术赋能提高了教师的教学水平和质量，学生可得到更多更好的个性化、精准化教学服务；第二，数字技术的开放性、灵活性，趣味性与学生对数字技术有着较高的接受度和依赖度特点十分契合，满足了他们的学习兴趣和情感需求，让学生能够根据自己的兴趣和能力进行自主学习，提高学习效果；第三，在数字世界，教育对象不仅是数字化教育产品的“消费者”，而且也是教育产品的制作者，他们可以生产、传播感兴趣的教育内容，不仅增强了教育对象学习的主动性，还优化了内化于心、外化于行的思想品德形成与发展过程①；第四，数字技术运用于思政课教学，不仅可以传授思政知识，还能培养学生的数字素养，帮助学生提高数字信息获取、分析、评价和运用的能力，使他们在数字化时代能够正确使用数字技术；第五，数字技术还为学生提供了创新的学习和实践平台，能够激发学生的创新思维和创新能力，培养学生解决实际问题的能力，为学生的未来发展奠定坚实基础。

数字技术赋能丰富了思政课教学资源及其呈现形式。思政课是一门集政治性、思想性、专业性、学术性和实践性于一体的综合性很强的课程。教学资源成为思政课提质增效的必要条件。思政课的政治性和思想性要求对学生进行系统的中国特色社会主义和中国梦教育、社会主义核心价值观教育、法治教育、劳动教育、心理健康教育等，需要大量的历史文化资源、红色资源等作为支撑；思政课的专业性和学术性需要马克思主义理论学科、学术资源以增强课程教学的学理性支撑。思政课教学对资源的需要量大与各校开发建立学习资源的时间、精力、财力和能力有限是客观存

---

① 徐稳，葛世林.数字化技术赋能思想政治教育的三维探析 [J]. 思想教育研究，2023(03): 45-51.

在着的矛盾，运用数字技术共建、共享思政课教学资源是解决矛盾的重要抓手。[①] 数字技术具有强大的资源建构优势：以网络为基础，可以汇聚形式多样、种类繁多、数量庞大的数字资源；以数字技术为手段，可以便捷地对各类教学资源进行分析整理；以大数据、云计算、人工智能为支撑，可以高效率地有针对性地对教学资源进行充分利用；以实时互动技术为手段，能够实现资源利用效果的即时反馈。数字技术不仅建构了丰富的思政课教学资源，还创新了其呈现形式：传统教学资源呈现形式的立体感、动态化、感染力和亲和力不够等，提高思政课教学质量迫切需要创造覆盖面更广、承载信息更多、更便于操作、更富有特色、更为学生接受的载体。运用 5G、人工智能、场景生成、VR、AR、MR 等数字技术手段，将教学内容以文字、图像、视频、音频等形式融为一体，实现了教学内容形态从平面化走向立体化，从静态变为动态，从现实时空走向超时空的技术性跨越，增强了教学内容的趣味性、吸引力和亲和力。同时，在数字技术的支持下，学生可以根据自身的认知基础与接受特点随意拆分组合和选择教学内容，增强了教学的针对性，提升了学习思政课的获得感。[②]

数字技术赋能塑造了思政课教学方法新样态。思政课教学方法是实现思政课教学目标的必要条件，是将教学内容转化为学生思想道德和政治素养的关键中介，是影响思政课教学质量和效果的重要因素。传统的思政课教学方法注重教育引导、理论阐述、文化熏陶、实践养成的价值和作用，感染力和吸引力有待提升，学生参与度有待提高。习近平总书记指出："思政课的本质是讲道理，要注重方式方法，把道理讲深、讲透、讲活。"[③]

---

① 郑小明，张雪莹 . 统筹推进大中小学思政课一体化建设的三重维度 [J]. 四川轻化工大学学报（社会科学版），2023，38(03)：86-100.

② 冯刚等 . 新时代数字思政体系构建研究 [M]. 北京：中国社会科学出版社，2024：119.

③ 习近平在中国人民大学考察时强调：坚持党的领导传承红色基因扎根中国大地 走出一条建设中国特色世界一流大学新路 [N]. 人民日报，2022-04-26(01).

将数字技术运用于思政课教学，有助于推动思政课教学过程诸要素深度融合，塑造思政课教学方法样态：运用数字技术构建的数字化教学资源库和教学平台，为思政课教师提供了更多可供选择的思政课教学方式，学生也获得了更多接收知识的途径和方式，拓展了传统的面对面教学方式，实现了思政课教学模式时空场域的变化，教师的主导性和学生的主体性作用大大提升；教师通过大数据、云计算等先进的数字技术，破除了传统教学中的经验主义，实现思政课教学的智慧化、科学化；通过对学生学习状况大数据的分析，即时把握学生的个性特点及学习需要，并据此进行个性化的教学设计、标签化的教学处理、多元化的教学信息呈现与精准化的教学信息发布，使思政课教学从大水漫灌到精准滴灌，真正贯穿了以学生为中心因材施教的教育教学理念，大大提高了思政课教学质量。

三、数字技术赋能新时代思政课高质量发展的可能性

数字技术涵盖了大数据、人工智能、云计算、区块链、物联网等众多前沿领域，是当今世界最具创新性和前瞻性的科技成果，代表了科技发展的前沿方向。数字技术的快速发展和广泛运用，不仅为经济社会发展创造了物质条件，也驱动着人们思想观念、思维模式的转变，给包括教育在内的各行各业带来深刻影响。数字技术赋能思政课高质量发展具有很强的实现可能性。

（一）数字技术为赋能思政课高质量发展提供物质基础

从 19 世纪末二进制编码的出现到如今云计算、大数据和人工智能等信息技术的兴起，数字技术经历了从集中到分散、从大型到小型、从闭源到开源的发展，深刻改变了社会生活与产业形态，也为人类社会未来的发展带来了无限的可能。党的十八大以来，习近平总书记站在人类历史发展、党和国家事业全局高度，从信息化发展大势出发，准确把握信息时代的“时”

与“势”，提出一系列有关数字技术的具有开创性意义的新理念新思想新战略，极大地推动了我国数字技术的发展：超级计算机、量子通信的研究和应用跻身国际领先行列；全球最大规模的光纤宽带、人工智能、5G网络、物联网、大数据、云计算、区块链等信息领域一批重大创新成果相继涌现，推动了我国信息化在部分领域实现了从“跟跑”到“领跑”的重大跨越；计算力水平位居全球第二，处于领跑者国家行列……在数字基础设施的支持下，数字技术得到广泛应用，电子图书馆、论文文库、网络论坛、社交媒体、视频网站、短视频平台、线上会议等丰富的应用场景不断涌现，为数字技术赋能思政课高质量发展提供了物质基础和技术支撑：数字技术以网络为基础，使万物互联成为可能，为精准把握思想政治教育活动过程和规律提供了技术支持；数字技术以数据为核心、以强算力为基础，可以精准地把握教育对象的需求变化，实时捕捉教育对象的思想变化趋势，推动思想政治教育实践活动的决策与事后评估的科学化，为实现思想政治教育实践活动的精准化和个性化提供技术保障；数字技术依托5G、全息影像、VR、AR、XR、脑机接口、元宇宙等技术，创设跨界协同的教学模式，形成跨域在场的沉浸式体验；数字技术运用人工智能等技术，搭建跨时泛在的育人场域，构筑了全场域的数字化空间，使思想政治教育从现实场域拓展到虚拟场域，丰富了思想政治教育资源，创新了思想政治教育空间。①

（二）数字中国战略和教育数字化战略的实施为数字技术赋能思政课高质量发展创造了社会条件

为适应数字时代发展趋势、推动经济社会高质量发展，数字中国战略逐步推进。1987年1月，国家经济信息中心成立，拉开了中国数字化转型的序幕。2000年，“数字福建”写入福建省委提出的“十五”计划纲要建议，

① 冯刚，等.新时代数字思政体系构建研究[M].北京：中国社会科学出版社，2024:91.

习近平亲自担任省“数字福建”建设领导小组组长，开启了地方层面的数字化实践探索，为数字中国建设积累了经验。2002年，我国提出了以信息化带动工业化，以工业化带动信息化的“两化融合”的新型工业化发展战略。2015年12月，习近平总书记在第二届世界互联网大会开幕式上正式提出要“推进数字中国建设”的号召，为数字中国赋予了全新意义，开启了数字中国建设新征程。2017年10月，党的十九大报告正式提出建设“数字中国”的战略构想，标志着数字中国建设上升为国家战略。2017年12月，习近平总书记在主持中共中央政治局第二次集体学习时强调要“推动实施国家大数据战略，加快完善数字基础设施，推进数据资源整合和开放共享，保障数据安全，加快建设数字中国，更好地服务我国经济社会发展和人民生活改善”①，数字中国建设进入全面发展期。2020年10月，党的十九届五中全会通过的《中共中央关于制定国民经济和社会发展第十四个五年规划和二〇三五年远景目标的建议》明确提出，加快建设数字经济、数字社会、数字政府，以数字化转型整体驱动生产方式、生活方式和治理方式变革，并正式将“加快数字化发展”、建设“数字中国”写入其中，数字中国建设进入全面加速期。2022年10月，党的二十大报告强调要“加快建设制造强国、质量强国、航天强国、交通强国、网络强国、数字中国”②。2023年2月27日，中共中央、国务院印发了《数字中国建设整体布局规划》，为数字中国建设提供了完整的政策框架体系，明确了“2522”的整体框架布局，进一步明晰了数字中国建设的顶层设计和战略指引……数字中国战略是数字时代推进中国式现代化的重要引擎，对于全面建设社会主义现代

---

① 习近平在中共中央政治局第二次集体学习时强调：加快构建新发展格局 增强发展的安全性主动权 [N]. 人民日报，2023-02-02(01).

② 习近平 . 高举中国特色社会主义伟大旗帜 为全面建设社会主义现代化国家而团结奋斗——在中国共产党第二十次全国代表大会上的报告 [N]. 人民日报，2022-10-26(01).

化国家、全面推进中华民族伟大复兴具有重要意义。

教育是国之大计、党之大计，强国必先强教，中国式现代化需要教育现代化的支撑。作为“数字中国战略”的重要组成部分，推进教育数字化是贯彻落实科教兴国战略、人才强国战略、创新驱动发展战略的重要先手棋，是教育领域的大势所趋。2001 年颁布的《全国教育事业第十个五年计划》提出“要把教育信息化工程列入国家重点建设工程，以信息化带动教育现代化”。2010 年，《国家中长期教育改革和发展规划纲要（2010—2020 年）》提出“信息技术对教育发展具有革命性影响,必须予以高度重视”。2012 年，教育部印发的《教育信息化十年发展规划（2011—2020 年）》，提出“以教育信息化带动教育现代化”“以优质教育资源和信息化学习环境建设为基础，以学习方式和教育模式创新为核心”。2018 年，《教育信息化 2.0 行动计划》提出到 2022 年基本实现“三全两高一大”的发展目标。2019 年颁布的《中国教育现代化 2035》的第八项战略任务便是“加快信息化时代教育变革”。2021 年，《“十四五”国家信息化规划》对加强教育信息化工作作出具体部署，强调教育大数据供给和应用，要利用新技术赋能教育教学改革，为教育信息化建设奠定了政策基础。2022 年，教育部启动“教育数字化战略行动”，吹响了教育领域全面数字化转型的前进号角。2022 年 10 月，党的二十大报告指出，“推进教育数字化，建设全民终身学习的学习型社会、学习型大国”①，明确了办好人民满意的教育要“推进教育数字化”，为推动教育变革和创新、加快建设教育强国指明了前进方向、提供了根本遵循。2023 年初，全国教育工作会议将统筹推进教育数字化和学习型社会、学习型大国建设作为教育工作的重点任务，纵深推进教育数字化战略行动。2024 年政府工作报告明确提出“大力发展数字教育”，

① 习近平. 高举中国特色社会主义伟大旗帜 为全面建设社会主义现代化国家而团结奋斗——在中国共产党第二十次全国代表大会上的报告 [N]. 人民日报，2022-10-26(01).

为思想政治教育数字化转型营造了良好的政策环境，推动教育领域积极拥抱数字化，利用数字技术提升教育质量和效果。2024 年，党的二十届三中全会通过的《中共中央关于进一步全面深化改革、推进中国式现代化的决定》强调“推进教育数字化，赋能学习型社会建设，加强终身教育保障”。2025 年 1 月，中共中央、国务院印发的《教育强国建设规划纲要（2024 — 2035 年）》提出“建设学习型社会，以教育数字化开辟发展新赛道、塑造发展新优势”，明确“实施国家教育数字化战略”“促进人工智能助力教育变革”①。强力推进教育的数字化转型是应时代发展要求所作出的战略安排。教育数字化的蓬勃发展为数字赋能思政课高质量发展开辟了新空间。2019 年，中共中央办公厅、国务院办公厅印发了《关于深化新时代学校思想政治理论课改革创新的若干意见》，提出要“大力推进思政课教学方法改革，推动人工智能等现代信息技术在思政课教学中应用”②，这既是顺应教育数字化发展的要求，也是思政课高质量发展的必然选择。

第三节　数字技术赋能新时代思政课高质量发展的对策建议

数字技术赋能思政课建设是顺应数字中国战略、教育数字化战略的时代要求，是思想政治教育数字化转型的应有之义，是推进思政课高质量发展的内在需要。在推进数字技术赋能思政课高质量发展过程中，要夯实条件保障，要注重对教师数字素养的培养，要注意规避可能出现的风险问题。

---

① 中共中央、国务院印发《教育强国建设规划纲要（2024—2035 年）》[N]. 人民日报，2025-01-20(01).

② 中共中央办公厅 国务院办公厅印发《关于深化新时代学校思想政治理论课改革创新的若干意见》[J]. 中华人民共和国教育部公报，2019(09).

一、完善数字技术赋能思政课高质量发展的条件保障

任何一种先进技术的应用都需要充分的物质条件作为支撑，数字技术的应用亦然。要充分发挥数字技术优势赋能思政课高质量发展，必须具备稳定高速安全的网络通信、先进的硬件、与数字技术应用相匹配的软件、功能完备的在线教学平台以及完善的政策支持等条件保障。

（一）稳定高速安全的网络通信条件

稳定高速安全的网络通信是保障数字技术赋能思政课高质量发展的前提条件。首先，实现高速有线网络和优质无线网络的校园全覆盖。要全面升级校园有线网络，实现教学楼、图书馆、学生宿舍等区域的有线网络全覆盖，保障网络传输的稳定性和高速率，满足大量数字教学资源的快速下载与上传需求；部署高密度、高性能的无线接入点（AP），确保校园内无线网络信号稳定、无死角，满足师生在不同场景下使用移动设备流畅地访问在线学习资源的需求。其次，确保网络带宽与稳定性。一般而言，学校整体网络出口带宽须达到百兆以上甚至千兆，以保证在教学高峰时段每个终端都能获得稳定的网络连接，避免出现卡顿、掉线等问题。最后，确保网络安全防护。建立包括防火墙、入侵检测系统、防病毒软件等完善的网络安全防护体系，保障教学网络环境的安全，防止教学数据泄露、网络攻击等安全问题，确保师生能够安全地使用网络资源；对存储在网络中的教学数据进行加密处理，确保数据的保密性和完整性；配备专业的数据备份设备，定期对重要教学数据进行备份，防止教学资源、教学课件、教学管理过程记录、学生学习记录等数据丢失，保障教学活动的连续性。

（二）先进的教学硬件设施

先进的教学硬件设施是保障数字技术赋能思政课高质量发展的基础条件。首先，要配备高质量的多媒体教学设备：高分辨率、高亮度的投影仪

或高清智能交互大屏保证清晰展示各类数字教学资源；专业级音像系统保证音视频类教学资源完美呈现，增强教学感染力；完善的录播设备保证教师录制教学用于线上教学资源的积累，也便于学生课后复习回顾。其次，要具备移动教学终端。为保证即时教学的需要，教师和学生都需要拥有计算机、平板电脑、智能手机等移动终端，以便访问在线教学平台进行线上学习、讨论和作业提交等操作。有条件的学校可配备一定数量的预装各类思政学习 APP、电子教材和数字资源库应用程序的教育移动教学终端，方便教师随时了解学生的学习情况，也方便学生随时随地开展自主学习。

（三）与数字技术应用相匹配的软件

与数字技术应用相匹配的软件是保障数字技术赋能思政课高质量发展的必要条件。一般须具备三类软件：一是 Windows、Mac OS、Microsoft Office、WPS Office 等操作系统与办公软件，满足师生课件制作、文档编辑、数据处理和完成教学任务之需；二是视频编辑（如 Adobe Premiere Pro、剪映）、动画制作（如 Adobe Animate、万彩动画大师）、课件制作（如 Focusky）等教育资源制作软件，用于制作高质量的教学视频、动画、课件等资源，丰富教学内容呈现形式；三是 SPSS 等数据分析与管理软件，满足教师对学生的学习行为数据、学习成绩等进行收集、整理和分析之需。

（四）功能完备的在线教学平台

功能完备的在线教学集成平台是保障数字技术赋能思政课高质量发展最重要的条件。在线教学平台应是功能完备的集成平台，须具备四个功能。

1. 综合性教学管理功能

在线教学平台要能支持课程创建、教学资源发布、作业布置与批改、在线测试、互动交流等多种教学管理功能。教师可以在平台上创建思政课程，上传教学视频、课件、文档等资源，设置在线讨论区，组织学生进行小组讨论和交流，实现线上线下混合式教学。

2. 数字教学资源供给功能

为思政课教学提供丰富的数字教学资源既是数字技术优势的展现，也是在线教学平台主要价值之所在。数字教学平台应能为思政课教学提供丰富的文本资源（如经典著作、学术论文、政策文件等）、多媒体资源（如教学视频、音频资料、图片等）以及案例资源（如社会热点案例、优秀教学案例等）。在建立数字教学资源时应注意三个方面的问题：一是加强对教学资源的分类管理和存储。要根据教学内容、资源类型等进行科学分类，建立清晰的资源目录和索引，方便教师和学生查找和使用；要采用先进的存储技术，确保教学资源的安全性和稳定性；要对教学资源的使用情况进行统计和分析，为优化教学资源提供数据支持。二是动态更新教学资源。思政课教学内容与国家大政方针、国际国内形势变化、社会热点、最新理论成果等紧密相关，教学资源要及时更新，反映最新的时代动态和实践成果，以保持思政课教学的时效性和吸引力。三是建立资源审核机制。要组建由思政课专家等构成的资源审核机制，对上传到教学平台的教学资源的政治性、思想性、科学性、实用性等进行严格审核，确保教学资源的质量和准确性。

3. 个性化学习分析功能

在线教学平台要能智能化地对学生在学习过程中产生的各类数据进行收集、分析和挖掘，并将学生的学习行为数据转化为可视化报告，帮助教师了解学生的学习进度、学习难点和学习偏好，以利于教师对学生进行个性化教学指导。

4. 共享与交流功能

在线教学平台共享和交流功能十分重要，一是打破了资源的分散状态，将优质的教学资源集中起来，实现了资源的优化配置，能使更多的教师和学生能够受益；二是通过教学平台，教师可便捷地获取各类优质教学资源，能将教师从耗时耗精力的繁杂的资料搜集工作中解放出去，有更多的精力思考教学问题；三是教师可在教学平台上分享教学成果、教学经验，甚至可以在教学平台上跨校、跨区域开展集体教研、集体备课等，有利于教学水平的整体提升。

（五）完善的政策支持

完善的政策支持有助于推进数字技术赋能思政课高质量发展工作。近年来，无论是国家还是地方政府都出台了一系列与数字教育和思政课建设相关的政策，为数字技术赋能思政课高质量发展提供了有力的政策依据和方向指引。各级各类学校应加强政策宣传与解读，认真贯彻落实，并结合学校实际制定适合本地本校的落实措施。要开展对数字技术应用于思政课建设情况（数字教学设施设备投入、教师数字素养提升、数字教学资源建设与应用等）的考核评价工作，确保政策的有效执行。

二、提升思政课教师的数字素养

“办好思想政治理论课关键在教师，关键在发挥教师的积极性、主动性、创造性。”[①] 思政课教师是思政课的主导者、组织者和发动者，应用数字技术的优势赋能思政课高质量发展，关键也在教师，重点在提升思政课教师的数字素养。

（一）明确数字技术赋能思政课高质量发展对教师能力的新要求

2019 年 3 月 18 日，习近平总书记在学校思想政治理论课教师座谈会上结合自己的亲身经历深情地指出：“讲好思政课不容易，因为这个课要求高。”这充分体现了习近平总书记对思政课教师工作的理解和关怀。推

① 习近平 . 思政课是落实立德树人根本任务的关键课程 [J]. 求是，2020(17)：4-16.

进数字技术赋能思政课高质量发展给思政课教师带来诸多挑战，对思政课教师能力素养提出了三个方面的新要求。

1. 数字技术应用能力

思政课教师数字应用能力包括三个方面：一是熟练操作基本数字工具的能力。能熟练掌握投影仪、电子白板等多媒体设备的操作，确保课堂教学的顺利进行；要精通Word、Excel、PowerPoint等常用办公软件，用于制作教学文档、整理教学数据和设计精美课件；要熟悉录播设备和视频编辑软件，能够录制和编辑教学视频，制作线上教学资源。二是运用在线教学平台和工具的能力，能够熟练运用雨课堂、超星学习通等在线教学平台进行课程管理、教学资源上传、作业布置与批改、在线测试等教学活动；要掌握钉钉直播、腾讯会议等直播工具，以便开展线上直播教学，实现实时互动和答疑。三是运用新兴技术于教学的能力。要关注虚拟现实（VR）、增强现实（AR）等新兴技术，并积极探索其在思政课教学中的应用，以创设沉浸式的思政教育教学场景；要借助人工智能辅助教学系统，为学生提供个性化的学习建议和辅导。

2. 数字资源整合与开发能力

思政课教师数字资源整合和开发能力包括三个方面：一是信息收集与筛选。要具备从海量网络信息中快速、准确地收集与思政教学相关信息的能力，能够辨别信息的真伪和价值，筛选出优质的教学资源。同时，要能够引导学生正确获取和辨别信息，提高学生的信息素养。二是数据挖掘与分析。能够运用数据挖掘工具和方法，对学生的学习数据进行收集和分析，了解学生的学习规律和存在的问题，为教学决策提供依据，优化教学过程。三是信息安全与隐私保护。了解信息安全和隐私保护的相关法律法规和技术知识，确保学生的个人信息和学习数据安全，不泄露学生隐私，同时，要教育学生树立信息安全意识，正确使用网络资源，保护个人信息。

3. 沟通与协作能力

数字技术具有很强的开放、共享、协同特点，对思政课教师在线沟通协作能力提出了新的要求。一方面，在数字教学环境下，教师要具备良好的线上沟通能力，能够通过文字、语音、视频等多种方式与学生进行有效的沟通，及时回复学生的问题和反馈，关注学生的学习状态和心理需求，给予学生必要的指导和支持。另一方面，要与其他思政课教师、技术人员等建立良好的协作关系，分享教学经验和教学资源，共同开展教学研究和教学资源建设，共同解决教学中遇到的问题。

（二）加强对思政课教师数字素养的培养

思政课教师的数字素养是指思政课教师掌握数字技术知识，并在思政课教学过程中有效运用数字技术，以提升思政课教学质量、促进学生学习和推动思政课创新发展的综合素养，包括数字意识与理念、数字知识与技能、数字教学与创新能力、数字资源管理与整合能力、数字伦理与安全素养等。培养思政课教师的数字素养是一个系统工程，要从政府、学校、教师自身等多个层面共同努力。

从政府层面来看，主要可以从制定相关政策和搭建高水平数字素养交流、培训平台着手：教育主管部门通过出台相关政策，制定思政课教师数字素养的标准，明确提升数字素养的目标、任务和要求，为思政课教师数字素养培养和评价提供依据；利用教育主管部门的统筹协调优势，搭建全国性或区域性的思政课教师数字素养交流平台，组织面向思政课教师的高层次、高水平数字素养培训活动，促进教师之间的经验分享和交流合作，推动数字素养的共同提升。

从学校层面来看，可以从三个方面开展思政课教师数字素养培养工作。一是强化培训。学校可根据思政课教师的实际需求和数字技术发展趋势，采用线上线下相结合的方式定期组织有关数字教学工具使用、在线课程设计、学习数据分析等内容的专题培训，帮助思政课教师掌握数字技术知识，提升运用数字技术的能力。二是营造氛围。建立思政课教师与数字技术相关学科教师的结对机制，思政课教师帮助相关学科教师开展课程思政课工作，相关学科教师帮助思政课教师提升数字技术能力；组织数字技术教学工作坊等教师交流平台，举办数字教学相关的竞赛活动，促进教师之间的相互学习和借鉴，激发教师提升数字素养的积极性。三是建立激励机制。通过设置数字技术教学专项教改项目、专项科研等方式鼓励教师开展数字教学的研究；在评定教学成果奖时优先考虑应用数字技术创新教学方法和模式的成果；将思政课教师的数字教学情况纳入教师年度考核、专项岗位津贴考核，激励教师主动提升数字素养，推动数字技术在思政课教学中的广泛应用。

从思政课教师层面来看，首先，要转变观念，增强数字教学的意识。思政课教师要充分认识到数字素养的重要性，主动关注数字技术在教育领域的应用动态，主动学习数字技术相关知识，不断更新数字知识体系，提高数字技能水平。其次，参加积极参加有关数字教学的学术会议、教学观摩、联合教研等活动，了解数字教学的发展动态，分享、学习、借鉴数字技术在思政课教学中的应用经验和研究成果，共同提升数字素养和教学水平。最后，积极开展数字教学实践，将数字技术知识应用到思政课教学实践中，在实践中不断提升数字教学能力。

三、规避数字技术赋能思政课高质量发展可能的风险问题

任何事物都具有两面性，都有优缺点。数字技术在赋能思政课高质量发展的同时，也可能在技术、教学内容、教学方式、伦理道德等方面存在着诸多风险问题，在运用数字技术优势的同时要注意规避可能存在的风险问题。

（一）技术层面的问题

在技术层面，主要可能出现数字技术的稳定性和安全性两个方面的问题。

1. 数字技术的稳定性

数字技术的稳定性是确保思政课数字教学顺利开展的基础。无论是在

线教学平台的运行，还是教学资源的传输和存储，都依赖于数字技术的稳定运行。若网络信号不佳，会出现卡顿、掉线等情况，导致教学内容传输不连贯，破坏教学的流畅性和互动性。因技术漏洞、服务器过载等原因可能会导致学习平台、教学软件等出现系统故障，打乱教学计划，引发学生和教师的焦虑与不满。保障数字技术的稳定性和可靠性要从硬件和软件两个方面入手。在硬件方面，应加大对数字教学设施设备的投入，建设高速、稳定的校园网络，提高网络带宽和网络覆盖率，减少网络延迟和卡顿现象，确保教学资源的快速传输和共享，同时，要加强对硬件设备的维护和管理，定期进行设备检查和维修，及时更换老化、损坏的设备，确保硬件设备的正常运行。在软件方面，要选择成熟、稳定的数字教学软件和平台，要加强对软件和平台的更新和维护，及时修复软件漏洞，优化软件性能，提高软件的稳定性和可靠性。

2. 数字技术的安全性

数字技术的安全性关系到教学资源的安全、学生的个人信息安全以及学校的信息安全。在数字时代，信息安全面临着网络攻击、数据泄露、恶意软件感染等诸多威胁，一旦发生信息安全事故，将对思政课教学和学生的权益造成严重损害，因此，必须加强数字技术的安全保障措施。学校应建立完善的网络安全防护体系，安装防火墙、入侵检测系统、防病毒软件等网络安全设备，防止网络攻击和恶意软件的入侵，同时，要通过身份认证和授权机制加强对网络访问的控制，设置严格的用户权限和访问规则，限制非法用户对教学资源和学生信息的访问。

（二）教学内容层面的问题

数字技术在丰富思政课教学内容资源的同时也可能带来一些问题：第一，信息过载与内容碎片化。海量的信息可能会使思政课教学陷入信息过载困境，面对繁杂内容，难以有效筛选整合，导致知识碎片化，难以构建完整知识体系。第二，信息真实性存疑。由于网络的特殊性，在海量的数字信息中存在一些未经证实、虚假或误导性内容，可能会使学生对知识产生误解，影响思政教育的效果和公信力。第三，不良信息混入。网络信息鱼龙混杂，历史虚无主义、西方不良思潮等有害信息隐藏其中，容易导致错误价值观混入思政教学环境，与思政课的正面价值观引导产生冲突，干扰学生正确价值观的形成。

思政课作为价值观塑造关键课程，要确保内容传播的正确价值导向。在开展数字教学时，教师要精准筛选优质资源，确保教学内容的思想性与正确价值导向，避免被错误思潮误导，同时，要依据教学目标和学生认知水平，将零散信息系统化，帮助学生搭建完整的马克思主义理论体系。

（三）教学方法运用层面的问题

数字技术创新了思政课教学模式，为思政课教学提供了丰富多样的教学形式。但过度依赖技术也会导致一些问题，形式大于内容是其中之一。有的教师为展示技术而忽视教学内容本身，大量使用动画、视频，却未有效引导学生思考；有的教师过度追求形式的新颖和酷炫，而忽视了思政课的本质内容和教育目标，可能导致教学变得华而不实，学生只关注表面的热闹，而没有真正深入理解思政理论知识和思想内涵；不同学生的数字技术应用能力和学习风格不同，单纯依赖数字技术难以满足所有学生的学习需求；数字技术虽便捷了师生的教学沟通和互动，但可能仅存留在表面的互动，没有引发师生深入交流和思想碰撞，没能真正触及思政课的核心问题。

在运用数字技术赋能思政课教学过程中，教师要防止技术依赖，避免形式大于内容。教师要在传承传统课堂教学优势的前提下合理运用数字技术，将其作为辅助手段，服务于教学目标，让技术与思政教育深度融合，而非简单叠加；教师还要充分考虑学生差异兼顾学生个体差异，满足不同学生学习需求，避免技术使用的一刀切，确保每个学生都能从数字技术赋能的教学中受益。

（四）伦理道德层面的问题

数字技术赋能思政课涉及的伦理道德问题主要体现在隐私保护、数据使用、教育公平性等方面。在隐私保护方面，利用数字技术进行思政教学时，会收集学生姓名、学号、联系方式等个人信息，如果在收集过程中未获得学生充分授权，或者收集主体对信息保护不力，可能导致学生个人信息泄露，侵犯学生的隐私权，同时，运用数字技术教学，还会对学生在学习过程中学习时长、浏览记录、参与讨论的频率等行为数据进行监控，如果这种监控过度或被不当使用，会让学生感觉自己处于被监视状态，影响学生的学习心态和自主性。在数据安全与使用问题，思政课教学中积累的大量数据可能存在丢失、被篡改或遭受网络攻击的风险，不仅影响教学的正常进行，还可能对师生的权益造成损害。在教育公平性方面，由于数字鸿沟的存在，不同地区、不同家庭背景的学生在数字技术应用能力和获取数字资源的机会上存在差异，如果思政课过度依赖数字技术，可能会使那些数字素养较低或缺乏数字设备和网络条件的学生处于劣势，有可能加剧教育不公，违背教育伦理中关于公平教育的原则。

综上所述，学校应采取数据加密、数据备份、数据恢复等措施，保障教学数据的安全。例如，对重要的教学数据进行加密存储，防止数据被窃取和篡改；定期进行数据备份，并将备份数据存储在安全的位置，以便在数据丢失或损坏时能够及时恢复。此外，还应加强对教师和学生的信息安全意识教育，向教师和学生普及信息安全知识，提高他们的信息安全防范能力。

第十章

大中小学思政课一体化建设研究

思政课是学校德育体系中的重要组成部分，是对受教育者进行思想政治教育的主渠道。进入新时代，党和国家从世界百年未有之大变局、党和国家事业发展全局、实现中华民族伟大复兴的战略高度明确了思政课定位——落实立德树人根本任务的关键课程。在我国德育教育体系中，各个学段都开设了思政课，如何协调各学段思政课的教学内容、师资队伍、教材、教学资源等，推进各学段思政课一体化建设，提高各学段思政课的针对性和实效性，是影响思政课发挥思政课关键课程作用的重要因素。

第一节　大中小学思政课一体化的核心要义

大中小学思政课一体化是习近平总书记提出的新时代思政课改革创新的一项重要教育教学工程，把握大中小学思政课一体化的核心要义是推进该项教育教学工程的前提。

一、“一体化”的含义

“一体化”（Integration），是指将不同的部分或系统结合成一个统一的整体，以实现更高的效率、协同作用和整体效能。“一体化”是一个广泛应用于多个领域的概念，比如，经济一体化、技术一体化、区域一体化、社会文化一体化、教育一体化等。在不同领域中，一体化的具体含义和应用有所不同，但核心思想和目标都是在保持各个组成部分特性的基础上，通过有效地整合机制，实现更高效地运作。其中，教育一体化涵盖了教学目标、课程设置、教学内容、教学方法、师资队伍、教学资源等多个方面的整合，其目的是提高教育质量，促进学生的全面发展。

“一体化”能够促进知识、技术和人才的交流与共享，为创新提供了强大的动力。它具有连贯性、协同性、整体性等特点。连贯性强调各组成部分之间的连续性和一致性。例如，在教育一体化中，课程设置、教学方法、评价体系等都应当体现出从小学到大学的连贯发展路径，确保学生在每个阶段的学习都能自然过渡并相互衔接。协同性是指在一体化的过程中，各部分之间相互配合、相互协作、互相促进，以实现共同的目标。这种协同不仅仅是简单的合作，更是一种基于共同目标和利益的有机结合，能够产生“1 + 1> 2”的协同效应。整体性意味着在一体化的作用下，各个组成部分形成一个有机统一的整体，这个整体具备了各组成部分单独存在时所不具备的新的性质和功能。

大中小学思政课一体化建设是当前思政课改革创新的重要方向。它强调根据不同学段学生的认知水平、心理特点和成长规律，对思政课的课程目标、课程内容、教学方法等进行系统设计与统筹安排，实现思政教育的循序渐进、螺旋上升。

二、大中小学思政课一体化的概念

青少年阶段是形成正确的思想政治素养的关键阶段。思政教育必须贯穿于小学、中学、大学各个学段。但长期以来受诸多因素的影响，各学段间思政课内容重复、缺乏衔接性，大中小学“背靠背”“各管一段”现象普遍存在。习近平总书记“3·18”讲话为大中小学思政课一体化建设吹响号角，体现了党和国家推进思政课一体化建设的坚定决心。《关于深化新时代学校思想政治理论课改革创新的若干意见》为大中小学思政课一体化建设确定了方向，明晰了框架："小学阶段重在启蒙道德情感，初中阶段重在打牢思想基础，高中阶段重在提升政治素养，大学阶段重在增强使命担当。"①

大中小学思政课一体化，是指在"大思政"理念的指导下，以立德树人为宗旨，以为党育人、为国育才为使命，以提高不同学段思政课的针对性、实效性为目标，以不同学段受教育者身心发展特点为依据，打破学段间的壁垒，实现思政课教学目标、内容、方法、师资、资源等的有机衔接、协同发展，循序渐进、螺旋上升开设思政课。大中小学思政课一体化是教育理念一体化（"大思政"理念），是课程一体化（课程目标和内容的衔接性和贯通性），是师资队伍一体化（大中小学思政课教师共同体），是教研一体化（教学研究科学研究的互帮互助），是教育资源一体化（教育资源的整合、共建、共享），是教育机制一体化（教育管理的互联互通）。

大中小学思政课一体化首先是教学目标的一体化。大中小学思政课一体化以培养德智体美劳全面发展的社会主义建设者和接班人为总目标，根据不同学段学生的认知水平、心理特点和成长需求，制定具有针对性和层次性的子目标。小学阶段注重启蒙道德情感，引导学生初步认识社会规则和道德规范，培养基本的文明素养和良好行为习惯；初中阶段着力打牢思想基础，进一步拓展学生对社会、国家和人生的认识，培养学生的法治观念、爱国情怀和集体主义精神；高中阶段着重提高政治素养，帮助学生系统学习马克思主义基本原理，了解中国特色社会主义的发展历程和伟大成就，树立正确的政治方向和理想信念；大学阶段强调增强使命担当，引导学生深入研究马克思主义理论，关注国内外形势和社会热点问题，培养学

① 中央宣传部 教育部关于印发《新时代学校思想政治理论课改革创新实施方案》的通知[J]. 中华人民共和国国务院公报，2021(09).

生运用马克思主义立场、观点和方法分析问题、解决问题的能力，鼓励学生积极参与社会实践，为国家发展贡献力量 。

大中小学思政课一体化是思政课教学内容的一体化。大中小学思政课一体化要构建主线连贯、各有侧重、衔接紧密的内容体系。小学阶段的思政课内容贴近学生生活实际，以生动形象的方式传授基本的道德知识和行为准则；中学阶段的思政课内容逐渐深化，涵盖了道德、法律、政治、经济等多个领域，注重培养学生的综合素养和社会责任感；大学阶段的思政课内容更加注重理论性和系统性，深入探讨马克思主义基本原理、中国特色社会主义理论体系等，引导学生进行深入的思考和研究，培养学生的批判性思维和创新能力。各学段的思政课内容既相互关联，又逐步递进，避免简单重复，使学生能够在不同阶段逐步深化对思政课内容的理解和认识。

大中小学思政课一体化是思政课教学方法的一体化。大中小学思政课一体化强调根据不同学段学生的特点选择合适的教学方法，以提高教学的针对性和实效性。小学阶段应注重趣味性和直观性，采用游戏教学、情境教学、故事教学等方法，激发学生的学习兴趣；中学阶段应注重启发性和互动性，采用案例教学、小组讨论、主题演讲等方法，引导学生积极思考，培养学生的自主学习能力和团队合作精神；大学阶段应注重研究性和创新性，采用专题讲座、学术研讨、实践调研等方法，引导学生深入研究问题，培养学生的创新思维和实践能力。

三、大中小学思政课一体化的核心要义

大中小学思政课一体化是思想政治教育一体化的重要组成部分，在思想政治教育一体化中发挥着关键作用。通过大中小学思政课一体化建设，能够将思想政治教育的目标、内容和方法在不同学段进行科学规划和有效衔接，使学生在不同成长阶段接受循序渐进、螺旋上升的思想政治教育，为思想政治教育一体化提供坚实的课程基础和教学保障；大中小学思政课

一体化以培养社会主义建设者和接班人为目标，强调政治认同、思想引领和价值塑造，引领其他思想政治教育活动的方向。大中小学思政课一体化的核心要义包括以下五个。

（一）教学目标的连贯性

所谓教学目标的连贯性，是指各学段思政课围绕培养德智体美劳全面发展的社会主义建设者和接班人这一总体目标，制定符合各学段学生身心发展特点的相互衔接，逐步深入的学段教学目标，即从小学阶段的启蒙道德情感，到初中阶段的打牢思想基础，再到高中阶段的提升政治素养，最后到大学阶段的增强使命担当，使之形成完整的体系。

小学阶段，学生的认知能力有限，思维方式以形象思维为主，对世界的认识较为直观和感性，处于思想道德发展的启蒙时期。思政课教学目标应以启蒙道德情感为主，帮助学生初步认识社会规则和道德规范，培养基本的文明素养和良好行为习惯。初中阶段，学生的认知能力有所提升，开始从形象思维向抽象思维过渡，对社会和人生的思考逐渐深入。思政课的教学目标应在小学的基础上进一步引导学生形成正确的价值观和思想观念，打牢思想基础。高中阶段，学生的抽象思维能力进一步发展，对政治、经济、文化等领域的知识有了更深入的学习需求。思政课的教学目标应以培养学生的政治认同和政治参与意识为主，提升学生的政治素养。大学阶段是学生走向社会的关键时期，思政课的教学目标应以引导学生将个人发展与国家命运相结合，增强学生的使命担当意识，培养学生成为具有社会责任感和创新精神的高素质人才。

（二）教学内容的进阶性

教学内容的进阶性是指各学段思政课要依据不同学段学生认知发展水平和心理特点，设计从基础知识的启蒙与积累到理论知识的深化与拓展再到实践应用与理论升华的循序渐进、螺旋上升的教学内容，使学生能够逐步深入理解和掌握思政课的内容。

小学阶段是学生接受思政教育的起始阶段，这一时期的教学内容主要侧重于基础知识的启蒙与积累，旨在通过生动形象、贴近生活的方式，引导学生初步认识社会、了解基本的道德规范和行为准则，培养学生的基本文明素养和爱国情感。随着学生年龄的增长和认知能力的提升，初中和高中阶段的思政课教学内容逐渐从基础知识向理论知识深化与拓展，帮助学生构建更加系统、全面的思想政治理论体系，拓宽学生的认知视野。大学阶段的思政课教学内容强调实践应用与理论升华，引导学生将所学的理论知识应用于实际生活中，注重培养学生运用马克思主义的立场、观点和方法分析问题、解决问题的能力，注重引导学生关注国内外形势和社会热点问题，通过实践活动加深对理论知识的理解和掌握，实现理论与实践的有机结合，提升学生的思想政治素养和社会责任感。

为实现大中小学思政课教学内容的进阶性，要紧密结合不同学段的教学目标，依据不同学段的课程标准，充分考虑各学段课程标准之间的衔接关系，科学统筹各学段的教学内容，明确各学段的教学重点和难点，避免教学内容的简单重复和断层脱节。

（三）教学方法的针对性

不同学段的学生在认知水平、心理特点和学习需求等方面存在显著差异，因此，思政课教学要根据各学段学生的特点，选择合适的教学方法，以提高教学的针对性和实效性。

小学阶段的学生以形象思维为主，注意力集中时间较短，对生动有趣的事物充满好奇心。因此，在小学思政课教学中，采用故事、游戏等直观教学法能够有效激发学生的学习兴趣，帮助他们更好地理解和接受思政教育内容。初中阶段的学生抽象思维逐渐发展，开始对社会现象和问题产生浓厚的兴趣，渴望通过自己的探索和体验来获取知识。体验式与探究式教学法能够满足初中学生的学习需求，引导他们主动思考和学习，培养他们的自主学习能力和创新思维。高中阶段的学生具备了一定的抽象思维能力和逻辑思维能力，对政治、经济、文化等领域的知识有了更深入的学习需求。议题式与案例教学法能够引导学生关注社会热点问题，培养他们的政治认同和政治参与意识，提升他们的思维能力和综合素养。大学阶段的学生具有较强的自主学习能力和独立思考能力，对知识的深度和广度有更高的追求。在大学思政课教学中，采用研讨、实践等自主性教学法，能够充分发挥学生的主体作用，培养他们的自主学习和研究能力，引导他们将理论知识与实际相结合，增强社会责任感。

（四）教师角色的适应性

由于不同学段学生的身心发展特点、思政课教学目标和教学内容都不同，作为办好思政课关键作用的教师在教学过程中的角色和职责也应不同。

小学阶段是学生思想启蒙的关键时期，小学思政课教师在这一过程中扮演着启蒙引导者的重要角色，肩负着启蒙学生道德情感、培养良好行为习惯和基本文明素养的重要职责。因此，小学思政课教师要注重以身作则，用自己的言行为学生树立良好的道德典范，对学生起到潜移默化的影响。初中阶段的学生的认知能力有所提升，对社会和人生的思考逐渐深入，思政课内容涵盖了道德、法律、心理、国情等多个领域。初中思政课教师在这一阶段承担着知识引路人的角色，要引导学生深入学习思政知识，培养正确的价值观和思想观念，掌握科学的学习方法。高中阶段的学生的抽象思维能力进一步发展，对政治、经济、文化等领域的知识有了更深入的学习需求，思政课内容增加。高中思政课教师在这一阶段扮演着思维启发者的角色，要引导学生深入理解思政课学习内容，培养学生的批判性思维和政治素养，引导学生树立正确的政治方向和理想信念。大学阶段的学生思想更加成熟，对知识的深度和广度有更高的追求，思政课内容更加注重理论性和系统性。大学思政课教师在这一阶段扮演着思想引领者的角色，要引导学生形成独立思考能力，培养学生的理论思维和创新能力，树立正确的思想观念，将个人发展与国家命运相结合，增强学生的使命担当意识。

（五）教研活动的协同性

不同学段思政课教师协同开展教研活动是大中小学思政课一体化的应有之义。不同学段思政课教师协同开展集体备课等教研活动是促进大中小学思政课教师交流合作的重要实践途径。通过集体备课，不同学段的教师能够汇聚智慧，共同探讨教学内容、教学方法和教学目标，实现教学资源的共享与优化。集体备课能够统一教学思路，避免教学内容的重复与脱节，确保各学段思政课教学的连贯性和进阶性。在集体备课过程中，不同学段的思政课教师围绕教学中的热点、难点问题展开深入讨论，分享教学改革的经验和成果，交流教学中遇到的问题和解决方法，共同探索创新教学方法和教学模式，共同提高教学水平。

第二节　推进大中小学思政课一体化建设的重大意义

习近平总书记强调："我们办中国特色社会主义教育，就是要理直气壮开好思政课。"[①]"理直"是由思政课的地位和作用决定的：思政课是解决"培养什么人、怎样培养人、为谁培养人"这个根本问题的关键课程，办好思政课是增强"四个意识"、坚定"四个自信"、深刻把握"两个确立"、坚决做到"两个维护"的鲜明体现。"气壮"是因为我们具备开好思政课

① 习近平主持召开学校思想政治理论课教师座谈会强调：用新时代中国特色社会主义思想铸魂育人 贯彻党的教育方针落实立德树人根本任务 [N]. 人民日报，2019-03-19(01).

的坚实基础：新时代十年的伟大变革和我们取得的巨大成就为办好思政课奠定了坚实的物质基础，习近平新时代中国特色社会主义思想的根本引领为我们开好思政课提供了理论遵循，党的领导和对思政课的高度重视为我们开好思政课增强了信心和底气。“开好”思政课则需要我们以习近平新时代中国特色社会主义思想为指导，坚持守正创新，促进思政课内涵式高质量发展。统筹推进大中小学思政课一体化建设正是“理直气壮开好思政课”的重要举措。

一、是落实立德树人根本任务的重要保障

青少年是祖国的未来、民族的希望。中国共产党自成立以来就把革命和建设的希望寄予在青年身上，非常重视青少年的培养。当前，世界正处于大发展大变革大调整时期，世界之变、时代之变、历史之变正在以前所未有的方式展开。“世界百年未有之大变局加速演进，世界进入新的动荡变革期，我国发展进入战略机遇和风险挑战并存，不确定难预料因素增多的时期，必须准备接受风高浪急甚至惊涛骇浪的重大考验。”①党的十八大以来，习近平总书记围绕这一根本性问题作出了一系列重要论述：提出“我们党立志于中华民族千秋伟业，必须培养一代又一代拥护中国共产党领导和我国社会主义制度、立志为中国特色社会主义事业奋斗终身的有用人才”②，要求“全党要把青年工作作为战略性工作来抓，用党的科学理论武装青年，用党的初心使命感召青年”③。我国是中国共产党领导的社

---

① 习近平．高举中国特色社会主义伟大旗帜 为全面建设社会主义现代化国家而团结奋斗——在中国共产党第二十次全国代表大会上的报告 [N]. 人民日报，2022-10-26(01).

② 习近平主持召开学校思想政治理论课教师座谈会强调：用新时代中国特色社会主义思想铸魂育人 贯彻党的教育方针落实立德树人根本任务 [N]. 人民日报，2019-03-19(01).

③ 习近平．高举中国特色社会主义伟大旗帜 为全面建设社会主义现代化国家而团结奋斗——在中国共产党第二十次全国代表大会上的报告 [N]. 人民日报，2022-10-26(01).

会主义国家，决定了教育必须擦亮马克思主义鲜亮底色，坚持党的领导，以培养社会主义建设者和接班人作为根本任务，“这就要求我们把下一代教育好、培养好，从学校抓起、从娃娃抓起”①。

当前，中华民族正在中国共产党的带领下踏上全面推进中华民族伟大复兴的新征程。在新时代新征程上，人人都是见证者、开创者、建设者，中国共产党是先锋队，共青团是突击队，少先队是预备队。作为落实立德树人根本任务关键课程的思政课，要从政治上着眼、思想上入手，从青少年成长规律出发，尊重青少年成长特点“结合青少年成长规律，尊重青少年成长特点”也正是统筹推进大中小学思政课一体化建设题中之意。由于大中小学不同学段的青少年在社会阅历、对知识文化的理解和接受能力、思想品德发展水平等方面都存在着较大的差异，在立德树人过程中，思政课应遵循学生的认知规律与思想品德形成发展规律，以横向贯通有机协同、纵向衔接、螺旋上升为原则，形成大中小学有机统一的思政课育人体系。

二、是促进各学段学生全面发展的必然要求

思政课的目的之一是更好地促进青少年的全面发展。全面发展是个体在社会生产过程中智力、体力等全面地、和谐地、自由地、充分地、可持续地发展。“全面地发展”就是德智体美劳、知情意行综合发展；“和谐地发展”就是个体全面发展的各个方面优化组合、平衡协调；“自由地发展”就是个体依据自己的禀赋与兴趣，在社会许可的前提下主动、自主发展；“充分地发展”就是个体在社会许可的前提下使自身潜能得到最大发展；“可持续地发展”就是着眼长远、循序渐进、不断完善的发展。“全面地发展”是全面发展的核心，“德”是“全面地发展”的灵魂。个体全面发展理论要求思想政治教育从受教育的实际需要出发，以尊重受教育者为前提，发

① 习近平．思政课是落实立德树人根本任务的关键课程 [J]. 求是，2020(17)：4–16.

挥受教育者的主动性，调动受教育者的积极性。大中小学思政课一体化的建设就是要根据青少年身心特点和成长规律确定各学段循序渐进的思政课程目标，构建各学段层层递进的课程体系、相互衔接的教材体系，做到既贯通又相互衔接，循序渐进，螺旋上升，更好地引导“广大青年要坚定不移听党话、跟党走，怀抱梦想又脚踏实地，敢想敢为又善作善成，立志做有理想、敢担当、能吃苦、肯奋斗的新时代好青年”[①]。

三、是促进思政课内涵式高质量发展的内在需要

我国历来重视思政课，在大、中、小学各学段都开设了思政课，并明确了思政课在人才培养中的地位和作用。2004 年 10 月，中共中央、国务院《关于进一步加强和改进大学生思想政治教育的意见》将思政课定位为“对学生进行思想政治教育的主渠道”[②]。2018 年，教育部《新时代高校思想政治理论课教学工作基本要求》提出，思政课是“是全面贯彻党的教育方针、落实立德树人根本任务的主干渠道和核心课程，是加强和改进高校思想政治工作、实现高等教育内涵式发展的灵魂课程”[③]。习近平总书记“3 · 18”讲话将思政课定位为“落实立德树人根本任务的关键课程”。思政课在各学段人才培养中的地位是否得到彰显、作用能否得到发挥，取决于思政课教学的针对性和实效性。党的十八大以来，思政课在改革中加强，在创新中发展，铸魂育人成效明显。但是，面对新的变化和新的情况，思政课教育教学还存在亟待解决的问题：如何充分利用社会资源开门办思

① 习近平 . 高举中国特色社会主义伟大旗帜 为全面建设社会主义现代化国家而团结奋斗——在中国共产党第二十次全国代表大会上的报告 [N]. 人民日报，2022-10-26(01).

② 中共中央国务院关于进一步加强和改进大学生思想政治教育的意见：中发〔2004〕16 号 [A].2004.

③ 教育部关于印发《新时代高校思想政治理论课教学工作基本要求》的通知 [J]. 中华人民共和国教育部公报，2018(05).

政课的意识和能力还不够强，思政小课堂与社会大课堂结合不紧密，实践环节教学存在“形式化”“表面化”等现象。解决这些问题既靠党的领导，也靠全社会的协同，更靠思政课增强内生动力，实现内涵式高质量发展。统筹推进大中小学思政课一体化建设，提升思政课教学针对性和实效性，是实现思政课内涵式高质量发展的关键所在。

第三节　推进大中小学思政课一体化建设的理论依据

列宁在《怎么办》一文中指出，“没有革命的理论，就不会有革命的运动”[①]。统筹推进大中小学思政课一体化建设同样需要深厚的理论基础。

一、以习近平总书记有关思政课建设的重要论述为根本遵循

党的十八大以来，习近平总书记从世界百年未有之大变局、党和国家事业发展全局，从坚持和发展中国特色社会主义、建设社会主义现代化强国、实现中华民族伟大复兴的战略高度就推动大中小学思政课一体化建设的必要性、重大意义和具体做法作了详细阐述，这些重要论述集中体现在习近平总书记《思政课是落实立德树人根本任务的关键课程》的文章中。文章强调了统筹推进大中小学思政课一体化的重大意义——青少年成长成才、培养社会主义建设者和接班人的需要。习近平总书记指出：“人的成长、成熟、成才不是一蹴而就的，而是一个渐进的过程，就跟人的生理发育一样，所以要把这几个阶段都铺陈好。”“青少年阶段是人生的‘拔节孕穗期’，这一时期心智逐渐健全，思维进入最活跃状态，最需要精心引导和栽培。”“在大中小学循序渐进、螺旋上升地开设思政课非常必要，是培

① 中共中央马克思恩格斯列宁斯大林著作编译局．列宁选集：第 1 卷 [M]. 北京：人民出版社，2012:153.

养一代又一代社会主义建设者和接班人的重要保障。”习近平总书记还提出了一体化建设的原则——“坚持问题导向和目标导向相结合，坚持守正和创新相统一……坚持大中小学纵向主线贯穿、循序渐进，各类课程横向结构合理、功能互补的原则”。文章还指出，统筹推进大中小学思政课一体化要“根据思想政治理论教育规律和学生成长规律科学设置具体教学目标”。①

习近平总书记有关统筹推进大中小学思政课一体化建设的重要论述，是新时代思政课建设的重大理论创新，为新时代思政课建设指明了方向，更为统筹推进大中小学思政课一体化建设提供了理论遵循。

二、以思想政治教育过程规律理论为依据

思想政治教育是一定的阶级、政党、社会群体“用一定的思想观念、政治观念、道德规范，对其成员施加有目的、有计划、有组织的影响，使他们形成符合一定社会、一定阶级所需要的思想品德的社会实践活动”②。受教育者形成符合社会要求的思想品德是一个循序渐进、螺旋上升的过程，受教育者、教育内容、教育方法、教育环境等诸多因素影响。这些因素在思想政治教育过程中既对立又统一，形成贯穿思想政治教育全过程的基本矛盾（一定社会对受教育者思想品德的要求与受教育者思想品德水平之间的矛盾）和具体矛盾（主体与客体、主体与介体、主体与环体、客体与介体、客体与环体之间的矛盾等等）。思想政治教育要取得成效，就必须遵循思想政治教育过程的规律，解决思想政治教育矛盾。思政课是学校思想政治教育的主渠道，统筹推进大中小学思政课一体化也必须遵循思想政治教育

---

① 习近平．思政课是落实立德树人根本任务的关键课程 [J]. 求是，2020(17)：4–16.

② 张耀灿，郑永廷，吴潜涛，骆郁廷，等．现代思想政治教育学 [M]. 北京：人民出版社，2006：50.

过程规律，尤其应遵循“适应超越规律”和“协调控制规律”。

“适应超越规律”是指“教育者的教育活动一定要适合受教育者的思想品德状况”[①]。这要求在思想政治教育过程中，教育者对受教育者思想品德应达到的水平和层次要求以及选取的教育内容、采用的教育方法要与受教育者思想品德发展状况相适应。大中小学思政课一体化建设要遵循“适应超越规律”，根据各学段教育对象的特点设置科学合理的思政课课程目标，“建立纵向各学段层层递进、横向各学段课程密切配合、必修课选修课相互协调的课程教材体系，实现课程目标、课程设置、课程教材内容的有效贯通”[②]，从而有效实现小学学段“启蒙道德情感”、初中学段“打牢思想基础”、高中学段“提升政治素养”、大学学段“增强使命担当”的目标。

“协调控制规律”是指思想政治教育过程是一个立体的、开放的、系统的、复杂的过程，不仅受教育主客体关系的自觉影响，还受教育介体和教育环体的自发影响。思想政治教育过程就是协调各种自觉影响和控制各种自发影响的过程。一方面，教育者要积极协调各教育主体，强化正确的自觉影响，使各种自觉影响形成合力，推动受教育者的思想品德向社会要求的方向发展。另一方面，教育者要有效控制各种自发影响，发挥教育介体的作用，优化教育环境，使自发影响和自觉影响形成合力。统筹推进大中小学思政课一体化建设，须遵循思想政治教育过程的“协调控制规律”，发挥教育者主导作用和受教育者主观能动性，在教育者的引导下完成自身从知到行的转化；发挥教育介体的纽带作用，借助合力的教育教学方法达到教育目标；优化教育环境，营造“大思政”氛围。

---

① 张耀灿，陈万柏．思想政治教育学原理 [M]. 北京：高等教育出版社，2001:96.

② 中央宣传部 教育部关于印发《新时代学校思想政治理论课改革创新实施方案》的通知 [J]. 中华人民共和国国务院公报，2021(09).

三、遵循个体思想品德形成发展规律

大中小学思政课一体化要结合不同年龄阶段受教育者的身心特点、认知特点，统筹大中小学不同学段循序渐进、螺旋上升地开展有针对性的思政课教育教学。这正是对个体思想品德形成规律的遵循。

品德发展心理学认为，个体思想品德形成和发展具有阶段性和连续性特征。阶段性是指在不同的发展阶段，年龄特征有差异，思想品德发展的目标和任务也不同；发展的阶段性要求不同学段的思政课要尊重不同学段受教育者的身心特点，制定不同的发展目标，提出不同的发展任务，选择不同的教育内容，采用不同的方法，进行有针对性的思想政治教育。连续性是指个体思想品德发展阶段之间是相互关联的，上一阶段影响着下一阶段的发展；发展的连续性要求大中小学思政课要统筹规划，衔接有序，以便有效地促进学生的思想品德发展。

（一）古代中西方有关人的思想品德形成和发展思想

我国古代许多思想家和教育家都肯定了人的思想品德发展具有阶段性特征，提出应根据不同的年龄阶段实施相应的思想品德教育。孔子认为人的不同时期有不同的道德要求：“吾十有五而志于学，三十而立，四十而不惑，五十而知天命，六十而耳顺，七十而从心所欲，不逾矩。”[①] 朱熹将个体的道德教育分为三个阶段：8 岁以下为童蒙阶段，施以“始于衣服冠履，次及言语步趋，次及洒扫涓洁，次及读书写文字”[②]；8—15 岁为小学阶段，施以“洒扫应对进退之节，爱亲敬长隆师亲友之道”[③]；15 岁以上为大学

① 杨伯峻 . 论语译注 [M].3 版 . 北京：中华书局，2009:12.

② 朱熹 . 朱子全书 : 第 13 册 [M]. 上海：上海古籍出版社，2002:371-393.

③ 朱熹 . 朱子全书 : 第 13 册 [M]. 上海：上海古籍出版社，2002:371-393.

阶段，“及其十有五年，皆入大学，而教之以穷理、正心、修己、治人之道”[①]。西方古代的思想家和教育家也认识到儿童不同发展阶段的心理特征对道德教育的影响。柏拉图把青少年的发展分为三个不同的阶段，并提出要对不同年龄阶段的人采取不同的道德教育手段和方法：3—6岁通过讲故事、做游戏、听音乐等激发儿童的坚毅、快活和勇敢；6岁以上的进行情感教育，形成节制美德；17—20岁的进行意志教育，培养机智、坚定、勇敢的美德。亚里士多德继承了柏拉图的思想，把道德教育过程按照每七年为一自然阶段划分为三个时期，强调7—14岁阶段要以情感道德教育为主。夸美纽斯主张道德教育要依据人的自然本性，即儿童的天性、年龄特征。[②]

（二）西方近现代有关人的思想品德形成和发展理论

20世纪20年代末，瑞士心理学家皮亚杰采用实证的方法对儿童道德认知进行了比较系统的研究，提出了儿童道德发展理论。儿童的道德发展是认知发展的一个部分，依据儿童对规则的态度和对公正的评价可以把儿童的道德发展分为三个不同的年龄阶段：2—7岁为权威阶段，以服从权威为特征，按照遵从或违反权威的规定判断是非；8—12岁为可逆阶段，以公平为特征，意识到规则是同伴间共同约定、相互取予的；12—14岁为公正阶段，不再刻板地按某种准则判断是非，而是从关心人、同情人的真正的道德关系出发去作道德判断。[③]另外，儿童的道德发展是一个不变的顺序。前阶段是后继阶段的必要组成部分，儿童必须经历前面所有阶段才能发展到下一阶段，不可能超越某个阶段而跳跃到一个不连续的阶段。皮亚杰对儿童道德发展的阶段性与连续性的辩证阐述，强调儿童的道德发展不是自

---

① 朱熹 . 朱子全书：第6册 [M]. 上海：上海古籍出版社，2002:13.

② 高雅珍 . 古代西方德育思想 [J]. 道德与文明，1995(03):36-39.

③ 岑国桢 . 皮亚杰对儿童道德发展研究的贡献 [J]. 山西教育科研通讯，1984(05):29-32.

发的，教育应该也可以促进儿童道德的发展，学校道德教育应根据儿童道德发展阶段的不同特点采用不同的要求、不同的方式和方法、不同的衡量尺度。这些精辟见解为道德教育提供了极有价值的理论依据和指导思想，对大中小学思政课一体化仍不失其指导意义。

20 世纪 50 年代末至 70 年代，美国发展心理学家科尔伯格系统地扩展了皮亚杰的理论和方法，用道德两难问题对 10—16 岁儿童直至成年初期（22—28 岁）进行追踪实验研究，发现不同年龄阶段儿童的道德判断具有不同的质的特点，确认个体的道德判断具有不同的年龄阶段性，建立了道德发展阶段理论。其主旨，儿童的道德发展分为三种不同的道德水平、六个不同的阶段；个体的道德发展是按阶段逐步建构的过程，具有结构的差异性、不变的序列性、层级的整合性等特征；每一个道德发展阶段都是一个统一的整体，是道德认知结构质的转换，而不是一些与孤立的行为片段相应的道德观念的总和；每个儿童的道德发展必须遵循道德判断的阶段逐步向上发展，各阶段的连续顺序是不变的，不可更易或超越；道德阶段是不断建构起来的，较高阶段把较低阶段作为组成分子包含进来，并对之加工重组，形成新的整合体①。

科尔伯格的道德发展阶段理论，揭示出人的道德判断从认识的低级形式到高级形式的向上、按序发展的过程，为学校道德教育提供了科学的理论依据和实践策略，对今天的学校道德教育仍具有深远的影响。学校的道德教育应有发展观，在制定道德教育的培养目标、阶段要求和实施方法时，须依据儿童道德发展的水平和阶段，通过创设情境、诱发认知冲突的方式使学生产生重建道德认知结构的需要，促进学生道德经验的调整、重构，进而推动道德发展阶段的跃升。学校道德教育应呈现层次性，必须依据社会发展的需要、学生思想品德发展的规律性及德育科学知识的内在逻辑，从总体上把握、层

---

① 冯增俊．科尔伯格道德认识发展阶段论概观 [J]. 外国教育资料，1990：12-20.

次上考虑，分别制定小学生、中学生、大学生思想品德教育规范的具体内容，以切实解决大中小学思政课内容重复、区分困难等现实问题。

（三）中国现代有关人的思想品德形成和发展理论

在国内，发展心理学家林崇德在大量实验研究的基础上，明确了儿童青少年品德发展的六个阶段及特征：第一阶段，0—1 岁为适应期。这个时期还不可能有道德认识，也不可能有意地做出什么道德行动，这个阶段的儿童需要的是有规律的满足和舒适的照料，缺乏社会性。主要任务是适应社会现实。第二阶段，1—3 岁为品德萌芽期。是一个以“好”（或“乖”“对”“好人”）和“坏”（或“不好”“不乖”“坏蛋”）两义性为标准的道德动机，并以此引出合乎“好”与“坏”的道德需求的行动来。此时儿童不可能掌握抽象的道德原则，其道德行为是极不稳定的。儿童尚未掌握抽象的道德原则。主要任务是理解“好”“坏”简单规范。第三阶段，3—6/7 岁为情境性品德发展期。这时道德行为的动机往往受当前的刺激（即情境）所制约，道德认识还带有很大的具体性、情绪性和受情境的暗示性。主要任务是开始接受系统而具体的道德品质教育。第四阶段，6/7—11/12 岁是品德发展协调期。此时常出现比较协调的外部的和内部的动作，道德知识系统化，并形成相应的行为习惯；言行比较一致，动机与行为也比较一致；随着年龄的增长和道德动机的发展，言行一致和不一致的分化逐步增大。主要任务是发展道德信念，以提高道德行为的思想境界。第五阶段，11/12—14/15 岁为动荡性品德发展期。这个时期一方面是道德信念和道德理想形成，世界观萌芽，开始以道德信念和理想来指导自己行为。另一方面，心理的发展跟不上生理迅速地成熟，是逆反心理、对抗心理出现的时期，是幼稚与成熟、冲动与控制、独立与依赖错综并存的时期。主要任务是帮其处理各种矛盾、助其趋向成熟。第六阶段，14/15—17/18 岁为品德发展趋向成熟期。能较自觉地运用一定的道德观点、原则、信念来调节行为，世界观、人生观的初步形成。主要任务是形成道德行为的观念体系和规划，并促使青年发展出进取和开拓精神。[①]林崇德认为，适应性、两义性、情境性、协调性、动荡性和成熟性是儿童与青少年品德发展六个阶段的主要特点。各个阶段的特点之间都是交错和联系的，在一个阶段之初，可能保存着大量的前一阶段的年龄特征。在一个阶段之末，也可能表现出较多的下一阶段的年龄特征。林崇德强调，思想品德教育必须按品德发展的年龄特征来安排教材和选用教法，否则就必然违反品德发展的客观规律，给教育工作带来损失。可见，思想品德教育必须考虑各年龄阶段的衔接问题，大中小学思品课一体化是促进学生思想品德发展的必然要求。

上述个体思想品德形成发展理论明确了个体思想品德形成发展具有阶段性、渐进性和连续性，揭示了各学段受教育者思想品德形成发展的客观过程和规律。大中小学思政课一体化是促进学生思想品德发展的必然要求。推进大中小学思政课一体化建设必须着眼于受教育者的品德形成和发展的全过程，尊重儿童与青少年思想品德发展的阶段性与连续性的规律，实现大中小学思政课的有序衔接、相互贯通。

第四节　大中小学思政课一体化建设的现状

大中小学思政课一体化是新时代推进思政课建设的一项重要教育教学改革创新工程，在党和国家高度重视下，在各级教育主管部门、各级各类学校和思政课建设者们的努力下，建设工作取得了较为显著的成绩，在实践过程中也还存在诸多问题。

---

① 林崇德. 品德发展心理学 [M]. 上海：上海教育出版社，1989：124–125.

一、推进大中小学思政课一体化建设顶层设计以臻完善

党和国家在大中小学思政课一体化建设中发挥了关键的政策引领作用，一系列重要政策的出台为这一建设提供了坚实的制度保障和明确的方向指引。2019 年，习近平总书记在学校思想政治理论课教师座谈会上的重要讲话，将统筹推进大中小学思政课一体化建设提升到重要战略高度，强调其在培养社会主义建设者和接班人中的重要意义，为后续政策的制定和实施提供了根本遵循。为贯彻落实习近平总书记的重要讲话精神，2019 年 8 月，中办和国办联合印发《关于深化新时代学校思想政治理论课改革创新的若干意见》，从全局和战略高度对思政课改革创新作出全面部署，明确提出要“统筹推进大中小学思政课一体化建设，在大中小学循序渐进、螺旋上升地开设思政课”[①]。这一文件为思政课一体化建设提供了总体框架，涵盖了课程教材体系、教师队伍建设、教学方法创新等多个关键领域，为各地各学校开展思政课一体化建设提供了基本遵循。2019 年 9 月，《关于加强新时代中小学思想政治理论课教师队伍建设的意见》提出要构建大中小学共融、共建、共育、共进携手联动的一体化思想政治教育体系，明确要求“推进大中小学思政课教师队伍专业发展一体化建设”[②]。2020 年 12 月，中宣部教育部印发的《新时代学校思想政治理论课改革创新实施方案》进一步细化了大中小学各学段思政课的课程目标、教学内容和教学方法，从课程目标体系、课程体系、课程内容、教材体系建设、组织领导五个方面对新时代学校思政课课程

① 中共中央办公厅 国务院办公厅印发《关于深化新时代学校思想政治理论课改革创新的若干意见》[J]. 中华人民共和国教育部公报，2019(09).

② 教育部等五部门印发《关于加强新时代中小学思想政治理论课教师队伍建设的意见》的通知 .[J]. 中华人民共和国国务院公报，2019(11).

教材改革创新提出要求[①]，为后续建设提供了坚实的政策框架。2021年出台的《教育部大中小学思政课一体化建设指导委员会章程》标志着大中小学思政课一体化建设在组织保障方面迈出了重要一步。大中小学思政课一体化建设指导委员会的成立，为思政课一体化建设提供了专业的指导和咨询，通过组织开展“三巡六创优”“一省一策思政课”等活动，有力地推动了各地思政课一体化建设的实践探索和经验交流，促进了政策的有效落实。2022年，教育部出台的《关于开展大中小学思政课一体化共同体建设的通知》，以地区为单位推动建设32个大中小学思政课一体化共同体。这一举措旨在整合区域内的教育资源，加强不同学段学校之间的合作与交流，形成协同育人的合力，共同推进思政课一体化建设。通过打造创新性研究型工作平台，共同体在工作机制创新、品牌活动孵化、示范“金课”打造、课程资源建设、教学研究成果产出、智库咨政报告提供以及师资队伍培养等方面发挥了积极作用，为全国大中小学思政课一体化建设提供了可借鉴的模式和经验。2022年4月25日，习近平总书记考察中国人民大学时指出，青少年思想政治教育是一个接续的过程，要针对青少年成长的不同阶段，有针对性地开展思想政治教育。各地高校要积极开展与中小学思政课共建，共同推动大中小学思政课一体化建设。2022年7月，教育部等十部门联合印发的《全面推进“大思政课”建设的工作方案》针对思政课建设存在的问题，明确提出“大中小学思政课一体化建设亟需深化”“要深入推进大中小学思政课一体化建设”[②]，为改进和完善一体化建设提出了具体措施。党的二十大报告强调“完善

① 中央宣传部 教育部关于印发《新时代学校思想政治理论课改革创新实施方案》的通知[J].中华人民共和国国务院公报，2021(09).

② 教育部等十部门关于印发《全面推进“大思政课”建设的工作方案》的通知[J].中华人民共和国教育部公报，2022(10).

思想政治工作体系，推进大中小学思想政治教育一体化建设”[①]，进一步凸显了思政课一体化建设在思想政治工作体系中的重要地位，为未来的政策发展和实践探索指明了方向。2024 年 5 月，习近平总书记对学校思政课建设作出重要指示，指出“坚持思政课建设与党的创新理论武装同步推进，构建以习近平新时代中国特色社会主义思想为核心内容的课程教材体系，深入推进大中小学思想政治教育一体化建设”[②]，为思政课一体化建设在新时代的发展提出了新的要求和任务。

在国家政策的引领下，各地积极响应，结合自身实际情况制定了一系列具体的实施细则和配套政策，推动大中小学思政课一体化建设在地方落地生根。在相关政策的指导和驱动下，大中小学思政课一体化建设课程一体化顺利推进，教师队伍数量与质量显著提升、教学资源有效拓展，一体化建设成效显著。

二、对思政课的重视程度还存在差异

党的十八大以来，在习近平总书记的亲自关心、亲自谋划、亲自部署下，2019 年 8 月印发的《关于深化新时代学校思想政治理论课改革创新的若干意见》和 2020 年 6 月印发的《新时代学校思想政治理论课改革创新实施方案》对各学段思政课建设作出了明确的要求，体现了党和国家对思政课建设的高度重视。但若干现象表明，对思政课的重视程度还存在差异，全员、全方位、全过程重视思政课还不够到位，尤其是各学段思政课相关人员对思政课的重视还有差异，主要表现如下。

---

① 习近平．高举中国特色社会主义伟大旗帜 为全面建设社会主义现代化国家而团结奋斗——在中国共产党第二十次全国代表大会上的报告 [N]. 人民日报，2022-10-26(01).

② 习近平对学校思政课建设作出重要指示强调：不断开创新时代思政教育新局面 努力培养更多让党放心爱国奉献担当民族复兴重任的时代新人 [N]. 人民日报，2025-05-12(01).

（一）大学学段

国家重视、教育主管部门重视、学校重视、教师重视，大学生不够重视。在大学学段，思政课的侧重点在通过教学增强学生的使命担当，使大学生争做社会主义合格建设者和可靠接班人。相对而言，大学学段对思政课的重视程度是各学段中最高的，无论是国家和教育主管部门层面，还是学校及思政课教师，都十分重视思政课建设。但学生对思政课的重视程度却存在较大差距。在大学阶段，大学生并不重视思政课的学习，尽管学校、思政课教师采取各种措施，学生学习思政课的主动性和积极性并不高，与专业课相比，学生迟到、旷课现象较多，上课的抬头率偏低，学习效果不好。以全国硕士研究生统一招生考试（学硕）部分学科政治科国家分数线为例，2013—2024 年的 12 年里，全国硕士研究生统一招生考试政治科国家分数线最高为 52 分，最低为 36 分（总分为 100 分），见表 10-1，特别是包括马克思主义理论学科在内的法学类学科的国家分数线十年来均未超过 50 分。这意味着在作为我国教育主管部门和招生机构为选拔研究生而组织的国家最高级别的考试和招生中，即使政治科成绩不及格，也具备被录取为硕士研究生的资格。而政治科考试内容为思政课教学内容。导致这种情况的原因不外乎两个：要么是研究生招生考试政治科试题难度偏高，要么是参加研究生招生考试的考生思政课学习效果（成绩）并不理想。研究生政治科考试有国家公布的考试大纲作为考生学习和复习的指南，命题都是由相关专家组成，对试题的难易程度有专业的把握，试题难易程度应该符合国家级选拔性考试的要求。导致这种情况的主要原因是考生思政课学习效果（成绩）不理想，参加考研学生的思政课成绩尚且如此，其他学生的情况就可想而知了。这反映出大学生对思政课的学习并不看重。

表 10-1 全国硕士研究生统一招生考试（学硕）部分学科各年度政治科国家分数线

学科门类	各年度政治科国家分数线											
	2013	2014	2015	2016	2017	2018	2019	2020	2021	2022	2023	2024
哲学	38	40	37	36	38	39	42	42	41	45	45	47
经济学	49	45	45	45	46	44	49	48	49	52	48	47
法学	42	44	42	45	44	42	44	46	44	46	45	47

（二）小学和初中学段

国家高度重视，教育主管部门一般重视，学校、家长、学生不够重视。小学学段思政课的重点在培养学生的道德情感，使小学生具有做社会主义建设者和接班人的美好愿望。初中学段思政课的重点在打牢学生的思想基础，强化初中生做社会主义建设者和接班人的思想意识。《新时代学校思想政治理论课改革创新实施方案》明确规定小学、初中学段思政课学时应占九年总学时的 6%—8%。而实际上，中学学段的学时学分并未按照此文件的要求严格执行，思政课往往被其他课程占用，思政课教师的配备也没做到配齐配强，对思政课学习状况的检验也缺乏刚度。以某省会城市中考考试情况为例，该省会城市 2022 年中考总分为 710 分，政治科分数为 20 分，仅占总分的 2.82%，与要求的课时占小学、初中阶段九年总课时的 6%—8% 相差甚远，且 2.82% 的分数还是会考时通过开卷考试得到的分数的折算，这并没能体现出对思政课的重视。

（三）高中学段

国家高度重视，教育主管部门和学校一般重视，家长和学生不够重视。高中学段思政课重点在提升学生的政治素养，引导高中生形成做社会主义建设者和接班人的政治认同。《新时代学校思想政治理论课改革创新实施方案》明确规定高中学段思政课必修课和选择性必修课总学分为 12 学分。从我国高考模式的情况看，高中学段的思政课并非如我们希望的那样得到足够的重视。当前，全国高考（高中学段升大学学段）模式大致有三种：“3+／文理综”模式、“3+1+2”模式、“3+3”模式。不同高考模式的高考考试科目各不相同。通过大致分析，“3+／文理综”模式下的高考大致有 40% 考生考试政治科目，且分数为 100 分，占 13.33%；“3+1+2”模式下的高考大致有 50% 考生考试政治科目；“3+3”模式下的高考大致 0% ～ 33.33% 的考生考试政治科目。

出现上述问题的主要原因是制度设计层面的不完善，各项体现对思政课重视的制度设计缺乏协调，步调不一致。一方面，党和国家出台了一系列文件和规定，要求统筹协调全社会力量和资源办好思政课，形成“大思政”格局；而另一方面，一些具体的相关政策措施滞后，并未能与之协调一致。比如，《关于深化新时代学校思想政治理论课改革创新的若干意见》提出的要“强化中考、高考、研究生招生考试对学生学习思政课的指挥棒作用，将思政课学习实践情况等作为重要内容纳入综合素质评价体系”的要求就没能在其他方面得到体现。中考和高考政治科的考试情况和分数比重与思政课落实立德树人关键课程地位并不相称，难以引发全体学生、学生家长、学校和老师对思政课的全员重视。

三、各学段思政课各自为政、背靠背等现象依然存在

推进“大思政课”建设的目的之一是进一步深化大中小学思政课一体化建设，“鼓励高校积极开展与中小学思政课共建。各地教育部门加强引导和协调，建立大中小学师资培育、听课评课、教研交流、集体备

课等常态化工作机制”[①]。为了解各学段思政课建设的现状，笔者做了“大中小学思政课一体化”建设问卷调查。调查结果显示：尽管推进“大中小学思政课一体化”建设已近五年，推进“大思政课”建设也已近三年，学段间思政课各自为政、背靠背等现象依然存在。不仅各学段教师对本学段思政课课程目标的了解程度不高，对其他学段思政课课程目标的了解程度更低。

从表 10–2 可以看出：正确把握本学段思政课课程目标的大学和初中教师占比不到 50%，高中教师为 52.94%，小学学段稍好，为 67.86%，特别是大学学段思政课教师对大学思政课课程目标的正确把握率只有 46.33%；各学段有超过 30.9% 的教师对其他学段思政课课程目标不熟悉，见表 10–3。课程目标是课程设计和实施的出发点和归宿，为教师的教和学生的学提供了明确的方向和标准。思政课教学在各学段具有很强的连续性，如果不了解本学段和其他学段的课程目标，不仅教不好、学不好思政课，也无法推进“大思政课”建设，更不利于实现大中小学思政课一体化的一体化。

表 10–2 你所在学段思政课的课程目标是什么？

各学段思政课课程目标	大学教师		小学教师	初中教师	高中教师
	思政课教师	非思政课教师			
A. 启蒙道德情感	7.32%	4.64%	67.86%	10.37%	0
B. 打牢思想基础	12.20%	10.60%	17.86%	41.48%	23.53%
C. 提升政治素养	34.15%	45.70%	3.57%	20.00%	52.94%
D. 增强使命担当	46.33%	39.06%	10.71%	28.15%	23.53%

① 教育部等十部门关于印发《全面推进“大思政课”建设的工作方案》的通知 [J]. 中华人民共和国教育部公报，2022(10).

表 10-3 你熟悉其他学段思政课课程目标吗？

熟悉程度	大学教师		小学教师	初中教师	高中教师	平均值
	思政课教师	非思政课教师				
A. 非常熟悉	15.23%	9.44%	21.43%	5.93%	17.65%	13.94
B. 一般熟悉	60.26%	53.89%	67.86%	52.59%	41.18%	55.16
C. 不熟悉	24.50%	36.67%	10.71%	41.48%	41.18%	30.90

第五节　推进大中小学思政课一体化建设的路径

自习近平总书记“3 · 18”重要讲话提出“统筹推进大中小学思政课一体化建设”科学命题以来，“大中小学思想政治理论课一体化建设情况总体良好，课程目标一体化评价积极，教材一体化建设和内容一体化衔接较为到位，一体化教学方式丰富多样，各学校对于学科德育和课程思政的重视程度较高，教师一体化教学意识明确，一体化机制建设也得到重视。与此同时，也存在一些亟待解决的问题”①。主要表现在：教育主管部门牵头协调各学段一体化建设还须加强；学段间的交流和沟通还不够，各自为战背靠背等现象依然存在；部分教师主动参与一体化建设的积极性不够，对各学段思政课的目标任务把握不足；一体化建设的机制体制尚不健全。在统筹推进大中小学思政课一体化建设中，还应在理念、课程、师资、教研、资源、机制等方面深入探索。

一、理念一体化是先导

理念是行为的先导。统筹推进的中小学思政课一体化建设也应理念先行。

① 许瑞芳，张宜萱 . 大中小学思想政治理论课一体化建设现状调研与对策分析：基于上海市的数据 [J]. 思想理论教育，2021(07)：60-65.

（一）要树立大思政理念

思政课是落实立德树人根本任务的关键课程。“办好思政课，要放在世界百年未有之大变局、党和国家事业发展全局中来看待，要从坚持和发展中国特色社会主义、建设社会主义现代化强国、实现中华民族伟大复兴的高度来对待。”[①]统筹推进大中小学思政课一体化建设是一项重要的教育教学改革工程，要树立大思政理念，“形成全党全社会努力办好思政课、教师认真讲好思政课、学生积极学好思政课的良好氛围”[②]。各级教育主管部门要做好推进大中小学思政课一体化建设的顶层设计，把握思政课一体化的建设方向，科学设置不同学段思政课的目标，指导一体化建设的实施；全社会要调动一切可以调动的力量，充分发挥社会资源的作用，增强办好思政课的合力；要注重家校合作，发挥家长、家庭、家风对学生思政课学习效果的积极影响；各级各类学校应统筹办学治校育人资源和育人力量，建立党委统一领导、党政齐抓共管、有关部门各负其责、全社会协同配合的工作格局，构建课程、科研、实践等“十大”育人工作体系，把思想政治教育融入教书育人全过程，形成全员、全过程、全方位育人；专业课教师要充分挖掘专业课程中蕴含的思政元素，把立德树人根本任务落实到专业学习和研究中，坚持“育才”和“育人”的有机统一，促进课程思政和思政课程同向同行、同频共振；思政课教师应增强职业认同感和责任感，牢记为党育人、为国育才使命，旗帜鲜明地讲好思政课，既体现思政课的学术性、专业性，又体现思政课的政治性和思想性。

（二）要树立大中小学思政课共同体理念

虽然各学段思政课的具体要求有所不同，但无论是大学、中学还是小

① 习近平 . 思政课是落实立德树人根本任务的关键课程 [J]. 求是，2020(17)：4-16.

② 习近平 . 思政课是落实立德树人根本任务的关键课程 [J]. 求是，2020(17)：4-16.

学，各学段思政课都有着共同的特点（鲜明的阶级性和政治性）、共同的任务（立德树人）、共同的目标（培养德智体美劳全面发展的社会主义建设者和接班人），各学段思政课理应成为对学生进行思想政治教育的“思政课共同体”。在通过思政课对学生进行思想政治教育的过程中，学段间要打破长期以来各自为战的局面，树立衔接融合意识。其中，小学阶段是基础，中学阶段是纽带。要通过《道德与法治》与《思想政治》教材以及校本课程、思政类选修课程，启蒙小学生的道德情感，树立做社会主义建设者和接班人的美好愿望；打牢初中生的思想基础，强化做社会主义建设者和接班人的思想意识；提升高中生的政治素养，形成做社会主义建设者和接班人的政治认同。大学阶段是关键，要通过思政课课程群强化学生的使命担当意识，确立争做社会主义合格建设者和可靠接班人的理想信念。

（三）要树立“大思政课”理念

“大思政课”是习近平总书记在全国政协十三届四次会议期间提出的又一推进思政课改革创新的新举措。2021 年 3 月，全国政协十三届四次会议期间，习近平总书记在看望医药卫生和教育界委员时，充分肯定了将中国人民在党的领导下抗击新冠疫情的鲜活案例融入思政课教学的做法，并指出：“思政课不仅应该在课堂上讲，也应该在社会生活中来讲。”“‘大思政课’我们要善用之，一定要跟现实结合起来。”[①]“大思政课”理念，以习近平新时代中国特色社会主义思想为指导，聚焦立德树人根本任务，坚持开门办思政课，充分调动全社会力量和资源，推动思政小课堂与社会大课堂相结合，增强思政课的针对性、提高思政课的有效性，实现思政课入脑入心。善用“大思政课”是从增强思政课内生动力的角度促进思政课

---

① 杜尚泽．“‘大思政课’我们要善用之”(微镜头·习近平总书记两会“下团组”·两会现场观察)[N]. 人民日报，2021-03-07(01).

高质量发展。各学段通过对“大思政课”的善用，建设“大课堂”、搭建“大平台”、建好“大师资”，赋能思政课提质增效，从而为有效实现大中小学思政课一体化创造条件。

二、课程一体化是关键

课程是实现培养目标的载体，课程一体化是大中小学思政课一体化的关键所在。推进一体化建设，“要强化大中小学思政课课程目标的一体化要求、注重大中小学思政课课程设置的一体化设计、完善大中小学思政课课程内容的一体化安排、加强大中小学思政课教材体系的一体化建设”[①]。课程一体化包括课程目标的一体化、课程体系的一体化、课程内容的一体化、教材的一体化等。课程目标是培养目标的具体化。各学段应围绕思政课“立德”的总目标，根据教育对象的特点设置科学合理的具体目标。课程体系是实现课程目标的关键途径。课程体系的设置既要围绕培养社会主义建设者和接班人的课程目标的实现，又要遵循教育基本规律，保持课程的相对稳定性，还要尊重大中小学各学段学生的认知特点，同时还可以根据各个地区、各个学校的实际设置地方特色课程。课程内容是课程目标的具体化，是课程一体化的重点。要围绕思政课的总目标和各学段的具体目标，结合学生身心发展特点，遵循学生认知规律，构建展现不同学段特点的思政课课程内容。教材是课程目标和课程内容的载体。一体化建设必须高度重视教材一体化，以课程目标为依据、以思政课的使命为准绳、以课程内容为核心，彼此呼应，优化衔接，不断完善统编教材的编写，使各学段思政课教材成为体系完整、有机衔接的科学体系。

① 石书臣，曾令辉．推进新时代大中小学思想政治理论课一体化建设 [J]. 思想理论教育，2021(6)：19−25.

三、师资队伍一体化是支撑

师资队伍是决定教育教学质量的核心要素，办好思政课关键在教师。推进大中小学思政课一体化，师资队伍是支撑。第一，要解决各级各类学校思政课教师“量”的问题。思政课教师“量”的问题是办好思政课的前提。一方面，在校内可依照“专职为主、专兼结合”的原则，组建一支以专职思政课教师为主，以党政管理人员、名师大家、专业课骨干教师、日常思想政治教育人员为辅的师资队伍。另一方面，可选聘校外高水平专家、党政领导干部、行业先进、优秀校友等充实思政课教师队伍。第二，要从思政课教师“质”上下功夫。高素质的师资队伍是思政课建设的重要保障。各学段要按照习近平总书记提出的“政治要强、情怀要深、思维要新、视野要广、自律要严、人格要正”[①]要求，严把思政课教师的政治关、师德关、业务关。第三，要加强各学段思政课教师的培养培训，加强各学段思政课教师的交流沟通。思政课教师是思政课教学的一线组织者和实施者，是一体化建设这项系统工程的参与者和推进者，要搭建校内跨学科，校外跨学段的教师培训平台，加强对思政课教师的培养培训，提升他们的思想认识、业务素质，提高他们参与一体化建设的能力。第四，要关心各学段思政课教师的成长，让思政课教师真切地感受到党对他们的关心，国家对他们的重视，从而增强思政课教师为推进一体化建设的责任感。

四、教研一体化是动力

教学研究对教育改革发展具有驱动和引领作用。统筹推进大中小学思政课一体化建设需依靠一体化的教学研究破解难题、探索规律、引领创新。第一，建立大中小学思政课教师集体备课制度，通过集体备课增

① 习近平．思政课是落实立德树人根本任务的关键课程 [J]. 求是，2020(17)：4－16.

强各学段思政课教师间的了解，明确了大中小学思政课各自的目标和任务，避免简单重复。第二，加强各学段间合作研究，深化各地、各学段对一体化建设的协同研究；共同开展大中小学教学调研，准确掌握学生思想品德发展需要和现状。第三，高等院校应发挥科研优势、人才优势，发挥“思想库”“专家库”作用，为一体化建设“出主意”“想点子”“出良策”“造样板”，为一体化建设破题、决策、论证、评价。第四，充分利用慕课、超星学习通、学习强国等在线互联网平台，面向全学段的思政课教师开放思政公开课，为大中小学思政课教学改革和研究提供持续的一体化网络平台支撑。

五、资源一体化是基础

高质量的思政课教学需要高水平的思政教育资源体系来支撑。思政课是一门集政治性、思想性、专业性、学术性和实践性于一体的综合性很强的课程，其本质是讲好马克思主义理论的大道理。这使得教学资源成为思政课提质增效的必要条件，不仅作为教学体系的基本要素影响着思政课的教学效果，而且还影响着立德树人的成效。思政课的政治性和思想性要求对学生进行系统的中国特色社会主义和中国梦教育、社会主义核心价值观教育、法治教育、劳动教育、心理健康教育等，这需要大量的历史文化资源、红色资源和相关学科资源等作为支撑；思政课的专业性和学术性需要为思政课提供优质的马克思主义理论学科、学术资源以增强对课程教学的学理性支撑；思政课的实践性需要把课堂从“思政小课堂”延伸到“社会大课堂”，以社会大课堂为依托，将思政课融入社会生活，深入到社会生活中联系改革开放和社会主义现代化建设的实际去讲，提高思政课的解释力、说服力和感染力。为此，教育部提出，要通过项目支持的方式，加强国家智慧教育平台思政教育资源建设，组织开发科学权威实用的思政课课件、讲义，实施中小学思政课精品课程建设计划，加大优质资源推广使用力度。[①]

思政课教学对资源的需要量大与各学段各学校开发建立资源的时间、精力和能力有限是客观存在着的矛盾，推进大中小学思政课资源一体化建设是破解矛盾的有效办法。要坚持互联互通、资源共享、区域联动、校地协同的原则，运用系统思维解决教学资源缺乏、分散、利用率不高等问题，加大对学校、家庭、社会思政教学资源的整合力度，充分发挥资源的整体效应：各级各类学校可以区域（地域）为线索，通过开发校内资源、引进校外资源、合作连接资源等路径，把分散在各学校、各学段、社会各方面的资源整合集成为系统化的育人资源网，建立“资源地图”，推动全员育人、全过程育人、全方位育人的有机统一和融会贯通；要注重家庭教育的基础作用，强化家校双向沟通与良性互动，发挥家庭、家教、家风的作用，实现家庭教育与学校思想政治教育的有效衔接；全社会要发挥博物馆、展览馆、图书馆、科技馆、红色旅游资源等的作用，组织动员区域内优秀人物、模范人物到学校作报告，采取多种形式推介区域内经济社会发展情况，引导学生明晰人民之问、中国之问、时代之问、世界之问等现实大问题，为讲好马克思主义理论大道理提供实践支撑。

六、构建一体化机制是保障

任何一个事物都是由多个要素组成的，机制的构建就是把事物的各个部分通过一定的运行方式联系起来，使它们协调运行，以起到“整体大于部分之和”的效能。推进大中小学思政课一体化建设是一项长期的、复杂的系统工程，涉及教育主管部门、各级政府、社会组织、各级各类学校、思政课教师等方方面面。构建大中小学思政课一体化建设机制有利于将

① 教育部等十部门关于印发《全面推进“大思政课”建设的工作方案》的通知 [J]. 中华人民共和国教育部公报，2022(10).

教育部门、各级政府、社会组织、各级各类学校、思政课教师等相对独立的思政课教育教学要素联系起来，融为一体，协调运行，打破管理部门与学校之间、各学段之间各自为政的局面，增强大中小学思政课一体化建设的组织保障、制度保障和效能保障，促进一体化建设规范、合理、有序推进。

（一）构建大中小学思政课一体化建设组织管理机制

自习近平总书记“3·18”讲话提出大中小学思政课一体化命题以来，教育部印发了《关于深化新时代学校思想政治理论课改革创新的若干意见》，对一体化建设中的课程目标、课程体系设置、教材等作了总体部署；成立了“大中小学思政课一体化建设指导委员会”，领导一体化建设并对各地一体化建设进行指导、咨询、示范、培训等工作。各地成立了大中小学思政课教育教学联盟，并依托一体化教育教学联盟开展了大量推进一体化建设的工作。各级学校制定了推进一体化建设的实施方案，学段间思政课的相互交流沟通和衔接得到加强。推进一体化建设的组织管理机制基本得以建立。

（二）构建大中小学思政课一体化建设运行机制

一体化建设的运行实施涉及师资队伍、教学研究、资源整合等工作，要构建推进一体化建设的运行机制，包括：构建通过联合培训、结对帮扶、合理流动等方式强化各学段教师对思政课一体化建设意识、增强教师对各学段思政课的把握能力和熟悉程度的师资一体化培育机制；构建大中小学思政课教师共同开展教学研究、教研活动、集体备课等制度化、常态化的共商共研教研一体化机制；构建学校与社会、学校与学校共建共享思政课教育教学资源的资源一体化机制；构建既能充分发挥学校主导作用又能充分整合家庭和社会力量的家—校－社齐抓共管的一体化协同育人机制。

（三）构建大中小学思政课一体化建设考核评价机制

科学合理的评价考核有利于明确责任、调动积极性。构建考核评价机制时，要明确教育主管部门、社会、学校在推进大中小学思政课一体化建设中的责任，做到任务分解，责任落实；要根据目标责任制定科学合理的考核评价内容和指标体系；要采取过程评价与结果评价、定性评价与定量评价、实地考察与工作汇报相结合的形式多样的考核评价方式；要建立考核评价反馈机制，充分发挥考核评价结果的作用，以调动一体化建设各要素的积极性和主动性，达到以评促改、以评促建、以评促管、评建结合、重在建设的目的。

第十一章

“大思政课”建设研究

党的十八大以来，在党和国家的高度重视下、在习近平总书记的亲自关心中，思政课建设成效明显。同时，思政课在建设和发展中还存在一些亟待解决的问题：对思政课重视不够、教师队伍整体素质亟待提升、思政课建设体系尚未完全形成、教学方法改革的意识不强、有效整合全社会资源的力度不够等诸多困难和不足，尤其是思政课教育教学如何充分利用社会资源开门办思政课的意识和能力还不够强，思政小课堂与社会大课堂结合不紧密，实践环节教学存在形式化、表面化等现象。[①] 推进“大思政课”建设是破解思政课建设存在问题的重要教育教学改革工程。

第一节 “大思政课”的提出及其核心要义

“大思政课”是习近平总书记提出的有关思政课的又一项重要的教育教学改革工程。推进“大思政课”建设是全面贯彻党的教育方针的必然要求，是发挥思政课立德树人关键课程作用的必由之路，是思政课增强内生动力、实现内涵式高质量发展的内在需要。

① 教育部等十部门关于印发《全面推进“大思政课”建设的工作方案》的通知 [J]. 中华人民共和国教育部公报，2022(10).

一、“大思政课”的提出

2020年初，面对“突如其来”新冠疫情，中国交出了一份令世界瞩目的答卷。在抗击疫情的战斗中，党中央统揽全局、果断决策，中国人民风雨同舟、众志成城，广大医务人员白衣为甲、逆行出征，中国同世界各国携手合作、共克时艰，青年一代表现突出、令人欣慰。经过8个多月的奋战，取得了全国抗疫斗争重大阶段性战略成果，充分展现了中国共产党领导坚强的领导力，展现了中国人民不屈不挠的意志力，展现了中国特色社会主义制度的显著优势，展现了社会主义核心价值观的强大精神动力，展现了中华文明的深厚底蕴。2021年3月4日—3月10日，全国政协十三届四次会议在北京召开。习近平总书记于3月6日下午看望了医药卫生界教育界委员。针对湖北武汉在全国人民支援下惊心动魄的抗疫斗争以及取得的阶段性成果，习近平总书记感慨万千，他对委员们说：“我们抗疫斗争再次说明一个道理，在举国体制下，一方有难八方支援，能够集中力量办大事。”委员林忠钦建议将抗疫的鲜活案例融入教材，讲好抗疫“大思政课”。习近平总书记表示赞同，并指出：“思政课不仅应该在课堂上讲，也应该在社会生活中来讲。”“‘大思政课’我们要善用之，一定要跟现实结合起来。上思政课不能拿着文件宣读，没有生命、干巴巴的。”[①]2021年11月，教育部发布《高等学校思想政治理论课建设标准（2021年本）》，将建设“大思政课”作为思政课改革创新的A级指标，要求把思政小课堂与社会大课堂相结合，全面提升育人效果[②]。

为贯彻落实习近平总书记有关“大思政课”建设的重要论述精神，

---

① 杜尚泽.“‘大思政课’我们要善用之”（微镜头·习近平总书记两会“下团组”·两会现场观察）[N].人民日报，2021-03-07(01).

② 教育部关于印发《高等学校思想政治理论课建设标准（2021年本）》的通知[J].中华人民共和国教育部公报，2021(04).

2022年7月，教育部等十部门针对思政课建设中存在的诸多问题，印发了《全面推进“大思政课”建设的工作方案》：在阐明时代背景、现实问题等基础上，对“大思政课”建设工作进行了全面部署，推出了22条具体举措，明确了落实“大思政课”的工作思路和方法，提出要从“改革创新主渠道教学”“善用社会大课堂”“搭建大资源平台”“构建大师资体系”“拓展工作格局”“加强组织领导”[①]方面推进“大思政课”建设。

二、“大思政课”的核心要义

“核心要义”，是指对一个事物或思想的核心思想、基本原理或关键特征的概括和提炼，是对事物运动发展规律的真理性认识，是某种思想主张的“要旨”。“要”，即“要点”“纲要”，是思想主张中最重要的组成部分。“旨”，即“意图”“宗旨”，是思想主张要达到的目的和意义。把握事物的核心要义，有助于认识事物的本质和发展趋势，领会其历史地位、丰富内涵、精神实质和实践要求，避免因片面和主观而导致偏离甚至错误的出现。

综合习近平总书记提出“善用‘大思政课’”的背景和语境，以及教育部等印发的相关文件可以看出“大思政课”的核心要义。

第一，“大思政课”的主体是各级各类学校，直接主体是全体思政课教师。各级各类学校及思政课教师是“大思政课”的发起者和实施者，社会是推进“大思政课”建设的协同者和参与者。

第二，“大思政课”的本质是“课”，是思政课课堂组织形式上的创新。“大思政课”是将社会生活中的思政资源作为“鲜活案例”融入思政课“教材”之中，用“鲜活案例”讲出思政课应当讲清楚的大道理。

---

① 教育部等十部门关于印发《全面推进“大思政课”建设的工作方案》的通知 [J]. 中华人民共和国教育部公报，2022(10).

第三，“大思政课”之“大”是指“大课堂”“大资源”“大师资”“大平台”。讲清楚大道理，不能简单地课堂理论灌输，还必须坚持问题导向，结合社会现实，开展社会实践，用理论指导实践，在实践中检验理论。“大思政课”要求各级各类学校及思政课教师充分利用社会“大资源”，构建思政课教学“大平台”，汇聚“大师资”，将“思政小课堂”向“社会大课堂”拓展和延伸。主渠道教学的创新、课堂场域的扩大、教学资源的整合、师资队伍的校内外结合是“大思政课”的主要特征。

第四，“大效果”是推进“大思政课”的旨归。推进“大思政课”建设是为了充分发挥思政课落实立德树人根本任务关键课程的作用，破解思政课建设中存在的问题，提升思政课针对性、实效性，促进思政课内涵式高质量发展，以更好地贯彻党的教育方针，更有利于培养中国特色社会主义建设者和接班人。

三、“大思政课”与“大思政”“思政大课”“大中小学思政课一体化”

党的十八大以来，以习近平同志为核心的党中央围绕思政课建设，谋划“大思政”格局、创新“思政大课”形式、推进“大中小学思政课一体化”建设、善用“大思政课”。虽然这些重大部署都是为了新时代思政课的改革创新，但“大思政课”和“大思政”“思政大课”“大中小学思政课一体化”又各有侧重。

“大思政”是新时代强化学生思想政治教育的工作机制和育人格局。思想政治教育是党的一切工作的生命线。党的十八大以来，思想政治教育和思政课建设取得了很大的成绩，铸魂育人成效明显。但如何充分调动各育人要素在各领域、各环节协同育人成为制约思想政治教育和思政课时效性和实效性的瓶颈。2017 年 2 月，中共中央、国务院印发了《关于加强和改进新形势下高校思想政治工作的意见》，对高校提出了要把思想政治教育融入教书育人全过程，形成全员、全过程、全方位育人的要求。之后，

《高校思想政治工作质量提升工程实施纲要》发布，提出高校要全面统筹办学治校育人资源和育人力量，构建课程、科研、实践等“十大”育人工作体系，不断开创新时代高校思想政治工作全员、全过程、全方位育人新格局——“大思政”格局[①]。“大思政”之“大”主要体现在育人主体、育人过程和育人空间上。从育人主体来看，不仅包括思政课和思政课教师，还包括学校的所有部门、所有教职员工以及全社会成员。从育人过程来看，不仅仅只在思政课课堂中，还强调把育人贯穿到学生学习成长的全部过程。从育人空间来看，不仅仅只重视学生某一个方面的发展，还强调促进学生全面发展的各个方面。

“思政大课”是思政课的一种特殊表现形式。为充分利用现代信息技术手段，让“思政课活起来”，自2014年以来，教育部会同人民网等举办了全国大学生同上一堂“思政大课”活动。“思政大课”由主管全国教育事业和语言文字工作的最高政府工作部门——教育部组织，遴选在马克思主义理论和科学技术领域极具影响力的专家学者，针对社会热点，运用现代传媒技术和公共网络平台，回应青年人在成长和责任担当过程中遇到的问题，在同一时间面向所有学生进行一种思想政治教育活动。其目的是通过专家学者等有高度的思想领悟、有深度的理论阐释、有力度的现实分析、有维度的历史回顾和有温度的情感表达，引导学生运用马克思主义立场、观点和方法分析问题，帮助学生澄清思想认识，深化对马克思主义理论的认识。“思政大课”虽以“课”命名，但与一般意义上的思政课有很大区别，更接近理论宣讲、理论阐释、学术讲座和主题报告会。“思政大课”的“大”主要体现在主题、受众、讲解者、影响力等方面。主题宏大：比如，2014年的社会主义核心价值观思政大课、2020年疫情防控思政大

① 中共教育部党组关于印发《高校思想政治工作质量提升工程实施纲要》的通知[J]. 中共教育部党组，2017(12).

课、2021年“四史”思政大课、2022年航天精神思政大课。受众巨大：“思政大课”充分运用网络平台的优势进行直播，同一时间有众多受众参与。2020年的疫情防控思政大课就有总共1.25亿人次参与。讲解者为“大人物”：“思政大课”的主讲人都是学界的知名专家学者，都是相关领域的代表人物，具备深厚的学术水平，他们的讲解激发了学生的积极性，增强了学生对理论的认识和接受度，不仅广大学生收看，其他社会成员也受到教育，使“同上一门思政大课”成为“现象级的”网络思政课，具有极大的社会影响力。

“大中小学思政课一体化”是对各学段思政课的统筹部署。在我国的教育体系中，大、中、小学各学段都开设了思政课：小学和初中的“道德与法治”必修课，高中阶段的“思想政治”必修课程和“法律与生活”等选择性必修课程，大学阶段的“马克思主义基本原理”等6门必修课和“四史”等选择性必修课程。长期以来，对思政课重要性的认识不到位，各学段思政课教学目标、教学内容、课程设置缺乏总体规划和设计，学段间缺乏衔接，“各自为战”“背靠背”现象严重。为解决各学段间思政课建设存在的问题，“大中小学思政课一体化”以立德树人为根本目的，以党的教育方针和教育规律为依据，遵循个体思想品德形成和发展规律，尊重学生身心发展特点，循序渐进、螺旋上升地开设思政课，统筹课程设置、师资配备、教学研究、资源建设等，实现教学目标的整体性和一致性、教学内容的连贯性和递进性、教学方法的连续性和适当性，保证大中小学思政课纵向衔接、横向贯通。

综上，“大思政”格局是统领，“思政大课”是学校思政课的补充，“大中小学思政课一体化”是对各学段思政课的统筹部署，“大思政课”是学校思政课场域的延伸。只有厘清“大思政课”和“大思政”“思政大课”的区别和联系，才能提升推进“大思政课”建设工作的针对性，真正做到“善用”。

第二节　推进“大思政课”建设的意义

“大思政课”建设是习近平总书记提出的有关思政课改革创新的教育教学新工程，其主要目的是要充分发挥思政课“落实立德树人根本任务的关键课程”[①]作用。思政课关键课程地位和作用的彰显靠推进“大思政课”建设，讲好马克思主义理论大道理，培育高素质思政课大师资，涵养学生大情怀，形成全社会“开好思政课”大合力来实现。

一、有利于讲好马克思主义理论大道理

传道、授业、解惑是教育的任务，这就要求所有课程都要讲道理。与其他专业课程讲道理不同的是，思政课讲的是马克思主义理论大道理。这是由我国的性质、思政课的使命和青少年成长成才的规律决定的。“办好思政课，就是要开展马克思主义理论教育。”[②]要讲清楚马克思主义理论的科学性、真理性、开放性、时代性、人民性、革命性和实践性，引导学生做到真学、真懂、真信、真用。思政课担负着为党育人、为国育才的重任。要通过各门思政课的讲授，引导学生树立正确的世界观、人生观、价值观，理解“马克思主义行、中国化时代化的马克思主义行”“中国共产党能”“社会主义好”的深刻道理，坚定中国特色社会主义道路自信、理论自信、制度自信、文化自信，做“坚定不移听党话、跟党走，怀抱梦想又脚踏实地，敢想敢为又善作善成，立志做有理想、敢担当、能吃苦、肯奋斗的新时代好青年[③]”。思政课要遵循个体思想品德形成和发展规律，尊重大中小学

---

① 习近平．论党的宣传思想工作 [M]. 北京：中央文献出版社，2020:373.

② 习近平．思政课是落实立德树人根本任务的关键课程 [J]. 求是，2020(17):4–16.

③ 习近平．高举中国特色社会主义伟大旗帜 为全面建设社会主义现代化国家而团结奋斗——在中国共产党第二十次全国代表大会上的报告 [N]. 人民日报，2022-10-26(01).

不同学段学生的身心发展特点，讲好大道理，引导青少年“扣好人生第一粒扣子”①。

思政课是一门集政治性、思想性、专业性、学术性和实践性于一体的综合性很强的课程。“思政课教学涉及马克思主义哲学、政治经济学、科学社会主义，涉及经济、政治、文化、社会、生态文明建设和党的建设，涉及改革发展稳定、内政外交国防、治党治国治军，涉及党史、国史、改革开放史、社会主义发展史，涉及世界史、国际共运史，涉及世情、国情、党情、民情，等等。”“讲好思政课不容易，因为这个课要求高。”②也正因如此，习近平总书记提出“善用‘大思政课’”的理念。善用“大思政课”，就是要将思政小课堂延展到社会生活中，将课堂理论的讲授与社会实践结合，引导学生用理论指导实践，在实践中领悟马克思主义理论的真理性，从而增强马克思主义理论大道理讲授的实效性。

二、有利于学生正确把握时代大趋势

国际形势变得日趋复杂多变，中国也正在经历“两个一百年”奋斗目标的历史交汇期，各行各业都在不断变化和更新，学生所学知识必须与时俱进，才能更好地适应社会发展的需要。“大思政课”建设以习近平总书记提出的推动思政课改革创新的“八个相统一”为原则，促进思政课扎根社会现实生活，把握时代脉搏、回应时代关切、关注社会现实、解答思想之惑，做到理论与实践相结合、课堂内外相结合，提升思政课的思想性、理论性和亲和力、针对性，实现思政课内涵式、高质量发展的重要渠道和保障。因此，习近平总书记提出“大思政课”的理念是为了更好地把握时代大趋势。“大思政课”以思政课为平台，以学校尤其是思政教师为主体，

① 习近平．习近平谈治国理政：第3卷[M].北京：外文出版社，2020:275.

② 习近平．思政课是落实立德树人根本任务的关键课程[J].求是，2020(17):4-16.

通过传递思想政治理论知识，提供政治、经济、社会、文化等方面的理论框架和分析工具，结合时代背景引导学生进行自主思考和独立判断，通过分析问题、提出观点、辩证论证，倡导实践与理论相结合，鼓励学生积极参与讨论、辩论和思辨，通过实践的经历，学生能够更深刻地认识社会现实，并将理论知识与实际问题相结合，有利于更好地认识时代大趋势。利用“大思政课”引导学生把握时代大趋势，可以通过系统的教学内容，向学生传授与时代大趋势相关的知识和理论，如经济发展、科技创新、社会变革等方面的基本概念、原理和发展趋势，帮助学生建立起对时代大趋势的基本认知；可以培养信息获取和分析能力，使他们能够主动了解时事动态、社会热点和全球变化，掌握多元化的信息来源，并具备分析、筛选和评估信息的能力，以真实、客观、全面的方式把握时代大趋势；可以通过启发式教学和案例分析等方式培养学生的思辨能力和创新思维，激发他们对时代问题的思考和独立见解的形成，引导他们在思考时代大趋势时能够提出新的观点、寻找新的解决方案。可以培养核心素养和综合能力，包括道德品质、文化素养、创新能力、领导力等，使学生具备适应时代发展要求的综合能力，能够在不断变化的时代中自主学习、适应变革、迎接挑战。总体而言，“大思政课”建设有助于引导学生深入认识时代大背景，把握时代脉搏，了解国家发展方向和战略，增强学生的发展信心和自信心，使其具备分析、判断和适应时代变化的能力。

三、有利于聚合高素质思政课大师资

“办好思想政治理论课关键在教师。”[①] 为加强思政课教师队伍建设，党和国家先后印发了《关于深化新时代学校思想政治理论课改革创新的若干意见》《加强新时代中小学思想政治理论课教师队伍建设的意见》《新时代

① 习近平 . 习近平谈治国理政：第三卷 [M]. 北京：外文出版社，2020(06):330.

高等学校思想政治理论课教师队伍建设规定》，思政课教师队伍建设取得了显著成绩，基本形成了一支“专职为主、专兼结合、数量充足、素质优良的思政课教师队伍”，但也面临一些问题与挑战：部分教师政治立场不够坚定，职业认同感、荣誉感、责任感有待加强，专业理论素养、教育教学能力，尤其是实践教学能力有待提高，优质教师资源偏少，整合社会资源形成思政课教师队伍建设的合力有待增强。推进“大思政课”建设，有利于构建高素质思政课大师资体系：通过“大思政课”建设，优化教育教学评价体系，强调师德师风建设，可增强思政课教师对思政课重要性的认识，提升思政课教师的荣誉感、责任感；通过“大思政课”建设，可激励思政课教师主动作为，改革创新主渠道教学；通过“大思政课”建设，可吸纳校外优质教师资源，丰富思政课教师队伍结构，形成多元主体共同参与、优势互补的教学团队，使教师既有专职教师扎实的理论功底、丰富的学科背景，又有兼职教师丰富的实践经验，从而增强思政课吸引力、提升教学的针对性和实效性；通过“大思政课”建设搭建思政课专兼职教师交流平台，构建一体化教研，促进专兼职教师相互学习、相互激励、相互帮扶，提升教学能力；通过“大思政课”建设，可促进思政课教师走出书斋、走进社会，从社会实践中获取鲜活的思政教学素材，做理论联系实际的“大先生”，增强课堂理论讲授的生动性。

四、有利于涵养学生大情怀

思政课不仅要讲道理，还要引导学生涵养奉献祖国、服务人民、勇担使命的大情怀。历史是最好的教科书，社会生活是最丰富最鲜活的思政资源，实践是认识的来源是检验认识真理性的唯一标准。推进“大思政课”建设就是要“围绕新时代的伟大实践，充分挖掘地方红色文化、校史资源，将伟大建党精神和抗疫精神、科学家精神、载人航天精神等伟大精神，生动鲜活的实践成就，以及英雄模范的先进事迹等引入课堂，推动党的创新理论和历史融入各学段各门思政课”。就是要把讲道理的课堂从“思政小课堂”延伸到“社会大课堂”①，以社会大课堂为依托，以实践为导向，通过融入社会生活，联系改革开放和社会主义现代化建设的实际，明晰人民之问、中国之问、时代之问、世界之问等现实大问题，把握中华民族伟大复兴的战略全局和世界百年未有之大变局的大形势，提高思政课的解释力、说服力和感染力，让学生更加深刻理解中国共产党为什么能、马克思主义为什么行、中国化时代化的马克思主义为什么行、中国特色社会主义为什么好的大道理，引领学生“国之大者”，把小我融入祖国的大我、人民的大我，在理论和实践的结合中，坚定信仰，厚植情怀，“把人生抱负落实到脚踏实地的实际行动中来，把学习奋斗的具体目标同民族复兴的伟大目标结合起来，立鸿鹄志，做奋斗者”②。

五、有利于形成“开好思政课”大合力

“开好思政课”，不能仅仅依靠学校的力量，还要校内校外联动，形成学校、家庭、社会协同合力。推进“大思政课”，就是树立大思政理念，全面拓展育人场域，实现“思政小课堂”和“社会大课堂”紧密衔接、同频共振，“形成全党全社会努力办好思政课、教师认真讲好思政课、学生积极学好思政课的良好氛围”③。各级教育主管部门要把握方向，做好顶层设计，指导“大思政课”建设的实施；要注重家庭教育的基础作用，强化家校双向沟通与良性互动，发挥家庭、家教、家风的作用，实现家庭教育与学校思想政治教育的有效衔接；全社会要发挥博物馆、展览馆、图书馆、科技馆、红色旅游资源等的作用，组织动员区域内优秀人物、模范人物到

---

① 教育部等十部门关于印发《全面推进“大思政课”建设的工作方案》的通知 [J]. 中华人民共和国教育部公报，2022(10).

② 习近平 . 思政课是落实立德树人根本任务的关键课程 [J]. 求是，2020(17):4-16.

③ 习近平 . 思政课是落实立德树人根本任务的关键课程 [J]. 求是，2020(17):4-16.

学校作报告，采取多种形式推介区域内经济社会发展情况，引导学生明晰人民之问、中国之问、时代之问、世界之问等现实大问题，为讲好马克思主义理论大道理提供实践支撑。学校应统筹办学治校育人资源和育人力量，构建课程、科研、实践等“十大”育人工作体系；专业课教师要充分挖掘专业课程中蕴含的思政元素，促进课程思政和思政课程同向同行；思政课教师应增强职业认同感和责任感，牢记为党育人、为国育才使命，旗帜鲜明地讲好思政课。

第三节 “大思政课”建设的理论和思想渊源

推进“大思政课”建设有着充分的理论依据和思想渊源。思想政治教育学相关理论是推进“大思政课”建设的理论依据，中华优秀传统文化中的优良教育传统为推进“大思政课”建设提供了丰富的思想营养。

一、“大思政课”建设的理论依据

思政课是对学生进行思想政治教育的主渠道，推进“大思政课”建设必须以思想政治教育学基本理论，尤其是本质理论、目的任务理论、价值理论、过程规律理论和环境理论为理论依据。

（一）思想政治教育本质理论

“大思政课”建设是思想政治教育阶级性本质的要求。马克思、恩格斯在《德意志意识形态》中指出：“统治阶级的思想在每一个时代都是占统治地位的思想。”[①] 思想政治教育就是用统治地位的思想观念、政治品

① 中共中央马克思恩格斯列宁斯大林著作编译局．马克思恩格斯选集：第 1 卷 [M]. 北京：人民出版社，1995:98.

格和道德要求去化育民众的社会实践活动，这决定了思想政治教育的阶级性本质属性。主要表现在三个方面：第一，思想政治教育必须采取各种行之有效的方式培养大批接受“占统治地位的”“统治阶级的思想”并以此规范自身行为的社会民众；第二，思想政治教育必须采取各种行之有效的方式去维护、巩固和壮大“占统治地位的”“统治阶级的思想”，确保它们在意识形态的主导地位和主导作用；第三，作为上层建筑重要组成部分的意识形态是由特定社会的经济基础决定，同时也维护着经济基础的合理存在。属于意识形态领域的思想政治教育，必须紧密结合社会生产生活实际，为一定的经济基础服务。为此，推进“大思政课”建设必须遵循思想政治教育的阶级性，促进思政课在巩固马克思主义在我国意识形态领域的指导地位、服务社会主义现代化建设等方面发挥更充分的作用。

“大思政课”建设是思想政治教育实践性本质的反映。马克思在《〈黑格尔法哲学批判〉导言》一文中写道：“理论一经掌握群众，也会变成物质力量。理论只要说服人，就能掌握群众；而理论只要彻底，就能说服人。所谓彻底，就是要抓住事物的根本。”① 思想政治教育的对象是具体的、现实的人，而具体的、现实的人其本身就是实践活动的主体。思想政治教育的目的是提高人们的思想政治素质，而思想政治素质的提高不仅只能在实践中才能实现，而且也是社会生产和生活实践的客观需要。同时，思想政治教育的效果也只能在实践中得以检验。思想政治教育的实践性属性要求思想政治教育要坚持理论与实践相结合、认识世界和改造世界相结合、改造主观世界和主观世界相结合的原则。推进“大思政课”建设就是将传统的思政课堂教学（小课堂）与社会实践（社会大课堂）紧密结合，让理论知识在现实情境中得到印证和深化，引导学生更好地关注并回应现实生

---

① 中共中央马克思恩格斯列宁斯大林著作编译局．马克思恩格斯选集：第 1 卷 [M]. 北京：人民出版社，1995:09.

活中的热点问题和社会发展趋势，将课本内容与实际案例相结合，生动诠释中国共产党领导下的革命、建设和改革成就，以及马克思主义中国化理论成果的科学性和生命力，最终提高课程的实效性和吸引力。这也正是思想政治教育实践性的体现。

（二）思想政治教育目的任务理论

思想政治教育目的是教育的目标指向和价值取向。从宏观社会角度看，思想政治教育要以马克思主义理论为根本指导思想，培养具有共产主义远大理想和中国特色社会主义坚定信念的接班人，服务于国家和社会的发展战略，培育符合社会发展方向的人才，维护社会稳定与和谐，促进社会进步和文明建设。从微观个体角度看，思想政治教育要基于马克思主义关于人的全面发展的理论，针对教育对象的精神发展需求，关注受教育者的思想道德素质提升、政治意识形成、价值观塑造以及世界观与人生观的确立，使其成为有理想、有道德、有文化、有纪律的新时代公民，促进个体在德智体美劳等方面的全面发展。

思想政治教育的任务是指思想政治教育承担的责任，即从思想上、政治上、组织上确保受教育者在各方面得到全面发展，成为能够服务于国家发展和社会进步的高素质人才。思想政治教育的任务主要包括理想信念教育、国情与政策教育、道德法制教育、爱国主义教育、社会责任感和历史使命感教育、能力素质教育等方面。

思想政治教育的任务和目的存在着密切的内在联系：思想政治教育目的决定了思想政治教育的长远追求和发展方向，决定了思想政治教育任务的内容和形式。也就是说，确定了要培养什么样的人，就相应地决定了需要完成哪些具体的教育任务。思想政治教育任务是为实现目的而进行的具体工作内容和要求，是思想政治教育目的具体化、阶段化的体现，有效执行和完成各项思想政治教育任务就能最终达成教育目的。

思政课是落实立德树人根本任务的关键课程。推进“大思政课”建设，就是要围绕立德树人这个根本任务，坚持理论教育与社会实践相结合的原则，让思政教育走出教室，走进社会生产和生活的大课堂，通过实践教学、志愿服务、社会调查等多种形式将思政教育融入社会实践，以各阶段各项具体任务的落实提升大学生的政治素养、社会责任感和实践能力，从而培养能担当民族复兴大任的时代新人。

（三）思想政治教育价值理论

思想政治教育价值是指思想政治教育活动对特定社会历史发展阶段的个体发展、社会进步的效能，也就是对个体和社会发展进步需要的满足程度。思想政治教育价值有多个层面的体现：从思想政治教育满足需要的对象来看，表现为个体价值和社会价值。个体价值是指思想政治教育活动对个体所持政治方向的引领、精神动力的激发、健康人格的塑造、规范行为的养成等需要的满足程度；社会价值是思想政治教育活动对社会发展进步的效能，即通过对全体公民进行系统的思想政治教育，促进社会经济增长和发展，增强国家意识、民族团结，维护国家政治和社会稳定，弘扬社会主流价值观，为国家的经济、政治、社会、文化、生态等发展进步提供思想保障和精神动力。从可能性和现实性的角度看，表现为现实价值和理想价值。现实价值是指通过具体的思想政治教育活动已经实现或正在实现的价值；理想价值是指思想政治教育活动最终要实现的目标，是思想政治教育的最终指向。现实价值是理想价值的基础，理想价值是现实价值的积累，通过一次次现实价值的实现最终达成理想价值的实现。

实现思想政治教育的价值要注意两点：一是思想政治教育要坚持科学性和价值性的统一。科学性是思想政治教育作为一门学科必然的属性。思想政治教育的科学性要求我们必须高度重视思想政治教育的地位和作用，必须遵循人的思想品德形成和发展规律以及客观事物运动发展的客观规律。坚持科学性和价值性的统一就是要使思想政治教育活动既合规律性又合目的性，如此才能顺利实现思想政治教育的价值。二是思想政治教育要坚持灌输和接受的结合。灌输理论是指“无产阶级政党必须反对自发论，坚持把科学社会主义思想灌注和输送到无产阶级和人民群众中去，提高其政治意识和阶级觉悟”[①]。列宁在《怎么办？》一书中指出：“工人阶级本来也不可能有社会民主主义的意识。这种意识只能从外面灌输进去。”[②]毛泽东在《论持久战》中指出：“没有进步的政治精神贯注于军队当中，没有进步的政治工作去执行这种贯注，就不能达到真正的官长和士兵的一致，就不能激发官兵最大限度的抗战热忱。”[③]思想政治教育首先要向人民群众灌输马克思主义理论，帮助他们树立正确的立场、掌握科学的观点和方法。在灌输的同时，还应结合社会生产和生活的实际，充分尊重受教育者的实际，不断探索和创新教育的方法与途径，使其能够适应时代发展和受众需求变化，切实提高教育的针对性和实效性。

思政课在教育体系中占有举足轻重的地位，对于培养全面发展的人才、构建和谐社会、推动国家长治久安等方面均具有不可替代的价值。首先，作为国家意识形态教育的主阵地，思政课程对于维护国家的政治稳定、文化安全和培养忠诚于党和人民事业的接班人具有重要意义。其次，通过系统学习马克思主义基本原理、中国特色社会主义理论体系等内容，引导学生形成对国家政治制度和社会发展的正确认识。最后，思政课还承担着传承中华优秀传统文化、弘扬社会主义先进文化的任务，使学生能够在吸收人类文明优秀成果的基础上，积极投身于新时代的文化创新实践。思想政

---

① 张耀灿，陈万柏．思想政治教育学原理 [M]. 北京：高等教育出版社 2001:35.

② 中共中央马克思恩格斯列宁斯大林著作编译局．列宁全集：第 6 卷 [M]. 北京：人民出版社，1986:29.

③ 毛泽东．毛泽东选集：第 2 卷 [M]. 北京：人民出版社，1991:511.

治教育的价值理论要求思政课既要创新课堂理论教学，又要立足现实、结合实际，做到“三贴近”（贴近实际、贴近生活、贴近受教育者），及时解决各种现实思想问题，还要立足长远，注意避免急功近利。这些也正是推进“大思政课”建设的目的所在。

（四）思想政治教育过程规律理论

思想政治教育过程是指“教育者根据一定社会的思想政治要求和受教育者思想政治素质形成发展的规律，对受教育者施加有目的、有计划、有组织的教育影响，促使受教育者产生内在的思想矛盾运动，以形成一定社会所期望的思想政治素质的过程”①。这一过程包括受教育者思想品德形成发展过程以及思想政治教育作为一种社会实践活动自身运动变化过程。在思想政治教育过程中存在着理论与实践的矛盾、教育内容与现实需求的矛盾、教育者与受教育者的矛盾、教育资源配置与教育目标实现的矛盾、传统教育方式与现代信息技术手段的矛盾。

破解思想政治教育过程中的诸多矛盾，须遵循思想政治过程规律。思想政治教育过程规律理论是思想政治教育过程中具有普遍性、稳定性和必然性的内在联系和运行法则（规律）的基本理论。具体包括：第一，主体性规律。强调受教育者的主观能动性，在教育过程中尊重和调动其积极性、创造性，使其在自我教育与他我教育的互动中形成正确的思想观念。第二，循序渐进规律。教育是一个由浅入深、由表及里、由现象到本质的过程，需要根据受教育者的思想认知水平和心理发展阶段，逐步深化和提升教育内容和方法。第三，内化与外化相结合规律。既要注重理论灌输和知识传授，也要关注受教育者的情感体验和行为实践，通过内化知识、情感认同和外

---

① 张耀灿，郑永廷，吴潜涛，骆郁廷，等．现代思想政治教育学 [M]. 北京：人民出版社，2006:324.

化行动相结合的方式，促进个体的思想观念转变为自觉行为。第四，因材施教规律。针对不同年龄阶段、个性特点和成长背景的受教育者采取差异化的教育策略，满足他们的个性化需求，提高教育的针对性和实效性。第五，理论联系实际规律。将马克思主义基本原理同中国具体实际、时代特征和个人生活实际紧密结合起来，使理论教育具有现实性和生动性，从而增强受教育者的理解和接受程度。第六，社会互动规律。思想政治教育是在一定的社会环境中进行的，必须关注社会环境的影响，通过家庭、学校、社区以及网络等多方面的协同配合，共同营造良好的社会教育氛围。开展思想政治教育活动必须深入研究并遵循这些规律实施思想政治教育活动。

推进“大思政课”建设正是依据思想政治教育过程规律理论，聚焦立德树人根本任务，尊重学生思想品德形成和发展特点，注重理论与实践的充分结合，充分发挥全社会思想政治教育资源的作用，整合学校、家庭、社会等思想政治教育力量，建设“大课堂”、搭建“大平台”、建好“大师资”，协同推进思政小课堂与社会大课堂相结合，增强思政课的针对性和时效性，教育引导学生坚定“四个自信”，使其成为堪当民族复兴重任的时代新人。

（五）思想政治教育环境理论

思想政治教育环境是指“影响人的思想品德形成和发展，影响思想政治教育活动运行的一切外部因素的总和”[①]，主要包括宏观环境、中观环境、微观环境、心理环境、传播环境等。思想政治教育环境理论认为，环境蕴含着丰富的思想政治教育资源，各种各样的思想政治教育信息蕴含在环境中，渗透到受教育者的日常生活，教育者实施教育时要充分考虑并有效利

① 张耀灿，郑永廷，吴潜涛，骆郁廷，等.现代思想政治教育学[M].北京：人民出版社，2006:295.

用各种环境因素，重视思想政治教育环境的优化、开发和创设，构建有利于培养和提升受教育者思想政治素养的综合教育环境。

思想政治教育环境优化是一个系统工程，需要整合各方资源，形成全社会共同参与的“大思政”格局，实现全过程、全方位育人：通过优化经济社会环境，营造公平正义、稳定有序的社会环境，构建积极向上的社会文化氛围，增强国家认同感和社会责任感；通过优化学校环境，完善课程体系，丰富思想政治教育内容，提高教师的思想政治素质和教育教学能力，将思政教育融入校园生活的方方面面，提升思想政治教育效果；通过优化家庭环境，提高家庭教育意识，引导家长树立正确的教育观，积极参与孩子的思想品德教育，开展家校合作，共同促进受教育全面健康成长；通过优化网络环境，建立健全网络思政教育平台，发挥主流媒体的舆论引导作用，传播正能量，抵制错误思想观念和有害信息；通过优化朋辈环境，发挥优秀学生的示范引领作用，鼓励受教育者形成互助互学的良好风尚，培养团队精神和集体主义价值观。

推进“大思政课”建设与思想政治教育环境存在着密切的联系和互动关系。首先，推进“大思政课”建设是优化思想政治教育环境的重要举措。它强调将立德树人根本任务贯穿于教育教学全过程和各方面，通过改革课程体系、创新教学方法、强化实践教学、拓展网络空间等多种方式，构建起“三全育人”的大思政格局。这种格局有利于创造一个全方位、立体化、多元化的思想政治教育环境，让受教育者在日常学习生活和社会实践中受到熏陶和感染。其次，良好的思想政治教育环境为“大思政课”建设提供了有力支撑。宏观层面，国家的政治稳定、社会和谐、经济发展以及法治文化的建设都为“大思政课”提供了有利的社会背景；中微观层面，学校文化氛围、教师队伍素质、课堂内外教育资源配置等也对“大思政课”的实施效果产生直接影响。再次，“大思政课”建设与思想政治教育环境优化相辅相成。一方面，通过优化校园环境、家庭环境、社区环境、网络环境等，可以为“大思政课”提供更丰富、更具吸引力的教学内容和载体；另一方面，高质量的“大思政课”能积极塑造这些环境，使其成为传播社会主义核心价值观、弘扬正能量的有效平台。因此，在推进“大思政课”建设的过程中，必须注重与思想政治教育环境的深度融合和协同创新，通过持续优化环境来促进课程建设质量提升，同时也借助“大思政课”的建设成果去进一步改善和优化思想政治教育环境，形成良性循环，最终实现立德树人目标的高效达成。

二、“大思政课”建设的思想渊源

中华民族有着源远流长的历史和灿烂的文化，在中华民族发展演进过程中形成了一套传递文化、化育民众的优良教育传统，为我们当下和未来教育建设提供了丰富的历史文化资源和精神财富。

远古时期，民族部落往往是通过民族会议、吉庆节日、宗教活动等生活习俗的方式对民族成员进行教育。随着生产力的发展和私有财产的形成，教育逐步成为独立的社会活动。在殷商时期，只有经受过礼乐教育才能参加隆重的祭祀活动，同时，贵族青年也在隆重的祭祀活动中得到更完整、更充分的礼乐教育。此时的教育往往与社会生产实践、政治活动、社会生活等紧密联系。

西周是我国奴隶制社会的全盛时期，作为社会主要规范的“礼”的社会政治作用十分重要，并受到统治阶级的高度重视。与“礼”相关的礼制、乐、舞、射等成为重要的教育科目。受生产力发展水平的影响，教育科目只能在官府掌控的政治生活活动中才能习得。学校不仅是教学场所，也是祭祀神祖、朝会诸侯、军事会议、献俘庆功、养老尊贤等社会活动的场所。这种政教合一的教育状况使得教育与社会生产活动、政治等保持着紧密地联系。

春秋时期，奴隶制开始崩溃，封建制逐步形成，社会呈现大变革的趋势：代表旧势力的奴隶主贵族没落，代表新势力的地主阶级登上历史舞台。为适应新兴地主阶级的政治需要，私学兴起，使得文化知识的传播散布民间。自由办学、自由讲学、自由游学、自由就学等促进了教育事业的发展，满足了社会对人才的需要。最具代表性的孔丘十分强调“学以致用”，不仅要学懂记牢，还要能在政治、社交等活动中灵活运用。他提倡“力行”，强调学思行结合，要求言行一致，认为认识要依靠实践检验和证实，只言不行的人不是道德高尚的人，所谓“君子耻于言而过其行”[①]。

战国时期不仅是大动荡大变革时期，也是思想、文化大繁荣时期。面对社会大变革，人们基于不同阶级和社会集团的利益，结合社会现实，以社会现实问题为思想起点，以解决社会现实问题为思想归宿，著书立说、议论时政、阐述思想，产生了一批著名的学者（士阶层），形成了不同的学派，学者之间和学派之间相互批判、辩驳，相互影响、融合，呈现出思想学术空前繁荣的百家争鸣状况。游学成为当时教育的一大特点。“士”不仅在居住地收徒授业，还携徒外出游历，以宣扬各自的主张、扩大自己的影响力。孔子先后游历于卫、曹、宋、郑、陈、蔡、楚、齐和周等国之间长达14年之久，孟子带着弟子游学于邹鲁、中原地区，荀况曾游学于齐、赵、楚等国，子夏曾游学于魏国，形成了著名的西河学派。与正式的学校教育相比，游学虽然没有固定教学目标、内容和方式，却将书本知识和直接经验结合、将学校教育与社会活动结合，形成一种良好的交往式和体验式教育和学习的方式。

春秋战国时期是中国古代教育思想的发端和形成的重要时期。此时的教育思想已经很重视“知”和“行”的辩证关系：儒家经典《大学》提出要做到“格物、致知、诚意、正心、修身、齐家、治国、平天下”等“八条目”，《中庸》把学习过程概括为“博学之、审问之、慎思之、明辨之、

---

① 杨伯峻．论语译注 [M]. 北京：中华书局，2009.

笃行之”五个阶段。儒家代表人物荀况构建了“闻—见—知—行”的学习过程，提出“不闻不若闻之，闻之不若见之，见之不若知之，知之不若行之，学至于行之而止矣”①。墨家学派摒弃了“坐而论道”，高度重视“实践”的重要性，认为学习即劳作，劳作也是学习，没有在艰苦实践中磨炼出来顽强的意志就谈不上人的智慧。

秦汉时期是我国统一的封建国家确立和初步发展时期，中国封建社会教育的基本特征也初步形成。确立于汉武帝时期的察举制非常重视从现实生活中的表现（孝廉、贤良方正、直言进谏等）考察、选拔人才。东汉著名的思想家、教育家王充认为，天下之事强调人类的社会活动和社会现象，世间之物强调的是自然领域中的自然现象。人们认知的对象既包括社会知识，也包括自然知识。人的知识，并非生而知之，只能通过后天的学习认识来获得，是“耳目”和“学问”相结合来了解世界的过程。他不仅强调要从书本上求“学问”，获得知识，而且重视从现实的自然世界和社会生活中获得知识，认为通过“耳目”与外部世界接触学习认识到的直接的感性经验能帮助人们更深刻地认识事物。

魏晋南北朝时期是政局大动荡时期，教育事业也出现大变革、大转轨，虽时兴时废，但也有许多值得传承的教育思想。文学家、教育家颜之推指出，学习的主要目的不是高谈阔论，而是开启心扉、修身力行。他提出了勤学、切磋、研学的主张。他认为，学习成绩是靠学习主体自身的勤勉努力获得的，任何学习者都应勤学，“自古明王圣帝，犹须勤学，况凡庶乎！”②在学习中，要注重切磋交流。如果闭门读书，不与外界交流，无师无友，就会孤陋寡闻。要破除“独学而无友”的陋习，在良师益友之间交流切磋。颜之推还提倡踏实的学风，他对当时士子们既不勤学典籍，又无社会实践经验，仅靠道

① 方勇．荀子注释 [M]. 北京：中华书局，2015.

② 檀作文．颜氏家训译注 [M]. 北京：中华书局，2011.

听途说获得学问的做法进行了批判，提出了耳听为虚眼见为实的“眼学”，对知识的获取，必须亲自实践、亲自勘查、穷源探本。

隋唐，中国封建社会进入发展鼎盛时期，推动了文教事业的多元发展。以启蒙教育、基础教育、文化传承为主要任务的私学得到蓬勃发展。为满足私学蓬勃发展对师资队伍的大量需要，高级私学从学有专长有理想抱负但尚未被统治阶级任用者、具有一定的学术素养在公事之余聚徒讲学的在职官员、因故解职以讲授为生待机再起的官员、不愿无所事事的退休归乡官员、有较高学术声誉的避世隐居者中充实师资队伍。

宋朝以“兴文教、抑武事”为国策，大大促进了文化教育事业的发展，也孕育了一批极具思想的教育家。教育家们对教育的价值和意义有着深刻的认识，强调实践、理论相结合，强调学以致用、注重实用性，对后世教育事业的发展产生了深远的影响和启示。朱熹提出“格物致知”的理念，强调实践和理论相结合。陆游认为教育应该以实用性为主，注重培养学生的实际能力，提倡“活学活用”。王安石在变法中推行“新学”，以经世致用为宗旨，提倡实用性为主要特征的“新学”教育，注重学生的实践能力和社会适应能力的培养。欧阳修主张将学生带到生活中去实地观察和调查，以此增加他们的实践经验。

明朝在文化教育方面制定了“治国以教化为先，教化以学校为本”的政策，大大促进了文化教育事业的发展。作为当时重要的文化学术中心和政治活动中心的东林书院密切关注社会政治，将讲学活动与政治斗争紧密结合，提出了对当时及后世知识分子都影响极深的“风声雨声读书声声声入耳，家事国事天下事事事关心”的主张。王守仁是明朝最具代表性的教育家之一。他以“心学”体系为支撑，反对知而不行、行而不知，提出了道德教育和道德修养著名的“知行合一”思想。

清朝统治者在入关之后也重视通过发展教育来治理国家。黄宗羲认为学校的职能不仅仅是培养人才，改进社会风俗，还应议论国家政事，将讲学与议政紧密结合。主张力学致知，认为，只有亲身参与到实践中以求得实用的知识才是真正的学问。王夫之重视在道德修养中“力行”的重要性。他认为，道德修养不能只停留在知识阶段，还必须把道德知识变成实际行动，用行动检验道德知识的真假。颜元批驳了传统教育脱离实际的弊端，提出了“习行”教学法，强调教学过程要联系实际，要坚持练习和亲身实践，只有实践中学习到的知识才是真正有用的知识。

鸦片战争之后，西方列强的入侵使中华民族面临空前的民族危机，中国逐步沦为半殖民地半封建社会。以龚自珍、魏源等为代表的先行觉醒的知识分子提出了复兴“经世致用”，以促进学用一致、学术与政务统一的教育改革；洋务派创立洋务学堂，试图“师夷长技以制夷”，洋务学堂改变了传统学校将学生禁锢在书斋中的做法，设置了实践课程，建立了实习制度，注重教学中理论与实践的结合；资产阶级改良派推行维新教育实践，改革教育，兴办学堂，培养新式人才；资产阶级革命派利用教育开展革命教育、宣传革命思想、组织革命力量、培养革命骨干。中国教育开始近代化转折。

1919 年五四运动爆发，中国先进的知识分子掀起了一场崇尚科学、反对封建迷信、抨击封建思想的文化启蒙运动——新文化运动。新文化运动对民主与科学思想的弘扬，大大促进了文化教育的普及和繁荣，中国教育呈现现代化转折。新文化运动中的先进知识分子对旧式教育的重虚文、不讲实用、脱离社会发展需要、被动灌输等痼疾进行了抨击，提出了教育个性化、平民化、实用化、科学化的变革观念，改变学校教育与社会实际脱离、书本知识与学生生活和社会生产违背的弊端，致力于解决“教育与生计关系”，从社会生活和学生实际出发，沟通教育与生活、学校与社会的关系，促进课程内容和教学组织适应生产和生活发展的需要。

国民政府建立后，涌现出杨贤江、晏阳初、梁漱溟、陈鹤琴、陶行知等一批教育家，他们不断探索、不懈努力，促进了各级各类教育显著发展。作为中国最早的马克思主义教育理论家，杨贤江批驳了当时流行的一些模糊教育观点，提出了“全人生指导”教育思想。他明确主张青年要投身革命，干预政治，要多研究社会实事，寻求改变现状的方法，要深入工农，启发民众，要向社会生活学习，把读书、观察和实践与社会结合起来。作为世界平民教育运动倡导者的晏阳初，针对中国农村“愚、穷、弱、私”四大问题和教育与社会脱节、与生活实际背离的弊端，提出了文艺教育、生计教育、卫生教育、公民教育等“四大教育”和学校式教育、家庭式教育、社会式教育等“三大方式”，打破了旧式教育狭隘的教育观念，形成了学校、家庭、社会相结合的教育系统工程，成为中国教育史上的重大创新。有“中国最后一个大儒家”之称的梁漱溟提出了乡村教育理论，并开展了卓有影响的乡村教育实验。陈鹤琴基于对教师如何“教活书、活教书、教书活”以及学生如何“读活书、活读书、读书活”的思考，提出了“活教育”的主张，以“做人、做中国人、做现代中国人”为目的，以大自然、大社会为活教材，让儿童在自然和社会中获取经验和知识，在“做中教、做中学、做中求进步”。被毛泽东誉为“人民教育家”的陶行知提出了著名的“生活教育”理论，重视教育与生活的联系，主张教育不能脱离生活，教育要通过生活来进行。他鼓励在社会中学习、向社会学习，提出了“社会即学校”，主张拆除学校与社会间的“高墙”，把学校延伸到自然，延伸到马路、弄堂、乡村、工厂、店铺等社会生活的每一个场所，以社会为学校。

综上所述，中华民族在发展演进的各个历史时期形成的优良教育传统大都具有以下特征：一是高度重视教育的社会功能，认为教育不仅是一个人的事，也是一个民族、一个国家和一个社会的事；二是高度重视学、思、行的结合，强调“知行合一”；三是重视社会实践，提倡学校教育与社会生产和生活相结合；四是强调学以致用，提倡教育学习要解决社会现实问题为目标；五是高度重视教师的重要性，提倡尊重知识、尊重教师、尊重人才；六是学校教育不仅是为了求得知识，还应注重道德践履和道德修养，以提高思想道德品质。中华民族积淀的优良教育传统不仅为“大思政课”提供了丰富而宝贵的教学资源，而且其思想内核与推进“大思政课”建设的核心要义有着紧密的契合度，为推进“大思政课”建设提供了有益借鉴。

第四节 “大思政课”建设的现状

自习近平总书记2021年3月提出推进“大思政课”建设以来，“大思政课”成为新时代思政课建设的热点和重点之一。推进“大思政课”建设取得了较为显著的成绩，同时也存在着诸多亟待解决的问题。

一、推进“大思政课”建设取得的成绩

三年来，各级教育主管部门、社会各界、各级各类学校高度重视“大思政课”建设，推进“大思政课”建设工作成绩显著。主要表现在以下五个方面。

（一）顶层设计不断强化，“大思政课”建设方向明确

办好思政课一直是习近平总书记心中的一件大事。推进“大思政课”建设是习近平总书记亲自谋划、亲自部署、亲自推动的一项思政课教育教学改革创新工程。为贯彻落实习近平总书记有关“‘大思政课’我们要善用之”精神，教育部等十部门于2022年7月25日联合印发了《全面推进“大思政课”建设的工作方案》（下文简称《工作方案》）。《工作方案》确立了推进“大思政课”建设的指导思想——坚持以习近平新时代中国特色社会主义思想为指导，聚焦立德树人根本任务，推动用新时代党的创新理论铸魂育人；坚持开门办思政课，协同全社会力量和资源办好思政课；明确了推进“大思政课”建设要实现的目标——增强思政课的针对性、提高思政课的有效性，实现新时代党的创新理论入脑入心；提出了推进“大

思政课”建设的方法——思政小课堂与社会大课堂有机结合；拟定了推进“大思政课”建设的工作措施——改革创新主渠道教学、善用社会大课堂、搭建大资源平台、构建大师资体系、拓展工作格局、加强组织领导。[①]

习近平总书记对“大思政课”的高度重视和教育部等十部门出台的《工作方案》，为全面推进“大思政课”建设指明了方向，提供了行动指引。之后，各地教育主管部门和各级各类学校依照《工作方案》纷纷制定本地区、本校推进“大思政课”建设的文件，推进“大思政课”建设的顶层设计得以加强，“大思政课”建设有了明确的方向。

与此同时，有关“大思政课”建设的理论研究不断推进。为更好地推进“大思政课”建设，学术界和思政课建设者积极开展有关“大思政课”建设的理论研究工作，取得了丰富的成果。特别值得一提的是，为推进“大思政课”建设理论研究的深入，国家社科基金委和教育部社科司从2021年起专门发布了有关“大思政课”的研究项目，国家社科基金高校思政课研究专项三年立项“大思政课”相关项目31项，教育部高校思政课教师研究专项三年立项“大思政课”相关项目43项，各省市社科基金项目也设立了“大思政课”相关研究选题。在基金项目的支持下，学术界发表了500余篇高水平的“大思政课”相关学术论文。此外，学术界围绕“大思政课”建设积极开展自主选题研究，三年来（截至2024年3月），相关研究文献总数超过2800篇（相关数据源于中国知网）。丰富的研究成果为推进“大思政课”建设实践提供了有力的理论支撑。

（二）“思政小课堂”不断创新，主渠道作用显现

创新主渠道教学、增强思政课教学的针对性和时效性是推进“大思政

① 教育部等十部门关于印发《全面推进“大思政课”建设的工作方案》的通知[J].中华人民共和国教育部公报，2022(10).

课”建设的主要目的和目标。三年来，思政课建设者围绕思政课课堂教学不断创新，思政课课堂教学主渠道作用彰显。

1. 思政课课程体系不断完善

科学合理的课程体系是教育教学的核心组成部分，对提升教学质量、实现人才培养目标以及推动教育事业健康发展起着至关重要的作用。完善的思政课课程体系是实现思政课立德树人关键课程作用的抓手。三年来，思政课以习近平新时代中国特色社会主义思想为核心内容，坚持将“习近平新时代中国特色社会主义理论体系概论”“马克思主义基本原理概论”“毛泽东思想和中国特色社会主义理论体系概论”“中国近现代史纲要”“思想道德与法治”“形势与政策”等必修课与“党史”“新中国史”“改革开放史”“社会主义发展史”等选修课相结合的课程体系。完备的课程体系充分保证了思政课课堂教学的开展。

2. 思政课教材体系不断深化

教材是教育内容的主要载体，体现了国家和社会对教育的价值取向和培养目标，是教育教学工作的重要基石。一方面，新时代马克思主义理论研究和建设工程教育部重点教材建设成效显著，思政课教材实现了“马工程教材”全覆盖，并进行了每年一次的修订工作，成为培根铸魂、启智增慧的精品教材。另一方面，为确保思政课教师把握好新教材的核心内容和基本精神，在中宣部的指导下，教育部还依托全国高校教师网络培训网站、全国高校思想政治工作网、高校思政课教学活页微信平台实施了高校思政课新教材使用培训的全覆盖，提高驾驭新教材的能力。

3. 思政课教学内容不断丰富，教学方法不断创新

创新思政课课堂教学首要的是要丰富教学内容，创新教学方法，增强思政课教学的生动性、说服力、感染力。三年来，各级各类学校围绕中国共产党百年奋斗历程，尤其是新时代伟大实践取得的成就和鲜活案例，将中国共产党人精神谱系、中华优秀传统文化、地方红色文化、校

史资源等，融入思政课，极大地丰富了思政课教学内容。另外，教育部还举办了全国高校思政课教学展示活动，中华全国总工会、教育部联合主办的全国高校青年教师教学竞赛单独设置了思政课教师组，各省教育主管部门举办了思政课“精彩一课”讲课比赛，各学校也组织了形式多样的思政课教学竞赛活动。各类教学竞赛活动的举办促进了思政课教学方法的创新，提高了思政课教学质量的整体提升。

4. 思政课教学评价体系不断优化

思政课教学评价体系是衡量和提升思政课教学质量和效果的重要手段，不仅能够促进教师不断提高教学水平，也能有效激发学生的学习积极性，从而推动高校思政课教育教学质量的整体提升。三年来，在“大思政课”理念的引领下，思政课教学评价体系得到较大优化：教育部重新修订并发布了《高等学校思想政治理论课建设标准（2021 年本）》和《普通高等学校马克思主义学院建设标准（2023 年版）》，对思政课教学评价起到宏观指导意义；教育部、各地教育主管部门开展了思政课教学交叉听课检查活动；各学校构建了校 – 院 – 系协同、师 – 生 – 第三方评价机构参与的多维度全方位教学评价工作体系，并将教学评价结果与思政课教师的绩效、职称评定、评优评奖等结合，不仅提高了思政课教师的责任意识，也促进了思政课教学质量的提升。

（三）“社会大课堂”雏形初现，实践教学成效提升

“思政课的本质是讲道理，要注重方式方法，把道理讲深、讲透、讲活。”[①] 讲好马克思主义理论（和）科学大道理不能照本宣科，不仅仅是在课堂上讲，更应该深入社会生活中去讲。“‘大思政课’我们要善用之，

① 习近平在中国人民大学考察时强调：坚持党的领导传承红色基因扎根中国大地走出一条建设中国特色世界一流大学新路 [N]. 人民日报，2022-4-26(01).

一定要跟现实结合起来。上思政课不能拿着文件宣读，没有生命、干巴巴的。”[①] 要把讲道理的课堂从“思政小课堂”延伸到“社会大课堂”，以社会大课堂为依托，以实践为导向。为加强思政课实践教学，思政课建设者进一步规范实践教学，会同社会力量，建立思政课实践教学基地，组建“思政课共同体”，创新思政课实践教学方式，思政课“社会大课堂”雏形初现，实践教学成效提升。

1. 思政课实践教学进一步规范

三年来，按照教育部有关文件的要求，各学校基本落实本科 2 个学分、专科 1 个学分的思政课实践教学学时学分，思政课实践教学得到落实并进一步规范。

2. 建立了一批实践教学基地

为落实《工作方案》的工作部署，教育部与国务院有关部委协同共建了七个具有示范意义的“大思政课”实践教学基地，涉及科学精神、工业文化、美丽中国、乡村振兴、抗疫精神、党史新中国史、中华优秀传统文化、革命文化、社会主义先进文化等多个专题。2022 年 7 月，教育部又批准建立了首批 453 个“大思政课”实践教学基地（教社科厅函〔2022〕31 号），并印发了《关于组织开展高校与“大思政课”实践教学基地结对行动的通知》（教社科厅函〔2023〕26 号），要求各高校与实践基地结对行动，开展好“大思政课”建设。各省也纷纷建立了“大思政课”实践教学基地，2023 年 8 月山西省公布了 67 个“大思政课”实践教学基地，2023 年 10 月上海市公布 53 个“大思政课”实践教学基地，2023 年 11 月广东省公布了 22 个“大思政课”实践教学基地，2023 年 12 月四川省公布了 84 个实践基地，2023 年 12 月福建省公布了 86 个“大思

① 杜尚泽.“‘大思政课’我们要善用之”（微镜头·习近平总书记两会“下团组”·两会现场观察）[N]. 人民日报，2021-03-07(01).

政课”实践教学基地。一大批国家级、省级“大思政课”实践教学基地的建立为推进“大思政课”建设奠定了坚实的基础。一大批国家级、省级“大思政课”实践教学基地的建立为推进“大思政课”建设奠定了坚实的基础。

3. 组建了“思政课共同体”

为充分发挥各级各类学校、社会等各方面力量的作用，协调各学段之间、学校与社会之间参与思政课建设的步调，教育部批准组建了全国首批32个“大中小学思政课一体化共同体”，各省市也相继组建了省级“大中小学思政课一体化共同体”。比如，四川省于2023年12月7日举行了22个省级大中小学思政课一体化共同体的发布仪式，提出要进一步深化思政课改革创新，强化质量提升，充分运用四川的文化资源优势，特别是将红色文化资源融入思政课程，以更实举措、更强合力推进思政课建设走深走实，把青年学生培育成堪当民族大任的时代新人。“思政课共同体”的组建更好地协同了全社会各方面力量参与思政课建设，为“大思政课”建设提供了协同工作平台，也为教育主管部门推进“大思政课”建设起到了积极的决策咨询作用。

4. 开展了形式多样的实践教学活动

《工作方案》颁布实施以来，教育部、省市教育主管部门、各级各类学校会同社会各界开展了丰富多彩的思政课实践教学活动。教育部继续组织了中国国际“互联网+”大学生创新创业大赛青年红色筑梦之旅、习近平新时代中国特色社会主义思想大学习领航计划、“小我融入大我，青春献给祖国”主题社会实践、“技能成才，强国有我”主题教育等活动。各省市和学校结合各地实际及学校实际，充分发挥区位优势和资源优势，因地制宜，开展“一省一策思政课”集体行动，在省级层面打造一批品牌工作项目，总结凝练出一批可复制可推广的先进经验和做法。比如：作为“大思政课”缘起的湖北省，大力弘扬伟大抗疫精神，讲好抗疫“大思政课”，把“一年”和“百年”结合起来，把“一堂大课”和“一部历史”结合起来，把“青春之歌”和“红色史诗”结合起来，把湖北抗疫元素、中国抗疫精神深度融入思政课教学。上海市教卫工作党委、市教委深入挖掘上海红色资源，推动党史学习教育进课程内容、进教学过程、进队伍建设，用党的百年故事，上好“大思政课”，一些高校推出“党史学习教育”专区、书展、网页，或将党史故事改编成一个个小舞台剧到各中小学展演。

（四）“大资源”平台建设逐步推进，思政课教学形式不断丰富

三年来，教育部充分利用高校思想政治工作网、大学生在线、易班等网络平台建设、“全国高校思政课教师网络集体备课平台”网络支持系统、“青梨派”大学生自主学习系统、高校思政课教学创新中心资源开发系统、高校思政课教学指导委员会指导审核评估系统、高校思政课教师基础数据系统、高校思政课教师研修培训系统等为“大思政课”建设提供了较为充分的数字资源。

各省市也在构建思政课数字“大资源”平台方面做出了许多尝试和探索，形成了各具特色的思政课数字资源库。比如：上海市利用现代化技术打造线上线下沉浸式、立体化党史学习平台，让学生通过 VR+8K 等身临其境感受中国近代史上伟大的转折点故事；陕西省开发了“红色文献数据库”和“小红专”网络思政微课平台；江西省依托“江西省爱国主义教育基地数字展馆”等资源，建设集备课教研、学习评价、质量监测等功能于一体的“大思政课”一体化数字平台，通过线上线下同步开展“红色走读”主题活动，让学生“云游”革命纪念场馆，线上赏析红色影片，情境式诵读红色经典，增强“沉浸式”的教学体验，引导广大学生学习红色文化、弘扬红色精神、传承红色基因；吉林省成立了省高校网络思想政治工作中心，以微信公众号“吉小思”为代表，打造“吉思”“吉聚”“吉刻”等品牌栏目，构建“直达学生、辐射全省”的网络思政工作体系；四川省推

动思政课与网络应用有机融合，将虚拟仿真技术和新媒体技术融入思政课建设，建成特色思政课网络课程 83 个、网络精品课 277 个。

（五）教师队伍建设不断加强，思政课“大师资”初步形成

建设一支数量充足、结构合理、素质优良、充满活力的高水平教师队伍是推进“大思政课”建设的有力保障。新时代以来，党和国家、各地政府部门、各级各类学校高度重视思政课教师队伍建设工作，采取各种措施推进“大师资”建设。

从党和国家层面看，2019 年 8 月中共中央办公厅、国务院办公厅印发《关于深化新时代学校思想政治理论课改革创新的若干意见》，提出要“建设一支政治强、情怀深、思维新、视野广、自律严、人格正的思政课教师队伍”[①]，并要求高等院校按照师生比不低于 1 ∶ 350 配备专职思政课教师，加强中小学专职思政课教师配备，统筹解决思政课教师缺口问题。2020 年 1 月中华人民共和国教育部令第 46 号《新时代高等学校思想政治理论课教师队伍建设规定》要求：“高等学校应当配齐建强思政课专职教师队伍，建设专职为主、专兼结合、数量充足、素质优良的思政课教师队伍。”[②]并再次强调按照师生比不低于 1 ∶ 350 配备专职思政课教师。这些文件体现了从国家到地方各级对思政课教师队伍建设的高度重视。在配齐建强思政课教师队伍的同时，教育部还通过举办“周末理论大讲堂”、全国高校思政课教学展示活动、思政课教师讲课比赛等一系列活动，加强对思政课教师的培养和培训，推动思政课教师队伍

---

① 中共中央办公厅 国务院办公厅印发《关于深化新时代学校思想政治理论课改革创新的若干意见》[J]. 中华人民共和国教育部公报，2019(09).

② 新时代高等学校思想政治理论课教师队伍建设规定 [J]. 中华人民共和国国务院公报，2020(13):7-11.

的专业化、职业化发展。

从各地政府部门层面看，各省市根据中央和国家要求，结合本地实际情况，出台了具有地方特色的“大师资”建设实施意见或细则，采取多种形式加强思政课教师队伍建设。比如：甘肃省组建博士生宣讲团、优秀教师讲师团等，依托区域丰富的红色史料、红色故事、红色案例等，广泛开展宣讲巡讲活动，构建国家、省、市、县、校五级思政课教师培训体系，提升思政课教师的育人能力水平；湖北省组织退休老教授、老专家、老干部组成宣讲团，充分发挥建党百年见证者、亲历者、奋斗者的优势，为党史学习教育注入“银发力量”；江西省通过选育名师骨干、“名师工作室”等措施不断充实思政课师资队伍，启动思政课教师数据平台建设，建立省级岗前、专项、示范等全员培训项目，出台职称评聘单列计划，建立常态化听课制度，不断提升思政课教师铸魂育人的能力和水平；四川省通过建设“高校思想政治教育名师工作室”、评选思政工作“年度人物”等方式，激发思政教师和辅导员的积极性、创造性，凝聚育人大师资，建立以“岗前培训、日常培训、校外培训、调研实践、挂职锻炼”为主要形式的培养体系，大力支持思政教师队伍学历和能力的提升。

从学校层面看，各级各类学校对思政课教师队伍建设的重视程度越来越高：一是依据教育部、省市文件精神制定了学校思政课教师队伍建设的文件；二是按照师生比 1 ∶ 350 的要求内培外引，充实了思政课教师队伍；三是建立了思政课教师社会实践考察制度，鼓励思政课教师参加各种学术会议；四是建立了国家 – 省 – 校 – 院 – 教研室四级师资培训制度；五是落实了包括思政课教师职称评聘单列、专项岗位津贴发放等。

通过党和国家、各地各校的共同努力，思政课教师数量得到明显充实，教学水平明显提升，社会地位显著提高，数量充足、结构合理、素质优良、充满活力的思政课“大师资”体系初步建立。

二、“大思政课”建设存在的问题及原因

“大思政课”建设工作在取得成绩的同时也还存在着诸多问题，主要表现在以下三大方面。

（一）对“大思政课”的核心要义存在模糊认识

厘清“大思政课”的核心要义是推进“大思政课”建设的前提。自“大思政课”理念被提出的近三年来，无论是学术界、教育主管部门，还是各级各类学校，对“大思政课”的概念及核心要义仍然存在着一些模糊认识。

一是混淆“大思政课”与“大思政”“思政大课”的区别和联系。三个概念字面相近、一字之差，但核心内涵差异甚大。“大思政”是思想政治教育的新理念，重点在“三全育人”和“十大育人体系”的构建；“思政大课”是思政课相关教学内容的一种特殊讲授形式，课程属性相对较少，更接近于学术讲座等；“大思政课”本质属性是“课”，主体是思政课教师，是思政课教师运用多种形式，尤其是运用各种资源，将课堂理论教学与实践教学有机融合、将思政小课堂与社会大课堂有机结合而开展的“思政‘课’”。

二是将“大思政课”与“大中小学思政课一体化”混为一谈。虽然“大中小学思政课一体化”和“大思政课”都是习近平总书记亲自谋划、亲自部署、亲自推动的新时代思政课教育教学改革创新工程，但是二者之间各有侧重点。“大中小学思政课一体化”是遵循受教育者认知发展规律和思想品德形成和发展规律，在小、中、大学各学段循序渐进开设思政课，是思政课的纵向发展；“大思政课”侧重的是在特定学段如何开好思政课的问题。不同的学段都应该善用“大思政课”，不同学段在推进“大思政课”建设时需要遵循受教育者认知发展规律和思想品德形成和发展规律，采取切合不同学段学生身心发展特征的方式和方法。对“大思政课”核心要义的模糊认识会导致推进“大思政课”建设主体的主责主业不明，工作边界

不清，影响“大思政课”建设的实际成效。

之所以对“大思政课”的核心要义还存在模糊认识，主要原因在于没有从习近平总书记提出“‘大思政课’我们要善用之”的语境中去把握“大思政课”概念，混淆了“大思政课”与相关概念的区别和联系，忽视了“大思政课”的课程本质属性。

（二）存在虚化或泛化“大思政课”的现象

在推进“大思政课”建设中还存在着虚化或泛化“大思政课”的现象。“虚化”思政课，就是在“大思政课”建设过程中没能处理好“思政小课堂”和“社会大课堂”的关系，将力量过多集中在社会实践方面，忽视了思政课课堂教学的主渠道地位。导致的结果就是社会实践活动很热闹，而课堂理论教学偏冷清。学生参与实践的热情高而学习课堂理论的积极性主动性不够，思政课老师偏重实践环节的创新而忽略了课堂理论教学的深化改革。其后果是形式大于内容，学生并不能通过思政课得到马克思主义理论的充分教育，马克思主义理论水平并没能得到显著提升。泛化“大思政课”，就是认为“大思政课”包罗万象，凡是与思想政治教育相关的都被视为“大思政课”，混淆了各类育人活动的边界。[①]在“三全育人”的“大思政”格局中，课程教学、科学研究、社会实践、校园文化、网络、心理咨询、管理、后勤服务、扶困资助、党团组织等虽然和思政课一样具有育人功能，在立德树人总目标上与思政课同向同行，但活动性质不同，工作重点不同，各有边界，各有主业主责，具体目标、实施方式和路径各有侧重。

（三）“大思政课”全学段学生全覆盖不够

推进“大思政课”建设是将“思政小课堂”与“社会大课堂”紧密结

① 冯秀军．“大思政课”建设的几个基本问题 [J]. 思想教育研究，2023(08)：84–89.

合，将思政课拉到社会生活中去讲，以提升思政课教学的针对性和实效性，以及学生的积极性和主动性，增强学生学习思政课的获得感。在推进“大思政课”建设的实际工作中，一些学段如幼儿园阶段、中职教育阶段或成人教育阶段的思政课教育教学关注度和投入不足；一些学段虽然有善用“大思政课”的设计，但落实起来困难重重；各学段对不同类型学生，如特殊教育群体、非全日制学生、留学生等的关注度不够均衡。这些都导致“大思政课”全学段学生全覆盖还不够，以点带面的情况较多存在。

出现上述问题的原因主要有四个方面：一是推进“大思政课”建设的考核机制不够健全，没有建立起对思政课教师推行“大思政课”建设情况的考核，弱化了思政课教师推行“大思政课”的主动性。二是对“大思政课”的核心要义没能厘清，没能把握住“大思政课”的“课程”本质属性，导致虚化或泛化“大思政课”，其问题的实质是忽视“大思政课”的“课程”属性，没能坚持“思政小课堂”的主渠道地位和作用。三是推行“大思政课”建设涉及学生人数多，需要经费支持较大，组织工作不易。思政课是每一个学生都必须修读的必修课，涉及学生人数特别巨大。据教育部 2023 年 3 月 23 日新闻发布会公布的数据显示，截至 2022 年底，我国学历教育在校生 2.93 亿人，其中高等教育在学总规模 4655 万人，① 要全面实现“思政小课堂”和“社会大课堂”的有机融合对活动经费提出了很高的要求，而大多数学校存在经费紧张的客观现实，这使得在推进“大思政课”建设过程中难以做到学生全员全覆盖。四是推进“大思政课”建设需要的社会资源整合和利用不够。一方面，社会资源尤其是红色资源、历史文化资源、网络资源等在思政课中的融入程度和利用率不高；另一方面，校外实践教学基地数量难以满足全学段全

① 康丽 . 教育部发布 2022 年全国教育事业发展基本情况 [N]. 中国教师报，2023-03-29(01).

体学生实践教学的需求。

第五节　推进“大思政课”建设的路径

推进“大思政课”建设重在落实：要聚焦立德树人根本任务，创新“思政小课堂”建设课，充分发挥思政课主渠道作用；要整合社会资源，建设好思政课“社会大课堂”；要运用好现代信息技术，搭建思政课数字资源大平台；要加强思政课教师队伍建设，组建思政课“大师资”；要强化保障措施，构建“大思政课”建设“大机制”。

一、把握“大思政课”本质属性，守正创新“思政小课堂”

“大思政课”扩展了思政课的格局，拓宽了视野，改进了教学方法，丰富了课程资源，壮大了师资队伍，实现了思政课在全学段、全过程、全领域的有机融合。但是，“大思政课”并不是在原有思政课之外另设一套体系，而是对传统思政课的守正创新。

（一）把握“大思政课”的“课程”本质属性

按照课程呈现方式可分为显性课程与隐性课程。显性课程是正式列入教学计划并在课堂上直接教授的课程；隐性课程是非正式的、潜在的教育内容。思政课是落实立德树人根本任务的关键课程，是党和国家规定的、各学段各类学校教育必须执行的核心课程、灵魂课程，毋庸置疑属于显性课程。习近平总书记在“3·18”重要讲话中指出：“思政课要做思想政治教育的显性课程。有人提出把思政课变成隐性课程，完全融入其他人文素质课程中，这是不对的。”① 习近平总书记在提出“大思政课”概念时

① 习近平.思政课是落实立德树人根本任务的关键课程[J].求是，2020(17):4-16.

强调的是“思政课不仅应该在课堂上讲，也应该在社会生活中来讲”[①]。可见，“大思政课”的本质是坚持思政课课堂教学，将“思政小课堂”延展到“社会大课堂”，而不是在原有思政课之外另设一套体系，更不是弱化、脱离思政课课堂教学而进行的其他教育形式。

思政课“显性课程”的本质属性，不仅决定了思政课的地位和作用，划清了思政课与学校和社会其他育人活动的边界，更明确了思政课和其他各类育人活动的任务和主责主业，即对学生进行系统的马克思主义理论教育，讲清楚、讲透彻马克思主义的大道理。囿于理论水平、社会阅历等各种因素，学生难以自发完成对马克思主义理论的掌握，必须依靠科学、准确、系统、规范、专门的课堂理论讲授来“灌输”。“大思政课”将思政课课堂教学延展到社会生产生活中去“讲授”，是对课堂教学主渠道的巩固和加强。只有坚持“大思政课”的“显性课程”属性，才能更好地发挥“思政小课堂”的主渠道作用。脱离“大思政课”“显性课程”的本质属性，会模糊思政课的主责主业，削弱“思政小课堂”的主渠道地位，难以实现对学生系统的马克思主义理论教育的目标。

（二）守正创新“思政小课堂”

“思政小课堂”是相对于“社会大课堂”而言的，亦即思政课课堂教学。“要用好课堂教学这个主渠道，思政课要坚持在改进中加强，提升思想政治教育亲和力和针对性，满足学生成长发展需求和期待。”[②]推进“大思政课”建设是为了破解思政课建设中存在的诸多问题，促进思政课守正创新，实

① 杜尚泽．“‘大思政课’我们要善用之”（微镜头·习近平总书记两会“下团组”·两会现场观察）[N]. 人民日报，2021-03-07(01).

② 习近平在全国高校思想政治工作会议上强调 把思想政治工作贯穿教育教学全过程 开创我国高等教育事业发展新局面 [N]. 人民日报，2016-12-09(01).

现思政课内涵式高质量发展，以充分发挥其主渠道作用。《工作方案》将“改革创新主渠道教学”列为推进“大思政课”建设22条举措中的第一条，这充分表明守正创新“思政小课堂”在推进“大思政课”建设中的重要性。

“思政小课堂”的“守正”是指思政课要遵循思想政治教育和思政课教育教学规律，坚持党对思政课的领导、坚持中国特色社会主义办学方向，讲好马克思主义大道理，传承和弘扬社会主义核心价值观，落实立德树人根本任务；“思政小课堂”的“创新”是指思政课建设要适应时代发展变化，满足学生成长成才的需要，充分利用科学技术和社会进步的成果，不断更新教学内容、创新教学方法。思政课守正和创新相辅相成、相得益彰，只有坚持守正创新，才能确保“思政小课堂”的思想性、理论性，才能增强“思政小课堂”的亲和力和针对性，从而既保证了对学生的马克思主义理论教育，又增强了学生的获得感。

在守正创新“思政小课堂”过程中，党和国家、思政课建设工作者（各级教育主管部门、各级各类学校、思政课教师等）已经做了许多有益的工作，比如，构建了完整的思政课课程群，教学内容与时俱进，教材体系得到优化，教学方法不断创新等。但是，在守正创新“思政小课堂”时，还需要注意两个问题：一是要规范思政课教学行为，强化思政课课堂教学管理。学生是否按时到堂上课、是否认真听讲、是否完成教学任务，老师是否遵守教学规范、是否注意对课堂的管理、是否对学生提出明确的要求等，是“思政小课堂”“守正”的基本要求。只有做到基本的规范，“守正”才能得到保证。二是要处理好思政课传统教学方法与现代信息技术运用的关系。正如习近平总书记所说：“让学生接受马克思主义，离不开必要的灌输，但这不等于搞填鸭式的‘硬灌输’。”[①] 在思政课教学中，现代信息技术的运用能让思政课“活起来”，能增强思政课的吸引力和感染力，

① 习近平．思政课是落实立德树人根本任务的关键课程 [J]. 求是，2020(17)：4–16.

但过多依赖现代信息技术，也可能导致理论讲授的碎片化、形式化等，降低学生真正接收马克思主义理论教育的实际效果。

二、整合社会资源，建好用好“社会大课堂”

“大思政课”的核心是开门办思政课，就是要充分发挥社会资源的作用，将“思政小课堂”延展到社会生产和生活实践中去。通过融入社会生产生活，把握国际国内大形势，明晰人民之问、中国之问、时代之问、世界之问等现实问题，提高思政课的解释力、说服力和感染力，确保学生把马克思主义理论的大道理学懂弄通做实，增强学生的“四个自信”，立志肩负起民族复兴的时代重任。由此，整合社会资源，建设好“社会大课堂”，既是推进“大思政课”的目标任务，也是实现“大思政课”的根本路径。

（一）建好用好已有“社会大课堂”

在《工作方案》的要求和指导下，各级教育主管部门、各级各类学校会同社会各界建立了一大批国家级、省级、校级“大思政课”实践教学基地，其中，教育部会同七部委建立了“大思政课”实践教学基地453个，各省也充分利用各省资源建立了各具特色的省级实践教学基地，每个省几十个不等，各校校级实践教学基地基本达到全覆盖。“大思政课”实践教学基地的建立为构建“社会大课堂”奠定了良好的基础。各实践教学基地要提高服务意识和水平，积极与大中小学对接，开发特色课程，推进基地健康发展。尤其是部省级实践基地要建立长效机制，不断总结经验，不仅使现有基地成为“大思政课”的“社会大课堂”，而且还要为拓展思政课实践教学基地树标杆、立典范；各地各校要主动与基地加强联系，以形成校内外工作合力。

（二）挖掘开发社会资源，拓展“社会大课堂”

思政课实践教学涉及学生庞大，现有实践教学基地难以满足各级各类学校推进“大思政课”对“社会大课堂”的需要，进一步挖掘开发学校、家庭、社会资源，建立数量充足的实践教学基地以拓展思政课“社会大课堂”势在必行。要坚持区域联动、校地协同、互联互通、资源共享的原则，通过开发校内资源、引进校外资源、合作连接资源等路径，加大对学校、家庭、社会思政教学资源的整合力度，构建一个开放、立体、多元的思政课实践教学基地共同体[①]。首先，以区域为线索，挖掘社会资源。各地各校可以结合当地的历史文化、民俗风情、地理环境等资源，开发具有地方特色的校本课程，通过实地考察、项目研究等形式，增进学生对家乡和国家的认知和热爱；充分发挥博物馆、图书馆、科技馆、历史文化遗址、企业、农业基地、环保设施、公益机构等，将其转化为实践教学场所，使学生在实地参观、动手操作和体验中获取知识、增长见识。其次，要充分运用数字技术，建立网络实践教学基地。利用互联网、移动应用、虚拟现实等先进技术手段，远程访问和在线学习社会资源，扩大教育资源的覆盖面，打破地域限制，让更多学生受益。再次，各级各类学校要充分利用校内资源，如校史馆、校训、学校的发展历史、课外科技文化活动、文艺演出、志愿者服务、暑期“三下乡”社会实践等，就近就便开展社会实践，既达到“社会大课堂”的作用，也能方便组织，还节约经费。最后，学校要注意对各类校内外资源的整合，把分散在各学校、各学段、社会各方面的资源整合为系统化的“资源地图”，并做到互联互通，以提高各类资源的利用效率。

（三）创新实践教学组织形式，增强实践教学实效

各类思政课社会资源的挖掘和整合以及思政课社会实践基地的建立为

① 郑小明，张雪莹 . 统筹推进大中小学思政课一体化建设的三重维度 [J]. 四川轻化工大学学报（社会科学版），2023，38(03)：86-100.

“思政小课堂”延展到“社会大课堂”创造了条件、提供了可能。要增强实践教学的成效，还需要对思政课实践教学环节进行创新。

思政课实践教学涉及学生人数众多，需要协调师与生、校内各部门、学校与社会等多重关系，如何有效开展是各校普遍面临的问题。创新思政课实践教学组织形式，用好“社会大课堂”，是解决有效开展、推进“大思政课”建设的重要路径。《工作方案》提出要加强思政课实践教学，“善用社会大课堂”。并对各级各类学校实践教学的组织领导、工作体系、学时学分、实践基地建设、实践教学形式、经费等作出了明确规定。各级各类学校要严格按照中宣部、教育部的相关要求，落实思政课实践教学学时学分、确立科学合理的思政课实践教学目标、设计完善的课程体系、制订详尽的实践教学计划、编制实践教学大纲和实施方案、建设优质实践基地、组建培养实践教学团队、实施规范的实践教学管理机制、创新实践教学评价考核反馈方式，不断完善实践教学工作体系，促进实践教学更加规范化、科学化和系统化，避免将实践教学形式化、表面化。

在创新思政课实践教学组织形式时，要特别注意实践教学泛娱乐化的现象。在思政课实践教学中，个别教学为提高吸引力，存在着泛娱乐化的现象，主要表现在：重感性、轻理性。教学过程中过分追求感官刺激和情感共鸣，过度依赖故事、视频、流行文化元素等形式，而相对忽视了对马克思主义理论、党的方针政策以及思想政治核心内容的深度解析和理性思考。重形式、轻内容。强调课堂活跃度和趣味性，使用大量轻松幽默的语言、网络热词、段子等非正式语言元素，导致严肃的政治、哲学和社会理论内涵被表面的娱乐形式所掩盖，降低了课程的学术性和理论深度。重叙事、轻分析。在讲述具体案例或故事时，过于注重情节铺陈和情感渲染，对案例背后的思想政治教育意义及理论逻辑分析不够深入，导致学生可能记住的是故事本身，而对如何运用理论分析现实问题的能力培养不足。重过程、轻效果。过分追求氛围的活跃和互动，将注意力集中在游戏、角色扮演等活动中，忽视了教学目标的达成情况和学生在思想政治素养方面的实质性提高。实践教学的泛娱乐化会导致严谨的理论讲解以通俗易懂甚至曲解的方式呈现，失去思政课应有的严肃性和教育意义，使得学理性阐释被弱化。要注意教学手段和教学目的的平衡问题，在吸引学生注意力、激发学习兴趣的同时，更要保证思政课的严肃性和科学性。

三、运用现代信息技术，搭建思政课教学资源“大平台”

思政课是一门集政治性、思想性、专业性、学术性和实践性于一体的综合性很强的课程。教学资源成为思政课提质增效的必要条件。思政课教学对资源的需要量大与各校开发建立学习资源的时间、精力、财力和能力有限是客观存在着的矛盾，运用现代信息技术，共建、共享教学资源“大平台”是推进“大思政课”建设的有力支撑。

（一）统筹协调用好建好思政课资源“大平台”

搭建思政课教学资源“大平台”是一项艰巨而复杂的大工程，既要保证教学资源的政治方向性、思想性和理论性，又要具备较高的运用现代信息技术的能力，还需要足够的经费支持以及人员的精力投入，在推进“大思政课”建设过程中，整合社会资源搭建思政课教学资源“大平台”是至关重要的，既能充分发挥现有平台的作用，又能避免多头投入、重复建设，还能满足推进“大思政课”对教学资源的需求。

充分发挥已有思政课教学资源“大平台”的作用。为满足“大思政课”建设的需要，教育部打造了全国高校思政课教研系统、国家智慧教育平台、网络教育宣传云平台等网络教育资源平台。通过全国高校思政课教研系统，各校可以开展教学研究与改革，共享优质的教学资源和教研成果，进行教学经验交流和教学方法探讨，有利于思政课程的不断优化与创新，提升思政课程的教学质量和效果，为“大思政课”建设提供坚实的学术支撑。国家智慧教育平台的建设和使用，通过整合各类优质教学资源，提供智能化的教学辅助和学习服务。在推进“大思政课”建设中，教师可以利用平台的智能化功能，更好地设计和管理思政课程，提高教学效率和质量；学生能够更方便地获取思政课程的教学资料和辅助资源。通过网络教育宣传云平台，发布优秀思政课教学案例和教学成果，展示“大思政课”建设的成果和优势，开展线上宣讲、互动交流等活动，能强化对思政课程的宣传和推广工作，向社会传递思政课程的重要价值和意义，增强思政课程的社会影响力和知名度，打造既具有网络宣传功能又具有资源共享和在线互动功能的“云上大思政课”。

开放地方网络资源平台，实现思政课教学资源的互联、互通，共建、共享。随着信息技术的发展，数字时代的来临，全国各地、各行业都十分重视网络资源平台的建设，形成了由各地政府、教育部门、公共图书馆、研究机构或企业等运营，提供具有地方特色的数字化资源服务的地方网络资源平台，比如，“学习强国”地方平台、地方图书馆资源库、提供本地教育资源共享的各地市教育信息化公共服务平台、各校学习资源共享平台、地方档案馆数字化资源、展示地方文化等内容的地方科技信息共享平台、地方融媒体平台等。这些地方网络资源平台具有突出的思想性、新闻性、综合性、服务性等特征。为“大思政课”建设开放地方网络资源平台，既能为思政课的教学提供了丰富的学习内容和资源，又能节省新建网络平台所需的人力、物力、财力。

（二）结合学生特点，建好用好思政课教学资源“大平台”

青少年作为社会发展中最具活力和创造力的一部分人群，正处于人生发展阶段的认知活跃期，他们的好奇心强，求知欲旺盛，思维敏捷且具有较强的适应性，通常对新生事物表现出较强的兴趣和较高的接受度，能较快地理解和掌握新兴科技产品、流行文化、社交方式等，并乐于将其融入日常生活和学习中。在运用思政课教学资源“大平台”推进“大思政课”

建设过程中，要注意结合青少年的这些特征，建好用好资源“大平台”。2013年习近平总书记在全国宣传思想工作会议上强调：“要提高质量和水平，把握好时、度、效，增强吸引力和感染力，让群众爱听爱看、产生共鸣，充分发挥正面宣传鼓舞人、激励人的作用。”[①] 思政课网络资源“大平台”的搭建，创新了思政课教学内容的承载方式和传播形式，提高了教学内容的开放性、灵活性，动态性和趣味性，满足了学生“跨场域”的多样化学习需求，促进教师与学生、课内与课外、线上与线下、校内与校外实现有机互动，使教育对象从被动接受到主动选择，增强了教学亲和力，极大地增强了教育对象的体验感、获得感。同时，在网络资源学习平台中，教育对象不仅是教育产品的“消费者”，而且也是教育产品的制作者，他们可以生产、传播感兴趣的教育内容，不仅增强了教育对象学习的主动性，还优化了内化于心、外化于行的思想品德形成于发展过程。[②]

思政课网络教学资源“大平台”的使用对教育者和受教育者的关系产生着不可回避的影响。在运用网络资源平台时，教育者的主导地位、权威可能受到挑战，面临被削弱的“威胁”，教育者与受教育者之间的交往互动关系也可能发生变化，受教育者对教育者的依赖性可能降低。这需要教育者转变思想观念，正视现代技术带来的各种正、负面影响，调整好角色定位，协调好师生关系，围绕提升思政课的实效性而努力。

（三）总结吸收网络思政的经验，数字技术赋能资源“大平台”建设

1994年我国正式接入国际互联网，运用网络开展思想政治教育的网络思政应运而生。30年来，网络思政已经成为思想政治教育的重要形式，在创新平台载体、丰富教育内容、打造特色品牌栏目、开展线上线下融

① 习近平．习近平谈治国理政：第一卷[M]. 北京：外文出版社，2014:155.

② 陈万柏，张耀灿．思想政治教育学原理[M]. 北京：高等教育出版社，2015:101.

合教育、强化主客体互动交流、精准化推送教育信息、严格内容审核与管理、强化队伍建设与培训等方面取得了显著的成绩，积累了丰富的经验。搭建思政课教学资源“大平台”是网络思想政治教育的一种形式，要注意汲取网络思政30年的成功经验，遵循网络思政的基本规律和具体规律。在推进思政课网络资源“大平台”建设时，要聚焦年轻群体，把握青少年网民的心理特点、思维特征和阅读习惯，加强数字技术创新，灵活运用直播、短视频、动漫、Vlog等融媒体形式，实现优质思政内容的数字化生产、可视化呈现、互动化传播、差异化推送，持续放大思政正能量，做到精准滴灌、润物无声。要加强管理，要提高思政课教师开发、应用网络资源的能力。

四、加强师资队伍建设，建好思政课“大师资”

习近平指出，办好思政课关键在教师，“要让信仰坚定、学识渊博、理论功底深厚的教师来讲，让学生真心喜爱、终身受益”[①]。建好“大师资”是推进“大思政课”建设的重要保障，要以“政治要强、情怀要深、思维要新、视野要广、自律要严、人格要正”[②]为遵循，加强思政课师资队伍建设。

（一）多措并举，解决好思政课教师“量足”的问题

思政课教师“量足”的问题是推进“大思政课”建设首先应考虑的问题，“大师资”之“大”首先应体现在“量足”，没有思政课教师数量上的保证，“大师资”无从谈起，“大思政课”也缺乏推进的主体。解决好思政课教师“量足”的问题可以从六个方面入手：一是充实思政课专职教师数量。思政课专职教师是思政课程的主体力量，承担教学、研究、管理

① 习近平.思政课是落实立德树人根本任务的关键课程[J].求是，2020(17):4-16.

② 习近平.思政课是落实立德树人根本任务的关键课程[J].求是，2020(17):4-16.

等多项职责，充实思政课专职教师队伍是解决“量”足首先应考虑的，可通过加强引进力度和从校内相关专业、相关工作人员转岗来解决。二是从相关学科专业教师（如政治学、教育学、政治经济学、法学、社会学等）、党政管理人员、辅导员班主任等中遴选优秀人选组建兼职思政课教师队伍。三是创设“特聘教授”“客座讲师”等职位，选聘校外知名专家学者、先进模范人物、企事业单位党政领导、优秀校友、校外实践基地工作人员等作为思政课校外兼职教师，以举办学术讲座、专题讲座、指导社会实践等形式参与思政课教学，充实思政课教师队伍。① 四是加强师资共享与合作。推进区域间、校际师资资源共享，通过远程教育、同步课堂等方式，实现优质师资互聘、课程互选、资源共享，缓解师资紧张问题。五是注重家庭教育的基础作用。“父母是孩子的第一任教师，家庭是人生的第一课堂。”可以加强学校和家长的联系，发挥家庭、家教、家风的作用，实现家庭教育与学校思想政治教育的有效衔接。

（二）加强培养培训，解决好思政课教师“质优”的问题

高素质的师资队伍是“大思政课”建设的重要保障。思政课教师是思政课的主要承担者和实施者，他们负责传授思想政治理论知识，引导学生进行思想道德的教育和培养，培养学生的理论素养和思想品德。思政课教师的教学水平、思想政治素养和教育能力直接影响到思政课的质量和效果。解决思政课教师“质优”的问题可以从以下几个方面入手：一是引导思政课教师从思想上高度重视推进“大思政课”建设的重大战略意义。二是建立思政课教师的准入和退出机制，加强思政课教师的师德师风教育，严把思政课教师的政治关、师德关、业务关。三是加强对思政课和思政课教师

① 郑小明，张雪莹．统筹推进大中小学思政课一体化建设的三重维度 [J]. 四川轻化工大学学报（社会科学版），2023，38(03):86-100.

的管理，规范思政课教师的教学言行。四是建立思政课教师全员培训制度。具体而言，可定期举办各类研修班、工作坊，提升教师专业素养和教学能力；推行导师制，通过老带新、强带弱，加速新教师的成长；支持教师攻读相关专业硕士、博士学位，或参加国内外访学、进修，提升学术水平和国际视野。五是通过举办学段间检验活动加强各学段思政课教师的交流和沟通。各学段要履行各学段的任务，小学学段要奠定好基础，中学学段要成为纽带，大学学段是关键，要通过学段间的集体备课开展教学研究，明确各学段思政课的目标和任务，促进各学段思政课教师间的了解。

（三）突出关爱，解决好思政课教师“稳定”问题

思政课教师的积极性、主动性和创造性，不仅取决于思政课教师的政治素养、职业素养和人文素养，还取决于党和国家、各地各校以及全社会对思政课教师的关心和尊重。建好思政课“大师资”以推进“大思政课”建设，还应突出对思政课教师的关心和关爱，能让教师感受到职业的尊严与价值，增强职业认同，从而提升归属感、责任感、使命感，使思政课教师愿意长期致力于思政课教育事业。可以从以下几个方面入手：一是注重政策引导与制度保障。具体而言，要将思政课教师队伍建设纳入学校整体发展规划和考核指标，确保政策落地见效；要完善思政课教师职称评聘制度，设立专项晋升通道，鼓励和吸引优秀人才投身思政教育。二是支持职业发展。具体而言，可支持教师参加学术研讨会、专业培训、海外访学等，提升专业素养和教学能力；提供充足的科研经费和项目支持，鼓励思政课教师开展教学改革、科研项目；在各级各类教学竞赛中设立思政课专门赛道，为思政课教师提供展现机会。三是落实薪酬福利保障。例如，提高思政课教师的工资待遇，落实思政课教师专项津贴或补贴；提高待遇水平，增强职业吸引力。四是优化工作环境。改善思政课教师的教学条件，提供充足的办公空间、现代化的教学设备和丰富的教学资源；建立和谐的师生

关系，尊重教师的专业判断，保护教师的合法权益，营造尊师重教的校园文化。

五、强化保障措施，构建“大思政课”建设“大机制”

机制是指系统内各组成要素之间相互作用、相互影响的关系模式和运行规则。它既包含了组成系统的各部分之间的结构关系，也涵盖了各部分交互运作的方式。推进“大思政课”建设是一项系统工程，涉及方方面面，构建科学合理的机制具有规范有序、协同联动、激励约束、持续改进、保障稳定等重要作用，是提升“大思政课”建设质量和效果的重要手段。其中，组织管理机制、协同运行机制、考核评价机制是最重要的。

（一）构建“大思政课”建设的组织管理机制

《工作方案》提出了“拓展工作格局”“加强组织领导”的要求，推进“大思政课”建设应构建组织管理机制，“大思政课”建设的组织管理机制是指为确保思政课程建设的有效实施，从组织架构、职责分工、工作流程、监督评估等方面构建的一整套管理体系。科学合理的组织管理机制，能够明确思政课建设的目标、任务、责任主体、工作流程，确保各项工作的规范性和有序性，避免盲目性和随意性，提升思政课建设的效率和效果。

构建“大思政课”建设的组织管理机制要注意三个方面：第一，设立“大思政课”建设的领导机构与组织架构。建立由学校党委统一领导、相关部门参与的“大思政课”建设领导小组，负责“大思政课”建设的统筹规划、重大决策和协调推进；设立“大思政课”建设办公室或专门工作小组，作为日常工作的执行机构，负责具体工作的组织、协调、监督和落实。第二，要明确职责分工。明确“大思政课”建设领导小组、办公室、马克思主义学院、学生所在学院、教师、学生组织等各方的职责和任务，确保责任到人、任务到位。第三，要制定工作流程与制度规范。例如，制定“大思政课”

建设的工作流程，包括课程规划、教学设计、教学实施、效果评估、持续改进等环节的操作规范；建立和完善“大思政课”建设的相关制度，如“大思政课”管理办法、“大思政课”实践教学规范等，为各项工作提供制度保障。

（二）构建“大思政课”建设协同运行机制

“大思政课”的协同运行机制是指在“大思政课”建设过程中，通过整合各方资源，建立跨部门、跨学科、跨领域的协同工作机制，实现思政教育的系统化、一体化和高效化。“大思政课”建设的实施涉及“思政小课堂”的改革创新、“社会大课堂”的建立、教学资源“大平台”的构建、思政课“大师资”的建设等，构建协同运行机制，能够促进教育主管部门、学校、教师、学生、家长、社会等各方力量的协同联动，形成“大思政课”建设的合力，实现资源共享、优势互补，提升思政课建设的覆盖面和影响力。

构建“大思政课”建设协同运行机制要注意四个方面：第一，要树立大思政理念。“大思政”理念是对思想政治教育进行全面升级和创新的一种观念，是为了更好地适应新时代对人才培养的新要求，打破传统思政教育的局限，充分发挥各育人要素的作用，实现全员、全程、全方位育人，构建一个全员、全程、全方位、全息、全效的思政教育新格局，从而提升思政教育的实效性和影响力。“大思政”理念强调思政课教师、全校上下全员参与育人，强调课堂教学、日常生活、实践活动、网络空间全程覆盖，强调思想政治教育与专业教育、通识教育、创新创业教育等全方位渗透，强调教学方式全方位创新，强调学校、家庭、社会多方联动，从而“形成全党全社会努力办好思政课、教师认真讲好思政课、学生积极学好思政课的良好氛围”①。第二，建立校内多部门、跨学科协同机制。加强马克思

① 习近平 . 思政课是落实立德树人根本任务的关键课程 [J]. 求是，2020(17)：4–16.

主义学院与教务处、学工部（处）、团委、科研处、人事处等部门的沟通协调，确保思政课程建设与学校整体工作计划、教学改革、人才培养、科学研究、师资队伍建设等工作的协调一致。第三，建立跨学科协同机制。具体而言，应加强思政课与人文社科、自然科学、工程技术等学科的交流与合作，共同探讨思政课和专业课的教学内容、教学方法等问题，推动思政课与其他学科的交叉融合，实现思想政治教育与专业教育的深度融合。第四，建立跨领域协同机制。例如，加强与企事业单位、社区、社会组织等外部机构交流、沟通和合作，共建实践基地、开展社会实践活动、举办思政论坛等，实现思想政治教育与社会实际的深度融合；加强与学生家长、校友、社会人士等外部资源的沟通与合作，共同参与思政课的建设与改革，提高思政课的社会影响力和育人效果。

（三）构建“大思政课”建设考核评价机制

“大思政课”的评价考核机制是指对“大思政课”建设效果进行科学、公正、全面、客观评价的制度安排。考核评价机制在推进“大思政课”建设中起着至关重要的作用，是保障“大思政课”目标实现、提升教育质量、激发教学活力、赢得社会认同的重要支撑：通过设定明确的评价标准和指标，引导教师、学生及相关部门围绕国家教育方针、思政课教育教学目标开展教学活动，确保思政教育始终沿着正确的政治方向、价值取向和育人导向前进；科学合理的考核评价能够激发教师的教学热情和学生的学习积极性；定期、系统的评价能够反映出思政课教学的成效与不足，精准诊断教学过程中的问题，为教学改进提供依据；常态化的评估能及时发现并纠正偏离教育目标的行为，确保思政课教育教学的质量标准得到严格执行，保障思政教育的整体质量。公开透明的考核评价能够提高思政课教育教学的透明度和公信力，赢得社会对思政课的理解和支持，有助于增强社会对思政课的信任度和满意度。

构建“大思政课”建设考核评价机制要注意四个方面：第一，科学制定评价目标与标准。明确“大思政课”评价的目标，包括但不限于学生思想政治理论素养、道德品质、社会责任感、创新精神、实践能力等方面；制定科学、全面、可操作的评价标准，包括课程内容、教学方法、教学效果、教师素质、教学资源、教学管理等方面的具体指标。第二，合理选择评价主体与方式。建立学校、教师、学生、家长、社会等多方参与的多元化评价主体，形成自评、互评、他评相结合的评价体系；采用过程评价、结果评价、定量评价、定性评价、自我评价、他人评价、第三方评价等多种评价方式，确保评价的全面性和客观性。在评价时应注意规避上级评价只“评”不“教”（沟通评价结果，指导教师改善）、同行评价“看情面”“走过场”、学生评价“看要求”（要求严格的老师学生评价低、要求宽松的老师学生评价高）的情况。第三，合理设置评价程序与周期。明确地制定包括评价准备、评价实施、评价结果反馈、评价结果应用等环节的评价程序，确保评价工作的规范性和透明度；确定合理的评价周期，既可以进行学期评价、学年评价，也可以进行周期性评价、专项评价，确保评价的及时性和连续性。第四，公平确定评价对象。这意味着不仅要评价思政课教师教学情况和学生的学习情况，还应对教育主管部门、学校、社会进行评价。第五，充分发挥评价结果的作用。具体而言，将评价结果切实作为思政课教师课时津贴、绩效考核、职称晋升、评奖评优等的基本依据，避免思政课教师上得好上得不好一个样；将学生实际掌握马克思主义理论的情况（在统考的情况下，学生考试成绩更高的教师评价结果应该更高）作为评价的标准之一，避免学生学得好学得不好与老师无关的状况；将评价结果作为改进“大思政课”建设的重要依据，通过评价反馈，找出工作中的问题和不足，提出改进措施和建议。

第十二章

新时代思想政治理论课高质量发展的保障评价体系

完善的保障体系是实现新时代思政课高质量发展的坚实基础，科学合理的考核评价是实现新时代思政课高质量发展的强大引擎。构建新时代思政课高质量发展的保障和评价体系具有十分重要的作用。

第一节　新时代思想政治理论课高质量发展的保障体系

新时代思想政治理论课高质量发展保障体系，是指为促进思政课教学的有效开展、教学质量的不断提升、教学目标的顺利实现，统筹思政课建设各要素，整合各类资源，构建的思政课建设和发展的支持系统。完善的保障体系为新时代思政课高质量发展提供坚实的思想和物质基础。保障体系具有鲜明的系统性特征，涵盖组织领导、政策制定、教学管理、教学改革、资源供给、师资建设、评价监督等多个相互关联、相互作用的要素：组织领导把准高质量发展方向，政策支持明确高质量发展目标，教学管理保证有序运行，教学改革提供动力，资源供给提供物质基础，师资队伍是高质量发展的关键，评价监督确保高质量发展符合标准。

一、坚持党的全面领导，确保高质量发展正确的政治方向

（一）坚持党对思政课高质量发展的全面领导

中国共产党是领导我们事业的核心力量。中国人民和中华民族之所以能够取得革命、建设、改革开放和新时代中国特色社会主义建设实践的伟大成就，最根本的是有中国共产党的坚强领导。习近平总书记在主持十八届中共中央政治局第一次集体学习时强调，“党政军民学，东西南北中，党是领导一切的”。2021 年 11 月 11 日，《中共中央关于党的百年奋斗重大成就和历史经验的决议》，系统总结习近平新时代中国特色社会主义思想核心内涵，将党的领导置于“十个明确”的首位，提出：“必须坚持党的全面领导特别是党中央集中统一领导，坚持民主集中制，确保党始终总揽全局、协调各方。”①

教育是国之大计、党之大计。习近平总书记在 2018 年 9 月召开的全国教育大会上提出了坚持党对教育事业的全面领导、坚持把立德树人作为根本任务、坚持社会主义办学方向、坚持扎根中国大地办教育等“九个坚持”重要论述，深刻而系统地回答了新时代社会主义教育发展的根本问题，为办好人民满意的教育指明了前进方向。我们的教育事业是党领导下的教育事业，是中国特色社会主义教育事业；我们的学校是党领导下的学校，是中国特色社会主义学校。坚持党对教育事业的领导、扎根中国大地办教育是我们必须坚持的根本原则。坚持党对新时代思政课高质量发展的领导具有十分重要的作用：可以确保思政课的教育方向与党的基本理论、基本路线、基本方略保持一致，有利于引导学生树立正确的政治立场；可以确保党的教育方针在思政课中得到全面落实，聚焦立德树人根本任务，培养德智体美劳全面发展的社会主义建设者和接班人；有利于抵御错误思潮的影响，巩固马克思主义在

① 中共中央关于党的百年奋斗重大成就和历史经验的决议 [M]. 北京：人民出版社，2021.

意识形态领域的指导地位，确保意识形态阵地的安全；可以确保课程内容与时俱进，与中国的国情和实践相结合，增强思政教育的时效性和说服力；可以通过统筹规划、整合资源，加大对思政课的支持力度，改善教学条件，加强师资队伍建设，提高思政课的教学质量和育人效果；有助于培养对党忠诚、勇于担当、清正廉洁的社会主义建设者和接班人。

坚持党对思政课高质量发展的领导，要做到：各级党委高度重视思政课建设，将其纳入教育事业整体布局，制定相应的政策法规和规划方案，明确思政课在学校教育中的首要位置；要把党的领导融入推进思政课高质量发展的各个环节，强化政治引领，切实做到党的思想、理论、路线、方针、政策的“三进”，确保思政课始终成为党领导的思想政治教育的坚强阵地，确保我们的教育能培养出更多更好的中国特色社会主义建设者和接班人；要完善制度建设，建立健全党对思政课的领导机制，包括决策机制、监督机制、考核机制等，定期研究思政课建设的重大问题，加强对思政课教学效果的评估和反馈；要坚持“党管人才”，加强思政课教师队伍的政治建设和师德师风建设，选拔和培养一批政治立场坚定、理论功底扎实、教学能力强的思政课教师，确保思政课教师在讲授过程中能够正确传递党的声音和主张；要充分发挥各级党组织的战斗堡垒作用，整合校内外资源，搭建丰富的实践教学平台，让思政课走出课堂，走进社会，走进生活，实现知行合一；要通过媒体宣传、典型塑造等方式，大力宣传思政课的重要性，营造全社会关心和支持思政课建设的良好氛围；要强化督导考核，将思政课建设成效纳入对各级党组织和学校领导班子的考核内容，督促各级教育行政部门和学校切实履行主体责任，确保思政课建设的各项任务落到实处。

（二）强化制度建设对思政课高质量发展的政策引领

坚持党的领导，还应进一步完善制度建设，强化高质量发展政策引领。完善的制度建设对新时代思政课高质量发展起着政策引领作用。党的十八大以来，以习近平同志为核心的党中央高度重视思政课建设，出台了一系列有关思政课建设和发展的政策文件：《关于深化新时代学校思想政治理论课改革创新的若干意见》明确了思政课在落实立德树人根本任务中的关键地位，全面系统地阐述了新时代思政课改革创新的指导思想、基本原则和主要任务，为思政课的改革与发展提供了根本遵循。《关于加强新时代马克思主义学院建设的意见》进一步聚焦马克思主义学院在思政课建设中的关键作用，强调马克思主义学院要成为思政课教学的主阵地，要加强马克思主义理论学科建设，发挥学科引领作用，推动思政课教学的高质量发展。这些政策文件的出台，为思政课高质量发展提供了明确的方向指引和坚实的政策保障，有力地推动了思政课的改革与发展。

二、深化教学改革，为高质量发展提供动力源泉

教学改革创新是新时代思政课高质量发展的核心动力。思政课教学应紧跟时代步伐，适应学生需求，不断探索新的教学理念、方法和手段，提高教学的针对性和实效性，推进思政课高质量发展。

（一）以新发展理念引领思政课教学改革创新

党的十八大以来，为推动高质量发展，以习近平同志为核心的党中央高度重视发展理念的重要性，指出："发展理念是发展行动的先导，是管全局、管根本、管方向、管长远的东西，是发展思路、发展方向、发展着力点的集中体现。"[①]2015 年 10 月，习近平总书记在党的十八届五中全会上的讲话明确提出了"创新、协调、绿色、开放、共享"的新发展理念，

① 习近平：关于《中共中央关于制定国民经济和社会发展第十三个五年规划的建议》的说明 [EB/OL].https://www.xinhuanet.com/politics/2015-11/03/c_1117029621_2.html.

对破解发展难题、增强发展动力、厚植发展优势具有重大指导意义。深化教学改革，推进思政课高质量发展要以新发展理念为引领。

创新是推动思政课高质量发展的动力源泉。要探索采用多样化的教学方法，激发学生的学习兴趣和主动性；要紧跟时代发展的步伐，及时将党的最新理论成果、国家的重大方针政策等融入教学中，增强思政课教学的时代性和鲜活性；要充分利用现代信息技术，拓展教学渠道，提高教学效果。首先，协调发展是思政课高质量发展的有力支撑。因此，要处理好思政课高质量发展中的各种关系。例如，要协调好思政课与其他课程的关系，既要发挥思政课的主渠道作用，也要充分挖掘其他课程的思政元素，将思政教育融入专业课程教学，实现课程思政与思政课程的同向同行；要整合社会资源，发挥社会、家庭和学校的作用，形成协同育人的“大思政”格局；要协调好教师与学生的关系，充分发挥思政课教师的主导作用，尊重学生的主体地位。其次，绿色发展理念赋予思政课高质量发展新的使命。绿色发展理念强调人与自然的和谐共生，要将绿色发展融入思政课教学，培养学生的生态文明意识和社会责任感；要营造良好的教学生态，为学生的成长成才提供良好的环境。再次，开放发展理念拓宽了思政课高质量发展的格局。因此，要坚持“开门办思政课”，充分利用社会资源，丰富教学内容，壮大师资队伍；要加强国际国内教学交流与合作，借鉴先进的教学经验和教学方法，提高思政课教学水平。最后，共享发展理念升华了思政课高质量发展的价值。具体而言，可通过建立教学资源共享平台，实现优质教学资源的共享，让更多的学生受益；共享发展理念也要求教师之间加强交流与合作，共同探讨教学问题，分享教学经验，提高教学质量。

总之，创新、协调、绿色、开放、共享的发展理念为新时代思政课高质量发展提供了重要的理论指导和实践路径。我们要深入贯彻新发展理念，不断深化思政课教学改革，推动新时代思政课高质量发展。

（二）构建高质量发展教学体系

教学体系是一个复杂而多元的系统，包括课程目标、课程设置、教学内容、教学方法、教学手段、考核方式等多个元素。科学合理的教学体系是提高教学质量、实现教学目标的保障。构建思政课高质量发展的教学体系，要关注以下几个方面的问题。

第一，制定科学合理的教学目标。思政课是落实立德树人根本任务的关键课程。要围绕“培养德智体美劳全面发展的社会主义建设者和接班人”这一根本任务，科学制定各学段思政课教学目标：小学阶段重在培养学生具有做社会主义建设者和接班人的道德情感，初中阶段重在强化学生做社会主义建设者和接班人的思想基础，高中阶段重在形成学生做社会主义建设者和接班人的政治认同，大学阶段重在增强学生争做社会主义合格建设者和可靠接班人的使命担当。①

第二，完善课程设置、整合优化教学内容。完善的课程设置和教学内容的优化是构建高质量教学体系的基础。要根据各学段思政课教学目标构建相应学段的思政课课程体系，以实现教学目标，体现教学内容的系统性和逻辑性；要注重课程之间的衔接与融合，避免内容的重复和脱节。

第三，加强教材建设。思政课教材建设是一项系统性、整体性工程，既要遵循教材建设的一般要求，更要体现思政课教材的特殊规范。要以马工程重点教材编写为抓手，统一组织、统一编写、统一审查、统一使用，体现教材的科学性、统一性和规范性；要注重把党的创新理论及时融入思政课、注重理论与实践相结合，增强教材的政治性、时代性、可读性和吸引力；要建立大中小学思政课一体化教材建设机制，提升教材的针对性和实效性；要做好思政课教材使用培训工作，帮助思政课教师精准把握教材

---

① 中央宣传部 教育部关于印发《新时代学校思想政治理论课改革创新实施方案》的通知 [J]. 中华人民共和国国务院公报，2021(09).

的指导思想、基本精神、核心内容、修订重点和难点等，切实用好新教材。

第四，探索创新教学方法。教学方法创新是提高思政课教学质量的重要手段。传统的思政课教学方法以讲授为主，学生参与度较低，教学效果不佳。因此，应积极采用多样化的教学方法，激发学生的学习兴趣和主动性。在传统的案例式教学、专题式教学、灌输式教学模式的基础上，思政课教师要积极开展体验式教学、研讨式教学、分众式教学等，利用现代网络信息技术建设智慧课堂。要坚持以学生为中心，以学生的需求为导向，积极运用小组研学、情景展示、课题研讨、课堂辩论等方式组织课堂实践，开展丰富多样的教学活动，活跃课堂氛围，以充分调动学生学习的积极性和主动性。①

第五，构建思政课教学质量监控体系。全面、系统、完善的教学质量监控体系是确保思政课教学达到预期目标的重要保障机制。要根据思政课的特殊性建立多维度评价指标，建立包括校院领导、系室同行、专家学者、第三方机构等多主体参与的听课制度和评教制度；要建立有效的信息反馈渠道，及时将教学质量监控结果及改进建议反馈给相关责任人，帮助教师根据反馈不断优化教学方案；要利用现代信息技术手段加强对教学质量监控结构的分析，识别教学中的优势与不足，制定相应的改进措施和发展计划。

第六，实施科学合理的课程考核评价。科学合理的课程考核评价方式不仅能客观公正地检验教学效果，还能激发学生学习的积极性和主动性。当前，由于思政课考核存在着考核形式单一、考核标准不合理、考核过程形式化等问题，因此，改革课程考核评价方式十分重要。具体而言，要拓展考核范围，不仅关注学生的知识掌握情况，还注重对学生的思维能力、创新能力、实践能力等综合素质的培养；要优化知识考核、能力考核、素

① 肖贵清. 新时代高校思想政治理论课的高质量发展 [J]. 吉首大学学报（社会科学版），2024，45(03):13-19.

质考核等要素，构建多元化的考核评价体系，提高考核的全面性和客观性；要引入发展性评价、表现性评价等新的评价理念和评价方式，注重对学生的发展过程进行评价，关注学生的进步和成长；要利用在线教学平台，通过发布学习任务、作业、测试等，及时了解学生的学习情况，增强考核的时效性和易操作性。

三、加强教学研究和科学研究，夯实高质量发展理论基础

教学和科研是相辅相成相互促进的，科研带动教学、教学促进科研。科研使教学内容更加新颖、丰富和具有深度，教学为科研提供灵感和问题来源。习近平总书记指出："讲好思政课不仅有'术'，也有'学'，更有'道'。思政课的政治性、思想性、学术性、专业性是紧密联系在一起的，其学术深度广度和学术含金量不亚于任何一门哲学社会科学！"[①] 推进思政课高质量发展，必须正确处理教学和科研的关系，加强思政课教学研究和科学研究，增强思政课高质量发展理论支撑。

（一）深化马克思主义理论研究

学科支撑是新时代思政课高质量发展的重要基础。马克思主义是我们立党立国的根本指导思想。习近平总书记指出："历史和人民选择马克思主义是完全正确的，中国共产党把马克思主义写在自己的旗帜上是完全正确的，坚持马克思主义基本原理同中国具体实际相结合、不断推进马克思主义中国化时代化是完全正确的！"[②] 马克思主义是我们认识和改造世界的强大思想武器，是我国社会主义教育最鲜亮的底色，是我国教育改革发

① 习近平 . 思政课是落实立德树人根本任务的关键课程 [J]. 求是，2020(17)：4–16.

② 纪念马克思诞辰 200 周年大会在京举行：习近平发表重要讲话 [N]. 人民日报，20118–05–05(01).

展的旗帜和灵魂，是思政课的核心学科支撑。

深化马克思主义理论研究对新时代思政课高质量发展具有十分重大的意义。第一，提供强大理论支撑。马克思主义理论揭示了自然界、人类社会和人类思维发展的普遍规律，是科学的世界观和方法论。思政课的本质是讲好马克思主义理论大道理，只有不断深化马克思主义理论研究，才能更准确、更深入地理解马克思主义理论，从而在思政课中讲深、讲透、讲活，让学生真正掌握马克思主义的精髓。第二，更好回应时代发展之需。马克思主义具有与时俱进的理论品质。在新的时代条件下，深化马克思主义理论研究能推动马克思主义理论不断创新发展，形成符合时代要求的新思想、新论断，帮助我们更好地运用马克思主义的立场、观点和方法来分析和解决现实问题，使思政课能够紧密结合时代脉搏，为思政课注入新的活力和内容，使思政课始终保持时代性和先进性。第三，提高教学质量。深化对马克思主义理论的研究，有助于教师提升自身的理论水平和专业素养，使教师能够更好地把握思政课的教学内容和教学方法，以深厚的理论功底讲好马克思主义理论大道理，增强思政课的说服力和感染力，提高教学质量。第四，增强学生的认同感。通过深化对马克思主义理论的研究并在思政课中有效传播马克思主义，能让学生深刻认识到马克思主义在指导中国革命、建设和改革中的重要作用，从而增强对中国特色社会主义的政治认同、思想认同、理论认同和情感认同，坚定学生的“四个自信”。

深化马克思主义理论研究，要做到以下几点：首先，要深入研究马克思主义经典著作。马克思主义经典著作蕴含着丰富的思想内涵和理论精髓，是思政课教学的重要内容来源。要深入研读马克思主义经典著作，深刻领会其中的精神实质，将经典著作中的理论观点与现实问题相结合，运用到思政课教学中，提高教学的理论深度和思想性。其次，要及时将马克思主义中国化时代化最新成果融入思政课教学。马克思主义中国化时代化最新成果是对马克思主义的继承和发展，是指导中国特色社会主义建设的行动指南。思政课应紧跟时代步伐，及时将最新成果纳入教学内容，让学生了解党和国家的最新理论和政策，增强学生对中国特色社会主义的道路自信、理论自信、制度自信、文化自信。第三，要深入研究思政课教学改革创新。学术研究可以帮助教师深入探索思政课教学中的理论和实践问题，提高教师的学术水平和教学能力。教师应结合教学实际，关注学科前沿动态，围绕思政课教学方法、教学模式、教学评价等开展有针对性的学术研究，为思政课教学改革提供理论支持和实践经验。同时，教师还应积极参与学术交流活动，与同行分享研究成果，拓宽研究视野，提高学术影响力。通过学术研究，教师可以不断丰富自己的知识储备，提升自己的教学水平，为思政课教学提供更加坚实的理论支撑。

（二）促进学科融合

思政课的学科支撑不仅包括马克思主义理论学科，还包括其他相关学科的协同支撑。通过增强理论支撑和促进学科融合，能为思政课提供更加坚实的学科基础，提升思政课的学术含量和教学质量。

思政课与哲学、经济学、政治学、法学、历史学、社会学等学科密切相关，这些学科的知识和方法可以为思政课教学提供丰富的理论和多元的视角。推动思政课与其他学科的融合，是丰富思政课教学内容、提高思政课教学质量的重要途径：通过与其他学科的融合，思政课可以引入历史学、哲学、社会学、心理学等更多元的知识和视角，不仅能够使教学内容更加丰富多彩，还能帮助学生从多个角度理解复杂的社会现象和思想理论，增强课程的吸引力；学科融合有助于将抽象的理论知识与具体的实践案例结合起来，让学生在实践中学习理论，在理论指导下解决实际问题，引导学生从不同学科的角度思考问题，培养学生的综合思维能力和创新能力；跨学科的学习方式鼓励学生运用多学科的知识和方法来思考和解决问题，有利于培养他们的批判性思维、创新能力和社会责任感；学科融合要求教师不仅要精通本专业的知识，还要了解相关领域的最新研究成果和发展动态。这对于促进教师的专业成长和个人发展非常有利，为构建一支高水平的思政课教师队伍奠定了基础；学科融合促使思政课采用更加灵活多样的教学方法和技术手段，能够激发学生的学习兴趣，提高课堂参与度，从而达到更好的教学效果；学科融合有助于打破学科壁垒，形成全员全程全方位育人的“大思政”工作格局，共同营造良好的育人环境。

四、整合思政课教学资源，构建高质量发展协同机制

思政课肩负着培养中国特色社会主义建设者和接班人的重要使命，推进新时代思政课高质量发展，需要思政课建设者的努力，更需要整合社会各方面资源，形成全社会共同努力、协同育人的良好工作局面。

思政课教学资源是一个广泛的概念，涵盖了对思政课教学和育人具有价值的各类资源。从教学资源的属性可分为物质资源和文化资源。物质资源包括思政课建设经费、教学场地和设备设施、实践教学基地、专兼职教师队伍等，是保证思政课教学顺利开展的最基础部分；文化资源包括以天人合一的和谐精神、自强不息的进取精神、民为邦本的民本思想、止于至善的崇高追求等为重要内涵的中华优秀传统文化，以马克思主义为指导、中国共产党领导人民在追求民族解放、国家富强和人民幸福的过程中培育、积累和创造的思想理论、价值追求、精神品格等革命文化，以马克思主义为指导，以社会主义核心价值观为灵魂，充分展现面向现代化、面向世界、面向未来优秀品质的社会主义先进文化，文化资源既是思政课的教学内容，也是思政课教学的宝贵素材。从教学资源的场域可分为校内资源和校外资源（社会资源）。校内资源是思政课教学的根本保障，校外资源（社会资源）是思政课教学的有益补充。校外资源（社会资源）具有时效性和现实性，能够使思政课教学更加贴近社会实际，引发学生的兴趣和思考。从教学资源的载体可分为网络资源和非网络资源。随着信息时代的快速发展，网络

资源的作用越来越重要，对思政课教学的影响也越来越大。

整合社会资源、构建思政课高质量发展协同机制，是破解思政课发展困境、提升思政课质量的关键举措。社会资源具有丰富性、多样性和真实性等特点，涵盖了社会生活的各个方面，为思政课教学提供了生动鲜活的素材，能够使思政课教学内容更加贴近社会实际、贴近学生生活，增强思政课的针对性和实效性。通过构建协同机制，打破学校与社会之间的壁垒，实现学校、家庭、社会等多元主体在思政课建设中的协同合作，可以形成全方位、全过程、全员育人的良好局面。

（一）政府层面：强化政策支持和引导，搭建资源共享平台

政府在整合社会资源、构建思政课高质量发展协同机制中扮演着关键角色，其政策支持与引导作用至关重要。

第一，制定政策。政府应出台一系列鼓励社会资源参与思政课建设的政策，为思政课高质量发展提供坚实的政策保障。合理配置教育资源，优先保障思政课的师资配备、课程设置、实践教学等，确保思政课在课程体系中的核心地位；对积极参与思政课建设的企业和社会组织，向学校捐赠思政教育相关设备、图书资料的企业和组织，开展思政教育公益活动的社会组织，和学校共建思政课实践教学基地的企业和社会组织，政府可制定相关税收优惠政策，减免企业或社会组织的所得税、营业税，降低社会资源参与思政课建设的成本，提高其积极性；对企业与学校联合开发的思政教育课程或教材给予资金补贴，鼓励企业将自身的实践经验和行业资源融入思政教育中。

第二，落实经费。要增加对思政课建设的财政投入，确保思政课教师的薪酬待遇、教学设施、教材研发、科研项目等方面得到充分保障；要加大对思政课实践教学的支持力度，如提供实践教学基地建设、实践活动组织、实践成果展示等的资金支持；建立思政课建设经费使用的监管机制，确保资金的使用符合思政课建设的目标和要求，避免滥用和浪费。

第三，搭建平台。为了促进社会资源与学校的有效对接，实现资源的高效配置和共享，政府应积极搭建社会资源与学校对接的平台，为社会资源参与思政课建设提供便捷的渠道。政府组建综合性的思政教育资源共享网站或APP，在平台上发布各类社会资源的信息，包括爱国主义教育基地、红色文化遗址、企业实践基地、专家学者信息等。学校可以根据自身的教学需求，在平台上查找合适的资源，并与资源提供方进行沟通和合作。同时，平台也应设置学校需求发布板块，学校可以将自己在思政课教学中需要的资源和服务信息发布在平台上，社会资源提供方根据学校需求，主动与学校进行对接；政府可以利用平台对各类社会资源进行分类整理和整合，建立资源数据库。对红色文化资源进行整合，将各地的红色文化遗址、纪念馆、红色故事等进行系统梳理，形成红色文化资源库；对企业实践资源进行整合，将不同行业、不同类型企业的生产流程、企业文化、社会责任等信息进行汇总，建立企业实践资源库。此外，政府还可以通过举办资源对接会、研讨会等活动，加强学校与社会资源提供方的沟通和交流；定期组织学校和爱国主义教育基地、企业等召开资源对接会，让双方在现场进行交流和洽谈，促进合作项目的达成；举办思政课建设研讨会，邀请专家学者、学校教师、社会资源代表等共同探讨思政课建设的新方法、新路径，推动社会资源更好地融入思政课教学中 。

（二）学校层面：加强顶层设计，建立协同合作机制

学校要按照党和国家的要求落实思政课建设经费；设立思政课建设专项基金，用于支持思政课教学改革、师资队伍建设、教学资源开发等关键环节；建立思政课教师队伍的培养机制，如设立思政课教师培养计划、提高思政课教师的招聘待遇、拓宽思政课教师的引进渠道等，吸引优秀人才从事思政课教学；加强思政课教学设施的建设，如建设思政课专用教室、实验室、实训基地等，为思政课教学提供良好的硬件环境。

学校应充分认识到整合社会资源对思政课高质量发展的重要性，加强顶层设计，将构建思政课校—社协同育人机制列入思政课建设发展规划；成立专门的领导小组，由学校主要负责人任组长，成员包括思政课教学部门负责人、各学院分管教学和学生工作的负责人、教务处、人事处、财务处等相关职能部门负责人。领导小组负责统筹协调学校整合社会资源的各项工作。学校还应制定详细的实施方案，明确各部门在整合社会资源过程中的职责和任务：思政课教学部门负责具体的教学资源整合和教学活动组织；教务处负责教学计划的调整和教学资源的统筹安排，确保社会资源能够顺利融入思政课教学体系中；各学院负责组织学生参与实践活动，加强对学生的指导和管理；财务处负责经费的预算和落实。通过明确各部门的职责，形成协同合作的工作格局，确保整合社会资源的工作能够有序推进。

学校应积极与社会主体建立紧密的协同合作关系，实现全方位的协同合作。为了保障协同合作机制的有效运行，学校应建立相应的保障措施：建立健全沟通协调机制，定期召开合作双方的沟通会议，及时解决合作过程中出现的问题；建立资源共享机制，实现学校与社会主体之间的教学资源、科研资源、实践资源等的共享；建立激励机制，对在协同合作中表现突出的教师和学生给予表彰和奖励，激发他们参与协同合作的积极性和主动性。学校还应高度重视教师整合社会资源能力的提升，通过多种方式加强教师培训，提高教师将社会资源运用到教学中的能力。

（三）社会层面：积极主动参与，营造良好社会氛围

“当前形势下，办好思政课，要放在世界百年未有之大变局、党和国家事业发展全局中来看待，要从坚持和发展中国特色社会主义、建设社会主义现代化强国、实现中华民族伟大复兴的高度来对待。”[①] 可见，企业、

① 习近平．思政课是落实立德树人根本任务的关键课程 [J]. 求是，2020(17)：4-16.

社会组织、文化机构等社会力量充分发挥其在资源方面的独特优势，主动参与思政课建设对办好思政课是非常重要的。

社会力量为思政课实践教学提供支持。企事业单位、社会团体、个人等社会力量参与思政课建设，通过捐赠、赞助、合作等方式，为思政课建设提供资金支持；基层组织、企事业单位、社会团体根据自身特点与学校共建共享具有特色的思政课实践教学基地，丰富思政课教学资源。企业作为市场经济的主体，拥有丰富的实践资源和专业知识，能够为思政课教学提供真实的案例和实践机会；社会组织具有专业性、灵活性和创新性等特点，能够为思政课教学提供多样化的服务和支持，通过组织学生参与社区服务、环保行动等，培养学生的社会责任感和奉献精神；文化机构作为文化传承和创新的重要载体，拥有丰富的文化资源和专业人才，能够为思政课教学提供深厚的文化底蕴和专业的指导。

大众传媒通过宣传引导，营造全社会重视思政课、支持思政教育的良好氛围。大众媒体应充分发挥其传播优势，加大对思政课重要性的宣传力度。电视、广播、报纸、网络等媒体可以开设专题节目、专栏，深入报道思政课教学改革的成果、优秀思政课教师的事迹以及学生在思政课学习中的收获和成长。通过这些报道，让社会各界更加了解思政课的价值和作用，提高对思政课的关注度和重视程度。

社会各界加强自身思想政治教育，营造良好的育人环境。企业可以在内部开展思政教育活动，培养员工的职业道德和社会责任感，为学生树立榜样；社区可以组织开展各类思政教育活动，如道德模范评选、文明社区创建等，让学生在参与社区活动的过程中，受到潜移默化的教育。此外，还可以通过举办各类文化活动、主题展览等形式，传播正能量，弘扬社会主义核心价值观。

五、加强教师队伍建设，夯实高质量发展师资基础

教师是立教之本、兴教之源，思政课教师更是思政课教学的关键因素。

打造一支政治强、情怀深、思维新、视野广、自律严、人格正的思政课教师队伍，是新时代思政课高质量发展的重要保障。

（一）培育“经师”与“人师”

思政课教师是知识的传播者，更是学生心灵的塑造者。思政课教师既要有扎实的专业知识，成为“经师”，又要有高尚的道德情操，成为涵养学生品德的“人师”。“讲思想政治理论课，要让信仰坚定、学识渊博、理论功底深厚的教师来讲，让学生真心喜爱、终身受益。”[①]这就要求思政课教师要不断提升自身的政治素养和师德修养，深入学习习近平新时代中国特色社会主义思想，坚定理想信念，增强“四个意识”、坚定“四个自信”、做到“两个维护”。要牢记立德树人根本任务，以高尚的道德情操和人格魅力感染学生，引导学生树立正确的世界观、人生观、价值观。同时，思政课教师还要不断提高自己的专业水平，深入研究马克思主义理论，关注学科前沿动态，丰富教学内容，创新教学方法，提高教学质量，做到“经师”与“人师”的有机统一。

（二）完善教师培养与发展机制

培养“经师”与“人师”相结合的思政课教师，要从提升专业素养和加强师德师风建设两个方面入手，通过开展教师培训、鼓励学术研究、加强师德师风教育和建立监督机制等措施来实现。

构建全流程、全覆盖的教师能力培养体系是提升思政课教师队伍质量的重要举措。要加强思政课教师的岗前培训，帮助新入职教师尽快熟悉教学工作，掌握教学方法和技能。建立健全教师培训制度，定期组织教师参

① 习近平在全国高校思想政治工作会议上强调：把思想政治工作贯穿教育教学全过程 开创我国高等教育事业发展新局面 [N]. 人民日报，2016-12-09(01).

加各类培训、研修和学术交流活动，拓宽教师的视野，提升教师的专业素养和教学能力。同时，要注重教师的实践锻炼，鼓励教师深入基层、深入社会，了解国情、社情、民情，丰富教学素材，提高教学的针对性和实效性。此外，还要建立教师发展激励机制，对在教学、科研和育人等方面表现突出的教师给予表彰和奖励，激发教师的积极性和创造性，促进教师的专业成长和发展。学术研究是提升教师专业素养的重要途径。鼓励教师积极参与学术研究，深入探索马克思主义理论的内涵和外延，能够为教学提供坚实的理论支撑。思政课教师围绕思政课教学中的重点、难点问题，开展深入研究，不仅丰富了思政课的教学内容，也提升了教师的学术水平和专业素养。师德师风建设是培养高素质思政课教师的重要内容。通过开展师德师风教育活动，引导教师树立正确的教育观、价值观和职业道德观，能够增强教师的责任感和使命感，更加注重自身的品德修养，努力做到言传身教，以高尚的道德品质和人格魅力感染学生。建立健全师德师风监督机制，对教师的师德表现进行定期考核和评价，能够确保教师始终坚守职业道德底线。一些学校建立了师德师风考核制度，将师德表现纳入教师的年度考核和职称评定体系。通过学生评价、同事互评、领导评价等多种方式，全面了解教师的师德表现。对于师德表现优秀的教师，给予表彰和奖励；对于师德失范的教师，进行严肃处理，形成良好的师德师风建设氛围。

（三）完善教师发展保障体系

完善教师发展保障体系是促进思政课教师专业成长、推动新时代思政课高质量发展的关键举措。从政策支持、职业发展和激励机制等多个维度构建保障体系，能够为思政课教师提供全方位的支持，激发教师的工作积极性与创造性，进而提升教师队伍的整体素质。

政策支持是教师发展保障体系的重要基石。政府及教育部门应出台一系列有利于思政课教师发展的政策文件，为教师的教学、科研及职业发展提供明确的政策依据和有力支持。例如，加大对思政课教师培训的资金投入，制定系统的培训计划和课程体系，为教师创造更多学习与提升的机会。

搭建多元化的职业发展平台对思政课教师至关重要。一方面，要建立健全科学合理的教师职称评定制度，充分考虑思政课教师的教学特点和工作实际，避免单纯以科研成果作为评定标准。在职称评定中，将教学质量、教学改革成果、学生评价等纳入重要评定指标，提高其在评定体系中的占比。同时，注重考量教师的师德表现和社会服务贡献，为思政课教师营造公平公正的职业发展环境。另一方面，学校应加强对思政课教师的职业发展规划指导，组织专家为教师开展职业发展规划培训，依据教师的个人特点和专业背景，制定个性化的职业发展规划。对于年轻教师，鼓励他们在教学实践中积累经验，提升教学能力，同时积极参与科研项目，为未来的职业发展奠定基础；对于经验丰富的教师，支持他们开展教学改革与创新，形成独特的教学特色和教学风格，在学科建设和团队建设中发挥更大作用。

激励机制是激发教师工作积极性和创造性的重要手段。首先，要建立合理的薪酬待遇体系，提高思政课教师的工资和福利待遇，确保教师的付出得到相应的回报。例如，部分高校在薪酬体系设计中对思政课教师给予倾斜，设立专项补贴，提高岗位津贴和绩效工资，并在住房、子女教育等方面为教师提供优惠政策，解决教师的后顾之忧，使其能够全身心投入教学和科研工作。其次，设立教学科研奖励制度，对在教学和科研工作中取得突出成绩的教师进行表彰和奖励。例如，设立思政课教学优秀奖、科研成果奖等奖项，每年对表现优秀的教师进行表彰，通过奖励机制激发教师的工作热情和创新精神，促进教师在教学和科研方面不断进步。

完善教师发展保障体系需要政策支持、职业发展平台搭建和激励机制的协同作用。因此，应加大政策支持力度，为教师营造良好的发展环境；搭建多元化的职业发展平台，助力教师实现职业目标；建立合理的激励机制，激发教师的工作积极性和创造性，从而打造一支高素质、专业化的思政课教师队伍，为新时代思政课的高质量发展提供坚实的人才保障。

第二节　新时代思想政治理论课建设的评价体系

评价是指按照一定的标准，采用科学的方法，对事物或对象的价值、性能、质量、效果等进行综合评估和判断的过程。评价体系是由评价指标、评价方法、评价主体、评价客体以及评价结果的反馈和运用等要素构成的有机整体。构建科学合理的评价体系是思政课高质量发展不可缺少的重要组成部分。

一、新时代思政课建设评价体系的功能

按照一定的标准对思政课建设进行评价主要是解决思政课做得怎么样的问题。党的十八大以来，党和国家不仅重视思政课的建设工作，也十分重视对建设工作进行科学合理的评价，先后制定完善了“高等学校思想政治理论课建设标准”2015 年版和 2021 年版、“高等学校马克思主义学院建设标准”2017 年版、2019 年版和 2023 年版，“建设标准”的颁布对加强思政课的宏观指导，规范组织管理、教学管理、队伍建设和学科建设起到了非常重要的作用。构建新时代思政课高质量发展评价体系，是推动思政课建设改革创新，促进思政课高质量发展的重要手段，具有导向、诊断、激励、鉴定和推动持续改进等功能。

（一）导向功能

评价体系的导向功能是指评价者通过设定明确的评价标准，指导和影响评价对象的活动，确保评价对象能按照评价者所期望的方向发展，实现活动目标。导向功能是思政课评价体系最重要的功能，主要表现在三个方

面：第一，明确思政课的教学目标。通过将新时代思政课的使命、目标和核心要素转化为具体的评价指标，教师可以更加精准地把握教学的重点和难点，从而优化教学内容、改进教学方法，确保思政课教学始终围绕培养德智体美劳全面发展的社会主义建设者和接班人的目标展开。第二，促进思政课教学的科学化与规范化。科学合理的评价指标能够全面、客观地反映思政课教学的各个环节和要素，为教学过程的监控与评估提供科学依据。第三，增强思政课教学的协同性与整体性。新时代思政课的高质量发展需要多方面的协同合作，包括教师、学生、学校、家庭以及社会等各个层面。构建评价指标体系能够将这些不同主体纳入统一的评价框架，明确各方的责任与义务，增强思政课教学的协同性与整体性。

（二）诊断功能

诊断是评价体系的重要功能之一。它通过对评价对象各个维度的系统评估，深入挖掘存在的问题和不足，为后续的改进和优化提供科学依据。全面、系统的思政课评价体系可以对教学过程的各个环节进行细致评估，包括教学内容、教学方法、教学组织形式等，从而精准发现教学中存在的问题和不足：通过对学生学习效果的评价，教师可以了解学生对知识的掌握程度、理解深度以及运用能力，发现教学内容是否符合学生的认知水平和实际需求，是否存在理论与实践脱节的问题；对教学方法的评价能够帮助教师判断教学方法是否多样化、灵活化，是否能够激发学生的学习兴趣和积极性。根据这些诊断结果，教师可以及时调整教学策略，优化教学内容和方法，提高教学质量，增强思政课的吸引力和感染力；运用定量和定性相结合的评价方法，可以对教学目标的达成度、教学内容的科学性、教学方法的有效性、教学效果的显著性以及教学资源的利用情况等进行全面评估。这不仅有助于发现教学过程中的问题与不足，还能为教学改进提供科学的参考依据，从而促进思政课教学的规范化发展。

（三）激励功能

合理的评价体系具有显著的激励作用。一方面，它能够对评价对象合目标表现给予及时、恰当的肯定和奖励（正激励），从而激发评价对象的积极性和创造力。合理的思政课评价体系能够对教师的教学工作和学生的学习表现给予公正、客观地评价和反馈，有助于营造积极向上的教学氛围，促进师生共同进步。对于教师而言，通过评价体系对教师的教学效果进行评估，可以激发教师的工作积极性和创造性，促使教师不断更新教育理念，改进教学方法，提高教学水平。对于学生来说，当他们的努力付出和取得的进步得到肯定和鼓励时，能够增强学习自信心和成就感，激发学习动力，更加主动地参与思政课学习，形成良好的学习习惯和学习态度。另一方面，评价体系还具有负激励的作用。能够对评价对象偏离目标的行为予以矫正，对评价不合格或效果较差的评估对象予以鞭策，促进其认识到与目标的差距并加以改进。

另外，评价体系的激励功能还表现在能提升思政课的公信力与影响力。通过全面、客观的评价，能够向学生、家长以及社会各界展示思政课教学的实际效果，为思政课教学的质量提供有力证明，增强人们对思政课教学的认可度和信任度。比如，通过评价指标体系对思政课教学效果的量化评估，能够直观地展示思政课在培养学生思想政治素养方面的作用，从而消除社会上对思政课教学效果的质疑。这不仅有助于提升思政课教学的公信力，还能提高思政课在教育体系中的地位和影响力 。

（四）鉴定功能

鉴定是评价体系的一项基本功能，通过评价，能对评价对象的水平、等级等进行客观、准确的鉴定，为选拔、评优、资格认定等活动提供具有权威性和公信力的参考依据。思政课评价体系能对思政课的教学效果和人才培养质量进行科学鉴定，通过对教学成效和学生的思想道德素质、政治素养、社会责任感等方面的综合评价，不仅能够客观反映思政课在立德树人、铸魂育人方面的成效，为学校和教育部门评估思政课的教学质量提供重要依据，还能对思政课教师的工作进行客观公正的评判，并以此作为思政课教师职称评定、评优评奖的依据，还能把握学生的思想政治素质和道德品质状况，确保培养出的人才既具备扎实的专业知识，又具有良好的思想政治素养和道德品质。

（五）持续改进功能

评价指标体系的构建为思政课教学的持续改进与发展提供了有力保障。通过定期对思政课教学进行评价与反馈，能够及时发现教学过程中的问题与不足，并根据评价结果提出针对性的改进建议。这种基于数据和事实的反馈机制，能够促使教师不断反思与改进教学方法，优化教学内容，提高教学效果。同时，评价指标体系的动态调整也能够根据新时代的要求和社会发展的变化，及时更新评价指标，确保思政课教学始终与时俱进。

二、构建新时代思政课建设评价体系的要求

评价体系是一个由评价目标、评价标准、评价内容、评价指标体系、评价方法、评价主体和客体、评价反馈和改进机制等多要素构成的有机整体。构建新时代思政课建设评价体系是一项系统工程，需要注意以下几个方面的问题。

（一）明确的评价目标与原则

思政课是落实立德树人根本任务的关键课程，是对学生进行思想政治教育的主渠道。开展思政课建设评价工作是为了检验思政课是否发挥了关键课程的功能和是否起到了主渠道的作用。评价体系的目标是全面、客观、科学地评价思政课建设情况，促进思政课建设工作的改进和提升，推动思

政课高质量发展。

构建思政课建设评价体系应遵循科学性、客观性、全面性、发展性和可操作性原则。科学性原则是指要遵循思想政治教育规律、思政课建设规律、人的思想品德形成和发展规律，科学处理评价体系各构成要素及相互关系，确保评价的科学性和合理性；客观性原则是指在构建和实施评价体系时，应确保评价过程和结果不受主观偏见的影响，保证其公正、公平和透明；全面性原则是指评价指标应涵盖思政课建设的各个环节（包括教学目标、教学内容、教学方法、教学效果和教学资源等）及各个方面（包括教育主管部门、各级各类学校、思政课教师、社会各界和学生等）；发展性原则是指评价指标应具有动态性和开放性，能够根据新时代的要求和社会发展的变化进行调整和完善；可操作性原则是指评价指标应具有明确的定义和可操作性，便于数据的收集整理加工和评价结果的实际应用。

（二）客观公正的评价标准

评价标准是衡量思政课教学质量和发展水平的尺度，直接关系到评价结果的公正性和权威性。一般而言，评价标准以层级划分，比如：合格与不合格、优良中差、ABCD 等。评价标准应具有明确描述，使评价者能够准确理解和把握。对于不同的评价指标，应制定相应的评价标准，且要具有可操作性和可衡量性。在制定评价标准时，要充分考虑思政课教学的实际情况和发展要求，既不能过于宽松，导致评价结果失去应有的激励和约束作用，也不能过于严格，使评价对象难以达到，从而挫伤其积极性。同时，评价标准应具有一定的灵活性和适应性，能够根据时代的发展和教育改革的需要进行适时调整和完善。

（三）合理的评价指标体系

评价指标亦即思政课建设评价体系的评价内容，直接影响着评价的准确性和可靠性。在指标设置上，要紧密围绕思政课建设的目标和任务，涵盖组织管理（包括领导体制、工作机制、机构建设、建设经费等）、教学管理（包括管理制度、课程设置、教材使用、课堂教学、实践教学、改革创新、教学成果等）、队伍管理（政治方向、师德师风、师资选培等）、科学研究和学科建设等各个方面；每个指标都应具有明确的内涵和外延，避免模糊不清或相互重叠，确保指标体系能够全面、准确地反映思政课的教学质量和发展水平。评价指标可以分为若干层级（每个一级指标下设若干二级指标、三级指标），形成一个多层次、多维度的评价指标体系。

对思政课教学的评价是评价体系的核心内容。在制定教学评价指标体系时，要以马克思主义理论为指导，结合思政教育的基本规律和学生成长发展的实际需求，不仅要涵盖思政课教学的知识目标，还体现能力目标和情感目标的实现，以及学生在政治认同、家国情怀、道德品质等方面的发展情况。思政课教学评价指标体系一般包括教学目标（是否明确、具体，是否符合新时代的要求，是否科学合理，是否符合学生的认知水平和成长需求等）、教学内容（是否科学、准确，是否遵循马克思主义理论，是否与时俱进、融入新时代的理论成果，是否针对学生的实际需求等）、教学方法（是否多样，是否能够激发学生的学习兴趣和积极性，是否具有创新性，是否能够适应新时代的要求等）、教学资源（是否丰富，是否使用网络资源、实践基地是否充足，各类资源是否得到有效利用，是否能够满足教学需求，教材使用是否规范等）、学生参与度（学生的学习积极性、学习成果的达成情况等）、教学效果（学生获得感、学生对思政课教学的满意度等）。

（四）多元化的评价主体及评价方式

评价主体的多元化是保证评价科学性的重要因素。思政课建设评价体系应包括教师、学生、教学管理人员、教育专家等多个评价主体，通过不同评价主体的相互补充和验证，能够使评价结果更加全面、客观、科学。

教师作为教学活动的组织者和实施者，对教学过程和学生学习情况最为了解，能够从教学实践的角度对思政课教学质量进行评价。教师对思政课建设的评价可以采取教师自评（教师对自己的教学准备、课堂管理、教学方法等方面进行自我评估）和同行评议的形式进行。学生是思政课教学活动的直接参与者和受益者，他们对教学效果的感受最为直观，能够从自身的学习体验出发，对思政课教学提出宝贵的意见和建议。学生对思政课建设的评价可以通过问卷调查和课堂反馈等方式进行。教学管理人员能够从宏观层面把握思政课建设管理的整体情况，对思政课建设的组织与实施进行评价。教学管理人员对思政课建设的评价可以通过教学检查、听课、评课等方式进行，设立专门的教学督导团队，定期或不定期地对课堂教学情况进行检查和指导。教育专家具有丰富的教育理论知识和实践经验，能够从专业的角度对思政课教学质量进行深入分析和评价。教育专家评价可以通过听课、评课等方式进行。

（五）全面的评价对象

在思政课建设评价体系中，评价对象是整个评价活动的指向，是评价工作得以开展并取得预期结果的基础。评价对象的设定应涵盖思政课建设过程中涉及的各个要素，不仅包括对思政课教师和学生的评价，还应包括对教学资源、管理者、社会各界等的评价，以增强评价的公正公平性。

思政课教师作为思政课教学的直接实施者，是评价对象的关键组成部分。对思政课教师的评价主要侧重于教学理念、教学方法、教学能力、专业素养以及教学质量方面。学生是思政课教学的直接参与者和受益者，他们的学习过程和学习成果是评价思政课教学质量的重要依据。对学生的评价主要侧重于学生学习思政课的态度、参与度、对思政课知识的掌握程度、思想观念的转变以及行为习惯的养成等方面，通常通过课程考试、作业完成情况、社会实践表现等形式进行。教学资源是思政课教学顺利开展的重要保障，对其进行评价有助于提高教学资源的利用效率和教学质量。对教学资源的评价主要侧重于教材、教学设施、实践教学基地、网络资源建设等。科学有效地组织管理是思政课建设的重要支撑，对组织管理的评价主要侧重于有关思政课建设政策法规的落实情况、思政课建设经费的保障情况、思政课建设制度、教学计划的制订、教学质量的监控、师资队伍的选培等方面。

三、新时代思政课建设评价体系的运用

思政课建设评价体系是实现思政课育人目标、推动思政课高质量发展的重要工具。要充分发挥评价体系的积极作用，获得真实、可靠、有价值的评价结果，在运用评价体系时必须高度重视并妥善处理以下关键问题。

（一）采取科学合理的评价方法

科学合理的评价方法是实现精准评价的重要手段。在运用思政课建设评价体系时，应综合运用多种评价方法，以确保评价结果更加客观、公正和有价值。

1. 定性评价与定量评价相结合

定性评价通过课堂观察、学生访谈、教师自评等方式，对教师的教学态度、教学方法、师生互动等方面进行全面的描述和分析，获取丰富的质性信息；定量评价则借助数据统计和分析工具，对能够量化的指标进行精确测量和计算，获取直观的量化信息。

2. 运用多种评价工具

根据不同的评价内容和目的，运用多种评价工具，主要包括问卷调查（设计详细的问卷来收集评价对象的信息）、访谈（通过面对面或在线形式深入了解评价对象的情况）、数据分析（利用大数据技术分析思政课建设各要素的运行情况）等。

3. 科学收集和处理数据

准确可靠的数据是科学评价的基础。在数据收集过程中，要确保数据来源的真实性和可靠性，采用多种渠道收集数据。要运用科学的方法对数据进行筛选和整理，剔除无效数据和异常数据，保证数据的质量。在数据处理方面，要运用统计学方法和数据分析工具，对收集到的数据进行科学分析和解读，挖掘数据背后的信息和规律，为评价提供有力的支持。

（二）注重评价过程的规范性与公正性

在运用评价体系时，必须严格按照既定的评价程序进行操作，确保评价的规范性和一致性。评价人员应经过专业培训，熟悉评价流程和标准，避免因主观随意性导致评价结果出现偏差。要建立健全评价监督机制，对评价过程进行全程监督，防止出现违规操作和弄虚作假的行为。要确保各评价主体的独立性，避免评价主体之间相互影响或干扰而影响评价的公正性。

（三）及时有效地评价反馈与改进机制

1. 合理运用评价结果

评价结果不应仅仅作为对教师和学生的奖惩依据，更重要的是要将其作为改进教学、促进发展的重要依据。学校和教育管理部门应根据评价结果，深入分析思政课教学中存在的问题和不足，制定针对性地改进措施，推动思政课教学质量的持续提升。例如，对于评价结果较差的教师，要帮助他们分析原因，提供培训和指导，促进他们的专业成长。

2. 及时反馈评价结果

评价结果应及时、准确地反馈给教师和学生，让他们了解自己的优势和不足，明确努力的方向。在反馈过程中，要注重方式方法，以鼓励和引导为主，避免给教师和学生带来过大的压力。同时，要建立有效的沟通机制，让教师和学生有机会对评价结果进行申诉和解释，确保评价结果的公正性和合理性。

3. 保护个人隐私和权益

在评价过程中，涉及教师和学生的个人信息和评价结果，要严格遵守相关法律法规，保护他们的个人隐私和权益。评价结果的公开范围和方式应经过慎重考虑，避免对教师和学生造成不必要的负面影响。

（四）持续完善和优化评价体系

思政课建设是一个与时俱进、动态发展的过程。随着社会的不断进步和思政教育理念的发展，新的教学理念、教学模式和教学技术不断涌现，评价标准也应随之更新，评价体系也应持续完善和优化。要通过问卷调查、座谈会、个别访谈等方式，定期收集评价主体和客体对思政课建设评价体系的反馈意见，了解他们对评价体系的看法和建议，为评价体系的完善提供依据。要运用实证研究方法，对评价体系的科学性、有效性和可行性进行验证。通过数据分析和案例研究，检验评价体系是否能够准确反映思政课建设的实际情况，是否能够有效推进思政课建设工作，然后根据实证研究结果，对评价体系进行调整和优化，使其更加科学合理。

参考文献

[1] 中共中央马克思恩格斯列宁斯大林著作编译局 . 马克思恩格斯选集：第 1 卷 [M]. 北京：人民出版社，1995.

[2] 中共中央马克思恩格斯列宁斯大林著作编译局 . 马克思恩格斯选集：第 4 卷 [M]. 人民出版社，1997.

[3] 中共中央马克思恩格斯列宁斯大林著作编译局 . 马克思恩格斯文集：第 9 卷 [M]. 北京：人民出版社，2009.

[4] 中共中央马克思恩格斯列宁斯大林著作编译局 . 列宁选集：第 1 卷 [M]. 北京：人民出版社，2012.

[5] 中共中央马克思恩格斯列宁斯大林著作编译局 . 列宁全集：第 6 卷 [M]. 北京：人民出版社，1986.

[6] 毛泽东 . 毛泽东选集：第 3 卷 [M]. 北京：人民出版社，1991.

[7] 毛泽东 . 毛泽东著作选读：下册 [M]. 北京：人民出版社，1986.

[8] 邓小平 . 邓小平文选：第 2 卷 [M]. 北京：人民出版社，1994.

[9] 习近平 . 习近平谈治国理政 [M]. 北京：外文出版社，2014.

[10] 习近平 . 习近平谈治国理政：第一卷 [M]. 北京：外文出版社，2018.

[11] 习近平 . 习近平谈治国理政：第二卷 [M]. 北京：外文出版社，2017.

[12] 习近平 . 习近平谈治国理政：第三卷 [M]. 北京 : 外文出版社，2020.

[13] 习近平 . 习近平谈治国理政：第四卷 [M]. 北京 : 外文出版社，2022 .

[14] 习近平 . 论教育 [M]. 北京：中央文献出版社，2024.
[15] 习近平 . 论党的宣传思想工作 [M]. 北京：中央文献出版社，2020.
[16] 习近平 . 在纪念马克思诞辰 200 周年大会上的讲话 [M]. 北京：人民出版社，2018.
[17] 习近平 . 决胜全面建成小康社会 夺取新时代中国特色社会主义伟大胜利：在中国共产党第十九次全国代表大会上的报告 [M]. 北京：人民出版社，2017.
[18] 习近平 . 思政课是落实立德树人根本任务的关键课程 [J]. 求是，2020(17): 4–16.
[19] 习近平 . 扎实推动教育强国建设 [J] 求是，2023(18).
[20] 中共中央关于党的百年奋斗重大成就和历史经验的决议 [M]. 北京：人民出版社，2021.
[21] 中共中央关于进一步全面深化改革、推进中国式现代化的决定 [M]. 北京：人民出版社，2024.
[22]《人民日报》评论部 . 深入学习贯彻习近平总书记在文化传承发展座谈会上的重要讲话精神 [M]. 北京：人民出版社，2023.
[23] 中共中央党校党史教研室 . 中共党史参考资料 (七)：国民经济恢复时期 [M]. 北京：人民出版社，1980.
[24] 课程教材研究所. 20 世纪中国中小学课程标准 · 教学大纲汇编 : 思想政治卷 [M]. 北京：人民教育出版社，2001.
[25] 教育部社会科学司 . 普通高校思想政治理论课文献选编 (1949—2008) [M]. 北京 : 中国人民大学出版社，2008.
[26] 教育部思想政治工作司组编 . 加强和改进青少年思想政治教育重要文献选编 (1978—2014)[M]. 北京：知识产权出版社，2015.
[27] 本书编写组 . 中华人民共和国学校思想政治理论课重要文献选编 (上册)[G]. 北京：人民出版社，2022:466.

[28] 张耀灿，陈万柏．思想政治教育学原理 [M]. 北京：高等教育出版社 2001.
[29]《思想政治教育学原理》编写组．思想政治教育学原理 [M]. 北京：高等教育出版社，2016.
[30] 张耀灿，郑永廷，吴潜涛，骆郁廷，等．现代思想政治教育学 [M]. 北京：人民出版社，2006.
[31] 郑永廷．思想政治教育方法论 [M]. 北京：高等教育出版社，2022.
[32] 李德芳，李辽宁，杨素稳．中国共产党思想政治教育史料选编 [M]. 武汉：武汉大学出版社，2009.
[33] 冯刚，等．新时代数字思政体系构建研究 [M]. 北京：中国社会科学出版社，2024.
[34] 李秀林，等．辩证唯物主义和历史唯物主义原理 [M]. 北京：中国人民大学出版社，2004.
[35] 朴雪涛．中国特色现代大学制度研究 [M]. 北京：人民出版社，2020.
[36] 杨伯峻．论语译注 [M]. 北京：中华书局，2009.
[37] 朱熹．朱子全书：第 6 册 [M]. 上海：上海古籍出版社，2002.
[38] 朱熹．朱子全书：第 13 册 [M]. 上海：上海古籍出版社，2002.
[39] 方勇．荀子注释 [M]. 北京：中华书局，2015.
[40] 檀作文．颜氏家训译注 [M]. 北京：中华书局，2011.
[41] 林崇德．品德发展心理学 [M]. 上海：上海教育出版社，1989.
[42] 中宣部 教育部关于进一步加强和改进高等学校思想政治理论课的意见 [J]. 中华人民共和国教育部公报，2005(04).
[43] 教育部关于整体规划大中小学德育体系的意见 [J]. 中华人民共和国教育部公报，2005(06).
[44] 教育部关于进一步加强和改进研究生思想政治教育的若干意见 [J]. 中华人民共和国教育部公报，2010(11).
[45] 中共教育部党组关于印发《高校思想政治工作质量提升工程实施纲要》

的通知 [J]. 中华人民共和国教育部公报，2017(12).
[46] 教育部关于印发《新时代高校思想政治理论课教学工作基本要求》的通知 [J]. 中华人民共和国教育部公报，2018(05).
[47] 教育部等十部门关于印发《全面推进“大思政课”建设的工作方案》的通知 [J]. 中华人民共和国教育部公报，2022(10).
[48] 中共中央办公厅 国务院办公厅印发《关于深化新时代学校思想政治理论课改革创新的若干意见》[J]. 中华人民共和国教育部公报，2019(09).
[49] 教育部等八部门关于加快构建高校思想政治工作体系的意见 [J]. 中华人民共和国教育部公报，2020(04).
[50] 新时代高等学校思想政治理论课教师队伍建设规定 [J]. 中华人民共和国国务院公报，2020(13).
[51] 教育部关于印发《高等学校思想政治理论课建设标准（2021 年本）》的通知 [J]. 中华人民共和国教育部公报，2021(04).
[52] 中宣部 教育部关于印发《新时代学校思想政治理论课改革创新实施方案》的通知 [J]. 中华人民共和国国务院公报，2021(09).
[53] 教育部等五部门印发《关于加强新时代中小学思想政治理论课教师队伍建设的意见》的通知 [J]. 中华人民共和国国务院公报，2019(11).
[54] 教育部关于印发全日制义务教育《思想品德课程标准 (实验稿)》的通知 [J]. 教育部政报，2003(Z2).
[55] 习近平参加北京市海淀区民族小学庆祝“六一”国际儿童节活动时强调：让核心价值观种子在少年儿童心中生根发芽 [N]. 人民日报，2014-05-31(01).
[56] 习近平 : 做党和人民满意的好老师——同北京师范大学师生代表座谈时的讲话 [N]. 人民日报，2014-09-10(02).
[57] 中共中央 国务院发出《关于进一步加强和改进大学生思想政治教育的意见》[N]. 人民日报，2004-10-15(01).

[58] 习近平 . 全面贯彻落实党的教育方针努力把我国基础教育越办越好 [N]. 人民日报，2016-09-10(01).

[59] 努力培养出更多更好的人才——习近平总书记在北京市八一学校考察时的讲话引起热烈反响 [N / OL] 新华网，.2016-09-09[2022-10-10].

[60] 习近平在全国高校思想政治工作会议上强调：把思想政治工作贯穿教育教学全过程 开创我国高等教育事业发展新局面 [N]. 人民日报，2016-12-09(01).

[61] 中共中央 国务院印发《关于加强和改进新形势下高校思想政治工作的意见》[N]. 人民日报，2017-2-28(01).

[62] 习近平 . 在北京大学师生座谈会上的讲话 [N]. 人民日报，2018-05-03(01).

[63] 纪念马克思诞辰 200 周年大会在京举行 习近平发表重要讲话 [N]. 人民日报，20118-05-05(01).

[64] 习近平在全国教育大会上强调：坚持中国特色社会主义教育发展道路 培养德智体美劳全面发展的社会主义建设者和接班人 [N]. 人民日报，2018-09-11(01).

[65] 习近平主持召开学校思想政治理论课教师座谈会强调：用新时代中国特色社会主义思想铸魂育人 贯彻党的教育方针落实立德树人根本任务 [N]. 人民日报，2019-03-19(01).

[66] 习近平 . 纪念五四运动 100 周年大会在京隆重举行 [N]. 人民日报，2019-05-01(02).

[67] 习近平 . 习近平向国际人工智能与教育大会致贺信 [N]. 人民日报，2019-05-17(01).

[68] 中共中央关于坚持和完善中国特色社会主义制度 推进国家治理体系和治理能力现代化若干重大问题的决定 [N]. 人民日报，2019-11-06(01).

[69] 杜尚泽 . "'大思政课' 我们要善用之" (微镜头 · 习近平总书记两会 "下

团组”·两会现场观察)[N]. 人民日报，2021-03-07(01).
[70] 习近平在看望参加政协会议的医药卫生界教育界委员时强调：把保障人民健康放在优先发展的战略位置 着力构建优质均衡的基本公共教育服务体系 [N]. 人民日报，2021-03-07(01).
[71] 习近平：在全国政协十三届四次会议上的讲话 [N]. 人民日报，2021-03-19(09).
[72] 中共中央 国务院印发《关于新时代加强和改进思想政治工作的意见》[N]. 人民日报，2021-07-13(01).
[73] 习近平在中国人民大学考察时强调：坚持党的领导传承红色基因扎根中国大地走出一条建设中国特色世界一流大学新路 [N]. 人民日报，2022-04-26(01).
[74] 庆祝中国共产主义青年团成立 100 周年大会在京隆重举行 习近平发表重要讲话 [N]. 人民日报，2022-05-11(01).
[75] 刘新功：引导学生扣好人生第一粒扣子(新语)[N]. 人民日报，2022-08-15(11).
[76] 习近平. 高举中国特色社会主义伟大旗帜 为全面建设社会主义现代化国家而团结奋斗——在中国共产党第二十次全国代表大会上的报告 [N]. 人民日报，2022-10-26(01).
[77] 习近平在中共中央政治局第二次集体学习时强调：加快构建新发展格局 增强发展的安全性主动权 [N]. 人民日报，2023-02-02(01).
[78] 习近平在中共中央政治局第五次集体学习时强调加快建设教育强国为中华民族伟大复兴提供有力支撑 [N]. 人民日报，2023-05-30(01).
[79] 习近平对学校思政课建设作出重要指示强调：不断开创新时代思政教育新局面 努力培养更多让党放心爱国奉献担当民族复兴重任的时代新人 [N]. 人民日报，2025-05-12(01).
[80] 习近平在全国教育大会上强调：紧紧围绕立德树人根本任务 朝着建成

教育强国战略目标扎实迈进 [N]. 人民日报，2024-09-11(01).
[81] 中共中央、国务院印发《教育强国建设规划纲要（2024—2035 年）》[N]. 人民日报，2025-01-20(01).
[82] 教育部：全国高校马克思主义学院九年增长十余倍 由 100 余家发展到 1440 余家 [N]. 中国青年报，2022-03-17(01).
[83] 康丽 . 教育部发布 2022 年全国教育事业发展基本情况 [N]. 中国教师报，2023-03-29(01).
[84] 首批 453 家“大思政课”实践教学基地公布 [N]. 中国教育报，2022-08-27(01).
[85] 刘书林 . 新中国 70 年高校思想政治教育发展主要经验和规律 [J]. 思想教育研究，2020(07):36-44.
[86] 周菊芳 . 马克思主义人学理论视域下的学校思想政治教育探讨 [J]. 中国教育学刊，2019(S1):241-243.
[87] 刘欣然，赵妤 . 感性的探问：马克思主义体育人学存在论的理论路向 [J]. 山东体育学院学报，2023，39(03):63-70.
[88] 包红梅 . 解读思想政治教育功能的四个维度 [J]. 教学与管理，2016(27):8-10.
[89] 曾令辉 . 网络思想政治教育方法研究：论网络思想政治教育方法内涵及其体系构建 [J]. 广西师范学院学报（哲学社会科学版），2011，32(02):85-88.
[90] 吴琼，张洁 . 协同理论视域下劳动教育融入高校思政课教学改革初探 [J]. 时代报告，2024(07):105-107.
[91] 徐娜 . 高校专业课与思政课协同育人的内涵、原则与路径 [J]. 中学政治教学参考，2024(36):12-16.
[92] 陈辉，陈虹 . 家校社协同育人再研究：基于责任边界的视角 [J]. 教育科学研究，2024(03):35-42.

[93] 张首文等 . 是何、为何与如何：家校社协同育人“教联体”建设的三维审视 [J/OL]. 当代教育论坛，1–14[2025–03–20].

[94] 王琳珏 . 我国家庭教育的功能演变与价值发挥 [J]. 教育科学论坛，2024 (36):75–80.

[95] 韦诗业，李素芬 . 新时代思政课程与课程思政协同育人机制构建研究 [J]. 学校党建与思想教育，2021(20):36–39.

[96] 卢耀键 . 三全育人视域下协同育人模式探究 [J]. 科幻画报，2023(07):221–223.

[97] 李影，俞德成 . 中华优秀传统文化与思想政治教育的相互契合 [J]. 北华大学学报 (社会科学版)，2023，24(05):135–139+155–156.

[98] 刘晓玲 . 新时代高校思想政治理论课公众形象塑造的现实路径探析 [J]. 思想教育研究，2024(01):102–107.

[99] 冯刚，李亚美 . 新时代高校思政课公众形象塑造的基本条件探究 [J]. 湖南大学学报 (社会科学版)，2024，38(05):1–8.

[100] 冯刚，杨小青 . 新时代高校思政课形象传播的理论审思 [J]. 重庆大学学报 (社会科学版)，2024，30(05):126–138.

[101] 刘凡熙 . 中国共产党政党形象塑造的历史考察与时代要求 [J]. 学习与探索，2023(06):61–66.

[102] 董少校 . 行走的思政课：价值意蕴、实践进路与优化策略 [J]. 中国高等教育，2024(20):56–59.

[103] 唐黛 . 新媒体时代高校思政教育的“课堂革命”：评《互联网时代高校思政课翻转课堂的理论与实践》[J]. 中国科技论文，2022，17(11):1317.

[104] 刘蕊 . 有效开展课堂辩论提升学科核心素养 [J]. 思想政治课教学，2017 (02):36–39.

[105] 王敏 . 新时代思政课教师的形象塑造 [J]. 思想政治课教学，2021(06):

83–86.

[106] 胡冰 . 思想政治教育的叙事转向与国际传播 [J]. 中学政治教学参考，2019(21):81–83.

[107] 刘秉印 . 国际化视野下的思想政治教育新思路 [J]. 中国高等教育，2016 (Z3):57–58.

[108] 柳礼泉 . 论思想政治理论课实践教学的形式 [J]. 思想理论教育导刊，2007(03):66–69.

[109] 喻长志 . 高校思政课实践教学对策研究 [J]. 学校党建与思想教育，2019 (16): 38–39.

[110] 左鹏 . 思想政治理论课实践教学研究进展 [J]. 思想教育研究，2011(01): 28–32.

[111] 朱丹 . 新时代高校思政课实践教学的内涵、价值及实现路径 [J]. 云南大学学报 (社会科学版)，2024，23(02):136–144.

[112] 冯刚，聂小雄 . “数字思政”的生成背景、基本内涵和实践运用 [J]. 西华大学学报 (哲学社会科学版)，2023，42(05):1–11.

[113] 徐稳，葛世林 . 数字化技术赋能思想政治教育的三维探析 [J]. 思想教育研究，2023(03):45–51.

[114] 郑小明，张雪莹 . 统筹推进大中小学思政课一体化建设的三重维度 [J]. 四川轻化工大学学报 (社会科学版)，2023，38(03):86–100.

[115] 高雅珍 . 古代西方德育思想 [J]. 道德与文明，1995(03):36–39.

[116] 岑国桢 . 皮亚杰对儿童道德发展研究的贡献 [J]. 山西教育科研通讯，1984(05):29–32.

[117] 冯增俊 . 科尔伯格道德认识发展阶段论概观 [J]. 外国教育资料，1990(1):12–20.

[118] 许瑞芳，张宜萱 . 大中小学思想政治理论课一体化建设现状调研与对策分析：基于上海市的数据 [J]. 思想理论教育，2021(07):60–65.

[119] 石书臣，曾令辉 . 推进新时代大中小学思想政治理论课一体化建设 [J]. 思想理论教育，2021(6):19–25.

[120] 冯秀军 ."大思政课" 建设的几个基本问题 [J]. 思想教育研究， 2023(08):84–89.

[121] 肖贵清 . 新时代高校思想政治理论课的高质量发展 [J]. 吉首大学学报 (社会科学版)，2024，45(03):13–19.

[122] 王敏，汪勇 . 建国以来社会价值观的嬗变历程及内在逻辑 [J]. 北京航空航天大学学报 (社会科学版)，2021(5):14–18.

[123] 盖逸馨，浩日娃 . 新时代高校思政课教师数字素养提升的价值意蕴、现实困境和策略探析 [J]. 思想理论教育导刊，2024(8):118–124.

[124] 李芳，戴汶奇 . 新时代高校思政课教师队伍全面深化改革研究 [J]. 贵州师范大学学报 (社会科学版)，2024(9).

[125] 张尹瑄 . 大中小学思想政治理论课一体化建设研究 [D]. 西华大学，2022.

[126] 郑龙涛 . 新时代中华文化国际传播力提升研究 [D]. 吉林大学，2022.

[127] 王灵芝 . 高校学生网络舆情分析及引导机制研究 [D]. 中南大学，2010.

[128] 习近平 : 关于《中共中央关于制定国民经济和社会发展第十三个五年规划的建议》的说明 [EB/OL].https://www.xinhuanet.com/politics/2015–11/03/c_1117029621_2.html

[129] 教育部关于印发《高等学校课程思政建设指导纲要》的通知 [EB/OL]. http://www.moe.gov.cn/srcsite/A08/s7056/202006/t20200603_462437.html

[130] 习近平主持召开中央全面深化改革委员会第二十二次会议强调：加快科技体制改革攻坚建设全国统一电力市场体系 建立中小学校党组织领导的校长负责制 [EB/OL].https://www.gov.cn/xinwen/2021–11/24/content_5653171.html

[131] 教育部思想政治工作司 2022 年工作要点 [EB/OL].http://www.moe.gov.

cn/s78/A12/gongzuo/yaodian/202203/t20220303_604031.html
[132] 教育部思想政治工作司 2023 年工作要点 [EB/OL].http://www.moe.gov.cn/s78/A12/gongzuo/yaodian/202302/t20230221_1046541.html
[133] 教育部等十七部门联合印发《家校社协同育人“教联体”工作方案》[EB/OL].http://www.moe.gov.cn/jyb_xwfb/gzdt_gzdt/s5987/202411/t20241101_1160204.html

后　记

时光荏苒，白驹过隙。自1993年9月作为“思想道德修养”课程的兼职教师第一次踏上思政课的讲台，至今已30多年。30多年的思政课教学生涯，让我有幸成为思政课建设蓬勃发展的亲历者和见证者，也沉淀出对思政课愈发深厚的感情。党的十八大以来，习近平总书记站在党和国家事业后继有人、中华民族永续发展的战略高度，围绕思政课建设召开一系列重要会议、发表一系列重要讲话、作出一系列重要指示批示，明确了思政课落实立德树人根本任务关键课程的地位，指明了办好思政课的根本任务、方向目标、方法路径，为新时代思政课改革创新提供了根本遵循。如今，思政课在党中央治国理政战略全局中的地位日益凸显，铸魂育人成效显著。身为思政课教师的我倍感自豪。

出于对思政课的热爱，两年前我萌生了围绕思政课写点什么的想法。我的想法得到我的研究生们——已在各高校承担思政课教学任务的年轻一代思政课教师的响应。为此，我们酝酿撰写了这本书。本书由西华大学马克思主义学院郑小明教授负责总体框架设计并拟定提纲。全书各章节具体分工如下：前言由郑小明撰写；第一章由黄岚（西华大学）撰写；第二章由许婷婷（绵阳城市学院）、郑小明撰写；第三章、第六章由谢木沙子（西华大学）、黄岚撰写；第四章由廖灿（四川职业技术学院）撰写；第五章由饶萌（中共宜宾市翠屏区委党校）撰写；第七章由杨洪（西华大学）撰写；

第八章由郑小明、谢木沙子撰写；第九章由张雪莹（吉利学院）、郑小明撰写；第十章、第十一章由张雪莹撰写；第十二章由郑小明撰写。郑小明、张雪莹、谢木沙子、黄岚负责全书统稿工作。西华大学马克思主义理论硕士研究生邱钰烽、刘嘉树、余霞、何佳怡、胡元雨、张一卓、宁小桃、乔丹丹、刘嘉欢等参与了文献搜集整理工作。

本书是四川省哲学社会科学基金马克思主义理论研究和建设工程重点项目（项目编号：SCJJ23MGC10）的研究成果之一，得到了西华大学优势学科建设专项、西华大学马克思主义学院的大力支持。在撰写本书的过程中，我们除了参考经典文献以外，还参考了相关专家、学者的研究成果，在此致以由衷的感谢！

本书的撰写者大都是刚涉足本研究领域的年轻的思政课教师，思考和研究尚存诸多不成熟之处，疏漏之处恳请读者批评指正。思政课高质量发展是一个不断推进的过程，我们将持续在这个领域深耕，以期做出更多有益的探索。

本书作者于2025年3月